原文 한글

法 要 集

原文 한글
法 要 集

------ 📖 ------

수행자를 위한
보배로운 가르침

-------- 🪷 --------

均堤童子偈(균제동자게)

面上無嗔供養具(면상무진공양구)

口裡無嗔吐妙香(구리무진토묘향)

心裡無嗔是珍寶(심리무진시진보)

無垢無染是嗔常(무구무염시진상)

성 안 내는 그 얼굴이 참다운 공양구요

아름다운 말 한마디 미묘한 향이로다

깨끗해 티가 없는 진실한 그 마음이

언제나 변함없는 부처님 마음일세

법요집을 편찬하면서

불교의식과 예절을 알기 쉽게 한글화하여 재가불자들의 신심을 증장하고 신행생활에 밑거름이 될 한글 의식집의 필요성은 어제 오늘의 일이 아닙니다.

부처님께서도 설법을 하실 때 상류층만이 사용하는 언어를 쓰지 않으시고 인도의 서민층이 사용하는 마가다어를 쓰셨다고 합니다. 이유인즉 인도인들이 알아들을 수 있는 일상어였기 때문입니다. 이것은 중생구제를 서원하신 부처님의 마음과 그 가르침의 대중성을 보여줍니다.

이에 소승이 부족함을 무릅쓰고 『석문의범』을 참고하여 원문과 한글을 병행하도록 편찬하여 (대덕 큰스님의 질책과 채찍을 감내하며) 재가불자나 초심자들도 쉽게 접할 수 있도록 나름대로 수준에 맞추어 편찬하였습니다.

하오니 후학들께서 본서를 접하는 기회가 된다면 필요한 부분만 섭수하시고 고차원 법요집을 요하는 후학들은 전문서적을 찾아 접하시기 바라며, 사용 중 부족한 점이나 추가하여야 할 사항이 있다고 생각되는 부분이 있으면 지적하여 주시고, 더욱더 나은 법요집이 될 수 있도록 지도와 편달이 있으시기 바랍니다. 감사합니다.

불기 이천오백육십칠년 시월 십일 원철당 원덕 합장

5

目 次

4. 예경편

5. 불공의식

6. 천도재의식

일반법회의식

식 순

타　　종

삼귀의례

찬 불 가(찬양합시다)

헌　　화

독경(반야심경)

발 원 문

청 법 가

법사법문

사홍서원

산 회 가

폐　　회

삼 귀 의

이광수 작사
이찬우 작곡

♩ = 68

거룩한 부ー처님께 귀의합니 다

거룩한 가ー르침에 귀의합니 다

거룩한 스ー님들께 귀의합니 다

귀의불 양족존　거룩한 부처님께 귀의합니다
歸依佛　兩足尊

귀의법 이욕존　거룩한 가르침에 귀의합니다
歸依法　離欲尊

귀의승 중중존　거룩한 스님들께 귀의합니다
歸依僧　衆中尊

마하반야바라밀다심경
摩訶般若波羅蜜多心經

관자재보살 행심반야바라밀다시 조견오온개공 도
觀自在菩薩 行深般若波羅蜜多時 照見五蘊皆空 度

일체고액 사리자 색불이공 공불이색 색즉시공 공
一切苦厄 舍利子 色不異空 空不異色 色卽是空 空

즉시색 수상행식 역부여시 사리자 시제법공상 불
卽是色 受想行識 亦復如是 舍利子 是諸法空相 不

생불멸 불구부정 부증불감 시고 공중무색 무수상
生不滅 不垢不淨 不增不減 是故 空中無色 無受想

행식 무안이비설신의 무색성향미촉법 무안계 내지
行識 無眼耳鼻舌身意 無色聲香味觸法 無眼界 乃至

무의식계 무무명 역무무명진 내지 무노사 역무노
無意識界 無無明 亦無無明盡 乃至 無老死 亦無老

사진 무고집멸도 무지역무득 이무소득고 보리살타
死盡 無苦集滅道 無智亦無得 以無所得故 菩提薩埵

의반야바라밀다 고심무가애 무가애고 무유공포 원
依般若波羅蜜多 故心無罣碍 無罣碍故 無有恐怖 遠

리전도몽상 구경열반 삼세제불 의반야바라밀다 고
離顚倒夢想 究竟涅槃 三世諸佛 依般若波羅蜜多 故

득아뇩다라삼먁삼보리 고지반야바라밀다 시대신주
得阿耨多羅三藐三菩提 故知般若波羅蜜多 是大神呪

시대명주 시무상주 시무등등주 능제일체고 진실불
是大明呪 是無上呪 是無等等呪 能除一切苦 眞實不

허 고설반야바라밀다주 즉설주왈 「아제아제 바라
虛 故說般若波羅蜜多呪 卽說呪曰 揭諦揭諦 波羅

아제 바라승아제 모지 사바하」(세 번)
揭諦 波羅僧揭諦 菩提 娑婆訶

마하반야바라밀다심경

관자재보살이 깊은 반야바라밀다를 행할 때, 오온이 공한 것을 비추어 보고 온갖 고통에서 건지느니라. 사리자여, 색이 공과 다르지 않고 공이 색과 다르지 않으며, 색이 곧 공이요 공이 곧 색이니, 수 상 행 식도 그러하니라. 사리자여, 모든 법은 공하여 나지도 멸하지도 않으며, 더럽지도 깨끗하지도 않으며, 늘지도 줄지도 않느니라. 그러므로 공 가운데는 색이 없고 수 상 행 식도 없으며, 안 이 비 설 신 의도 없고, 색 성 향 미 촉 법도 없으며, 눈의 경계도 의식의 경계까지도 없고, 무명도 무명이 다함까지도 없으며, 늙고 죽음도 늙고 죽음이 다함까지도 없고, 고 집 멸 도도 없으며, 지혜도 얻음도 없느니라. 얻을 것이 없는 까닭에 보살은 반야바라밀다를 의지하므로 마음에 걸림이 없고 걸림이 없으므로 두려움이 없어서, 뒤바뀐 헛된 생각을 멀리 떠나 완전한 열반에 들어가며, 삼세의 모든 부처님도 반야바라밀다를 의지하므로 최상의 깨달음을 얻었느니라. 반야바라밀다는 가장 신비하고 밝은 주문이며 위없는 주문이며 무엇과도 견줄 수 없는 주문이니, 온갖 괴로움을 없애고 진실하여 허망하지 않음을 알지니라. 이제 반야바라밀다주를 말하리라.
「아제아제 바라아제 바라승아제 모지 사바하」(세 번)

발 원 문

거룩하신 부처님
무한한 지혜와 자비의 빛으로
저희들 마음의 어두움을 밝혀 주옵소서.
저희들이 지난날 무명의 구름에 가리워
욕심과 성냄과 어리석음으로 지은 잘못을
참회하옵니다.
오랜 세월 동안 스스로 짓고
스스로 받은 인과의 도리를 알지 못하여
갈 길 몰라 헤매었나이다.
이에 바른 법을 만나 귀의하오니
그 공덕으로 업보의 무거운 짐을 벗고
해탈의 밝은 빛을 찾아
자비의 품에 들게 하소서.
세간의 등불이시며
온갖 공덕으로 중생을 인도하시는 부처님
저희가 어둠 속에서 방황할 때

당신의 빛을 만나게 하시고
시련으로 고통을 당할 때
당신의 손을 잡게 하시며
불화로 인하여 반목할 때
당신의 미소를 보게 하시고
나태와 좌절에 빠져 허덕일 때
당신의 고행을 배우게 하소서.
복덕과 지혜를 다 구족하신 부처님!
지금 저희들 가슴 속에 간절히 원하는 일들이
모두 다 이룩되게 하여 주옵소서.
발원하옵나니
모든 생명과 모든 사람들이
행복하고 평화롭도록 가피 내려 주옵소서.
나무 석가모니불
나무 석가모니불
나무 시아본사 석가모니불

청 법 가

♩ = 90

이광수 작사
이찬우 작곡

덕높—으신 스—승님 사 자—좌에 오르사——
덕높—으신법—사님 대법—좌에 오르사——

사 자—후를 합—소 서 감로—법을 주—소서
법을—설하옵—소 서 맘을—씻어 주—소서

옛 인연을 이 이서 새 인연을 맺—도록
모 두발심 하도록 같 이성불 하—도록

대 자—비를 베—푸사 법을—설하옵—소서
대 원—력을 펴—시사 길을—인도하—소서

❀ 법사 설법

사 홍 서 원

♩ = 76
정중하게

최영철 작사 / 작곡

중 생을 다   건 지오리 다

번 뇌를 다   끊 으오리 다

법 문을 다   배 우오리 다

불 도를 다   이 루오리 다

산 회 가

정운문 글
정민섭 곡

몸 은 비 - 록 이 자리에서 헤 어 - 지 지 만

마 음 - 은 언 제라도 떠 나 - 지 마 세

거룩하신 부처님을 항상모시 - 고

오 늘 배 - 운 높은법문 깊이 - 새겨 서

다 음 날 반 갑 - 게 한 맘 한 뜻 으 로

부 처 님 의 성 전 - 에 다 시 만 나 - 세

신행의 기본

● **바른 믿음**(信)

불법의 바다에는 믿음으로써 들어갈 수 있다고 하였습니다. 불교신행의 기초는 믿음으로써 출발합니다. 불교의 진리성은 세계적으로 2,500여 년을 검증 받았으며, 비불교 문화권이었던 서구에서도 불교의 진리성에 감탄을 하고 있습니다.

우리의 사변과 습관으로 짐짓 추정하고 있는 이 세상의 진리에 대한 고집을 버리고 혼란 없이 불법을 진리로서 받아들이는 태도가 바로 곧 신심일 것입니다.

불교의 신행은 바로 이러한 결정에서부터 시작됩니다.

● **철저한 앎**(解)

깨달음이 없는 믿음은 미신(迷信)이나 맹신(盲信)이 되기 쉽고, 깨달음은 믿음이 없이는 이루어지지 않습니다. 불교는 믿음의 종교가 아니라 깨달음의 종교라고 할 만큼 깨달음을 중요시합니다. 철저한 깨달음에 의해 바른 믿음이 나오고, 바른 믿음에서 철저한 깨달음이 가능하므로 불교신행에 있어서 믿음과 깨달음은 수레의 두 바퀴와 같고, 새의 두 날개와 같다고 하는 것입니다. 우리는 아는 것만큼 믿고, 믿는 것만큼 알고 있는 것입니다. 모르는 것은 믿을 수 없으며, 믿지 못하는 것은 알지 못하기 때문입니다.

그러므로 불교신행에는 반드시 깨달음이 있어야 하며 깨닫기 위해서는 법을 묻고 법을 구해야 하며 또 스스로 반조하고 체득해야 합니다. 그리하여 우주와 인생의 참다운 진실이 무엇인가를 알아야 합니다.

● **적극적인 실천(行)**

믿음과 깨달음이 성숙되면, 이에 의한 실천이 따라야 합니다. 신행 생활은 머리나 입으로 하는 것이 아니라 적극적인 행동이 수반되어야 합니다.

깨달은 진리와 그 진리에 대한 확신은 생활 속에서 행동으로 나타나야 하는 것입니다. 자기의 지적이고 관념적인 앎을 깨달음으로 오인하는 경우가 있습니다. 불법은 실천적이며 현실적인 것입니다. 실천 없이는 검증이 있을 수 없는 것입니다.

● **원만한 삶(證)**

삶은 실천을 통해서 또는 스승님을 통해서 성찰하고 검증하게 됩니다. 체험으로 얻어진 진리는 무너질 수 없으며 물러서지 않는 진리의 입장에 서게 됩니다. 중생의 모든 괴로움은 진리를 알지 못하거나 거짓을 진실로 알고 있는 어리석음과 이에 의한 빗나간 생활에서 비롯된 것입니다. 그러나 바른 믿음과 철저한 깨달음에 의한 적극적인 실천이 이루어진다면 원만한 삶을 누릴 수 있을 것입니다.

불자의 도량예절

● **도량생활의 예절**

① 도량 내에서는 뛰어다니지 않는다.

② 도량 내에서는 음주, 흡연, 고성방가를 하지 않는다.

③ 도량 내에서는 신을 끌면서 다니지 않는다.

④ 도량 내에서는 가래침을 뱉거나 코를 풀지 않으며 휴지를 버리지 않는다.

⑤ 법당 어간문 앞을 지날 때에는 합장하며 허리를 굽히고 지나간다.

● **법당 출입예절**

① 법당의 정문은 어간(御間)이라 하며, 그 사찰의 조실 또는 주지스님만 출입하는 문이므로 신도들은 옆문으로 출입한다.

② 신은 반듯하게 벗어 놓는다.

③ 일단 법당에 들어가면 먼저 불전을 향해 합장하고 반배를 한다.

④ 발걸음을 옮길 때는 소리가 나지 않도록 한다.

● **불전 참배예절**

① 먼저 향 한 가락을 사르고(촛불을 켜기도 하지만 생략해도 좋음) 3배 드린다. 이 때 위치는 중앙을 피한다.

② 향불의 불꽃은 입으로 불어 끄지 않고 손바람으로 끈다.

③ 촛불을 끌 때도 두 손가락으로 불꽃을 잡거나 기구를 이

용 또는 손바람으로 끈다.
④ 다른 신도가 방금 켠 촛불을 끄고 다시 새 촛불을 켜는
  것은 옳지 못하며, 향도 이미 피워져 있을 때는 생략하여
  야 한다.
⑤ 자신이 올린 촛불은 다른 사람이 없을 경우 반드시 끄
  고 나와야 한다.

- **법회 참례예절**
① 전체의 조화를 깨지 않도록 자리를 정한다.
② 만약 늦게 도착한 경우에는 조용히 적당한 자리를 찾
  아 앉고 진행 중인 의례에 맞추어야 한다.
③ 남의 시선을 끄는 특별한 행동을 해서는 안 된다.

- **경내 수행예절**
① 취침과 기상과 공양은 그 사찰의 일과시간에 맞추어야
  한다.
② 공양은 남기지 않도록 받아야 한다.
③ 칫솔질을 하면서 다니거나 세수할 때는 소리 나지 않
  게, 침을 뱉거나 코를 풀어서도 안 된다.
④ 신을 끌거나 바꿔 신어도 안 되며 반듯하게 벗어야 한
  다.
⑤ 조석예배는 반드시 참례해야 한다.
⑥ 공동으로 해야 할 일이 있을 때는 반드시 참여하여 함
  께 해야 한다.
⑦ 스님들께는 큰절로 1배를 하며 옥외인 경우에는 반배

로써 공경을 표한다.

● **절하는 방법과 의미**

부처님 전에 예배하는 것은 공경을 뜻하니, 마음을 삼가 근신함이 경(敬)이요, 그 마음을 행동으로 실천하는 것이 공(恭)이다. 배(拜 절)는 참된 성품을 높이 받들고 무명의 어리석음을 굴복시키는 행위이다. 공경하기 때문에 진리를 비방하지 않고, 굴복하기 때문에 오만하고 방자하지 않는다. 부처님께 삼배하는 것은 신구의(身口意 행동 언어 정신) 삼업을 청정히 하여 공경심으로 돌아감이다. 또한 백팔배를 하는 것은 흔히 말하는 백팔번뇌를 굴복시키는 것을 의미한다. 그러므로 정성을 들여 열심히 절하는 것이고, 그 과정 속에서 자신을 돌아보아 참회하는 것이다.

부처님 전에 지성으로 절할 때 열 가지 공덕이 있으니,

① 득묘색신(得妙色身)이니, 뛰어난 몸을 받게 되고
② 출어인신(出語人信)이니, 말을 하면 남들이 믿으며
③ 처중무외(處重無畏)이니, 어떠한 때라도 두려움이 없어지고
④ 불소호념(佛所護念)이니, 부처님께서 항상 보호하시고
⑤ 구대위의(具大威儀)이니, 훌륭한 위의를 갖추게 되고
⑥ 중인친부(衆人親附)이니, 뭇사람이 친근하여 오고
⑦ 제천애경(諸天愛敬)이니, 천상인들이 사랑으로 공경하고
⑧ 구대복덕(具大福德)이니, 큰 복덕을 구비하고
⑨ 명종왕생(命終往生)이니, 내생에는 극락세계 왕생하고

⑩ 원증열반(媛證涅槃)이니, 마침내 열반을 얻는다.

이러한 공덕은 중생의 교만심을 꺾고 삼보를 높이 받들 때 더욱 깊어지므로 불자 된 이는 깊이 믿고 실천할 일이다.

● **절하는 법**

① 큰절을 하기 전에 먼저 합장하고 부처님을 향해 반절을 한 다음 큰절을 한다.

② 합장한 상태에서 두 무릎을 가만히 굽히고 앉는다. 앉을 때에는 두 무릎이 마루에 동시에 닿도록 해야 하며 왼발등이 오른발바닥 위로 올라가야 한다. 왼발이 정(靜)을 오른발이 동(動)을 나타내므로 왼발이 오른발 위에 위치해야 한다. 이것은 정이 동을 움직이지 못하게 한다는 뜻으로, 산란하고 동적인 마음을 정적인 마음으로 가라앉히고 부동하게 하여 하나가 된다는 것을 의미한다.

③ 무릎을 꿇고 앉은 후 오른손은 이마가 닿을 만한 곳의 바닥을 마음으로 선정한 후 오른손을 먼저 짚은 다음 가슴에 얹고 왼손을 오른손과 나란히 놓으면서 머리가 오른손과 왼손 사이의 공간에 들어갈 수 있도록 공간을 두어야 하며, 그 공간에 이마가 바닥에 닿도록 해야 한다. 내가 높이 여기는 이마가 더러운 바닥에 닿는 것은 더러움과 깨끗함을 초월한다는 뜻이며, 또 부처님의 양족(兩足 지혜와 자비를 다 베푸심)에 귀의하여 지혜와 복덕을 구하고자 함이다.

④ 이마가 바닥에 닿았을 때에는 두 손을 뒤집어서 귀밑에

까지 들어올린 다음 부처님의 지혜와 복덕에 귀의한
다는 마음으로 표현하고 다시 두 손을 원상태로 덮
은 후 처음과 같은 자세로 돌아간다. 이것은 두 손이
마치 연꽃 봉오리와 같은 모습이니 연꽃이 상징하는 의
미를 내포하고 있다.

⑤ 일어날 때는 왼손을 가슴으로 모은 후에 오른손을 올
려 두 손을 합장하고 오른발바닥 위에 있는 왼발을 오
른발과 나란히 하고 발가락에 힘을 주어 조용히 일어
난다.

⑥ 절은 3번, 7번, 21번, 108번, 1000번, 3000번 등
여러 가지가 있지만, 평상시에는 보통 3번이나 7번을
하면 된다.

⑦ 마지막 절을 하고는 바로 일어서지 않고 앉은 자세에
서 다시 한 번 반복하여 절을 하는데, 이를 유원반배
(唯願半拜 이때 소망을 빈다)라고 한다.

불자의 불경예절

불경은 부처님의 말씀이 담긴 귀중한 성전으로, 불법승을 삼보로 받드는 불교인에 있어서 불경은 바로 삼보의 하나인 법보인 것이다. 그러므로 불경을 대할 때는 부처님 대하듯 다음의 정중한 예절을 갖추어야 한다.

● **불경에 대한 예절**

① 불경은 불법승 삼보 가운데 하나인 법보이므로 공경해야 한다.

② 불경을 깔고 앉거나 베개로 삼지 않는다.

③ 불경은 날마다 읽고 외우고 행하여야 한다.

④ 불경은 손을 깨끗이 씻고 펴보아야 한다.

⑤ 불경은 공양 중에 보지 않는다.

⑥ 불경은 손가락에 침을 묻혀서 책장을 넘기지 말아야 한다.

⑦ 불경은 일반 책과 함께 꽂지 말아야 하며, 부득이 다른 책과 함께 꽂아야 할 때는 맨 위 칸에 꽂는다.

⑧ 불경은 책장을 접거나 잡다한 것을 책갈피 속에 넣지 말아야 한다.

⑨ 불경은 밑줄을 치거나 낙서하지 말아야 한다.

⑩ 불경은 먼지가 많거나 습기가 찬 곳에 두지 말아야 한다.

불자의 법사예절

절에는 부처님과 불탑과 여러 가지 전각 이외에 항상 자비로운 법사(法師 스님)들이 계신다. 스님은 불교의 가르침을 배우고 실천하며 중생 제도를 위해 포교하는 분이다. 그분들을 우리는 보통 '스님'이라고 하는데, '스님'이란 스승님(法師)의 준말이다.

우리나라에서는 스님이 되려고 처음 출가하면, 그 사람이 능히 수도 생활을 할 수 있겠는지 점검하고 그 의지를 시험하는 행자 기간을 거쳐야 한다. 행자는 상당히 고된 수련을 쌓은 다음 계를 받아 예비 승려인 사미승이 되고, 사미승으로서 20세 되면 구족계를 받아 완전한 승려가 되는 것이다. 법사님은 앞에서도 말했듯이 중생의 스승이므로 우리 불자는 법사님(法師 스님)에 대하여 다음 예절을 지켜야 한다.

1) 법사님(法師 스님)을 대하는 예절
① 법사님의 이름은 함부로 부르지 못한다.
② 돌아다니면서 법사님의 허물을 말하지 않는다.
③ 법사님 방에 들어가려 할 때 먼저 허락을 받아야 하며, 법사님을 만나려고 할 때는 사전에 허락을 받아 수행 및 포교생활에 방해가 되지 말아야 한다.
④ 법사님 대하기를 부처님 대하듯 해야 한다.

⑤ 법사님 말씀이 끝나기 전에 말하지 않는다.

⑥ 법사님 앞에서 껌을 씹거나 담배를 피우면 안 된다.

⑦ 법사님과 나눈 약속은 꼭 지켜야 한다.

⑧ 법사님의 나이나 세속의 인연 등 과거에 대하여 물으면 안 된다.

⑨ 법사님 모실 때 마주 서거나 높은 데 서지 말며, 너무 멀리 서지도 말아야 하며, 법사님의 말씀을 주의 깊게 듣고 삶의 등불로 삼아야 한다.

⑩ 법사님을 속이거나 법사님에게 자신의 이익을 위해 청탁하면 안 된다.

불자의 공양예절

(1) 공양의 뜻

공양은 범어 푸야나(Pujana)의 의역이며 공시(供施), 공급(供給)이라 번역한다. 즉 공급하여 자양(資養)한다는 뜻을 지니고 있으며, 불법에 귀의하며 감사하고 겸손한 마음으로 삼보께 올리는 청정한 모든 것을 공양이라 한다.

공양은 탐욕에 가려져 있는 본래의 자기를 회복하는 믿음의 첫 출발이기도 하다.

공양은 크게 나누어 세 가지로 설명할 수 있다.

*법공양(法供養) : 교법에 따라 보리심을 일으켜 자리이타(自利利他)의 삶을 사는 것을 말하며, 특히 부처님의 가르침 곧 진리를 세상에 전하거나 경전을 전하는 것을 말한다.

*재공양(財供養) : 의복, 음식 등 세간의 재물을 불법승 삼보께 공양함을 말한다.

*배공양(拜供養) : 불법승 삼보께 찬탄, 예배 등을 행하는 것을 말한다.

2) 공양 올리는 마음

향은 자신의 몸을 태워 아름다운 향기를 남기고 촛불은 자신의 몸을 태워 세상의 어둠을 밝히나니, 이와 같이 불자는 부처님의 계의 향(戒香), 정의 향(定香), 혜의 향(慧香), 해탈의 향(解脫香), 해탈지견의 향(解脫知見香)으로 살아야 한다.

이 몸과 마음을 태워 재가 될지라도 어두운 번뇌의 세계를 밝힌다는 마음으로 향과 초를 사르고, 이러한 부처님께 공양 올리는 모든 공덕을 일체중생에게 회향하여 중생의 고통을 덜어 주고 참된 진리를 심어 줄 것을 기원하는 마음으로 공양을 올려야 한다.

(3) 부처님께 바치는 6법 공양과 그 의미

1) 향(香)공양 : 조석예배 시간이나 기도할 때마다 촛불을 켜고 향을 꽂는다. 향을 꽂는다고 하여 그 냄새 속에 부처님이 계시는 것이 아니며 불에 타는 향에 불성이 있는 것도 아니다. 어리석은 중생이 오랜 수행을 통하여 이룩한 덕향(德香)은, 바른 인생관을 세워 신념 있게 살아서 이룩한 청정한 인격이 풍겨 주는 향기가 계향(戒香)이며, 어떠한 사물에 부딪치고 이해관계에 관련되어도 자기의 마음가짐이 흔들리거나 동요되지 않는 안정된 선정의 향기가 정향(定香)이며, 바른 견해로 바른 인생관을 세워 바르게 살아가는 슬기와 향기가 혜향(慧香)이며, 이러한 생활과 마음의 안정과 슬기로운 생활태도로 온갖 번뇌와 망령된 생각에서 벗어나 자유로운 인격을 누리게 되는 무애 자재한 인격의 향기가 해탈향(解脫香)이며, 해탈을 누리는 고상한 인격을 가진 사람이 세상 사람들의 아집과 편견을 떠나 조화롭게 살아가면서 소극적인 생활태도가 아니라 고단하고 고통스러울지라도 이웃을 위해 자비심을 일으켜 적극적으로 포교하여 같은 자유인이 되게 하려는 실천인으로서 인품의 향기가 해탈지견향(解脫知見

香)이다. 이러한 향기는 불어도 한 편으로만 치우치는 겻
이 아니며, 시간과 공간의 제약을 벗어나 모든 이들의 가
슴속까지 울려퍼지는 그윽한 향기이다. 부처님 전에 향공
양 올리고 예배함은 부처님께서 성취하신 이 다섯 가지의
덕향을 본받고자 서원하고 우러러 찬탄하는 거룩한 행위
로써 향을 올리는 것이다,

2) 꽃(花)공양 : 모든 사람들이 꽃을 대하는 마음은 아
름답고 순수하며 환희스럽다. 그러나 꽃 한 송이가 있기
까지는 많은 어려움과 고통을 극복하지 않으면 안 된다.
그래서 꽃은 아름답다고 한다. 마찬가지로 불국토를 아름
답게 장엄하는 행위도 참고 견디며 신념 있게 살아가는
여러 가지의 행위, 즉 만행(萬行)의 결과이다. 만행화(萬
行花), 즉 꽃 공양은 참고 견디는 인욕을 통해서 피워
내는 향기로운 수행의 꽃을 부처님과 세상 앞에 바침으로
써 불국정토를 세우려는 서원의 공양으로써, 이러한 의미
를 담아 부처님께 꽃 공양을 올리는 것이다.

3) 등(燈)공양 : 깨달음의 광명을 어둠의 세계에 회향
함이다. 어두운 밤에는 불빛이 제일이듯이 미혹의 어둠
속을 방황하는 중생에게는 부처님의 지혜광명이 등대가
되고 안내가 되고 눈이 되는 것이다. 촛불은 사바세계의
고뇌하는 중생에게 구원의 찬란한 빛을 밝히는 마음의 표
현이다. 그래서 이 몸을 등대로 하고 이 마음을 등잔으로
삼고, 이 믿음을 등심지로 하며, 나의 청정한 계행을 기
름으로 삼아 세상을 밝혀야 한다. 한 개의 등불로 천 개

의 등에 불을 붙이듯 공양 올리는 이의 지혜광명이 자신을 밝히고 이웃에게 빛을 주어 꺼질 줄 모르는 긴 광명의 빛, 장명등(長明燈)이 되도록 발원하여야 할 것이다. 등을 켜고 촛불을 밝힘은 지혜롭게 살아가기를 서원(誓願)함이고, 이웃에게 등대 되기를 발원(發源)함이다. 그래서 '등불을 주면 눈을 주는 것'이라고 말씀하셨으니, 이를 위해 등 공양을 올리는 것이다.

4) 차(茶)공양 : 불사(不死)의 약을 바침이다. 목마른 이에게 깨끗한 물 한 그릇이 제일이듯이 삼독의 갈증에 허덕이는 중생에게는 청량한 감로수가 으뜸이다. 욕심의 고해에서 허덕임은 목마른 사람이 물을 찾는 것처럼 맹목적이다. 부처님께 청정감로수를 공양 올림은 '삼독의 갈증을 시원하게 쉬게 하여 주옵소서'라고 하는 간절한 기도의 표현이며, 그렇게 살리라는 맹세의 표현이기도 하다.

5) 과(果)공양 : 행위의 결과인 보리과(菩提果)를 회향함이다. 나 혼자만이라도 인간답게 살아보자는 소극적인 출발이었다 하더라도 인격을 성취한 그 결과는 남을 위하여 회향하여야 더욱 아름답고 값지다. 꽃피우고 힘차게 자란 과일이 그 자신을 남에게 온통 보시하듯이 불교인의 행위도 이웃과 사회를 위하여 헌신하고 봉사하려는 보시 정신에서 더욱 아름다운 결실이 얻어진다. 부처님께서 중

생을 위하여 회향하셨듯이 우리도 이타의 정신이 절실히 요구되어진다. 부처님 앞에 과일공양을 올림은 부처님의 과덕을 한껏 받아들이고 싶은 소원의 표현이고, 이 다음 나 자신도 남을 위해 봉사하고 헌신하리라는 다짐이기도 하다. 꽃이 원인이라면 과일은 결과이다. 참고 견디는 인욕이 꽃이라면, 그 결과로 얻어지는 과일은 깨달음이며 남을 위해 던지는 가없는 보시이기도 하다. 과일이 제 살을 주고서 새싹을 널리 새로 퍼지게 하듯이, 보시의 결과도 회향하는 거룩한 마음가짐에서 더 넓은 세계로 파도치게 할 수 있는 것이니, 이로써 과일 공양을 올리는 뜻을 삼는 것이다.

6) **쌀(米)공양** : 법열에 가득한 환희심을 뜻한다. 사바 중생은 밥을 섭취하여 몸을 지탱하지만 극락세계는 **선열미(禪悅米)**, 곧 진리를 즐기는 것으로써 밥을 삼아 살아간다. 부처님께서 삼독으로 병든 중생에게 진리에 안주하는 기쁨으로 인도하심을 베풀듯이, 불자로서 우리는 목마르고 배고파하는 이웃에게 음식물을 베풂으로써 자비심을 키우고 기쁨에 안주하여야 한다. 이 모두가 자기의 공덕을 삼보에 부사의한 위신력을 통하여 회향하는 것이니 정성스러워야 한다. 농부가 씨앗을 뿌려 농사지을 때 최선을 다해 노력하는 것처럼 삼보의 복전에 씨 뿌리는 불교인은 참으로 정성스러워야 한다. 정성스럽다[성(誠)]는 것은 모두를 성취[성(成)]시키려는 마음이다. 부처님의 위신력을

빌어 조상에게 제사하는 것도 이러한 뜻을 담고 있으니 그래서 음식을 베푼다[시식(施食)]고 한다.

이상의 여섯 가지 공양을 형식적으로만 끝내지 않고 마음으로 그 뜻을 깊이 생각하여, 나 또한 그렇게 실천하리라는 서원을 새롭게 다짐하면서 행할 때 부처님의 따스한 보살핌이 우리를 향해 펼쳐지리니, 그래서 이를 일러 '가피(加被)하신다' '감응(感應)하신다'라고 한다. 그래서 육법공양(六法供養)이다.

 불자로서 한 가지 더 알아야 할 점은, 복전함에 보시하는 것은 기쁜 마음으로 자기의 욕심을 버리는 것이므로 희사(喜捨)요, 희사된 삼보정재로써 가람수호와 중생구제와 포교불사 등 갖가지 부처님 일을 하는 줄을 알아 은혜를 갚는 마음으로 보시할 때 불법은 널리 찬양되어질 것이고 도량은 더욱더 장엄스러워질 것이며, 보시하는 행위야말로 큰 법칙은 심은 대로 거둔다는 것이요 베푸는 사람에게 큰 공덕이 주어진다는 것이니 인과율(因果律)이요 인연(因緣)이기도 하다. 가난을 탓하지 말고, 열심히 씨뿌려야 하듯 중생을 향해, 부모를 우러러, 삼보 전에 열심히 그리고 자주자주 보시하여 착한 공덕을 쌓아야 그 인생이 보람 있고 가치 있어진다. '복을 원하는 사람, 누구든지 행복 씨앗을 뿌려야 한다'고 세존께서 말씀하셨다.

불자의 일상예절

부처님께서는 불경 가운데 『선생자경(善生子經)』에서 우리 불자들의 일상예절을 다음과 같이 말씀하셨으니, 이를 항상 새겨 우리의 삶을 밝혀야 하겠다.

부모는 자식을 사랑하되 다음과 같이 하여야 한다.
① 자식을 향해 악함을 멀리 하도록 양육하라.
② 가르치되 먼저 착함을 보이라.
③ 사랑을 뼈에 사무치도록 사랑하라.
④ 착한 배우자를 만나게 하라.
⑤ 적당한 시기에 가업을 상속토록 하라.

자식은 다음과 같이 부모를 공경하여야 한다.
① 부족함이 없도록 부모를 봉양하라.
② 하고자 하는 일을 부모와 상의하라.
③ 부모의 뜻을 거역하지 말라.
④ 가업을 잇고 번창하게 하라.
⑤ 선망부모를 위해 정성껏 제사지내라.

남편은 다음과 같이 아내를 사랑해야 한다.
① 출입시 예절로 대하라.
② 위신을 지키고 딴 여자를 사랑하지 말라.
③ 의식주에 걱정이 없도록 하라.
④ 때때로 장신구를 사주어라.

⑤ 집안 살림을 믿고 맡겨라.

아내는 남편을 다음과 같이 공경해야 한다.
① 외출하고 돌아올 때 일어서서 맞이하라.
② 집안을 잘 정리하고 음식을 잘 만들어야 한다.
③ 부드러운 말로써 가정을 화목하게 하라.
④ 남편을 공경하고 그 뜻을 존중하라.
⑤ 재산을 잘 관리하고 부지런 하라.

스승은 다음과 같이 제자를 가르쳐야 한다.
① 순서대로 진리를 가르쳐라.
② 다른 사람보다 열심히 가르쳐라.
③ 묻는 것을 잘 이해하도록 설명하라.
④ 좋은 친구를 사귀게 하라.
⑤ 아는 것을 다 가르치고 시기하지 마라.

제자는 다음과 같이 스승을 공경해야 한다.
① 스승을 공경하고 항상 칭찬하라.
② 은혜를 생각하고 보답하라.
③ 가르친 대로 잘 따르라.
④ 배운 대로 잘 지키고 잊지 말라.
⑤ 언제나 그 어려움을 보살펴 드려라.

기업주는 다음과 같이 고용인을 보살펴라.
① 능력에 따라 일하게 하라.

② 적정선의 급료를 지급하라.
③ 복지시설을 갖추고 휴식을 취할 수 있게 하라.
④ 개인 생활을 보장하라.
⑤ 의료 시설을 갖추고 부당한 대우를 피하라.

고용인은 다음과 같이 사주를 위해 일해야 한다.
① 부지런히 일하라.
② 맡은 일을 치밀하게 처리하라.
③ 물건을 아끼고 훔치지 말라.
④ 스스로 일을 찾아 행하고 질서를 지켜라.
⑤ 기업주를 칭찬하고 불평하지 말라.

친척 간에는 다음과 같이 대해야 한다.
① 잘못이 있으면 남이 모르게 가르쳐 고치게 하라.
② 작은 일이라도 급한 일은 찾아가 도와주어라.
③ 개인적인 일은 남에게 말하지 마라.
④ 서로 존경하고 칭찬하라.
⑤ 좋은 물건은 조금씩이라도 나누어주어라.

친구에게는 다음과 같이 대해야 한다.
① 마음을 열고 서로 대하라.
② 비밀을 서로 끝까지 지켜라.
③ 어려움에 빠졌을 때 외면하지 말라.
④ 가난하더라도 가벼이 업신여기지 말라.
⑤ 친구를 위해 참으며, 도움이 되는 일을 해라.

축원의 정의

축원(祝願)이란 병법사문으로서 스님(法師)이 작법의례에 따라 불법승 삼보께 신도의 소구소망을 기도하고 축복하는 것으로 축원은 크게 산 자를 위한 생축(生祝)과 죽은 자를 위한 망축(亡祝)으로 구분된다.

축원의 구성

축원은 대체로 다음 일곱 부분으로 나눠지는 바, 불법승 삼보께 그 위신력에 대한 찬탄과 더불어 기도에 감응해 주실 것을 아뢰는 찬탄분(讚歎分), 일체중생의 총괄적으로 아뢰는 총원분(總願分), 장소와 때 그리고 기도드리는 제주를 부처님께 아뢰는 시처분(時處分), 기도드리는 자의 신심이 더욱 깊어지고 모든 지은 바 죄업이 소멸되기를 간구하는 참회분(參會分), 제주의 특별하고도 구체적인 소망의 성취를 축원하는 별원분(別願分), 기도의 공덕을 널리 일체중생에게 회향하여 다함께 성불하기를 발원하면서 또한 부처님의 크신 뜻이 이 땅에 이뤄지기를 비는 삼보를 향해 귀의를 다짐하는 귀의분(歸依分) 등으로 구성되며 그 예문은 아래와 같습니다.

① 찬탄분

우러러 고하나이다.

중생의 병을 따라 대의왕의 몸을 나투시어 치유의 능력을 베풀어 주시는 약사여래 부처님이시여, 자비를 베푸시어 이 기도에 감응하여 주시옵소서.

② 총원분

부처님의 크신 공덕 중생세계 회향하사 이 땅에 질병으로 신음하는 모든 아픈 이들이 낱낱이 제도되어지이다.

③ 시처분

이 사바세계 남섬부주 동양 대한민국 (주소 : 사암명) 청정수월도량 일심으로 정진하는 청신사 청신녀 각각 등 보체

④ 참회분

중생의 죄업을 씻어 주시는 대자대비하신 관세음보살님이시여, 이 불자들이 저 아득한 과거세로부터 오늘에 이르도록 삼보의 가르침 안에서 그 진리를 이루고자 노력해 왔사오나, 때로 욕심이 앞서서 몸과 말과 뜻으로 많은 죄업을 지었사오매 지금 그 모든 지어 온 바 죄업을 낱낱이 참회하나이다. 하오니 이 간절한

참회를 거두시어 죄업을 씻어 주시옵고, 인생사에 온
갖 장애와 환란과 재난을 당하지 않도록 호념하여 주
시오며, 고해를 속히 건너 해탈할 수 있도록 인도하
여 주시옵소서.

⑤ 별원분

참으로 자비로우사 중생의 질병을 낫게 하시는 약
왕보살이시여, 뜻밖에도 병고를 만나 신음하고 있는
○○○불자를 위하여 간절히 기도하옵나니 약왕보살
님의 감로수를 이 불자에게 부어주시사 이로 하여금
질병의 고통으로부터 속히 벗어나 쾌차케 하옵시고
병중에서 오히려 정진하는 기회를 열어 주시옵소서.
무릇 인간이 이 세상에 태어남은 누구나 병 없이 오
래 살기를 발원하고 사고와 장애와 환란이 없이 안
락한 삶이 계속되기를 바라거니와 생자는 필멸이요
불생자는 불멸이라. 태어난 바 육신은 반드시 허물어
지는 것이나 병고로부터 벗어날 수 없지만 본래의 참
생명인 불성은 영원하므로 나의 참 존재는 아플 수도
죽을 수도 없는 불생불멸하는 줄을 굳게 믿사옵니다.
만사는 다 인연의 소치, 스스로 짓고 스스로 받는 줄
을 깨우쳐 주시는 인천사인 부처님이시여, 오늘의 이
병고는 지난날의 업의 그림자니 그것은 실상이 아니

며 잠시 인연을 따라 나타났다가 인연을 좇아 사라지는 것임을 믿사옵니다. 바라옵건대 지금 질병으로 신음하는 이 불자에게 속히 신묘한 약과 의원을 보내주셔서 즉일 쾌차하여 전보다 더욱 건강하고 명랑한 모습으로 본업에 충실할 수 있도록 인도하옵시고, 간병하는 가족에게도 더 큰 능력과 용기와 자비를 베풀어 주시사 환자를 돌보는 일에 어려움이 없도록 보살펴 주시옵소서.

⑥ 회향분

바라옵건대 이 불자들이 세상을 살아가되 저 허공의 바람처럼 걸림이 없사옵고 저 진흙 속의 연꽃처럼 더러움에 물들지 아니하고 청정미묘하며 몸과 말과 뜻을 다해 불법승 삼보를 섬기옵고 부처님의 크신 뜻을 이 땅에 이뤄지이다.

⑦ 귀명분

마하반야바라밀 (반 배)
나무 석가모니불
나무 석가모니불
나무 시아본사 석가모니불 (반 배)

일요법회 발원문

거룩하신 부처님!
무한한 지혜와 자비의 빛으로 저희들 마음의 어두움
을 밝혀 주옵소서.
저희들이 지난날 무명의 구름에 가리워 욕심과 성냄
과 어리석음으로 지은 잘못을 참회하옵니다.

오랜 세월 동안 스스로 짓고 스스로 받는 인과의 도
리를 알지 못하여 갈 길 몰라 헤매었나이다.
이에 바른 법을 만나 귀의하오니 그 공덕으로 업보
의 무거운 짐 벗고 해탈의 밝은 빛을 찾아 자비의 품
에 들게 하소서.

세간의 등불이시며 온갖 공덕으로 중생을 인도하시는
부처님!
저희가 어둠속에서 방황할 때 당신의 빛을 만나게 하
시고, 시련의 고통을 당할 때 당신의 손을 잡게 하시
며, 불화로 인하여 반목할 때 당신의 미소를 보게 하
시고, 나태와 좌절에 빠져 허덕일 때 당신의 고행을
배우게 하소서.

복덕과 지혜를 다 구족하신 부처님!
지금 저희들 가슴속에 간절히 원하는 일들이 모두 다
이뤄지게 하여 주옵소서.

발원하오니 모든 생명과 모든 사람들이 행복하고
평화롭도록 가피를 내려 주옵소서.
마하반야바라밀 (반 배)
나무 석가모니불
나무 석가모니불
나무 시아본사 석가모니불 (반 배)

일상 발원문

거룩하고 자비하신 부처님께 귀의하옵니다.
오늘 삼보님전에 모인 저희들은 대자대비하신 부처님
의 가르침에 따라 깨달음의 길로 나왔습니다.

저희들은 항상 욕심 많고 성 잘 내고 어리석어 내 몸
만 집착하고 참 성품 배반하여 몸과 말과 뜻으로 남
을 미워하고 시기하던 나쁜 버릇을 부처님께 진심으
로 참회하옵니다.
이제부터 부처님의 가르침 따라 보리도를 이루며 바
른 마음, 바른 말, 바른 행동으로 살아가고자 서원
하오니 인도하여 주시옵소서.

세간의 등불이시며 온갖 공덕으로 중생을 인도하시는
부처님!
저희가 어둠 속에서 방황할 때 당신의 빛을 만나게
하시고, 시련의 고통을 당할 때 당신의 손을 잡게 하
시며, 불화로 인하여 반목할 때 당신의 미소를 보게
하시고, 나태와 좌절에 빠져 허덕일 때 당신의 고행
을 배우게 하소서.
나보다 대중을 위하고 정의를 위해 나를 희생하는 서
원이 이루어지게 하소서. 원하옵건대 이 공덕을 널리

회향하오니 부처님의 자비광명이 법계에 충만하시어 행복과 평화와 보은이 함께하사 모두 함께 성불할지어다.

마하반야바라밀 (반 배)
나무 석가모니불
나무 석가모니불
나무 시아본사 석가모니불 (반 배)

가내길상 발원문

언제나 크나큰 자비로 중생을 이롭게 하시는 부처님!

오늘 저의 가족이 모여 불법승 삼보의 존귀하심을 찬탄하며 참되고 슬기롭게 살기를 발원하옵니다.

저희가 그동안 지은 온갖 허물을 지심으로 참회하옵고 모든 중생 함께 무상보리 이루기를 간절히 원하오니. 맑은 심성 닦아 가는 수행의 가정이 되게 하옵소서. 부처님의 위신력이 함께하시어 저희들 신심이 날로 깊어지고 집안이 화평하며 자손은 학업에 전념하고 사업이 번창하여 뜻하는 바 모든 일을 크게 이루게 하옵소서.

선망부모 모두 극락세계에 왕생하옵고 행하는 일마다 천룡팔부 옹호성중이 함께하시어 저희들의 큰 서원을 원만하게 성취할 수 있도록 보살펴 주시옵소서. 거룩하신 부처님께 귀의하고 발원하옵니다.

나무 석가모니불

나무 석가모니불

나무 시아본사 석가모니불

생일 발원문

대자대비하신 부처님!

오늘 ○○○불자의 생일을 맞이하여 일심으로 기원 드립니다.

○○○불자는 부처님의 크신 가호를 힘입어 지혜와 위덕을 갖추고 큰 서원을 발해온 진실한 불자이옵니다. 덕성과 복덕은 한이 없고 자비 또한 끝이 없어 이 땅이 시대에 보살업을 이루고자 하는 수승한 서원을 지녔사옵니다. 크신 위신력 베푸시어 ○○○불자가 지닌 서원 이루어지도록 간곡하게 살펴 주시옵소서. 심신은 금강 같이 강건하고 수명은 천지 같이 무궁하며 지혜는 일월 같이 빛나고 복덕은 바다 같이 넓어지게 하소서. 바라옵건대

○○○불자가 보살도를 닦는 가운데 나날이 경사 일고 뜻하는 일마다 모두 성취하여 온 중생에게 큰 빛이 되게 하여 주옵소서.

나무 석가모니불

나무 석가모니불

나무 시아본사 석가모니불

학업성취 발원문

언제 어디서나 중생의 원력과 함께하시는 관세음보살님!

발원재자 ○○생 ○○○ 등은 관세음보살님의 한량없는 사랑과 복덕을 찬탄하옵니다.

설함 없는 가운데 모든 진리를 설하시고 들으심 없는 가운데 온갖 중생의 소리를 들어 거두시는 관세음보살님의 지혜와 복덕 가운데 들고자 하는 이들이 간절한 마음을 모았습니다.

백천겁을 다하도록 만나기 어려운 불법을 만나 이제까지 지은 모든 죄업과 허물을 진심으로 참회하고 참으로 맑고 순수한 몸과 마음으로 새로이 태어나기를 원합니다. 처음 불법을 만나 서원했던 그 마음으로 돌아가 간절히 엎드려 기원하오니 저와 저희 아이들이 세상의 모든 탐욕과 어리석음, 분노로부터 자유로워져서 이고득락의 기쁨을 맛보게 하옵소서. 또한 괴로움의 바다인 이승에서 온갖 방편 문을 두루 통달하여 티끌 같은 생명 하나도 외면함이 없이 대자대비의 원력 속에서 살아가게 하여지이다.

오늘 발원하는 모든 것은 저와 저희 아이들의 절실한 소망이오니 불보살님의 복덕과 가피가 항상 함께

하기를 바라옵니다.

이제 저희 아이들의 눈은 지혜로 빛나고 저 높은 산봉우리에 올라 더 넓은 세상을 바라볼 것입니다. 지극한 정성으로 빌고 또 비옵나니 문수보살님의 지혜와 관세음보살님의 자비와 지장보살님의 원력이 저희 아이들과 함께하기를 서원합니다.

이제 희망찬 미래를 열어갈 아이들은 불보살님의 가피력으로 어떤 장애가 있을지라도 스스로 딛고 일어설 불퇴전의 용기와 걸림 없는 지혜를 가지게 될 것입니다. 중생의 사랑과 희망이신 관세음보살님! 발원재자 ○○생 ○○○ 등은 오늘 이 발원이 불보살님의 자비공덕과 더불어 반드시 이루어지기를 바라고 또 바라나이다.

나무 석가모니불

나무 석가모니불

나무 시아본사 석가모니불

진급(승진) 발원문

참기 어려운 것을 능히 참으시고
행하기 어려운 것을 능히 행하시어
마침내 대각을 성취하사
중생 위해 팔만사천 감로법을 열어 주신 부처님!
오늘 ○○○ 불자는
부처님의 원만 구족하신 공덕의 위력을 입어 더욱 새
롭고 힘차게 도약할 수 있는 시절인연을 눈앞에 두고
있기에 삼가 삼보전에 아뢰나이다.
이 세상에서 겨자씨만한 땅이라도 부처님과 보살이
중생을 제도하기 위해 땀 흘리지 않은 곳이 없다고
하신 말씀과 같이, 언제 어디서나 열심히 기도 정진
하고 땀 흘리는 ○○○ 불자에게 큰 힘과 복덕을 내리시어,
제가 발원하는 이 원이 삼보님의 호념하심과 위신력
으로 성취의 기쁨과 회향의 법력을 누리게 하소서.
시방 삼세에 항상 계시어 온 중생의 복전이신 부처
님!
저희들의 간곡한 발원을 굽어 감응하시어
직장과 나라에 더욱더 필요한
큰 일꾼이 되게 하옵시고
모든 사람을 내 몸 같이 사랑하는

자비의 보살이 되게 하소서.
일체 중생의 귀의처이신 부처님!
○○○ 불자에게 올바른 지혜와 불퇴전의
용기를 주시어
항상 감사하는 마음으로
맡은 바 업무를 원만히 수행하여
중생제도의 큰 불사에 이바지하는
공덕을 세우도록 이끌어 주옵소서.
거룩하신 부처님께 귀의하오며
이 공덕 널리 회향하오니 법계의
일체 중생이 다함께 성불하여지이다.
나무 석가모니불
나무 석가모니불
나무 시아본사 석가모니불

이사 사업번창 발원문

자비하신 부처님! 오늘에 이르기까지 베풀어 주신 불보살님의 지극한 은덕에 감사드리옵니다.

○○○ 불자가 오늘 이 자리에 새로운 삶의 터전을 마련하고 간절히 기도드리오니 부처님의 품안에서 항상 화목하고 번창하게 하옵소서.

모든 중생의 간절한 기도에 응답해 주시는 거룩하신 부처님! 이곳에서 하는 일마다 모두 다 성취되어 생업이 안정되고 자녀들의 교육이 원만히 이루지고 가운이 날로 번창하도록 가피를 내려 주옵소서.

그리하여 그 가피 속에서 보람의 열매를 거두어 이웃에게 부처님의 가르침을 전하고 모든 사람들로부터 사랑받는 불자가 되게 하옵소서.

○○○ 불자와 인연 맺은 모든 사람들도 중생을 위한 보살의 마음을 지니게 하시고, 영산회상 법화신중님들의 보호 속에 온갖 마장은 사라지고 복과 지혜가 구족되어 하는 일마다 모두 원만 성취하게 하옵소서.

나무 석가모니불

나무 석가모니불

나무 시아본사 석가모니불

문병 쾌유 발원문

중생의 병에 따라 낱낱이 약 베푸시는 약사유리광부처님! 병고로 고통받는 ○○○ 불자에게 가피를 내리어 속히 쾌차하게 하여 주옵소서.

무릇 세상을 살아가는 모든 생명 모든 사람이 병 없이 오래 살기를 원하오나 그 괴로움을 어찌 다 감내하겠사옵니까.

자비하신 부처님! 부처님께서는 중생의 그 고통 그 괴로움을 모두 다 없애 주시려는 크나큰 원을 세우셨습니다. 바라옵건대 ○○○ 불자에게 크나큰 힘과 용기를 주시고 신묘한 가피를 내리시어 하루 속히 전과 같은 건강을 되찾을 수 있도록 하여 주시옵소서.

저희들의 영원한 의지처이며 고통에서 구해 주시는 부처님! 저희들이 언제나 부처님의 크신 원력 가운데 있음을 감사드리며 병 없이 건강하고 착실하게 살아가는 불자가 되게 하여 주시옵소서.

나무 석가모니불

나무 석가모니불

나무 시아본사 석가모니불

보왕삼매론

몸에 병이 없기를 바라지 마라.
몸에 병이 없으면 탐욕이 생기기 쉽나니 그래서 부처
님께서 말씀하시되 "병으로써 양약을 삼으라" 하셨느니
라.

세상살이에 곤란 없기를 바라지 마라.
세상살이에 곤란이 없으면 업신여기는 마음과 사치한
마음이 생기게 되나니 그래서 부처님께서 말씀하시되
"근심과 곤란으로써 세상을 살아가라" 하셨느니라.

공부하는데 마음에 장애 없기를 바라지 마라.
마음에 장애가 없으면 배우는 것이 넘치게 되나니 그래
서 부처님께서 말씀하시되 "장애 속에서 해탈을 얻으
라" 하셨느니라.

일을 꾀하되 쉽게 되기를 바라지 마라.
일이 쉽게 되면 뜻을 경솔한 데 두게 되나니 그래서
부처님께서 말씀하시되 "여러 겁을 겪어서 일을 성
취하라" 하셨느니라.

친구를 사귀되 내가 이롭기를 바라지 마라.

내가 이롭고자 하면 의리를 상하게 되나니 그래서 부처님께서 말씀하시되 "순결로써 사귐을 길게 하라" 하셨느니라.

남이 내 뜻에 순종해 주기를 바라지 마라.
남이 내 뜻대로 순종해 주면 마음이 교만해지나니 그래서 부처님께서 말씀하시되 "내 뜻에 맞지 않는 사람으로써 원림을 삼으라" 하셨느니라.

공덕을 베풀 때에는 과보를 바라지 마라.
보답을 바라면 도모하는 뜻을 가지게 되나니 그래서 부처님께서 말씀하시되 "덕 베푸는 것을 헌신처럼 버려라" 하셨느니라.

이익을 분에 넘치게 바라지 마라.
이익이 분에 넘치면 어리석은 마음이 생기게 되나니 그래서 부처님께서 말씀하시되 "작은 이익으로부터 부자가 되라" 하셨느니라.

억울함을 당해서 밝히려고 하지 마라.
억울한 마음을 밝히게 되면 원망하는 마음을 돕게 되나니 그래서 부처님께서 말씀하시되 "억울함을 당하는 것으로 수행하는 문을 삼으라" 하셨느니라.

이와 같이 막히는 데서 도리어 통하는 것이요, 통함을 구하는 것이 도리어 막히는 것이니라.

그래서 부처님께서는 장애 가운데서 보리도를 얻으셨느니라. 알굴리 말라와 데바닷타의 무리가 모두 반역 짓을 했지만 부처님께서는 모두 수기를 주셔서 성불하게 하셨으니 이 어찌 저 거역되는 것들을 나의 순리로 삼지 않을 것이며 어찌 저들의 훼방이 나의 성취가 되지 않을 것인가.

하물며 시절이 각박하고 세상이 악하여 인생살이가 이상하게 흐르거늘 도를 배우는 사람이라 하여 어찌 장애가 없겠는가.

요즘 세상에 도를 배우는 사람들이 만일 먼저 역경에서 견디어 보지 못하면 장애에 부딪힐 때 능히 이겨내지 못해서 큰 보배를 잃어버리게 되나니 역경을 통하여 부처를 이룰지어다.

● 송주편(誦呪篇)

송주(誦呪)란? 「주문(呪文)을 외운다」는 뜻이다. 주문을 외우면 심지(心地)가 개발되어 다생의 죄업이 소멸되고 현생의 복업이 늘어나며 미래의 낙과(樂果)가 약속되며 모든 소망을 성취할 수 있다.

조례송주(朝禮誦呪)는 주로 능엄주(楞嚴呪)와 여의륜주(如意輪呪), 모다라니주(姥陀羅尼呪), 소재주의 사대주를 중심으로 육자주, 준제주, 발원문(여래십대발원문), 서원문(사홍서원), 삼보례 등을 외우기 때문에 사대주라 통칭하고, 석례송주(夕禮誦呪)는 천수경을 중심으로 육자주, 준제주, 발원문, 서원문, 삼보례의 순서로 외우므로 통칭 천수경이라 하고 있다.

그러나 알고 보면 천수경 하나 가운데도 세 개 이상의 경전이 집합되어 있고, 더군다나 조례송주에는 여섯 개 이상의 경전(능엄신주경, 여의륜주신주경, 모다라니소재길상경, 육자대명왕경, 불모준제경, 삼보례경)이 집합되어 있는 것이다.

그런데 옛날 염불당에서는 이 사대주나 천수경을 전송이라 하고 거기에 장엄염불과 정토업을 붙여서 후송이라 하였다.

장엄염불은 불보살의 위대한 덕상을 찬탄하고 극락왕생을 서원한 발원문이고, 정토업은 자신의 업을 밝히고 중생구제를 서원한 진언문이다.

과거에 시간 여유를 가지고 살던 불자님들은 아침저녁으로 이 경을 외우고 불공을 하였지만 요즈음은 시간이 여의치 않은 경우가 많으므로 특별한 법회가 아니고서는 천수경이나 사대주의 전송만을 외우고 거기에 정삼언진언, 개단진언, 건단진언, 정법계진언을 외우고 바로 청사로 들어간다.

그리고 식사 때 외우는 반야심경은 식사의 의의를 되새기고 시주의 은혜에 감사하기 위하여 외우는 것인데, 요즈음은 복잡을 피하기 위하여 식사 전에 「한 방울의 물에도 천지의 은혜가 들어 있고, 한 알의 곡식에도 만인의 노고가 담겨 있습니다. 이 음식으로 건강을 유지하여 봉사하겠습니다.」하고 식사 후엔 「이 인연 공덕으로 널리 일체에 미쳐서 모두와 함께 불도를 성취하고 불국정토를 건설하겠습니다.」하여 그 대의만을 간추려 외우고 있다.

또 목탁석(도량석)할 때 외우는 글은 천수경이나 사대주 아니면 화엄경약찬게, 법화경약찬게, 비로자나 총기진언, 법성게 등을 외운다. 그리고 또 종을 칠 때 외우는 종송은 아침에는 장엄염불과 게송진언을

곁들어서 외우지만 저녁에는 간단히 게송과 진언만
외운다.

원래 범종은 시간을 알리고 중생의 어두운 마음을
깨우쳐 주기 위하여 치는 것이므로 범종을 울리는 것
만으로도 충분한 것이지만 거기 송주를 곁들이면 송
자와 청자가 함께 심금을 울리기 때문에 송주를 넣어
외우게 된 것이다.

그럼 이제 아침 송주로부터 저녁 천수경 장엄염불 정
토업을 차례로 정리하고 반야심경과 종성을 순서대로
편집하여 여러분들의 수행에 편의를 드리고자 한다.

● 송주의 독송방법

불전 앞에서 아침저녁으로 외우는 조석 송주는 목탁
소리에 맞추어 운율을 고르게 하되 선창자의 뜻을 어
기지 않도록 하여야 한다.

옛날 염불당에서는 사물(목탁 요령 북 태징)을 함께
쳐서 장단을 맞추어 하였으나 지금은 소음을 금지하
기 위하여 주로 목탁에만 의존하고 있다.

※ 도량석 목탁석은 기침을 알리는 제일성이다.

부전승이나 법당을 담당하신 분이 먼저 일어나 불전
에 향과 등불을 켜고 삼배를 한 뒤에 목탁을 들고 법

당 앞으로 나와서 낮은 소리로부터 높은 소리로 세 번 거듭 올려친 뒤에 천수경이나 사대주를 외우는 방법으로 천천히 목탁을 치면서 도량을 순방한다.

그리하면 함께 공부하는 스님들이나 대중은 그 소리를 듣고 일어나 세수를 하고 법당에 모여 예불준비를 한다. 한편 이 목탁소리를 들은 짐승들도 모두 깨어나 예불심을 일으키게 되고 혹 길가에 엎드려 자던 벌레나 뱀, 개구리 같은 것들은 안심할 수 있는 장소로 돌아가서 피해를 보지 않게 된다. 인도에서는 최초에 석장을 들고 순방을 하였으나 나중에는 방울이나 요령을 들고 순방하게 되었고 마침내는 목탁석을 하기에 이른 것이다.

목탁석을 할 때 외우는 글은 경장, 율장, 논장 가운데 어떤 것도 좋으나 천수경, 사대주, 약찬게, 신묘장구대다라니 등 주문을 생각 따라 외운다.

이렇게 정해진 시간을 차질 없이 순방하다가 마지막 법당 앞에 이르러 세 번 다시 목탁을 내려치고 목탁석(도량석)을 마친다.

도량석이 끝나면 곧 종성이 시작되며, 종성은 저녁은 다섯 추, 아침에는 이십팔 추를 치는 것을 원칙으로 하고 있기 때문에 글귀 옆에 종 표를 찍어 표시를 하겠으니 선지자의 지도를 받아 어김이 없도록 하시기

바란다. 모든 진언은 삼 편(번) 내지 칠 편을 읽는
것이 상식화 되어 있는데 우리나라에서는 삼 편으로
통일하고 있으나, 단 분량이 많은 진언, 즉 사대주와
천수다라니는 예외적으로 한 편씩 외우기도 한다.

※ 도량석 시작 올림목탁

도량석 송주 후 내림목탁은 올림목탁의
역순으로 치면 된다.

천 수 경
千 手 經

정구업진언
淨 口 業 眞 言

수리수리 마하수리 수수리 사바하 (세 번)
修 里 修 里 摩 訶 修 里 修 修 里 娑 婆 訶

오방내외안위제신진언
五 方 內 外 安 慰 諸 神 眞 言

나무 사만다 못다남 옴 도로도로 지미 사바하
南 無 三 滿 多 沒 多 喃 唵 度 魯 度 魯 地 尾 娑 婆 訶
(세 번)

개 경 게
開 經 揭

무상심심미묘법　　　　백천만겁난조우
無 上 甚 深 微 妙 法　　　百 千 萬 劫 難 遭 遇

아금문견득수지　　　　원해여래진실의
我 今 聞 見 得 受 持　　　願 解 如 來 眞 實 意

개법장진언
開 法 藏 眞 言

옴 아라남 아라다 (세 번)
唵 阿 羅 南 阿 羅 馱

천수천안 관자재보살 광대원만 무애대비심
千 手 千 眼 觀 自 在 菩 薩 廣 大 圓 滿 無 碍 大 悲 心

대다라니 계청
大 陀 羅 尼 啓 請

도 량 석

천 수 경

구업을 청정케 하는 진언

수리수리 마하수리 수수리 사바하 (세 번)

오방내외에 신중을 모시는 진언

나무 사만다 못다남 옴 도로도로 지미 사바하
(세 번)

경전을 펴는 게송

수승하고 깊고 깊은 오묘하고 미묘한 법

백천만겁 살더라도 만나 뵙기 어려우니

제가 이제 듣고 보고 부처님 법 받아 지녀

부처님의 진실한 뜻 깨닫기를 원합니다.

법장을 여는 진언

옴 아라남 아라다 (세 번)

천수천안 관음보살 광대하고 원만하며

걸림 없는 대비심의 다라니를 청합니다.

계수관음대비주 | 원력홍심상호신
稽首觀音大悲呪 | 願力弘深相好身

천비장엄보호지 | 천안광명변관조
千臂莊嚴普護持 | 千眼光明遍觀照

진실어중선밀어 | 무위심내기비심
眞實語中宣密語 | 無爲心內起悲心

속령만족제희구 | 영사멸제제죄업
速令滿足諸希求 | 永使滅除諸罪業

천룡중성동자호 | 백천삼매돈훈수
天龍衆聖同慈護 | 百千三昧頓熏修

수지신시광명당 | 수지심시신통장
受指身是光明幢 | 受指心是神通藏

세척진로원제해 | 초증보리방편문
洗滌塵勞願濟海 | 超證菩提方便門

아금칭송서귀의 | 소원종심실원만
我今稱誦誓歸依 | 所願從心悉圓滿

나무대비관세음 | 원아속지일체법
南無大悲觀世音 | 願我速知一切法

나무대비관세음 | 원아조득지혜안
南無大悲觀世音 | 願我早得智慧眼

나무대비관세음 | 원아속도일체중
南無大悲觀世音 | 願我速度一切衆

나무대비관세음 | 원아조득선방편
南無大悲觀世音 | 願我早得善方便

관음보살 대비주에 머리 숙여 절하오니 크고 깊은 원력
이라 그 모습이 아름답고 천 개의 팔 장엄하여 온갖 중
생 거두시며 천 개의 눈 광명으로 온 세상을 살피시네.

참된 말씀 그 가운데 비밀한 뜻 펼치시니 텅 빈 마음
그 안에서 자비심이 넘쳐흘러 저희들의 온갖 소원 빠짐
없이 이루옵고 모든 죄업 남김없이 깨끗하게 하옵소서.

하늘용신 모든 성중 두루 함께 보살펴서 백천 가지 온갖
삼매 한꺼번에 깨치리니 법을 담은 이 내 몸이 큰 광명
깃발 되고 법을 지닌 이 내 마음 신통력의 곳간 되리.

세상 티끌 씻어내고 고통바다 어서 건너 깨달음의 온갖
방편 한순간에 증득하니 제가 이제 칭송하며 관음보살
품에 안겨 원하는 일 마음대로 남김없이 이루리라.

자비하신 관세음께 지성귀의 하옵나니 제가 어서
모든법을 훤히알게 하옵소서.

자비하신 관세음께 지성귀의 하옵나니 제가 어서
지혜의눈 빨리얻게 하옵소서.

자비하신 관세음께 지성귀의 하옵나니 제가 어서
모든중생 제도하게 하옵소서.

자비하신 관세음께 지성귀의 하옵나니 제가 어서
좋은방편 빨리얻게 하옵소서.

나무대비관세음
南無大悲觀世音

원아속승반야선
願我速乘般若船

나무대비관세음
南無大悲觀世音

원아조득월고해
願我早得越苦海

나무대비관세음
南無大悲觀世音

원아속득계정도
願我速得戒定道

나무대비관세음
南無大悲觀世音

원아조동원적산
願我早同圓寂山

나무대비관세음
南無大悲觀世音

원아속회무위사
願我速會無爲舍

나무대비관세음
南無大悲觀世音

원아조동법성신
願我早同法性身

아약향도산
我若向刀山

도산자최절
刀山自催折

아약향화탕
我若向火湯

화탕자소멸
火湯自消滅

아약향지옥
我若向地獄

지옥자고갈
地獄自枯渴

아약향아귀
我若向餓鬼

아귀자포만
我鬼自飽滿

아약향수라
我若向修羅

악심자조복
惡心自調伏

아약향축생
我若向畜生

자득대지혜
自得大智慧

자비하신 관세음께 지성귀의 하옵나니 제가 어서
반야용선 올라타게 하옵소서.

자비하신 관세음께 지성귀의 하옵나니 제가 어서
고통바다 건너가게 하옵소서.

자비하신 관세음께 지성귀의 하옵나니 제가 어서
계율선정 지혜얻게 하옵소서.

자비하신 관세음께 지성귀의 하옵나니 부처님의
마음자리 어서들게 하옵소서.

자비하신 관세음께 지성귀의 하옵나니 부처님이
사는세상 빨리알게 하옵소서.

자비하신 관세음께 지성귀의 하옵나니 법의성품
부처님이 빨리되게 하옵소서.

칼산지옥	내가가면	칼산절로	무너지고
화탕지옥	내가가면	화탕절로	사라지며
모든지옥	내가가면	지옥절로	없어지리
아귀세계	내가가면	아귀절로	배부르며
아수라계	내가가면	거친마음	착해지고
짐승한테	내가가면	지혜절로	얻어지리.

나무관세음보살마하살
南 無 觀 世 音 菩 薩 摩 訶 薩

나무대세지보살마하살
南 無 大 勢 至 菩 薩 摩 訶 薩

나무천수보살마하살
南 無 千 手 菩 薩 摩 訶 薩

나무여의륜보살마하살
南 無 如 意 輪 菩 薩 摩 訶 薩

나무대륜보살마하살
南 無 大 輪 菩 薩 摩 訶 薩

나무관자재보살마하살
南 無 觀 自 在 菩 薩 摩 訶 薩

나무정취보살마하살
南 無 正 趣 菩 薩 摩 訶 薩

나무만월보살마하살
南 無 滿 月 菩 薩 摩 訶 薩

나무수월보살마하살
南 無 水 月 菩 薩 摩 訶 薩

나무군다리보살마하살
南 無 軍 茶 利 菩 薩 摩 訶 薩

나무십일면보살마하살
南 無 十 一 面 菩 薩 摩 訶 薩

나무제대보살마하살
南 無 諸 大 菩 薩 摩 訶 薩

나무본사아미타불 (세 번)
南 無 本 師 阿 彌 陀 佛

관 세 음 보살님께 지극정성 귀의하리.

대 세 지 보살님께 지극정성 귀의하리.

천개의손 보살님께 지극정성 귀의하리.

자재하신 보살님께 지극정성 귀의하리.

큰진리인 보살님께 지극정성 귀의하리.

관 자 재 보살님께 지극정성 귀의하리.

올바른삶 보살님께 지극정성 귀의하리.

둥근달빛 보살님께 지극정성 귀의하리.

물속달빛 보살님께 지극정성 귀의하리.

감로수샘 보살님께 지극정성 귀의하리.

열한얼굴 보살님께 지극정성 귀의하리.

시방세계 보살님께 지극정성 귀의하리.

나무 본사 아미타불 (세 번)

신묘장구대다라니
神妙章句大陀羅尼

나모라 다나 다라 야야 나막알약 바로기제 새
바라야 모지사다바야 마하사다바야 마하가 니
가야 옴 살바 바예수 다라나 가라야 다사명 나
막까리다바 이맘 알야 바로기제 새바라 다바
이라간타 나막하라나야 마발타 이사미 살발타
사다남 수반 아예염 살바 보다남 바바말아 미
수다감 다냐타 오옴 아로계 아로가 마지로가
지가란제 혜혜하례 마하모지 사다바 사마라 사
마라 하리나야 구로구로 갈마 사다야 사다야
도로도로 미연제 마하미연제 다라다라 다린나
례 새바라 자라자라 마라 미마라 아마라 몰제
예혜혜 로계 새바라 라아 미사미 나사야 나베
사미사미 나사야 모하자라 미사미 나사야 호로
호로 마라호로 하례 바나마 나바 사라사라 시
리시리 소로소로 못자못자 모다야 모다야 매다
리야 니라간타 가마사 날사남 바라하리나야

신묘한 대다라니

나모라 다나 다라 야야 나막알약 바로기제 새바라
야 모지사다바야 마하사다바야 마하가 니가야 옴
살바 바예수 다라나 가라야 다사명 나막까리다바
이맘 알야 바로기제 새바라 다바 이라간타 나막하
라나야 마발타 이사미 살발타 사다남 수반 아예염
살바 보다남 바바말아 미수다감 다냐타 오옴 아로
계 아로가 마지로가 지가란제 혜혜하례 마하모지
사다바 사마라 사마라 하리나야 구로구로 갈마 사
다야 사다야 도로도로 미연제 마하미연제 다라다라
다린나례 새바라 자라자라 마라 미마라 아마라 몰
제 예혜혜 로계 새바라 라아 미사미 나사야 나베
사미사미 나사야 모하자라 미사미 나사야 호로호로
마라호로 하례 바나마 나바 사라사라 시리시리 소
로소로 못자못자 모다야 모다야 매다리야 니라간타
가마사 날사남 바라하리나야

마낙 사바하 싯다야 사바하 마하싯다야 사바하 싯다유예 새바라야 사바하 니라간타야 사바하 바하라 목하싱하 목카야 사바하 바나마 하따야 사바하 자가라 욕타야 사바하 상카섭나예 모다나야 사바하 마하라 구타다라야 사바하 바마사간타 이사시체다 가릿나 이나야 사바하 먀가라 잘마 이바사나야 사바하

「나모라 다나다라 야야 나막알야 바로기제 새바라야 사바하」 (세 번)

사 방 찬
四 方 讚

일쇄동방결도량   **이쇄남방득청량**
一 灑 東 方 潔 道 場   二 灑 南 方 得 清 涼

삼쇄서방구정토   **사쇄북방영안강**
三 灑 西 方 俱 淨 土   四 灑 北 方 永 安 康

마낙 사바하 싯다야 사바하 마하싯다야 사바하 싯
다유예 새바라야 사바하 니라간타야 사바하 바하
라 목하싱하 목카야 사바하 바나마 하따야 사바
하 자가라 욕타야 사바하 상카섭나예 모다나야
사바하 마하라 구타다라야 사바하 바마사간타 이
사시체다 가릿나 이나야 사바하 먀가라 잘마 이
바사나야 사바하
「나모라 다나다라 야야 나막알야 바로기제 새바
라야 사바하」(세 번)

　　사방을 깨끗이 하는 찬
동방에 물 뿌리니 도량이 깨끗하고
남방에 물 뿌리니 정토가 이뤄지고
서방에 물 뿌리니 온 도량이 극락이라
북방에 물 뿌리니 영원히 평안하네.

도량찬
道場讚

도량청정무하예　　삼보천룡강차지
道場清淨無瑕穢　　三寶天龍降此地

아금지송묘진언　　원사자비밀가호
我今持誦妙眞言　　願賜慈悲密加護

참회게
懺悔揭

아석소조제악업　　개유무시탐진치
我昔所造諸惡業　　皆由無始貪瞋痴

종신구의지소생　　일체아금개참회
從身口意之所生　　一切我今皆懺悔

참제업장십이존불
懺除業障十二尊佛

나무참제업장보승장불　　보광왕화염조불
南無懺除業障寶勝藏佛　　寶光王火焰照佛

일체향화자재력왕불　　백억항하사결정불
一切香華自在力王佛　　百億恒河沙決正佛

진위덕불　　금강견강소복괴산불
振威德佛　　金剛堅强消伏壞散佛

보광월전묘음존왕불　　환희장마니보적불
寶光月殿妙音尊王佛　　歡喜藏摩尼寶積佛

무진향승왕불　　사자월불
無盡香勝王佛　　獅子月佛

환희장엄주왕불　　제보당마니승광불
歡喜莊嚴珠王佛　　帝寶幢摩尼勝光佛

청정한 도량의 찬

청정도량 티끌없어 깨끗하니 삼보님과 천룡들은
이도량에 오시어서 제가이제 미묘진언 외울때에
자비로써 굽어살펴 주옵소서.

죄업을 뉘우치는 게송

제가지은 모든악업 탐진치로 생겨나고 몸과입과
뜻을통해 지었으니 일체참회 하옵니다.

열두 부처님 칭명 업장소멸 참회법

모든업장	녹여주는	보배스런	부처님께
으뜸가는	보배광명	세상밝힌	부처님께
향기로운	불빛으로	세상밝힌	부처님께
백억항하	모래알수	뛰어나신	부처님께
위엄복덕	시방세계	드러내신	부처님께
온갖번뇌	없애버린	마음의왕	부처님께
밝은달빛	앉아계신	묘한소리	부처님께
기쁜마음	쌓아놓은	마니보주	부처님께
끝이없이	향기로움	펼쳐내는	부처님께
숲속의왕	사자처럼	지혜로운	부처님께
기쁨으로	시방세계	장엄하는	부처님께
임금깃발	마니교주	광명속의	부처님께
두손모아	지극정성	귀의하고	귀의합니다.

십악참회
十惡懺悔

살생중죄금일참회	투도중죄금일참회
殺生重罪今日懺悔	偸盜重罪今日懺悔

사음중죄금일참회	망어중죄금일참회
邪淫重罪今日懺悔	忘語重罪今日懺悔

기어중죄금일참회	양설중죄금일참회
綺語重罪今日懺悔	兩舌重罪今日懺悔

악구중죄금일참회	탐애중죄금일참회
惡口重罪今日懺悔	貪愛重罪今日懺悔

진애중죄금일참회	치암중죄금일참회
瞋恚重罪今日懺悔	痴暗重罪今日懺悔

백겁적집죄	일념돈탕제
百劫積集罪	一念頓蕩除

여화분고초	멸진무유여
如火焚枯草	滅盡無有餘

죄무자성종심기	심약멸시죄역망
罪無自性從心起	心若滅時罪亦亡

죄망심멸양구공	시즉명위진참회
罪亡心滅兩俱空	是則名爲眞懺悔

참회진언
懺悔眞言

옴 살바못자 모지 사다야 사바하 (세 번)
唵 薩婆菩陀 菩提 薩陀耶 娑婆訶

열 가지 악업 참회함

생명해친	모든잘못	오늘깊이	참회하고
도둑질로	지은잘못	오늘깊이	참회하며
삿된음행	모든잘못	오늘깊이	참회하리
거짓말로	지은죄를	오늘깊이	참회하고
꾸밈말로	지은죄를	오늘깊이	참회하며
이간질한	모든잘못	오늘깊이	참회하고
험한말로	지은죄를	오늘깊이	참회하리
욕심으로	지은죄를	오늘깊이	참회하고
성냄으로	지은잘못	오늘깊이	참회하며
어리석어	지은죄를	오늘깊이	참회하리.

오랜세월	쌓아온죄	한생각에	없어지니
마른풀을	태우듯이	남김없이	사라지네.

죄의자성	본래없어	마음따라	일어나니
마음마저	없어지면	죄도함께	사라지네.
모든죄가	다해지고	마음조차	사라져서
죄와마음	공해지면	진실하온	참회라네.

죄업을 뉘우치는 진언
옴 살바 못자 모지 사다야 사바하 (세 번)

준제공덕취 准提功德聚　　　적정심상송 寂靜心常誦　　　일체제대난 一切諸大難

무능침시인 無能侵是人　　　천상급인간 天上及人間　　　수복여불등 受福與佛等

우차여의주 遇此如意珠　　　정획무등등 定獲無等等

나무　칠구지불모 南無 七俱胝佛母　대준제보살 大准提菩薩 (세 번)

정법계진언 淨法界眞言

옴 남 (세 번)
唵 喃

호신진언 護身眞言

옴 치림 (세 번)
唵 齒臨

관세음보살 본심미묘 육자대명왕진언 觀世音菩薩 本心微妙 六字大明王眞言

옴 마니 반메 훔 (세 번)
唵 摩尼 叭迷 吽

준제진언 准提眞言

나무 사다남 삼먁삼못다 구치남 다냐타

옴 자례 주례 준제 사바하 부림 (세 번)

아금지송대준제 我今持誦大准提　　　직발보리광대원 卽發菩提廣大願

준제주는 　공덕크니　 일념으로 　외우오면
세상어떤　 어려움도 　침해하지 　못하리라.
천신들과 　사람들이 　여래처럼 　복받으며
여의주를 　만났으니 　크나큰법 　얻으리라.

나무　칠구지불모　대준제보살 (세 번)

　　법계를 맑게 하는 진언
옴 남 (세 번)

　　몸을 보호하는 진언
옴 치림 (세 번)

관세음보살의 본마음을 보여주는 미묘한 진언
옴 마니 반메 훔 (세 번)

　　준제보살진언
나무 사다남 삼먁삼못다 구치남 다냐타 옴 자례
주례 준제 사바하 부림 (세 번)

제가이제 　대준제를 　지성으로 　외우옵고
크고넓은 　보리심의 　큰서원을 　세우노니

원아정혜속원명　　　원아공덕개성취
願我定慧速圓明　　　願我功德皆成就

원아승복변장엄　　　원공중생성불도
願我勝福遍莊嚴　　　願共衆生成佛道

여래십대발원문
如來十大發願文

원아영리삼악도　　　원아속단탐진치
願我永離三惡道　　　願我速斷貪瞋痴

원아상문불법승　　　원아근수계정혜
願我常聞佛法僧　　　願我勤修戒定慧

원아항수제불학　　　원아불퇴보리심
願我恒隨諸佛學　　　願我不退菩提心

원아결정생안양　　　원아속견아미타
願我決定生安養　　　願我速見阿彌陀

원아분신변진찰　　　원아광도제중생
願我分身遍塵刹　　　願我廣度諸衆生

발 사홍서원
發 四弘誓願

중생무변서원도　　　번뇌무진서원단
衆生無邊誓願度　　　煩惱無盡誓願斷

법문무량서원학　　　불도무상서원성
法門無量誓願學　　　佛道無上誓願成

선정지혜　　함께닦아　　뚜렷하게　　밝아져서
거룩하신　　모든공덕　　성취하기　　원하옵고
거룩한복　　크게펴서　　갖추옵기　　원하오며
그지없는　　중생들과　　불도함께　　이루오리.

부처님의 십대 발원문

제가이제　　삼악도를　　벗어나기　　원하오며
제가어서　　탐진치를　　끊어내기　　원하오며
불법승을　　제가항상　　만나뵙기　　원합니다
계정혜를　　부지런히　　제가닦기　　원하오며
온갖법을　　제가항상　　배우기를　　원하오며
깨닫고자　　하는마음　　영원하길　　원합니다
내생에는　　극락세계　　태어나기　　원하오며
제가어서　　아미타불　　만나뵙기　　원하오며
모든중생　　제가모두　　제도하기　　원합니다

발 사홍서원

많고많은　　모든중생　　빠짐없이　　제도하고
끝이없는　　온갖번뇌　　남김없이　　끊으리라
한량없이　　많은법문　　빠짐없이　　다배우고
더할나위　　없이높은　　부처님삶　　이루리라

자성중생서원도　자성번뇌서원단
自性衆生誓願度　　自性煩惱誓願斷

자성법문서원학　자성불도서원성
自性法門誓願學　　自性佛道誓願成

발원이 귀명례삼보
發願已 歸命禮三寶

나무상주시방불
南無常住十方佛

나무상주시방법
南無常住十方法

나무상주시방승 (세 번)
南無常住十方僧

정삼업진언
淨三業眞言

옴 사바바바 수다살바 달마 사바바바 수도함
(세 번)

개단진언
開壇眞言

옴 바아라 뇌아로 다가다야 삼마야 바라베
사야훔 (세 번)

건단진언
建壇眞言

옴 난다난다 나지나지 난다바리 사바하(세 번)

내마음속　　모든중생　　빠짐없이　　제도하고
내마음속　　온갖번뇌　　남김없이　　끊으리라.

내마음속　　온갖법문　　빠짐없이　　다배우고
내마음속　　높고높은　　부처님삶　　이루리라.

이제발원　　마치옵고　　삼보님께　　절하옵니다.

시방세계　　항상계신　　부처님께　　귀의하고
시방세계　　항상있는　　부처님법　　귀의하며
시방세계　　항상있는　　승 가 에　　귀의합니다.

　　　삼업(身口意)을 깨끗이 하는 진언
옴 사바바바 수다살바 달마 사바바바 수도함
　　　　　　　　　　　　　　　　(세 번)

　　　법단을 여는 진언
옴 바아라 놔아로 다가다야 삼마야 바라볘
사야훔 (세 번)

　　　법단을 세우는 진언
옴 난다난다 나지나지 난다바리 사바하(세 번)

정법계진언
淨 法 界 眞 言

나자색선백 공점이엄지 여피계명주
羅 字 色 鮮 白　空 點 以 嚴 之　如 彼 髻 明 珠

치지어정상 진언동법계 무량중죄제
置 之 於 頂 上　眞 言 同 法 界　無 量 衆 罪 除

일체촉예처 당가차자문
一 切 觸 穢 處　當 加 此 字 門

나무사만다 못다남 남 (세 번)

법계를 청정히 하는 진언

도피안의	공한이치	엄연하고	뚜렷하여
전륜성왕	상투속의	보배로운	구슬처럼
그지없이	고귀하고	더함없이	소중하사
다라니의	수행문과	진여세계	동등하여
한량없이	중생죄업	남김없이	소멸하니
세상모든	오염된곳	불자들이	나아갈때
마 땅 히	이진언을	수지독송	해야하리

나무사만다 못다남 남 (세 번)

화엄경약찬게
華 嚴 經 略 纂 偈

대방광불화엄경
大 方 廣 佛 華 嚴 經

용수보살약찬게
龍 樹 菩 薩 略 纂 偈

나무화장세계해
南 無 華 藏 世 界 海

비로자나진법신
毘 盧 遮 那 眞 法 身

현재설법노사나
現 在 說 法 盧 舍 那

서가모니제여래
釋 迦 牟 尼 諸 如 來

과거현재미래세
過 去 現 在 未 來 世

시방일체제대성
十 方 一 切 諸 大 聖

근본화엄전법륜
根 本 華 嚴 轉 法 輪

해인삼매세력고
海 印 三 昧 勢 力 故

보현보살제대중
普 賢 菩 薩 諸 大 衆

집금강심신중신
執 金 剛 心 身 衆 神

족행신중도량신
足 行 神 衆 道 場 神

주성신중주지신
主 城 神 衆 主 地 神

주산신중주림신
主 山 神 衆 主 林 神

주약신중주가신
主 藥 神 衆 主 稼 神

주하신중주해신
主 河 神 衆 主 海 神

주수신중주화신
主 水 神 衆 主 火 神

주풍신중주공신
主 風 神 衆 主 空 神

주방신중주야신
主 方 神 衆 主 夜 神

주주신중아수라
主 晝 神 衆 阿 修 羅

가루라왕긴나라
迦 樓 羅 王 緊 那 羅

마후라가야차왕
摩 候 羅 伽 夜 叉 王

제대용왕구반다
諸 大 龍 王 鳩 槃 茶

화엄경의 제 신중을 간략히 찬탄하는 게송

넓고크고　방정하온　부처님의　화엄경을　용수보살

게송으로　간략하게　엮으셨네　아름다운　연꽃으로

가꾸어진　화장세계　비로자나　부처님의　진실하온

법신불과　현재라도　설법하는　노사나불　보신불과

사바세계　교주이신　석가모니　화신불과　과거현재

미래세상　모든여래　모든성자　두손모아　마음모아

지성으로　귀의하니　근본적인　화엄교실　법의바퀴

굴리심은　해인삼매　평화롭고　드넓으신　힘이어라

보현보살　모든대중　하나하나　열거하면　금강저를

손에드신　집금강신　신중신과　만족하고　실천하는

족행신과　도량신과　성과땅을　주관하는　주성신과

주지신과　산과숲을　주관하는　주산신과　주림신과

약과곡식　주관하는　주약신과　주가신과　하천바다

건달바왕월천자
乾 闥 婆 王 月 天 子

일천자중도리천
日 天 子 衆 忉 利 天

야마천왕도솔천
夜 摩 天 王 兜 率 天

화락천왕타화천
化 樂 天 王 他 化 天

대범천왕광음천
大 梵 天 王 光 音 天

변정천왕광과천
遍 淨 天 王 廣 果 天

대자재왕불가설
大 自 在 王 不 可 說

보현문수대보살
普 賢 文 殊 大 菩 薩

법혜공덕금강당
法 慧 功 德 金 剛 幢

금강장급금강혜
金 剛 藏 及 金 剛 慧

광염당급수미당
光 焰 幢 及 須 彌 幢

대덕성문사리자
大 德 聲 聞 舍 利 自

급여비구해각등
及 與 比 丘 海 覺 等

우바새장우바이
優 婆 塞 長 優 婆 夷

선재동자동남녀
善 財 童 子 童 男 女

기수무량불가설
其 數 無 量 不 可 說

선재동자선지식
善 財 童 子 善 知 識

문수사리최제일
文 殊 舍 利 最 第 一

덕운해운선주승
德 雲 海 雲 善 住 僧

미가해탈여해당
彌 伽 解 脫 與 海 幢

휴사비목구사선
休 舍 毘 目 瞿 沙 仙

승렬바라자행녀
勝 熱 婆 羅 慈 行 女

선견자재주동자
先 見 自 在 主 童 子

구족우바명지사
具 足 優 婆 明 智 士

법보계장여보안
法 寶 髻 長 與 普 眼

무염족왕대광왕
無 厭 足 王 大 光 王

주관하는 주화신과 주해신과 물과불을 주관하는

주수신과 주화신과 바람허공 주관하는 주풍신과

주공신과 밤과방향 주관하는 주방신과 주야신과

낮을맡은 주주신과 다툼의신 아수라와 용의친척

가루라왕 노래의신 긴나라와 음악의신 마후라가

흡혈귀인 야차왕과 여러모든 용왕들과 정기먹는

구반다와 가무의신 건달바왕 밤밝히는 달의천자

낮밝히는 해의천자 도리천왕 함께하고 야마천왕

도솔천왕 화락천왕 타화천왕 대범천왕 관음천왕

변정천왕 광과천왕 색계천의 대자대왕 헤아릴수

없으시네 보현문수 법혜보살 공덕보살 금강당과

금강장과 금강혜와 광명당과 수미당과 대덕성문

사리자와 해각비구 함께하고 우바새와 우바이와

부동우바변행외　　　　우바라화장자인
不動優婆遍行外　　　　優婆羅華長者人

바시라선무상승　　　　사자빈신바수밀
婆施羅船無上勝　　　　獅子嚬伸婆須密

비슬지라거사인　　　　관자재존여정취
毘瑟祇羅居士人　　　　觀自在尊與正趣

대천안주주지신　　　　바산바연주야신
大天安住主地神　　　　婆珊婆演主夜神

보덕정광주야신　　　　희목관찰중생신
普德淨光主夜神　　　　喜目觀察衆生神

보구중생묘덕신　　　　적정음해주야신
普救衆生妙德神　　　　寂靜音海主夜神

수호일체주야신　　　　개부수화주야신
守護一切主夜神　　　　開敷樹華主夜神

대원정진력구호　　　　묘덕원만구바녀
大願精進力求護　　　　妙德圓滿瞿婆女

마야부인천주광　　　　변우동자중예각
摩耶夫人天主光　　　　邊友童子衆藝覺

현승견고해탈장　　　　묘월장자무승군
賢勝堅固解脫長　　　　妙月長者無勝軍

최적정바라문자　　　　덕생동자유덕녀
最寂靜婆羅門者　　　　德生童子有德女

미륵보살문수동　　　　보현보살미진중
彌勒菩薩文殊童　　　　普賢菩薩微塵衆

　어차법회운집래　　　　상수비로자나불
　於此法會雲集來　　　　常隨毘盧遮那佛

선재동자 동남동녀 그숫자가 한량없어 말로할수

없음이라 선재동자 남순할제 선지식이 쉰셋이라

처음으로 찾아뵌분 문수사리 보살이요 덕운비구

해운비구 선주비구 마가장자 해탈장자 해당비구

휴사우바 비목구사 승렬바라 자행동녀 선견비구

자재동자 구족우바 명지거사 법보계장 보안장자

무염족장 대광왕자 부동우바 변행외도 우바라와

장자인과 바시라선 무상승자 사자빈신 비구니와

바수밀과 비슬지라 관자재존 정취보살 대천신과

안주신과 바산바연 주야신과 보덕정왕 주야신과

희목관찰 중생야신 보구중생 묘덕신과 적정음해

주야신과 수호일체 주야신과 개부수화 주야신과

어런화장세계해
於 蓮 華 藏 世 界 海

조화장엄대법륜
造 化 莊 嚴 大 法 輪

시방허공제세계
十 方 虛 空 諸 世 界

역부여시상설법
亦 復 如 是 常 說 法

육육육사급여삼
六 六 六 四 及 與 三

일십일일역부일
一 十 一 一 亦 復 一

세주묘엄여래상
世 主 妙 嚴 如 來 相

보현삼매세계성
普 賢 三 昧 世 界 成

화장세계노사나
華 藏 世 界 盧 舍 那

여래명호사성제
如 來 名 號 四 聖 諦

광명각품문명품
光 明 覺 品 問 名 品

정행현수수미정
淨 行 賢 首 須 彌 頂

수미정상게찬품
須 彌 頂 上 偈 讚 品

보살십주범행품
菩 薩 十 住 梵 行 品

발심공덕명법품
發 心 功 德 明 法 品

불승야마천궁품
佛 昇 夜 摩 天 宮 品

야마천궁게찬품
夜 摩 天 宮 偈 讚 品

십행품여무진장
十 行 品 與 無 盡 藏

불승도솔천궁품
不 昇 兜 率 天 宮 品

도솔천궁게찬품
兜 率 天 宮 偈 讚 品

십회향급십지품
十 回 向 及 十 地 品

십정십통십인품
十 定 十 通 十 忍 品

아승지품여수량
阿 僧 祇 品 與 壽 量

보살주처불부사
菩 薩 住 處 佛 不 思

여래십신상해품
如 來 十 身 相 海 品

여래수호공덕품
如 來 隨 好 功 德 品

대원정진　역구호신　묘덕원만　주야신과　구바여인
야마부인　천주광녀　변우동자　중예각자　현승우바
해탈자와　묘월장자　무승군자　최적정의　바라문과
덕행동자　유덕동녀　미륵보살　문수보살　보현보살
티끌처럼　많은대중　화엄법회　구름처럼　모여와서
비로자나　부처님을　언제든지　모시면서　연꽃으로
가꾸어진　연화장의　세계바다　대법륜을　굴리면서
조화롭게　장엄하고　시방세계　허공계에　한량없는
모든세계　또한다시　이와같이　영원토록　설법하니
여섯여섯　여섯품과　네품다시　세개품과　한품으로
열한품과　한품또한　한품이라　세주묘엄　여래상과
보현삼매　세계정취　화장세계　비로자나　여래명호
사성제품　광명각품　보살문명　정행품과　불승수미
산정품과　수미정상　게찬품과　보살십주　발심공덕

보현행급여래출 普賢行及如來出
이세간품입법계 離世間品入法界

화장세계노사나 華藏世界盧舍那
여래명호사성제 如來名號四聖諦

광명각품문명품 光明覺品問名品
정행현수수미정 淨行賢首須彌頂

수미정상게찬품 須彌頂上偈讚品
보살십주범행품 菩薩十住梵行品

발심공덕명법품 發心功德明法品
불승야마천궁품 佛昇夜摩天宮品

야마천궁게찬품 夜摩天宮偈讚品
십행품여무진장 十行品與無盡藏

불승도솔천궁품 不昇兜率天宮品
도솔천궁게찬품 兜率天宮偈讚品

십회향급십지품 十回向及十地品
십정십통십인품 十定十通十忍品

아승지품여수량 阿僧祇品與壽量
보살주처불부사 菩薩住處佛不思

여래십신상해품 如來十身相海品
여래수호공덕품 如來隨好功德品

보현행급여래출 普賢行及如來出
이세간품입법계 離世間品入法界

시위십만게송경 是爲十萬偈頌經
삼십구품원만교 三十九品圓滿敎

풍송차경신수지 諷訟此經信受持
초발심시변정각 初發心時便正覺

안좌여시국토해 安坐如是國土海
시명비로자나불 是名毘盧遮那佛

명법품과 불승야마 천궁품과 야마천궁 게찬품과

십행품과 무진장품 불승도솔 천궁품과 도솔천궁

게찬품과 십회향품 십지품과 십정십통 십인품과

아승지품 여래수량 보살주처 부사의법 여래십신

상해품과 여래수호 공덕품과 보현행품 여래출현

이세간품 입법계품 칠처구회 설해지니 이것바로

십만게송 화엄경의 내용이요 삼십구품 원만하니

일승원교 교설이라 외우고서 경전말씀 믿으면서

수지하면 처음으로 발심할때 그대로가 정각이니

이와같은 화엄바다 연화세계 안좌하면 그이름이

다름아닌 비로자나 부처로다 크고넓고 방정하온

부처님의 화엄경을 용수보살 게송으로 간략하게

엮으셨네.

일승묘법연화경
一 乘 妙 法 蓮 華 經

보장보살약찬게
寶 藏 菩 薩 略 纂 偈

나무화장세계해
南 無 華 藏 世 界 海

왕사성중기사굴
王 舍 城 中 耆 闍 崛

상주불멸서가존
常 住 不 滅 釋 迦 尊

시방삼세일체불
十 方 三 世 一 切 佛

종종인연방편도
種 種 因 緣 方 便 道

항전일승묘법륜
恒 轉 一 乘 妙 法 輪

여비구중만이천
與 比 丘 衆 萬 二 千

누진자재아라한
漏 盡 自 在 阿 羅 漢

아야교진대가섭
阿 若 憍 陳 大 迦 葉

우루빈나급가야
優 樓 頻 那 及 迦 倻

나제가섭사리불
那 堤 迦 葉 舍 利 佛

대목건련가전연
大 目 健 連 伽 旃 延

아로누다겁빈나
阿 㝹 樓 馱 劫 賓 那

교범바제이바다
憍 梵 婆 堤 離 婆 多

필능가바박구라
畢 陵 伽 婆 縛 狗 羅

마하구치라난타
摩 訶 拘 絺 羅 難 陀

손타라여부루나
孫 陀 羅 與 富 樓 那

수보리자여아란
須 菩 提 者 與 阿 難

나후라등대비구
羅 睺 羅 等 大 比 丘

마하바사바제급
摩 訶 婆 闍 婆 堤 及

우리말 법화경 약찬게

이세상에	오직하나	일승묘법	연화경을
보장보살	게송으로	간략하게	엮으셨네
끝도없고	한도없이	크고넓은	화장세계
진리의꽃	생명의꽃	아름답게	연꽃으로
가꾸어진	법화세계	어느때에	왕사성중
영산에서	상주불멸	석가모니	부처님이
시방삼세	부처님과	가지가지	방편으로
사바세계	미혹중생	화택에서	구하시리
일승묘법	법화바퀴	무량한법	굴리실제
이때모인	아라한들	아야교진	마하가섭
우루빈나	가야가섭	나제가섭	사리존자
대목건련	마하가전	아루누타	겁빈-나
교범바제	아바-다	필능가바	박구-라
마하구치	손타란타	수보리자	아란-다
라후라등	대비구와	라후라의	어머니신
야수다등	비구니도	이천인이	함께하고
문수보살	관음보살	세지보살	정진보살
휴식보살	보장보살	약왕보살	용시보살
보월보살	월광보살	만월보살	대력보살

나후라모야수다   비구니등이천인
羅睺羅母耶輪陀   比丘尼等二千人

마하살중팔만인   나후라모야수다
摩訶薩衆八萬人   羅睺羅母耶輪陀

문수사리관세음   득대세여상정진
文殊師利觀世音   得大勢與常精進

불휴식급보장사   약왕용시급보월
不休息及寶掌士   藥王勇施及寶月

월광만월대력인   무량력여월삼계
月光滿月大力人   無量力與越三界

발타바라미륵존   보적도사제보살
跋陀婆羅彌勒尊   寶積導師諸菩薩

석제환인월천자   보향보광사천왕
釋堤桓因月天子   寶香寶光四天王

자재천자대자재   사바계주범천왕
自在天子大自在   婆婆界主梵天王

시기대범광명범   난타용왕발란타
尸棄大梵光明梵   難陀龍王跋難陀

사가라왕화수길   덕차아나바달다
婆竭羅王和修吉   德叉阿那婆達馱

마나사용우바라   법긴나라묘법왕
摩那斯龍優婆羅   法鼓那羅妙法王

대법긴나지법왕   악건달바악음왕
大法緊那持法王   樂乾達婆樂音王

무량보살
보적보살
거느리고
일만천자
권속또한
범천왕과
이천이고
화수길상
권속또한
묘법대법
악음미음
라후아수
아사세왕
거느리고
세존께서
받으시고
설하시니
설하신후
하늘에서
장엄하고

월삼보살
팔만인과
명월보향
거느렸고
삼만이며
시기광명
난타용왕
아나발타
백천씩들
지법긴나
건달바왕
대위덕왕
이들모두
대법회에
대중들에
모든보살
그이름이
무량삼매
만다라꽃
상서로움

발타마라
석제환인
보광천자
자재천과
사바세계
대범천도
발란타왕
마나사왕
거느렸네
악건달바
바치아수
대신대만
하나하나
참석했네
둘러싸여
위하시여
무량의라
드시오니
내리시듯
어디에다

미륵보살
이만천자
사대천왕
대자재등
주인이신
권속들이
사카라왕
여러용왕
법긴나라
미건달바
비마거라
여의왕등
백천권속
이때-에
공양공경
대승경을
무량의경
때맞추어
쏟아지니
비하리요

미건달바미음왕
美乾闥婆美音王

바치가라건타왕
婆稚佉羅乾陀王

비마질다라수라
毘摩質多羅修羅

나후아수라왕등
羅睺阿修羅王等

대덕가루대신왕
大德迦樓大身王

대만가루여의왕
大滿迦樓如意王

위제희자아사세
韋堤希子阿闍世

각여약간백천인
各與若干百千人

불위설경무량의
佛爲說經無量義

무량의처삼매중
無量義處三昧中

천우사화지육진
天雨四花地六震

사중팔부인비인
四衆八部人非人

급제소왕전륜왕
及諸小王轉輪王

제대중득미증유
諸大衆得未曾有

환희합장심관불
歡喜合掌心觀佛

불방미간백호광
佛放眉間白毫光

광조동방만팔천
光照東方萬八千

하지아비상아가
下至阿鼻上阿迦

중생제불급보살
衆生諸佛及菩薩

종종수행불설법
種種修行佛說法

열반기탑차실견
涅槃起塔此悉見

대중의념미륵문
大衆疑念彌勒問

문수사리위결의
文殊師利爲決疑

아어과거견차서
我於過去見此瑞

그때맞춰　크고넓은　화장세계　찬란했네
사부대중　하늘과용　야차건달　아수루가
긴나마후　인비인등　모든소왕　전륜성왕
대중모두　미증유를　얻음으로　환희하여
합장하고　부처님을　받들을제　부처님이
미간백호　광명놓아　동방일만　팔천세계
두루두루　비추시니　아래로는　아비지옥
하늘에는　아가타천　사바세계　육취중생
남김없이　다보이고　저국토의　부처님에
설법듣고　수행하는　대중님들　보살도를
행하시는　보살님들　열반하신　부처님들
불사리로　칠보탑을　일으키심　남김없이
보게되니　이와같은　알수없는　부사의한
상서로움　미륵보살　의문생겨　문수사리
보살님께　게송으로　여쭈옵길　이와같은
신통함은　무슨까닭　이옵니까　문수사리
말씀하되　부처님의　이와같은　광명신통
놓으심은　실상묘법　설하고겨　하심이니
지난과거　불가사의　아승지겁　일월등명
부처님이　계시어서　대승법을　설하심에

직설묘법여당지
卽 說 妙 法 汝 當 知

위설정법초중후
爲 說 正 法 初 中 後

설응제연육도법
說 應 諦 緣 六 度 法

여시이만개동명
如 是 二 萬 皆 同 名

시시육서개여시
是 時 六 瑞 皆 如 是

문수미륵기이인
文 殊 彌 勒 豈 異 人

지적상행무변행
智 積 上 行 無 邊 行

상불경사숙왕화
常 不 輕 士 宿 王 華

묘음보살상행의
妙 音 菩 薩 上 行 意

무진의여지지인
無 盡 意 與 持 地 人

약왕보살보현존
藥 王 菩 薩 普 賢 尊

일월등명연등불
日 月 燈 明 燃 燈 佛

시유일월등명불
時 有 日 月 等 明 佛

순일무잡범행상
純 一 無 雜 梵 行 相

영득아뇩보리지
令 得 阿 耨 菩 提 智

최후팔자위법사
最 後 八 子 爲 法 師

묘광보살구명존
妙 光 菩 薩 求 名 尊

덕장견만대요설
德 藏 堅 滿 大 樂 說

정행보살안립행
淨 行 菩 薩 安 立 行

일체중생희견인
一 切 衆 生 喜 見 人

장엄왕급화덕사
莊 嚴 王 及 華 德 士

광조장엄약왕존
光 照 莊 嚴 藥 王 尊

상수삼세시방불
常 隨 三 世 十 方 佛

대통지승여래불
大 通 智 勝 如 來 佛

<table>
<tr><td>처음부터</td><td>끝도없이</td><td>하나하나</td><td>뗀것같이</td></tr>
<tr><td>오묘하고</td><td>위대하고</td><td>자상하며</td><td>범행상을</td></tr>
<tr><td>갖추시고</td><td>사제법문</td><td>십이인연</td><td>육바라밀</td></tr>
<tr><td>설하시며</td><td>아뇩보리</td><td>증득하여</td><td>일체종지</td></tr>
<tr><td>이루도록</td><td>하셨다네</td><td>처음부처</td><td>나중부처</td></tr>
<tr><td>한글자로</td><td>이름하여</td><td>일월등명</td><td>뿐이라오</td></tr>
<tr><td>최후부처</td><td>출가전에</td><td>여덟왕자</td><td>계셨으니</td></tr>
<tr><td>아버지의</td><td>성불소식</td><td>전해듣고</td><td>이들또한</td></tr>
<tr><td>출가하여</td><td>일월등명</td><td>부처님의</td><td>무량의경</td></tr>
<tr><td>설법듣고</td><td>청정선근</td><td>심었으니</td><td>이때에도</td></tr>
<tr><td>부처님은</td><td>무량의경</td><td>설하시고</td><td>무량삼매</td></tr>
<tr><td>드시오니</td><td>하늘꽃이</td><td>비오듯이</td><td>내리었고</td></tr>
<tr><td>크고넓은</td><td>화장세계</td><td>육종으로</td><td>진동할때</td></tr>
<tr><td>부처님은</td><td>미간백호</td><td>광명놓아</td><td>동방일만</td></tr>
<tr><td>팔천국토</td><td>두루두루</td><td>비추시니</td><td>지금보신</td></tr>
<tr><td>상서로움</td><td>하나같이</td><td>일치하고</td><td>보살들중</td></tr>
<tr><td>묘광보살</td><td>있었으니</td><td>바로지금</td><td>내몸이요</td></tr>
<tr><td>구명보살</td><td>있었으니</td><td>다름아닌</td><td>미륵보살</td></tr>
<tr><td>전신임을</td><td>알지로다</td><td>덕장견만</td><td>대요-설</td></tr>
<tr><td>지적상행</td><td>무변-행</td><td>전행알립</td><td>상경불등</td></tr>
</table>

아촉불급수미정
阿閦佛及須彌頂

허공주불상명불
虛空住佛常明佛

아미타불도고노
阿彌陀佛度苦惱

운자재불자재왕
雲自在佛自在王

위음왕불일월등
威音王佛日月燈

정화숙왕운뢰음
淨華宿王雲雷音

보위덕상왕여래
寶威德上王如來

이금당래설묘법
已今當來說妙法

상수서가모니불
常隨釋迦牟尼佛

점돈신자용녀등
漸頓身子龍女等

서품방편비유품
序品方便譬喻品

화성유품오백제
化城喻品五百第

법사품여견보탑
法師品與見寶塔

사자음불사자상
師子音佛師子相

제상불여범상불
帝相佛與梵相佛

다마라불수미상
多摩羅佛須彌相

괴포외불다보불
壞怖畏佛多寶佛

운자재등정명덕
雲自在燈淨明德

운뢰음숙왕화지
雲雷音宿王華智

여시제불제보살
如是諸佛諸菩薩

어차법회여시방
於此法會與十方

운집상종법회중
雲集相從法會中

일우등주제수초
一雨等樹諸樹草

신해약초수기품
信解藥草授記品

수학무학인기품
授學無學人記品

제바달다여지품
提婆達多與持品

일체중생　　숙왕-화　　묘음상행　　장엄화덕
무진-의　　지지인등　　때와장소　　가리잖고
부처님을　　따르는이　　일월등명　　연등부처
대통지승　　아촉부처　　수미정불　　사자음불
사자상불　　허공주불　　상명제상　　범상부처
아미타불　　도고뇌불　　다마라불　　수미상불
운자재불　　자재왕불　　괴포외불　　다보-불
위음왕불　　일월등불　　등점명덕　　정화숙왕
운뢰음불　　운뢰음숙　　화지보위　　덕상불등
이와같은　　제불보살　　무시이래　　지금까지
일승묘법　　하나로만　　보살들께　　설하시니
이법회가　　시방국토　　부처님법　　따르는이
두루두루　　인연되어　　점수한자　　돈오한자
용녀등등　　구름같이　　모일지라　　그때맞춰
모든나무　　풀들에게　　감로비를　　내리시어
목마름을　　면케하고　　모든생기　　북돋우니
일승묘법　　연화경의　　원만하신　　힘이어라
서품방편　　비유품과　　신해약초　　수기품에
화성유품　　오백제자　　수기품에　　수학무학
인기품과　　법사품에　　견보탑품　　제바달다

안락행품종지용
安樂行品從地涌

여래수량분별공
如來壽量分別功

수희공덕법사공
隨喜功德法師功

상불경품신력품
常不輕品神力品

촉루약왕본사품
囑累藥王本事品

묘음관음보문품
妙音觀音普門品

다라니품묘장엄
陀羅尼品妙莊嚴

보현보살권발품
普賢菩薩勸發品

이십팔품원만교
二十八品圓滿敎

시위일승묘법문
是爲一乘妙法門

지품별게개구족
支品別偈皆具足

독송수지신해인
讀誦受持信解人

종불구생불의부
從佛口生佛衣覆

보현보살내수호
普賢菩薩來守護

마귀제뇌개소제
魔鬼諸惱皆消除

불탐세간심의직
不貪世間心意直

유정억념유복덕
有正憶念有福德

망실구게영통리
忘失句偈令通利

불구당예도량중
不久當詣道場中

득대보리전법륜
得大菩提轉法輪

나무묘법연화경
南無妙法蓮華經

영산회상불보살
靈山會上佛菩薩

일승묘법연화경
一乘妙法蓮華經

보장보살약찬게
寶藏菩薩略纂偈

권지품과 안락행품 종지용품 여래수량
분별공덕 수희공덕 법사공덕 상불경품
여래신력 촉루품에 약왕보살 본사품과
묘음보살 관음보살 보문품에 다라니품
묘장엄왕 본사품과 보현보살 권발품등
이와같은 실상묘법 연화경을 수지독송
신해하면 무량복덕 얻게되고 부처님과
함께살고 부처옷을 입게되며 보현보살
임하시어 보호하고 지켜주셔 모든마귀
모든번뇌 하나같이 사라지고 깨끗하게
없어지니 삿된욕심 내지말고 진실하고
바른마음 영원토록 간직하고 수행하며
입으로만 하지말고 마음으로 깨달으면
청정도량 가운데서 무상보리 증득하여
대승법을 펼치리니 그런고로 묘법연화
부처님을 친견하고 한량없는 정성모아
받들어서 공경하리 일승묘법 연화경과
영산회상 불보살님 몸과마음 다바쳐서
         자성귀의 하옵니다.

법 성 게
法 性 偈

법성원융무이상
法 性 圓 融 無 二 相

제법부동본래적
諸 法 不 動 本 來 寂

무명무상절일체
無 名 無 相 絶 一 切

증지소지비여경
證 智 所 知 非 餘 境

진성심심극미묘
眞 性 甚 深 極 微 妙

불수자성수연성
不 守 自 性 隨 緣 成

일중일체다중일
一 中 一 切 多 中 一

일즉일체다즉일
一 卽 一 切 多 卽 一

일미진중함시방
一 微 塵 中 含 十 方

일체진중역여시
一 切 塵 中 亦 如 是

무량원겁즉일념
無 量 遠 劫 卽 一 念

일념즉시무량겁
一 念 卽 是 無 量 劫

구세십세호상즉
九 世 十 世 互 相 卽

잉불잡란격별성
仍 不 雜 亂 隔 別 成

초발심시변정각
初 發 心 時 便 正 覺

생사열반상공화
生 死 涅 槃 常 共 和

이사명연무분별
理 事 冥 然 無 分 別

십불보현대인경
十 佛 普 賢 大 人 境

모든것의	본래성품	원융하여	둘아니니
삼라만상	그대로가	본래부터	적멸이라
이름없고	모양없어	헤아려선	알수없고
깨달아야	알바로써	달리알수	없는경계
참된성품	깊고깊어	지극히도	미묘한데
자기성품	안지키니	인연따라	천태만상
하나중에	전부있고	많은중에	하나있어
하나가곧	전부이고	많은그것	곧하나라
한티끌속	가운데에	온우주를	머금었고
하나하나	티끌속도	살펴보니	그와같네
한량없는	긴세월은	한생각에	바탕이니
지금갖는	한생각이	무량한겁	그대로다
구세십세	달리없어	서로서로	의지해도
엄한질서	유지하여	자기모습	따로있네
처음발심	했을때가	다름아닌	정각이며
생사열반	두경계가	항상함께	화합하네
이와사의	이치깊어	분별할길	없는것이
열분부처	보현보살	대성인의	경계로다
부처님의	깨침바다	크신삼매	가운데서

능인해인삼매중　　　번출여의부사의
能 仁 海 印 三 昧 中　　　繁 出 如 意 不 思 議

우보익생만허공　　　중생수기득이익
雨 寶 益 生 滿 虛 空　　　衆 生 隨 器 得 理 益

시고행자환본제　　　파식망상필부득
是 故 行 者 還 本 際　　　叵 息 妄 想 必 不 得

무연선교착여의　　　귀가수분득자량
無 緣 善 巧 捉 如 意　　　歸 嫁 隨 分 得 資 糧

이다라니무진보　　　장엄법계실보전
以 陀 羅 尼 無 盡 寶　　　莊 嚴 法 界 實 寶 殿

궁좌실제중도상　　　구래부동명위불
窮 坐 實 際 中 道 床　　　舊 來 不 動 名 爲 佛

비로자나총귀진언
毘 盧 遮 那 總 歸 眞 言

나무시방삼세　일체제불
南 無 十 方 三 世　一 切 諸 佛

나무시방삼세　일체존법
南 無 十 方 三 世　一 切 尊 法

나무시방삼세　일체보살
南 無 十 方 三 世　一 切 菩 薩

나무시방삼세　일체현성
南 無 十 方 三 世　一 切 現 聖

뜻한대로　쏟아지니　불가사의　진리의법
보배비가　중생돕듯　저허공에　가득하여
중생들은　근기따라　이로움을　얻게되네
이렇거니　수행자여　근본마음　돌아가세
망상심을　아니쉬곤　얻을것이　분명없네
무연자비　선교방편　여의하게　어서얻어
본분가에　돌아가서　수분수력　큰힘얻세
다라니의　큰위신력　다함없는　보배로써
온법계를　장엄하여　보배궁전　세우고서
마지막엔　참된법인　중도상에　앉아보세
예전이나　지금이나　이름일러　부처라네

비로자나총귀진언

온 세계에 항상 계신 모든 부처님이시여.

온 세계에 항상 계신 모든 불법이시여.

온 세계에 항상 계신 모든 보살님이시여.

온 세계에 항상 계신 모든 제현성이시여.

오호지리 바라지리 리제미제기사은제지
바라타니 옴불나지리익 오공사진사타해
바사달바사타해 아라바좌나 원각승좌도진나
사공사진사타해 나무항아사아승지불 무량삼매
보문삼매 옴바마나사타바 탁타니아나
나무아심타아심티자심도류사바하 나무
옴아밀리다다바베사바하 나무아바이바제
구하구하제 다라니제 니하니제 비니바니제
사바하 (세 번)

오호지리 바라지리 리제미제기사은제지 바라타니
옴불나지리익 오공사진사타해 바사달바사타해
아라바좌나 원각승좌도진나 사공사진사타해
나무항아사아승지불 무량삼매 보문삼매
옴바마나사타바 탁타니아나
나무아심타아심티자심도류사바하 나무
옴아밀리다다바베사바하 나무아바이바제
구하구하제 다라니제 니하니제 비니바니제
사바하 (세 번)

종 송
鍾 頌

※ 목탁석이 끝나면 조금 있다가 범종 이십팔추를 친다. 범종
이 끝나면 쇠송을 하게 되는데, 범종이 없는 사암에서는 소종으
로 종송을 하며 이십팔추를 대신한다.

아침종송 시작을 알리는 타목 : ◯ ◯ ◯

사물을 일깨우는 쇠송 : ......

조 례 종 송
早 禮 鍾 頌

원차종성변법계
願 此 鍾 聲 遍 法 界

철위유암실개명
鐵 圍 幽 暗 悉 皆 明

삼도이고파도산
三 途 離 苦 破 刀 山

일체중생성정각
一 切 衆 生 成 正 覺

나무 비로교주 화장자존 연보게지 금문
南 無 毘 盧 敎 主 華 藏 慈 尊 演 寶 偈 之 金 文

포낭함지옥축 진진혼입 찰찰원융 십조구만오천
布 琅 函 之 玉 軸 塵 塵 混 入 刹 刹 圓 融 十 兆 九 萬 五 千

사십팔자 일승원교 나무 대방광불화엄경
四 十 八 字 一 乘 圓 敎 南 無 大 方 光 佛 華 嚴 經

약인욕요지 삼세일체불 응관법계성
若 人 欲 了 知 三 世 一 切 佛 應 觀 法 界 性

일체유심조
一 切 唯 心 造

종 송

※ 목탁석이 끝나면 조금 있다가 범종 이십팔추를 친다. 범종이 끝나면 쇠송을 하게 되는데, 범종이 없는 사암에서는 소종으로 종송을 하며 이십팔추를 대신한다.

아침종송 시작을 알리는 타목 : ◖ ◯ ◯ ◗

사물을 일깨우는 쇠송 : ♤ ┄┄┄┄♤♤♤♤♤♤ ♤ ♤

◟ ♤♤♤♤♤ ♤ ♤♤♤

아침종송

원하노니 이종소리 온법계에 두루퍼져 철위산의
어두움이 남김없이 밝아지고 삼악도의 고뇌벗고
칼산지옥 깨뜨려서 일체모든 중생들이 무상정각
이루오리.

화장세계 자존이신 비로자나 부처님은 보배스런
게송법문 금글씨로 펴내시고 남함속의 옥축열어
비밀한뜻 베푸시니 티끌마다 섞여들고 법계마다
원융하네 십조구만 오천사십 팔자로된 일승원교
대방광불 화엄경에 지심귀의 하옵니다.

만일어떤 사람들이 과거현재 미래세에 모든부처
실상들을 깨닫고저 원한다면 이법계에 모든모습
성품바탕 살펴보라 일체모든 부처들은 마음하나
지음일세.

파지옥진언 🔔
破 地 獄 眞 言

나무 아따 시지남 삼먁삼못다 구치남

옴~~~아자나 바바시 지리지리 훔 🔔

원아진생무별념	아미타불독상수
願 我 盡 生 無 別 念	阿 彌 陀 佛 獨 相 隨

심심상계옥호광	념념불이금색상
心 心 常 係 玉 豪 光	念 念 不 離 金 色 相

아집염주법계관	허공위승무불관
我 執 念 珠 法 界 觀	虛 空 爲 繩 無 不 貫

평등사나무하처	관구서방아미타
平 等 舍 那 無 何 處	觀 求 西 方 阿 彌 陀

나무서방대교주	무량수여래불 🔔
南 無 西 方 大 敎 主	無 量 壽 如 來 佛

나무아미타불

철위산간옥초산	화탕노탕금수도
鐵 圍 山 間 獄 焦 山	火 湯 爐 湯 禽 獸 刀

팔만사천지옥문	장비주력금일개 🔔
八 萬 四 千 地 獄 門	將 祕 呪 力 今 日 開

나무아미타불

지옥도중수고중생	문차종성이고득락
地 獄 途 中 受 苦 衆 生	聞 此 鐘 聲 離 苦 得 樂

아귀도중수고중생	문차종성이고득락 🔔
餓 鬼 途 中 受 苦 衆 生	聞 此 鐘 聲 離 苦 得 樂

수라도중수고중생	문차종성이고득락
修 羅 途 中 受 苦 衆 生	聞 此 鍾 聲 離 苦 得 樂

지옥을 파헤치는 진언
나무 아따 시지남 삼먁삼못다 구치남
　　옴~~~아자나 바바시 지리지리 훔

이 - 생명 다하도록 다른생각 전혀없고 아미타불
부처님만 홀로따를 뿐입니다 거-룩한 옥호광명
맘과마음 이어지고 황금빛의 거룩한몸 생각생각
허공으로 끈을삼아 하나하나 꿴것같이 한결같은
법신부처 곳곳마다 나투시네 서방정토 극락세계
아미타불 뵈옵고자 지극하온 마음으로 한량없는
생명이신 무량광명 부처님께 지성귀의 하옵니다
　　　　　　　　　　　　　　나무아미타불

지옥의 아홉 개 산 중 가장 밖에 위치한 모두 쇠로
된 산과의 사이에 있는 큰 바다 속이 항상 불타고 있
다는 상상의 산, 항상 화로같이 끓는 불의 지옥 그리
고 팔만 사천 가지의 지옥문을 신비한 주문의 힘으로
여시도다. 　　　　　　　　　　나무아미타불

지옥에서 고통받는 중생들이시여, 아귀세계에서 굶주
리는 중생들이시여, 이 종소리 들으시고 모두 해탈
하소서. 아수라세계에서 다툼하는 중생들이시여, 축
생에서 해매이는 중생들이시여, 이 종소리 들으시고
모두 해탈하소서. 　　　　　　　나무아미타불

축생도중수고중생　문차종성이고득락
畜生途中受苦衆生　聞此鍾聲離苦得樂

ᛜ나무아미타불

태란습화　육도광내　사생칠취　삼도팔란
胎卵濕化　六道廣内　四生七趣　三途八難

사은삼유　일체무진　제불자등　각　열위열명영가
四恩三有　一切無盡　諸佛者等　各　列位列名靈駕

ᛜ나무아미타불

아미타불재하방　착득심두절막망
阿彌陀佛在何方　着得心頭切莫忘

넘도염궁무넘처　육문상방자금광　ᛜ나무아미타불
念到念窮無念處　六門常放紫金光

청산첩첩미타굴　창해망망적멸궁
青山疊疊彌陀窟　蒼海茫茫寂滅宮

물물염래무가애　기간송정학두홍　ᛜ나무아미타불
物物拈來無罣碍　幾看松亭鶴頭紅

극락당전만월용　옥호금색조허공
極樂堂前滿月容　玉毫金色照虛空

약인일넘칭명호　경각원성무량공　ᛜ나무아미타불
若人一念稱名號　頃刻圓成無量功

삼계유여급정륜　백천만겁역미진
三界猶如汲井輪　百千萬劫歷微塵

차신불향금생도　갱대하생도차신　ᛜ나무아미타불
此身不香今生度　更待何生度此身

태 란 습 화 네 가지로 태어나 육도윤회 하는 세계와
지옥, 아귀, 축생의 세 가지 갈래에서 여덟 가지 어
려움과 네 가지 은혜로움을 준 영가와 욕계 색계 무
색계 내의 일체의 유정이나 무정이나 외롭고 슬픈 영
혼들 모든 영가시여.　　　　　　　🔔나무아미타불

아미타불 부처님은 어느곳에 계시는가
마음속에 깊이새겨 한시라도 잊지말자
생각하고 생각다해 무념처에 이르르면
어느때나 온몸에서 자색금색 빛나리라　🔔나무아미타불
겹겹으로 푸른산은 아미타불 법당이요
아득하게 넓은바다 적멸보궁 도량이라
세상사의 모든것이 마음따라 자재한데
소나무의 단정학을 몇번이나 보았는가　🔔나무아미타불
극락세계 저보궁이 만월같은 아미타불
금빛의몸 백호광명 온누리에 비추시네
누구든지 아미타불 일념으로 부르오면
찰나간에 무량공덕 뚜렷하게 이루리라　🔔나무아미타불
삼계윤회 돌고돌음 두레박과 똑같아서
백천만겁 지내오길 티끌처럼 많이했네
이번생을 의지해서 깨달음을 못얻으면
어느생에 다시나서 이몸뚱이 제도하랴　🔔나무아미타불

천상천하무여불 　시방세계역무비
天上天下無如不 　十方世界亦無比

세간소유아진견 　일체무유여불자 　🔔나무아미타불
世間所有我盡見 　一切無有如佛者

찰진심념가수지 　대해중수가음진
刹塵心念可數知 　大海中水可飮盡

허공가량풍가게 　무능진설불공덕 　🔔나무아미타불
虛空可量風可繫 　無能盡說佛功德

보화비진요망연 　법신청정광무변
報化非眞了妄緣 　法身淸淨廣無邊

천강유수천강월 　만리무운만리천 　🔔나무아미타불
天江有水千江月 　萬里無雲萬里天

원공법계제중생 　동입미타대원해
願供法界諸衆生 　同入彌陀大願海

진미래제도중생 　자타일시성불도 　🔔나무아미타불
盡未來際度衆生 　自他一時成佛道

아미타불본심미묘진언
阿彌陀佛本心微妙眞言

(다냐타 옴 아리다라 사바하)

계수서방 🔔 안락찰 접인중생 대도사 아금발원
稽首西方 安樂刹 接引衆生 大導師 我今發願
🔔🔔🔔🔔🔔🔔🔔…………🔔🔔🔔 🔔🔔 🔔🔔 🔔🔔🔔🔔🔔🔔

원왕생 유 원 자 비 애 섭 수
願往生 唯 願 慈 悲 哀 攝 受

※ 잠시 있다가 대중이 모인 것을 확인 후 다음과 같이
　아침 예불쇠송을 친 후 예불에 들어간다.

천상천하 어느누가 부처님과 견주리요
시방세계 둘러봐도 비길자가 전혀없고
이세상의 모든것을 남김없이 살펴봐도
부처님을 따를자가 천지간에 하나없네 🔔나무아미타불
시방세계 모든먼지 몇개인가 헤아리고
큰바다의 많은물은 남김없이 들이키며
저허공의 크기재고 바람묶는 재주라도
부처님의 크신공덕 다말하지 못한다네 🔔나무아미타불
보신화신 참아니라 망연인줄 알고보면
법신만이 청정하여 크고넓기 그지없네
일천개의 강물위에 일천개의 달비치고
일만리에 구름없어 온하늘이 푸르러라 🔔나무아미타불
원하노니 시방법계 한량없는 모든중생
아미타불 원력바다 모두함께 들어가서
미래세가 다하도록 중생구제 함께하고
모든중생 너나없이 무상도를 이뤄보세 🔔나무아미타불

아미타불본심미묘진언

(다냐타 옴 아리다라 사바하)
극락으로 중생인도 하옵시는 아미타불 부처님께
머리숙여 절하옵고 일심으로 귀의하여 극락왕생
발원하니 서방정토 아미타- 부처님의 자비하신
원력으로 굽어살펴 주옵소서 저희들이 일심으로
귀의하옵고 신명바쳐 절하옵니다.

예불쇠송

🔔 🔔🔔🔔🔔🔔🔔🔔🔔🔔🔔🔔🔔🔔🔔🔔🔔🔔이회반복🔔🔔🔔🔔🔔🔔🔔 🔔 🔔

🔔 🔔 🔔 🔔 🔔 🔔

석예종송
夕 禮 鍾 頌

저녁종송 시작을 알리는 타목 : ○ ○ ○

🔔 🔔 🔔 🔔 🔔 🔔 🔔 🔔

🔔 **문종성 번뇌단   지혜장 보리생**
聞 鐘 聲 煩 惱 斷   智 慧 長 菩 提 生

🔔 **이지옥 출삼계   원성불 도중생**
離 地 獄 出 三 界   願 成 佛 度 衆 生

🔔 **파지옥진언 : [🔔 옴 가라지야 사바하 옴**
破 地 獄 眞 言

가라지야 사바하🔔 옴~~가라지야 사바하] 🔔

🔔 🔔 🔔 🔔 🔔 🔔 🔔 🔔 🔔 🔔 🔔 🔔 🔔

🔔

예 불 쇠 송

🔔ᴗᴗᴗᴗ🔔🔔🔔🔔🔔🔔🔔🔔🔔ᴗᴗᴗᴗᴗ삼회반복ᴗᴗᴗᴗ🔔🔔🔔 🔔ᴗ🔔
🔔   🔔ᴗ🔔

🔔 🔔 🔔 🔔 🔔 🔔

저 녁 종 송

저녁종송 시작을 알리는 타목 : ○ ○ ○

🔔 🔔 🔔 🔔 🔔 🔔 🔔🔔 🔔

이종소리   듣는이들   무진번뇌   끊어지고
반야지혜   늘어나서   보리마음   모두내며
지옥세계   여의고서   삼계고해   벗어나서
원하노니   성불하여   중생제도   하여지다.

🔔 지옥을 파괴하는 진언 [🔔 옴 가라지야 사바하 옴

가라지야 사바하🔔   옴~~가라지야 사바하] 🔔

🔔 🔔 🔔 🔔 🔔 🔔 🔔 🔔 🔔 🔔 🔔 🔔 🔔 🔔

예경편(禮敬篇)

1. 예경의 의의와 자세

예경(禮敬)이란 예배하며 공경한다는 뜻입니다. 진실한 예배는 공경심에서 우러나는 것입니다. 사심 없이 상대방을 공경할 때 우리는 자기도 모르는 사이에 두 손과 눈이 모두어지는 것을 느낍니다.

그래서 「첨경존안(瞻敬尊顔)하되 부득반연이경(不得攀緣異境)이니다」 하신 것입니다.

합장(合掌)은 존경의 표시이고 일심(一心)의 상징입니다. 합장하고 두 눈을 모두어 거룩한 모습을 우러러 바라보다가 두 손과 이마 두 무릎이 땅에 닿도록 공경히 예배하는 것을 오체투지(五體投地)의 대례(大禮)라고 하고 합장으로 허리를 구부려 반배(半拜) 하는 것을 반절이라 합니다.

륵나마라(勒那摩羅) 삼장은 절에 일곱 가지가 있으니,

一. 아만례(我慢禮)로써 거드름을 피우면서 절하는 것이요,

二. 구명례(求命禮)니 명예를 얻기 위해 가식으로 예

하는 것이고,

三. 신심례(身心禮)니 몸과 마음으로 공경을 표하는 것이고,

四. 지정례(智淨禮)니 깨끗한 지혜의 마음으로써 예배하는 것이며,

五. 변인법계례(遍人法界禮)니 마음이 온 우주에 가득 차도록 절하는 것이고,

六. 정관수성례(正觀修誠禮)니 정견에 의하여 정성스럽게 예배하는 것이고,

七. 실상평등례(實相平等禮)니 자타가 둘이 아닌 이치를 알아 서로 감사하는 절을 하는 것이라 하였습니다.

대중이 함께 절할 때는 그 위의와 거동을 꼭 같이 하기 위하여 목탁이나 경쇠, 죽비로써 신호하고 있습니다.

예경문의 조직
禮經文 組織

지금 우리 한국 사찰에서 예경하고 있는 예불문은 전래 선교양종의 제가(諸家)에서 응용하던 것을 한국불교 실상에 따라 조직적으로 재편성한 것들인데, 사찰의 규모와 신앙의 대상에 따라서 각각 달랐습니다. 예컨대 같은 대웅전에서 하는 예경이라도 향수해례, 오분향례, 칠처구회례 같은 것은 화엄 선종의 예불문인데 반하여 사성례 같은 것은 미타정토종의 예불이며 관음예불, 백팔참회 같은 것은 독특한 보살신앙의 유산물인 것입니다.

다만 종파를 초월하여 범불교적인 예불문을 구성코저 노력한 흔적이 소예참과 대예참 가운데에 역력히 드러나 있으나 너무 번잡하고 장구하며, 이를 간결하게 단축시킨 것으로 현재 한국불교에서 대다수 칠정례를 사용하고 있으나 아직도 대가람에서는 향수해례, 사성례를 새벽예불에 운용하고 있습니다.

修行人人分上事(수행인인분상사)

如何擲地不回頭(여하척지불회두)

飢食因眼非他物(기식인안비타물)

可笑騎牛更覓牛(가소기우경멱우)

수행자는 사람마다 자기 일인데

어째서 버려두고 돌아보지 않는고

배고프면 밥먹고 곤하면 잠을 자면서

우습구나, 소를 타고 소를 찾다니

칠 정 례
七 頂 禮

다 게 아침: 예불 때는 청정수 올리고 다게
茶 偈

아금청정수 변위감로다 봉헌삼보전
我 今 淸 淨 水　變 爲 甘 露 茶　奉 獻 三 寶 殿

원수애납수 원수애납수 원수자비애납수
願 垂 哀 納 受　願 垂 哀 納 受　願 垂 慈 悲 哀 納 受

오분향례 저녁: 예불 때는 향만 올리고 오분향례
五 分 香 禮

계향 정향 혜향 해탈향 해탈지견향
戒 香　定 香　慧 香　解 脫 香　解 脫 知 見 香

광명운대 주변법계 공양시방 무량불법승
光 明 雲 臺　周 遍 法 界　供 養 十 方　無 量 佛 法 僧

헌향진언 : 옴 바아라 도비야 훔 (세 번)
獻 香 眞 言

지심귀명례 : 삼계도사 사생자부 시아본사
至 心 歸 命 禮　三 界 導 師　四 生 慈 父　是 我 本 師
석가모니불
釋 迦 牟 尼 佛

지심귀명례 : 시방삼세 제망찰해 상주일체
至 心 歸 命 禮　十 方 三 世　帝 網 刹 海　常 住 一 切
불타야중
佛 陀 耶 衆

지심귀명례 : 시방삼세 제망찰해 상주일체
至 心 歸 命 禮　十 方 三 世　帝 網 刹 海　常 住 一 切
달마야중
達 磨 耶 衆

칠 정 례

다 게 아침: 예불 때는 청정수 올리고 다게

저희 이제 청정수를 감로다 삼아 삼보전에 올리오니
받으소서(반 배)　받으소서(반 배)
자비로 받으소서(반 배)

오분향례 저녁: 예불 때는 향만 올리고 오분향례

다함없는 계와 정 지혜와 해탈 해탈한 지혜 향을
올리오며 광명구름 두루하여 시방세계
한량없는 삼보님께 예배공양 올리오니
자비로 받으소서(반 배)　자비로 받으소서(반 배)
자비로 받으소서(반 배)
헌향진언 : 옴 바아라 도비야 훔 (세 번)

지극한 마음으로 온세계 스승이시며 모든중생
　　어버이신 석가모니 부처님께 절 하옵니다.
지극한 마음으로 온세계 항상 계신 거룩하신
　　부처님께 절 하옵니다.
지극한 마음으로 온세계 항상 계신 거룩하신
　　가르침에 절 하옵니다.

지심귀명례 : 대지문수사리보살 대행보현보살
至心歸命禮 大智文殊舍利菩薩 大行普賢菩薩

대비관세음보살 대원본존 지장보살
大悲觀世音菩薩 大願本尊 地藏菩薩

제존보살 마하살
諸尊菩薩 摩訶薩

지심귀명례 : 영산당시 수불부촉 십대제자
至心歸命禮 靈山當時 受佛附囑 十大弟子

십육성 오백성 독수성 내지
十六聖 五百聖 獨修聖 乃至

천이백제대아라한 무량자비성중
千二百諸大阿羅漢 無量慈悲聖衆

지심귀명례 : 서건동진 급아해동 역대전등
至心歸命禮 西乾東震 及我海東 歷代傳燈

제대조사 천하종사 일체미진수
諸大祖師 天下宗師 一切微塵數

제대선지식
諸大善知識

지심귀명례 : 시방삼세 제망찰해 상주일체
至心歸命禮 十方三世 帝網刹海 常住一切

승가야중
僧伽耶衆

유원 무진삼보 대자대비 수아정례 명훈가피력
唯願 無盡三寶 大慈大悲 受我頂禮 冥熏加被力

원공법계제중생 자타일시성불도
願共法界諸衆生 自他一時成佛道

지극한 마음으로 대지문수사리보살 대행

　　보현보살 대비관세음보살 대원본존

　　지장보살님께 절 하옵니다.

지극한 마음으로 부처님께 부촉받으신

　　십대제자 십육성 오백성 독수성 천이백

　　제대아라한께 절 하옵니다.

지극한 마음으로 불법 전한 역대조사 천하종사

　　한량없는 선지식께 절 하옵니다.

지극한 마음으로 온세계 항상 계신 거룩하신

　　스님들께 절 하옵니다.

다-함 없으신 삼보님이시여, 저희들 예경 받으시고

가피력을 내리시어 법계중생 모두 함께 성불하여

지이다.

향수해례
香 水 海 禮

※ 사성전에 향 한 개
올린다.

※ 지미내해를 중심으로 장엄된 화장장엄세계에 항상 계시면서 모든
중생을 살피시는 불보살님의 명호를 불러 예배하는 것.

다 게
茶 偈

아금청정수 변위감로다 봉헌삼보전
我 今 淸 淨 水　變 爲 甘 露 茶　奉 獻 三 寶 殿

원수애납수 원수애납수 원수자비애납수
願 垂 哀 納 受　願 垂 哀 納 受　願 垂 慈 悲 哀 納 受

나무향수해　화장계　비로해회　제불제보살
南 無 香 水 海　華 藏 界　毘 盧 海 會　諸 佛 諸 菩 薩

나무천화대　연장계　사나해회　제불제보살
南 無 千 華 臺　蓮 藏 界　舍 那 海 會　諸 佛 諸 菩 薩

나무천화상　백억계　서가해회　제불제보살
南 無 千 華 上　百 億 界　釋 迦 海 會　諸 佛 諸 菩 薩

나무일월광　유리계　약사해회　제불제보살
南 無 日 月 光　琉 璃 界　藥 師 海 會　諸 佛 諸 菩

나무안양국　극락계　미타해회　제불제보살
南 無 安 養 國　極 樂 界　彌 陀 海 會　諸 佛 諸 菩 薩

나무도솔천　내원계　자씨해회　제불제보살
南 無 兜 率 天　内 院 界　慈 氏 海 會　諸 佛 諸 菩 薩

나무대위덕　금륜계　소재해회　제불제보살
南 無 大 威 德　金 輪 界　消 災 海 會　諸 佛 諸 菩 薩

※ 사성전에 향 한 개 올린다.

※ 지미내해를 중심으로 장엄된 화장장엄세계에 항상 계시면서 모든 중생을 살피시는 불보살님의 명호를 불러 예배하는 것.

차를 올리는 진언

제가 지금 올리옵는 청정수는 감로의 차가 되어 삼보전에 바치오니 어여삐 여기사 받아주시옵소서.

향수해 화장계 비로해회 제불보살님께 귀의합니다.

천화대 연장계 사나해회 제불보살님께 귀의합니다.

천화상 백억계 석가해회 제불보살님께 귀의합니다.

일월광 유리계 약사해회 제불보살님께 귀의합니다.

안양국 극락계 미타해회 제불보살님께 귀의합니다.

도솔천 내원계 자씨해회 제불보살님께 귀의합니다.

대위덕 금륜계 소재해회 제불보살님께 귀의합니다.

나무청량산 금색계 문수해회 제불제보살
南無淸涼山 金色界 文殊海會 諸佛諸菩薩

나무아미산 은색계 보현해회 제불제보살
南無峨嵋山 銀色界 普賢海會 諸佛諸菩薩

나무금강산 중향계 법기해회 제불제보살
南無金剛山 衆香界 法起海會 諸佛諸菩薩

나무낙가산 칠보계 관음해회 제불제보살
南無洛迦山 七寶界 觀音海會 諸佛諸菩薩

나무칠진산 팔보계 세지해회 제불제보살
南無七珍山 八寶界 勢至海會 諸佛諸菩薩

나무염마라 유명계 지장해회 제불제보살
南無閻摩羅 幽冥界 地藏海會 諸佛諸菩薩

나무진허공 변법계 진사해회 제불제보살
南無盡虛空 徧法界 塵沙海會 諸佛諸菩薩

나무 서건사칠 당토이삼 오파분류 역대전등
南無 西乾四七 唐土二三 五派分流 歷代傳燈

제대조사 천하종사 일체미진수 제대선지식
諸大祖師 天下宗師 一切微塵數 諸大善知識

유원 무진삼보 대자대비 수아정례 명훈가피력
唯願 無盡三寶 大慈大悲 受我頂禮 冥熏加被力

원공법계제중생 동입미타대원해
願共法戒諸衆生 同入彌陀大願解

청량산 금색계 문수해회 제불보살님께 귀의합니다.

아미산 은색계 보현해회 제불보살님께 귀의합니다.

금강산 중향계 법기해회 제불보살님께 귀의합니다.

낙가산 칠보계 관음해회 제불보살님께 귀의합니다.

칠칠산 팔보계 세지해회 제불보살님께 귀의합니다.

염마라 유명계 지장해회 제불보살님께 귀의합니다.

진허공 변법계 진사해회 제불보살님께 귀의합니다.

인도에서 이십팔대 중국에서 육대조사 다섯파로
나뉘어져 밝은 불법 전해오신 모든 조사님 종사님
수없으신 선지식께 귀명정례 하옵니다. 오직 원하옵나
니 자비하옵신 삼보님이시여, 저희 예배 받으사 위
덕으로 감싸주셔 시방법계 모든 중생 남김없이 아
미타불 원력바다 모두 함께 들어가기 원합니다.

사 성 례
四 聖 禮 향 한 개 올린다.

아금지차일주향 변성무진향운개
我 今 持 此 一 炷 香 變 成 無 盡 香 雲 蓋

봉헌극락사성전
奉 獻 極 樂 四 聖 前

원수애납수 원수애납수 원수자비애납수
願 垂 哀 納 受 願 垂 哀 納 受 願 垂 慈 悲 哀 納 受

나무 서방정토 극락세계 아등도사 무량수
南 無 西 方 淨 土 極 樂 世 界 我 等 導 師 無 量 壽
여래불 [나무아미타불] (열 번)
如 來 佛 南 無 阿 彌 陀 佛

나무 서방정토 극락세계 대자대비
南 無 西 方 淨 土 極 樂 世 界 大 慈 大 悲
[관세음보살] (열 번)
觀 世 音 菩 薩

나무 서방정토 극락세계 대희대사
南 無 西 方 淨 土 極 樂 世 界 大 喜 大 捨
[대세지보살] (열 번)
大 勢 至 菩 薩

나무 서방정토 극락세계 일체청정
南 無 西 方 淨 土 極 樂 世 界 一 切 淸 淨
[대해중보살] (열 번)
大 海 衆 菩 薩

(사 성 례) 향 한 개 올린다.

제가 이제 한줄기의 향을 사르오니 변하여 다함
없는 향 구름 일산이 되었나이다.
하옵기에 극락세계 사성께 올리오니 자비를 드리
우사 애틋이 여기시고 받아 주옵소서.

서방정토 극락세계에 계시오며, 저희 모두의
    도사이시고 한량없는 수명의
    주인공이신 아미타부처님께 귀의합니다.

서방정토 극락세계에 계시오며, 대자대비의
    주인이신 관세음보살님께 귀의합니다.

서방정토 극락세계에 계시오며, 대희대사의
    주인공이신 대세지보살님께 귀의합니다.

서방정토 극락세계에 계시오며, 일체청정의
    주인공이신 모든 보살님께 귀의합니다.

유원 사성 대자대비 수아정례 명훈가피력 원공
唯願 四聖 大慈大悲 受我頂禮 冥熏加被力 願共

법계제중생 동입미타대원해 시방삼세불
法戒諸衆生 同入彌陀大願海 十方三世佛

아미타제일 구품도중생 위덕무궁극 아금대귀 의
阿彌陀第一 九品度衆生 威德無窮極 我今大歸依

참회삼업죄 범유제복선 지심용회향 원동 염불인
懺悔三業罪 凡有諸福善 至心用回向 願同 念佛人

감응수시현 임종서방경 분명재목전 견문개정진
感應隨時現 臨終西方境 分明在目前 見聞皆精進

동생극락국 견불요생사 여불 도 일체
同生極樂國 見佛了生死 如佛 度 一切

원아임욕명종시 진제일체제장애 면견피 불
願我臨欲命終時 盡除一切諸障礙 面見彼佛

아미타 즉득왕생안락찰 원이차공덕 보급어일체
阿彌陀 卽得往生安樂刹 願以此功德 普及於一切

아등여중생 당생극락국 동견무량수 개공성불도
我等與衆生 當生極樂國 同見無量壽 皆共成佛道

원왕생 원왕생 원생극락 견미 타 획몽마정수기별
願往生 願往生 願生極樂 見彌 陀 獲蒙摩頂授記莂

원왕생 원왕생 원재미타회중좌 수집향화상공양
願往生 願往生 願在彌陀會中坐 手執香華常供養

원왕생 원왕생 원생화장연화계 자타일시성불도
願往生 願往生 願生華藏蓮花界 自他一時成佛道

오직 원하옵나니 네 분 성현께서는 대자대비로써 저희들이 올리는 예배를 받으시옵고 은근이 가피하셔서 이 세상 중생들이 모두 함께 아미타부처님의 크나큰 원력의 바다에 들게 하소서. 시방삼세 부처님 중 아미타불 제일이니 구품대로 이끄시는 위덕 또한 다함없네. 제가 지금 귀의하여 삼업의 죄 모든 복덕 모든 선을 지심회향 하나이다. 원하오니 염불행자 극락세계 모두 나서 부처 뵙고 생사 깨쳐 중생 제도 하사이다. 이 내 목숨 다할 때에 온갖 장애 사라지고 아미타불 뵙는 즉시 안락궁에 왕생하리. 원하오니 이 공덕이 모두에게 두루 미쳐 저희들과 중생들이 극락세계 태어나서 무량수불 함께 뵙고 모두 성불하여 지이다.

원하옵고 원하노니 극락세계 태어나서 아미타불 뵈온뒤에 마정수기 받자오며

원하옵고 원하노니 아미타불 그곁에서 큰설법을 들으면서 향과꽃을 공양하고

원하옵고 원하노니 화장연화 세계에서 너나없이 모두함께 성불하기 원합니다.

상품상생진언
上 品 上 生 眞 言

옴 마니다니 훔훔바탁 사바하 (세 번)

대원성취진언
大 願 成 就 眞 言

옴 아모까 살바다라 사다야 사바하 (세 번)

보궐진언
補 闕 眞 言

옴 호로호로 사야목계 사바하 (세 번)

보회향진언
普 回 向 眞 言

옴 삼마라 삼마라 미마나 사라마하 자거라바 훔
(세 번)

계수서방안락찰	접인중생대도사
稽 首 西 方 安 樂 刹	接 引 衆 生 大 導 師
아금발원원왕생	유원자비애섭수
我 今 發 願 願 往 生	唯 願 慈 悲 哀 攝 受

구품 연화대 상품에 태어나는 진언
옴 마니다니 훔훔바탁 사바하 (세 번)

커다란 소원을 바라는 진언
옴 아모까 살바다라 사다야 사바하 (세 번)

빠진 것을 보완하는 진언
옴 호로호로 사야목계 사바하 (세 번)

널리 회향하는 진언
옴 삼마라 삼마라 미마나 사라마하 자거라바 훔
(세 번)

서방정토 극락으로 중생인도 하옵시는 아미타불
부처님께 머리숙여 절하오며 일심으로 귀의하여
극락왕생 발원하니 자비하신 원력으로 굽어살펴
주옵소서 저희들이 일심으로 귀의하옵고 신명바쳐
절하옵니다.

이산 혜연선사 발원문
怡山 慧然禪師 發願文

귀명시방조어사 연양청정미묘법 삼승사과해탈
歸命十方調御師 演揚淸淨徹妙法 三乘四果解脫

승 원사자비애섭수 단(○갑) 자위진성 왕입미
僧 願賜慈悲哀攝受 但 甲 自違眞性 枉入迷

류 수생사이표침 축생성이탐염 십전십사 적성
流 隨生死以飄沉 祝 聲而貪染 十纏十使 積成

유루지인 육근육진 명작무변지죄 미륜고해 심
有漏之因 六根六塵 作無邊之罪 迷淪苦海 深

닉사도 착아탐인 거왕조직 누생업장 일체건우
溺邪途 着我耽人 擧枉措直 累生業障 一切愆尤

앙삼보이자비 역일심이참회 소원 능인증발선
仰三寶以慈悲 瀝一心面懺悔 所願 能人拯拔善

우제휴 출번뇌지심연 도보리지피안 차세복귀
友提攜 出煩惱之深淵 到菩堤之彼岸 此世福

명위 각원창륭 내생지종영묘 동희증수 생봉중
命位 各願昌隆 來生智種靈苗 同希增秀 生逢中

국 장우명사 정신출가 동진입도 육근통리 삼
國 長遇明師 正信出家 童眞入道 六根通利 三

업순화 불염세연 상수범행 집지금계 진업불침
業純化 不染世緣 常修梵行 執持禁戒 塵業不侵

엄호위의 연비무사 정신출가 동진입도 육근통
嚴護威儀 蜎飛無師 正信出家 童眞入道 六根通

리 삼업순화 불염세사 정신출가 동진입도
利 三業純化 不染世師 正信出家 童眞入道

이산 혜연선사 발원문

시방삼세 부처님과 팔만사천 큰법보와 보살성문
스님들께 지성귀의 하옵나니 자비하신 원력으로
굽어살펴 주옵소서 저희들이 참된성품 등지옵고
무명속에 뛰어들어 나고죽는 물결따라 빛과소리
물이들고 심술궂고 욕심내어 온갖번뇌 쌓았으며
보고듣고 맛봄으로 한량없는 죄를지어 잘못된길
갈팡질팡 생사고해 헤매면서 나와남을 집착하고
그른길만 찾아다녀 여러생에 지은업장 크고작은
많은허물 삼보전에 원력빌어 일심참회 하옵나니
바라건대 부처님이 이끄시고 보살님네 살피옵서
고통바다 헤어나서 열반언덕 가사이다 이세상에
명과복은 길이길이 창성하고 오는세상 불법지혜
무럭무럭 자라나서 날적마다 좋은국토 밝은스승
만나오며 바른신심 굳게세고 아이로서 출가하여
귀와눈이 총명하고 말과뜻이 진실하며 세상일에
물안들고 청정법행 닦고닦아 서리같이 엄한계율
털끝인들 범하리까 저엄잖은 거동으로 모든생명

육근통리 삼업순화 불염세연 상수범행 집지금
六 根 通 利 三 業 純 化 不 染 世 緣 常 修 梵 行 執 持 禁

계 진업불침 엄호위의 연비무손 불봉팔난 불
戒 塵 業 不 侵 嚴 護 威 儀 蜎 飛 無 損 不 逢 八 難 不

결사연 반야지이현전 보리심이불퇴 수습정법
缺 四 緣 般 若 智 以 現 前 菩 提 心 而 不 退 修 習 正 法

요오대승 개육도지행문 월삼기지겁해 건법당
了 悟 大 乘 開 六 度 之 行 門 越 三 祇 之 劫 海 健 法 幢

어처처 파의망어중중 항복중마 소융삼보 승사
於 處 處 破 疑 網 於 重 重 降 伏 衆 魔 紹 隆 三 寶 承 事

시방제불 무유피로 수학일체법문 실개통달 광
十 方 諸 不 無 有 疲 勞 修 學 一 切 法 門 悉 皆 通 達 廣

작복혜 보리진사 불사법계 변입진로 등관음지
作 福 慧 普 利 塵 沙 不 捨 法 界 徧 入 塵 勞 等 觀 音 之

자심 행보현지원해 타방차계 축류수형 응현색
慈 心 行 普 賢 之 願 海 他 方 此 界 逐 類 隨 形 應 現 色

신 연양묘법 이리고취 아귀도중 혹방대광명
身 演 揚 妙 法 泥 犁 苦 聚 餓 鬼 道 中 或 放 大 光 明

혹현제신변 기유견아상 내지문아명 개발보리
或 現 諸 神 變 其 有 見 我 相 乃 至 聞 我 名 皆 發 菩 提

심 영출윤회고 화확빙하지지 변작향중 혹방대
心 永 出 輪 廻 苦 火 鑊 氷 河 之 地 變 作 香 中 或 放 大

광명 혹현제신변 기유견 아상 내지문아명 개
光 明 或 現 諸 神 變 其 有 見 我 相 乃 至 聞 我 名 皆

발보리심 영출윤회고 화확빙 하지지 변작향림
發 菩 提 心 永 出 輪 廻 苦 火 鑊 氷 河 之 地 變 作 香 林

음동식철지도 화생정토 피모대 각 부채함원
歙 銅 食 鐵 之 徒 化 生 淨 土 披 毛 戴 角 負 債 含 怨

사랑하여 이내목숨 버리어도 지성으로 보호하리
삼재팔난 만나잖고 불법인연 구족하여 반야지혜
드러나고 보살마음 견고하여 제불정법 잘배워서
대승진리 깨달은뒤 육바라밀 행을닦아 아승지겁
뛰어넘고 곳곳마다 설법으로 천겁만겁 의심끊고
마군중을 항복받아 삼보님을 뵙사올때 시방제불
섬기는일 잠깐인들 쉬오리까 온갖법문 다배워서
모두통달 하옵거든 복과지혜 함께늘어 무량중생
제도하며 여섯가지 신통얻고 무생법인 이룬뒤에
관음보살 대자비로 시방법계 다니면서 보현보살
행원으로 많은중생 건지올제 여러갈래 몸을나눠
미묘법문 연설하고 지옥아귀 나쁜곳에 광명놓고
신통보여 내모양을 보는이나 내이름을 듣는이는
보리마음 모두내어 윤회고를 벗어나되 화탕지옥
끓는물은 감로수로 변해지고 검수도산 날센칼날
연꽃으로 화하여서 고통받던 저중생들 극락세계
왕생하며 나는새와 기는짐승 원수맺고 빚진이들
갖은고통 벗어나서 좋은복락 누려지다 모진질병
돌적에는 약풀되어 치료하고 흉년드는 세상에는

진파신산 함첨이락 질역세이현위약초 구료침
盡罷辛酸 咸沾利樂 疾疫世而現爲藥草 求療沈

아 기근시이화작도량 제제빈뇌 단유이익 무불
疴 饑饉時而化作稻粱 濟諸貧餒 但有利益 無不

흥숭 차기누세원친 현존권속 출사생지골몰 사
興崇 次期累世寃親 現存卷屬 出四生之汨沒 捨

만겁지애전 등여함생 제성불도 허공유진 아원
萬劫之愛纏 等與含生 齊成佛道 虛空有盡 我願

무궁 정여무정 동원종지
無窮 情與無情 同圓種智

쌀이되어 구제하되 여러중생 이익한일 한가진들
빼오리까 천겁만겁 내려오던 원수거나 친한이나
이세상에 권속들도 누구누구 할것없이 얽히었던
애정끊고 삼계고해 벗어나서 시방세계 중생들이
모두성불 하사이다 허공끝이 있사온들 이내소원
다하리까 유정들도 무정들도 일체종지 이루어지
이다.

마하반야바라밀다심경
摩訶般若波羅蜜多心經

관자재보살 행심반야바라밀다시 조견오온개공 도
觀自在菩薩 行深般若波羅蜜多時 照見五蘊皆空 度

일체고액 사리자 색불이공 공불이색 색즉시공 공
一切苦厄 舍利子 色不異空 空不異色 色卽是空 空

즉시색 수상행식 역부여시 사리자 시제법공상 불
卽是色 受想行識 亦復如是 舍利子 是諸法空相 不

생불멸 불구부정 부증불감 시고 공중무색 무수상
生不滅 不垢不淨 不增不減 是故 空中無色 無受想

행식 무안이비설신의 무색성향미촉법 무안계 내지
行識 無眼耳鼻舌身意 無色聲香味觸法 無眼界 乃至

무의식계 무무명 역무무명진 내지 무노사 역무노
無意識界 無無明 亦無無明盡 乃至 無老死 亦無老

사진 무고집멸도 무지역무득 이무소득고 보리살타
死盡 無苦集滅道 無智亦無得 以無所得故 菩提薩埵

의반야바라밀다 고심무가애 무가애고 무유공포 원
依般若波羅蜜多 故心無罣碍 無罣碍故 無有恐怖 遠

리전도몽상 구경열반 삼세제불 의반야바라밀다 고
離顚倒夢想 究竟涅槃 三世諸佛 依般若波羅蜜多 故

득아뇩다라삼먁삼보리 고지반야바라밀다 시대신주
得阿耨多羅三藐三菩提 故知般若波羅蜜多 是大神呪

시대명주 시무상주 시무등등주 능제일체고 진실불
是大明呪 是無上呪 是無等等呪 能除一切苦 眞實不

허 고설반야바라밀다주 즉설주왈 「아제아제 바라
虛 故說般若波羅蜜多呪 卽說呪曰 揭諦揭諦 波羅

아제 바라승아제 모지 사바하」(세 번)
揭諦 波羅僧揭諦 菩提 娑婆訶

마하반야바라밀다심경

관자재보살이 깊은 반야바라밀다를 행할 때, 오온이 공한 것을 비추어 보고 온갖 고통에서 건지느니라. 사리자여, 색이 공과 다르지 않고 공이 색과 다르지 않으며, 색이 곧 공이요 공이 곧 색이니, 수 상 행 식도 그러하니라. 사리자여, 모든 법은 공하여 나지도 멸하지도 않으며, 더럽지도 깨끗하지도 않으며, 늘지도 줄지도 않느니라. 그러므로 공 가운데는 색이 없고 수 상 행 식도 없으며, 안 이 비 설 신 의도 없고, 색 성 향 미 촉 법도 없으며, 눈의 경계도 의식의 경계까지도 없고, 무명도 무명이 다함까지도 없으며, 늙고 죽음도 늙고 죽음이 다함까지도 없고, 고 집 멸 도도 없으며, 지혜도 얻음도 없느니라. 얻을 것이 없는 까닭에 보살은 반야바라밀다를 의지하므로 마음에 걸림이 없고 걸림이 없으므로 두려움이 없어서, 뒤바뀐 헛된 생각을 멀리 떠나 완전한 열반에 들어가며, 삼세의 모든 부처님도 반야바라밀다를 의지하므로 최상의 깨달음을 얻었느니라. 반야바라밀다는 가장 신비하고 밝은 주문이며 위없는 주문이며 무엇과도 견줄 수 없는 주문이니, 온갖 괴로움을 없애고 진실하여 허망하지 않음을 알지니라. 이제 반야바라밀다주를 말하리라.

「아제아제 바라아제 바라승아제 모지 사바하」(세 번)

행선축원
行 禪 祝 願

앙고 삼계도사 사생자부 시아본사 석가모니불
仰告 三界導師 四生慈父 是我本師 釋迦牟尼佛

불사자비 허수낭감 시이 사바세계 남섬부주
不捨慈悲 虛垂郎鑑 是以 沙婆世界 南贍部州

동양 대한민국 (○○) 청정수월도량 주지이하
東洋 大韓民國 清淨水月道場 住持以下

사부대중등 지심봉축 대한민국 국운융창 국가
四部大衆等 至心奉祝 大韓民國 國運隆昌 國家

대업 남북평화통일 세계통일 만민안락 불일증
大業 南北平和統一 世界統一 萬民安樂 佛日增

휘 법륜상전어 무궁만세 사부대중등 복위 상
輝 法輪常轉於 無窮萬歲 四部大衆等 伏爲 上

세선망 사존부모 다생사장 누대종친 제형숙백
世先亡 師尊父母 多生師長 累代宗親 弟兄叔伯

자매질손 원근친척 일체애혼 제 불자등 각열
姉妹姪孫 遠近親戚 一切哀魂 諸 佛子等 各列

위열명영가 서방정토 극락정토 왕생극락 증찰
爲列名靈駕 西方淨土 極樂淨土 往生極樂 增察

지발원 산문숙정절비우 사내재앙영소멸 토지
之發願 山門肅靜絕悲憂 寺內災殃永消滅 土地

천룡호삼보 산신국사보정상 준동함령등피안
天龍護三寶 山神局司補禎祥 蠢動含靈登彼岸

세세상행보살도 구경원성살바야 마하반야바라
世世常行菩薩道 究竟圓成薩婆若 摩訶般若婆羅

밀
蜜

행 선 축 원

우러러 고하건대 사생의 자부이시고 삼계의 도사이시고 우리의 본사이신 석가모니부처님이시여, 자비를 버리지 마시고 지혜광명을 드리워 주시옵소서. 시이 사바세계 남섬부주 동양 대한민국 (사암: 주소) 청정수월도량 주지 이하 사부대중이 지심으로 발원하옵니다. 대한민국 국운은 융창하고 민족이 단합하며 남북은 평화통일을 이루고 세계 평화로 만민은 모두 즐거우며 부처님광명은 날로 빛나고 법륜이 항상 구르게 하소서. 먼저 돌아가신 부모님, 여러 생의 스승님들, 종친들, 형제 자매, 멀거나 가까운 친척 일체 권속 등 도량 궁 내외의 재주가 있건 없건 외로운 영혼과 일체의 애달픈 불자 등 각 열위열명영가 서방정토 극락정토 왕생극락 증찰 발원하며, 산문은 고요하여 근심 끊어지고 도량의 모든 재앙은 영원히 소멸되며 토지천룡 신장님들 삼보님을 호지하고 산신국사 호법신은 상서정기 드높이니 움직이는 모든 생명 저 언덕에 태어나서 세세생생 언제라도 보살도를 행하여서 구경에는 일체지를 원만하게 이루어 큰 지혜로 저 언덕에 건너지이다.

신 중 단
神 衆 壇

헌향진언
獻 香 眞 言

옴 바아라 도비야 훔 (세 번)

지심귀명례 진법계 허공계 화엄회상
至 心 歸 命 禮 盡 法 界 虛 空 界 華 嚴 會 上

욕색제천중
欲 色 諸 天 衆

지심귀명례 진법계 허공계 화엄회상
至 心 歸 命 禮 盡 法 界 虛 空 界 華 嚴 會 上

팔부사왕중
八 部 四 王 衆

지심귀명례 진법계 허공계 화엄회상
至 心 歸 命 禮 盡 法 界 虛 空 界 華 嚴 會 上

호법선신중
護 法 仙 神 衆

원제천용팔부중　　　위아옹호불이신
願 諸 天 龍 八 部 衆　　　爲 我 擁 護 不 離 身

어제난처무제난　　　여시대원능성취
於 諸 難 處 無 諸 難　　　如 是 大 願 能 成 就

고아일심 귀명정례
故 我 一 心 歸 命 頂 禮

각 단 예 불

헌향진언

옴 바아라 도비야 훔 (세 번)

화엄회상 불법수호 욕계색계 신중님께
몸과마음 다바쳐서 지극정성 절합니다.

화엄회상 불법수호 사천왕과 팔부신중님께
몸과마음 다바쳐서 지극정성 절합니다.

화엄회상 불법수호 선한호법 신중님께
몸과마음 다바쳐서 지극정성 절합니다.

바라건대 불법수호 하늘용등 팔부신중
저희곁에 늘머물러 보호하여 주시면서
어려움이 닥쳐와도 그어려움 없애주어
저희들이 큰소원을 성취하게 하옵소서

그리하여 제가지금
몸과마음 다바쳐서 지극정성 절합니다.

극락전 미타전
極樂殿 彌陀殿

헌향진언
獻香眞言

옴 바아라 도비야 훔 (세 번)

지심귀명례 극락도사 아미타여래불
至心歸命禮 極樂導師 阿彌陀如來佛

지심귀명례 좌우보처 관음세지 양대보살
至心歸命禮 左右補處 觀音世至 兩大菩薩

지심귀명례 일체청정 대해중 보살마하살
至心歸命禮 一切淸淨 大海衆 菩薩摩訶薩

무량광중화불다 앙첨개시아미타
無量光中化佛多 仰瞻皆是阿彌陀

응신각정황금상 보계도선벽옥라
應身各挺黃金相 寶髻都旋碧玉螺

고아일심 귀명정례
故我一心 歸命頂禮

극락전   미타전

헌향진언
　　　옴 바아라 도비야 훔 (세 번)

서방정토　극락도사　아미타불　부처님께
몸과마음　다바쳐서　지극정성　절합니다.

아미타불　측보좌-　관세음-　보살님께
몸과마음　다바쳐서　지극정성　절합니다.

아미타불　우측보좌　대세지-　보살님께
몸과마음　다바쳐서　지극정성　절합니다.

한량없는　빛속에서　셀수없는　부처님들
우러러-　바라보며　모두가다　아마타불
한분한분　드러난몸　황금빛의　모습이고
보배로운　상투모두　푸른옥이　감겼도다.

　　　　　그리하여　제가지금
몸과마음　다바쳐서　지극정성　절합니다.

관음전 원통전
觀 音 殿   圓 通 殿

헌향진언
獻 香 眞 言

옴 바아라 도비야 훔 (세 번)

지심귀명례 보문시현 원력홍심 대자대비
至 心 歸 命 禮 普 門 示 現 願 力 弘 深 大 慈 大 悲

관세음보살
觀 世 音 菩 薩

지심귀명례 심성구고응제중생 대자대비
至 心 歸 命 禮 尋 聲 救 苦 應 諸 衆 生 大 慈 大 悲

관세음보살
觀 世 音 菩 薩

지심귀명례 좌보처 남순동자 우보처
至 心 歸 命 禮 左 補 處 南 巡 童 子 右 補 處

해상용왕
海 上 龍 王

백의관음 무설설 남순동자 불문문
白 衣 觀 音 無 說 說 南 巡 童 子 不 聞 聞

병상녹양 삼제하 암전취죽 시방춘
瓶 上 綠 楊 三 際 夏 巖 前 翠 竹 十 方 春

고아일심 귀명정례
故 我 一 心 歸 命 頂 禮

관음전 원통전

헌향진언
> 옴 바아라 도비야 훔 (세 번)

걸림없이　나타나서　모든중생　제도하는
크신원력　대자대비　관세음-　보살님께
몸과마음　다바쳐서　지극정성　절합니다.

고통속의　신음소리　중생들을　찾아가서
제도하는　대자대비　관세음-　보살님께
몸과마음　다바쳐서　지극정성　절합니다.

좌측보좌　남순동자　우측보좌　해상용왕님께
몸과마음　다바쳐서　지극정성　절합니다.

백의관음　무음으로　모든법을　설하시고
남순동자　들음없이　온갖법을　다들으니
유리병에　버들가지　사시사철　여름이요
바위앞에　푸른대숲　시방세계　봄날이네.

그리하여　제가지금
몸과마음　다바쳐서　지극정성　절합니다.

지장전
地 藏 殿

헌향진언
獻 香 眞 言

옴 바아라 도비야 훔 (세 번)

지심귀명례 지장원찬 이십삼존 제위여래불
至 心 歸 命 禮 地 藏 願 讚 二 十 三 尊 諸 位 如 來 佛

지심귀명례 유명교주 지장보살마하살
至 心 歸 命 禮 幽 冥 敎 主 地 藏 菩 薩 摩 訶 薩

지심귀명례 좌우보처 도명존자 무독귀왕
至 心 歸 命 禮 左 右 補 處 導 明 尊 者 無 毒 鬼 尪

지장대성위신력　　항하사겁설난진
地 藏 大 聖 威 神 力　　恒 河 沙 劫 說 難 盡

견문첨례일념간　　이익인천무량사
見 聞 瞻 禮 一 念 間　　利 益 人 天 無 量 事

고아일심 귀명정례
故 我 一 心 歸 命 頂 禮

지 장 전

헌향진언
　　옴 바아라 도비야 훔 (세 번)

지장원력　찬탄하신　이십삼존　부처님께
몸과마음　다바쳐서　지극정성　절합니다.

지옥중생　보살피는　지장보살　마하살께
몸과마음　다바쳐서　지극정성　절합니다.

좌측보좌　도명존자　우측보좌　무독귀왕
몸과마음　다바쳐서　지극정성　절합니다.

중생들의　성인이신　지장보살　위엄신통
영원토록　말을해도　다할수가　없으리니
지극정성　보고듣고　절을하는　한순간에
하늘인간　셀수없이　많은일에　이익주네.

그리하여　제가지금
몸과마음　다바쳐서　지극정성　절합니다.

약 사 전
藥 師 殿

헌향진언
獻 香 眞 言

옴 바아라 도비야 훔 (세 번)

지심귀명례 동방만월세계 십이상원
至 心 歸 命 禮 東 方 滿 月 世 界 十 二 上 願

약사유리광여래불
藥 師 琉 璃 光 如 來 佛

지심귀명례 좌보처 일광변조 소재보살
至 心 歸 命 禮 左 補 處 日 光 遍 照 消 災 菩 薩

지심귀명례 우보처 월광변조 식재보살
至 心 歸 命 禮 右 補 處 月 光 遍 照 息 災 菩 薩

십이대원접군기 　　　 일편비심무공결
十 二 大 願 接 群 機 　　 一 片 悲 心 無 空 缺

범부전도병근심 　　　 불우약사죄난멸
凡 夫 顚 倒 病 根 深 　　 不 遇 藥 師 罪 難 滅

고아일심 귀명정례
故 我 一 心 歸 命 頂 禮

약 사 전

헌향진언

옴 바아라 도비야 훔 (세 번)

동방세계 　밝은달빛 　열두가지 　크신원력
모든중생 　병을고칠 　약사여래 　부처님께
몸과마음 　다바쳐서 　지극정성 　절합니다.

좌측보좌 　재앙없앤 　일광변조 　소재보살
몸과마음 　다바쳐서 　지극정성 　절합니다.

우측보좌 　재앙없앤 　월광변조 　식재보살
몸과마음 　다바쳐서 　지극정성 　절합니다.

범부들이 　전도되어 　병뿌리가 　깊으므로
약사여래 　못만나면 　죄없애기 　어렵구나.

그리하여 　제가지금
몸과마음 　다바쳐서 　지극정성 　절합니다.

나한 영산 응진전
羅漢 靈山 應眞殿

헌향진언
獻香眞言

옴 바아라 도비야 훔 (세 번)

지심귀명례 영산교주 시아본사 석가모니불
至心歸命禮 靈山敎主 是我本師 釋迦牟尼佛

지심귀명례 좌우보처 양대보살
至心歸命禮 左右補處 兩大菩薩

지심귀명례 십육대아라한 감재직부
至心歸命禮 十六大阿羅漢 監齋直符

제위사자등중
諸位使者等衆

청련좌상월여생　　삼천계주석가존
青蓮座上月如生　　三千界主釋迦尊

자감궁중성약렬　　십육대아라한중
紫紺宮中星若列　　十六大阿羅漢衆

고아일심 귀명정례
故我一心 歸命頂禮

나한 영산 응진전

헌향진언
    옴 바아라 도비야 훔 (세 번)

영산교주 우리스승 석가모니 부처님께
몸과마음 다바쳐서 지극정성 절합니다.

좌측보좌 관음보살 우측보좌 지장보살
몸과마음 다바쳐서 지극정성 절합니다.

열여섯의 대아라한 성악감찰 사자님께
몸과마음 다바쳐서 지극정성 절합니다.

푸른연꽃 좌대위에 둥근달이 떠오르듯
삼천세계 주인이신 석가세존 모습보니
하늘궁전 한가운데 반짝이는 별들처럼
열여섯의 대아라한 부처님곁 함께있네.

그리하여 제가지금
몸과마음 다바쳐서 지극정성 절합니다.

칠 성 단
七 星 壇

헌향진언
獻香眞言

옴 바아라 도비야 훔 (세 번)

지심귀명례 금륜보계 치성광여래불
至心歸命禮 金輪寶界 熾盛光如來佛

지심귀명례 좌우보처 일광월광 양대보살
至心歸命禮 左右補處 日光月光 兩大菩薩

지심귀명례 북두대성 칠원성군 주천열요
至心歸命禮 北斗大聖 七元聖君 周天列曜

제성군중
諸星君衆

자미대제통성군　　**십이궁중태을신**
紫微大帝統星君　　十二宮中太乙神

칠정제림위성주　　**삼태공조작현신**
七政齊臨爲聖主　　三台共照作賢臣

고아일심 귀명정례
故我一心 歸命頂禮

칠 성 단

헌향진언

옴 바아라 도비야 훔 (세 번)

황금바퀴　보배세계　찬란한빛　부처님께
몸과마음　다바쳐서　지극정성　절합니다.

햇빛품은　일광보살　달빛품은　월광보살
몸과마음　다바쳐서　지극정성　절합니다.

수명장수　북두칠성　성스러운　온갖별들
몸과마음　다바쳐서　지극정성　절합니다.

모든별빛　가운데서　가장빛난　자미대제
태을신은　별들궁전　십이궁서　제일높고

사람위해　성군되는　가지런한　북두칠성
삼태별빛　여섯개별　어진신하　역할일세.

그리하여　제가지금
몸과마음　다바쳐서　지극정성　절합니다.

산왕단 산신각
山王壇 山神閣

헌향진언
獻香眞言

옴 바아라 도비야 훔 (세 번)

지심귀명례 만덕고승 성개한적 산왕대신
至心歸命禮 萬德高僧 性皆閑寂 山王大神

지심귀명례 차산국내 항주대성 산왕대신
至心歸命禮 此山國內 恒住大聖 山王大神

지심귀명례 시방법계 지령지성 산왕대신
至心歸命禮 十方法界 至靈至聖 山王大神

영산석일여래촉　　위진강산도중생
靈山昔日如來囑　　威振江山度衆生

만리백운청장리　　운거학가임한정
萬里白雲靑嶂裡　　雲車鶴駕任閑情

고아일심 귀명정례
故我一心 歸命頂禮

산왕단 산신각

헌향진언

옴 바아라도비야 훔 (세 번)

온갖복덕	뛰어나신	여유로운	산신령께
몸과마음	다바쳐서	지극정성	절합니다.

이산중의	성인이며	항상계신	산신령께
몸과마음	다바쳐서	지극정성	절합니다.

시방법계	신령스런	성현이신	산신령께
몸과마음	다바쳐서	지극정성	절합니다.

영산회상	법회에서	여래부촉	받고나서
강과산을	넘나들며	중생들을	제도하니
높고높은	봉우리에	하얀구름	걸쳐있네
학과구름	타고가며	한가롭게	지낸다네.

그리하여	제가지금		
몸과마음	다바쳐서	지극정성	절합니다.

조 왕 단
竈 王 壇

헌향진언
獻 香 眞 言

옴 바아라 도비야 훔 (세 번)

지심귀명례 팔만사천 조왕대신
至 心 歸 命 禮 八 萬 四 千 竈 王 大 神

지심귀명례 좌보처 담시역사
至 心 歸 命 禮 左 補 處 擔 柴 力 士

지심귀명례 우보처 조식취모
至 心 歸 命 禮 右 補 處 造 食 炊 母

향적주중상출납　　　호지불법역최마
香 積 廚 中 常 出 納　　　護 持 佛 法 亦 催 魔

인간유원내성축　　　제병소재강복다
人 間 有 願 來 誠 祝　　　除 病 消 災 降 福 多

고아일심 귀명정례
故 我 一 心 歸 命 頂 禮

조 왕 단

헌향진언

    옴 바아라 도비야 훔 (세 번)

이세상의　부엌마다　팔만사천　조왕대신
몸과마음　다바쳐서　지극정성　절합니다.

조왕대신　좌측에서　땔감나른　담시역사
몸과마음　다바쳐서　지극정성　절합니다.

조왕대신　우측에서　음식만든　조식취모
몸과마음　바쳐서　　지극정성　절합니다.

부엌에서　오고가는　음식재료　살피면서
부처님법　지켜가며　마군장난　물리치고
사람들의　소원있어　지극정성　기도하면
병과재앙　없애주고　복을주는　조왕대신.

그리하여　제가지금
몸과마음　다 바쳐서　지극정성　절합니다.

팔상예문
八 相 禮 文

※ 부처님 생애 여덟 가지 뜻을 사대 재일(초파일, 출가재일, 성도재
일, 열반재일)에 올리는 예문.

아금청정수 변위감로다 봉헌삼보전
我 今 淸 淨 水　變 爲 甘 露 茶　奉 獻 三 寶 前

원수애납수 원수애납수 원수자비애납수
願 垂 哀 納 受　願 垂 哀 納 受　願 垂 慈 悲 哀 納 受

지심귀명례 : 삼계도사 사생자부 도솔내의상
至 心 歸 命 禮　三 界 導 師　四 生 慈 父　兜 率 內 儀 相

　　　　　　　　　　　시아본사 석가모니불
　　　　　　　　　　　是 我 本 師　釋 迦 牟 尼 佛

지심귀명례 : 삼계도사 사생자부 비람강생상
至 心 歸 命 禮　三 界 導 師　四 生 慈 父　毘 藍 降 生 相

　　　　　　　　　　　시아본사 석가모니불
　　　　　　　　　　　是 我 本 師　釋 迦 牟 尼 佛

지심귀명례 : 삼계도사 사생자부 사문유관상
至 心 歸 命 禮　三 界 導 師　四 生 慈 父　四 門 遊 觀 相

　　　　　　　　　　　시아본사 석가모니불
　　　　　　　　　　　是 我 本 師　釋 迦 牟 尼 佛

지심귀명례 : 삼계도사 사생자부 유성출가상
至 心 歸 命 禮　三 界 導 師　四 生 慈 父　踰 城 出 家 相

　　　　　　　　　　　시아본사 석가모니불
　　　　　　　　　　　是 我 本 師　釋 迦 牟 尼 佛

팔상예문
八 相 禮 文

※ 부처님 생애 여덟 가지 뜻을 사대 재일(초파일, 출가재일, 성도재일, 열반재일)에 올리는 예문.

다 게 <u>아침</u>: 예불 때는 청정수 올리고 다게

저희 이제 청정수를 감로다 삼아 삼보전에 올리오니
받으소서, 받으소서, 자비로 받으소서(반 배)

지극한 마음으로 온세계 스승이시고 어버이신
모든 중생 구하고저 도솔천에서 내려오신
석가모니 부처님께 절하옵니다.

지극한 마음으로 온세계 스승이시고 어버이신
모든 중생 구하고저 탄생하신 석가모니 부처님께
절하옵니다.

지극한 마음으로 온세계 스승이시고 어버이신
모든 중생 구하고저 출가수행 결심하신 석가모니
부처님께 절하옵니다.

지극한 마음으로 온세계 스승이시고 어버이신
모든 중생 구하고저 유성출가 하신 석가모니
부처님께 절하옵니다.

지심귀명례 : 삼계도사 사생자부 설산수도상
至心歸命禮　　三界導師　四生慈父　雪山修道相

시아본사 석가모니불
是我本師　釋迦牟尼佛

지심귀명례 : 삼계도사 사생자부 수하항마상
至心歸命禮　　三界導師　四生慈父　樹下降魔相

시아본사 석가모니불
是我本師　釋迦牟尼佛

지심귀명례 : 삼계도사 사생자부 녹원전법상
至心歸命禮　　三界導師　四生慈父　鹿苑轉法相

시아본사 석가모니불
是我本師　釋迦牟尼佛

지심귀명례 : 삼계도사 사생자부 쌍림열반상
至心歸命禮　　三界導師　四生慈父　雙林涅槃相

시아본사 석가모니불
是我本師　釋迦牟尼佛

지심귀명례 : 시방삼세 제망찰해 상주일체
至心歸命禮　　十方三世　帝網刹海　常住一切

불타야중
佛陀耶衆

지심귀명례 : 시방삼세 제망찰해 상주일체
至心歸命禮　　十方三世　帝網刹海　常住一切

달마야중
達磨耶衆

지심귀명례 : 시방삼세 제망찰해 상주일체
至心歸命禮　　十方三世　帝網刹海　常住一切

승가야중
僧伽耶衆

지극한 마음으로 온세계 스승이시며 어버이신
모든 중생 구하고저 깨달음을 향해 정진하온
석가모니 부처님께 절하옵니다.

지극한 마음으로 온세계 스승이시며 어버이신
석가모니께서 모든 마군 물리치신 석가모니
부처님께 절하옵니다.

지극한 마음으로 온세계 스승이시며 어버이신
모든 중생 구하고저 녹야원에서 시작하여
깨달음의 설법을 설하신 석가모니 부처님께
절하옵니다.

지극한 마음으로 온세계 스승이시고 어버이신
석가모니 부처님 열반 큰 가르침 자명등 법등명
받들며 절하옵니다.

지극한 마음으로 온세계 항상 계신 거룩하신
　　　부처님께 절하옵니다.

지극한 마음으로 온세계 항상 계신 거룩하신
　　　가르침에 절하옵니다.

지극한 마음으로 온세계 항상 계신 거룩하신
　　　스님들께 절하옵니다.

유원무진삼보 대자대비 수아정례 명훈가피력
唯 願 無 盡 三 寶　大 慈 大 悲　受 我 頂 禮　冥 熏 加 被 力

원공법계제중생 자타일시성불도
願 共 法 界 諸 衆 生　自 他 一 時 成 佛 道

다-함 없으신 삼보님이시여, 저희들 예경 받으시고 가피력을 내리시어 법계중생 모두 함께 성불하여 지이다.

불 공 의 식
佛 供 儀 式

불공(佛供): 부처님께 드리는 공양의식이다.
불교의 명절이나 각종 불사 및 기도입재 회향시 또는 개인적인 축원이나 영가를 천도할 때 모시는 의식으로 향(香) 등(燈) 다(茶) 과(果) 미(米) 화(花) 등의 공양물을 올리며 개인의 소행공덕 등 모든 정성을 올릴 수 있다. 모든 불공의 기본구조 및 구성절차는 다 같은 것이며, 예문의 내용이 다른 부분이 있으나 틀은 변하지 않는다.

삼보통청
三 寶 通 請

보례진언
普 禮 眞 言

아금일신중	즉현무진신
我 今 一 身 中	卽 現 無 盡 身

변재삼보전	일일무수례
遍 在 三 寶 殿	一 一 無 數 禮

옴 바아라 믹 (세 번)

천수경 (운운)
千 手 經

거 불
擧 佛

나무 불타부중 광림법회 (절)
南 無 佛 陀 部 衆 光 臨 法 會

나무 달마부중 광림법회 (절)
南 無 達 摩 部 衆 光 臨 法 會

나무 승가부중 광림법회 (절)
南 無 僧 伽 部 衆 光 臨 法 會

불 공 의 식

불공(佛供): 부처님께 드리는 공양의식이다.
불교의 명절이나 각종 불사 및 기도입재 회향시 또는 개인적인 축원이나 영가를 천도할 때 모시는 의식으로 향(香) 등(燈) 다(茶) 과(果) 미(米) 화(花) 등의 공양물을 올리며 개인의 소행공덕 등 모든 정성을 올릴 수 있다. 모든 불공의 기본구조 및 구성절차는 다 같은 것이며, 예문의 내용이 다른 부분이 있으나 틀은 변하지 않는다.

삼보통청

삼보님께 널리 절하는 진언

제가 이제 한 몸에서 다함없는 몸을 내어

두루 계신 삼보님께 빠짐없이 절합니다.

옴 바아라 믹 (세 번)

천수경 (대중 동음)

(거불) 불명을 청하여 가피를 구함

지혜와 복덕 구족하신 부처님께 귀의합니다.
자비하신 불모시여, 이 법회에 광림하소서 (절)

해탈 성불로 이끄시는 가르침에 귀의합니다.
자비하신 법보시여, 이 법회에 광림하소서 (절)

대중 가운데 존귀하신 스님들께 귀의합니다.

보소청진언
普召請眞言

나무 보보제리 가리다리 다타 아다야 (세 번)

유 치
由 致

앙유a 삼보대성자 종진정계 흥
仰唯 三寶大聖者 從眞淨界 興

대비운비신현신 포 신운어삼천 세계 무법설법
大悲雲非身現身 布 身雲於三千 世界 無法說法

쇄 법우어팔만진로 개 종종방편지문
灑 法雨於八萬塵勞 開 種種方便之門

도망망사계 지중 유구개수 여 공곡지전성
導茫茫沙界 之衆 有求皆遂 如 空谷之傳聲

무원부종 약 징담지인월a 시이 사바세계
無願不從 若 澄潭之印月 施以 娑婆世界

남섬부주 동양 대한민국 ○○○
南贍部州 東洋 大韓民國

청정수월도량a 원아금차 지극지정성
清淨水月道場 願我今此 至極至精誠

헌공발원재자 (주소 성명)보체 일체고난
獻供發願齋者 保體 一切苦難

영위소멸 사대강건 육근청정 심중소구소원
永爲消滅 四大强健 六根淸淨 心中所求所願

일체 불보살님을 널리 청하는 진언

나무 보보제리 가리다리 다타 아다야 (세 번)

법회가 이루어지는 연유를 아룀

우러러 생각컨대 삼보자존은 진여의 청정법계에서 자비의 구름으로 피어난 몸 아니시건만 구름으로 삼천대천세계를 덮으시고, 설할 법이 없건만 법의 비로 팔만사천 번뇌를 덮으시며, 갖가지 방편 문을 열어 끝없는 고해의 중생을 이끄시니, 빈 골짜기의 메아리처럼 원하는 것 모두 얻게 하시고, 맑은 연못의 달그림자처럼 구하는 것 모두 이루어 주십니다. 그러하옵기에 사바세계 남섬부주 동양 대한민국(주소: 사암) 청정도량(주소: 성명) 보체 등이 ○○원을 이루고자 금월금일 법연을 열어 조촐한 공양구를 다함없는 삼보자존께 공양

여의원만성취지발원 이 금월금일 건설법연
如意圓滿成就至發願 以 今月今日 虔說法筵

정찬공양 제망중중 무진 삼보자존 훈근작법
淨饌供養 帝網重重 無盡 三寶慈尊 薰懃作法

앙기 묘원자 우복이 설 명향이예청 정옥림
仰祇 妙援者 右伏以 爇 茗香以禮請 呈玉粒

이수재 재체수미 건성가민 기회자감 곡조미성
而修齋 齋體修微 虔誠可愍 冀回慈鑑 曲照微誠

근병일심 선진삼청
謹秉一心 先陳三青

청 사
請 詞

🔔 나무일심봉청 이대자비 이위체고 구호중생
南無一心奉請 以大慈悲 而爲體故 救護衆生

이위자량 어제병고 위작양의 어 실도자
以爲資糧 於諸炳苦 爲作良醫 於 失道者

시기정로 어 암야중 위작광명 어 빈궁자
示其正路 於 闇夜中 爲作光明 於 貧窮者

영득복장 평등요익 일체중생
永得福藏 平等饒益 一切衆生

청정법신비로자나불 원만보신노사나불
淸淨法身毘盧遮那佛 圓滿報身盧舍那佛

천백억화신석가모니불
千百億化身釋迦牟尼佛

하옵니다. 정성으로 법요를 거행하며 신기한 가피를 바라옵는 저희들은 삼가 싱그러운 향을 사르고 예로 청하오며, 백옥 같은 흰쌀을 올려 재를 차렸사온데 공양물은 미흡하오나 정성은 간절하오니 자비 거울을 들어 작은 정성 굽어 비춰 주옵소서. 삼가 일심으로 먼저 세 번을 청하옵니다.

(청사) 일심으로 지극정성 청하오니

대자대비 하옵시는 청정법신비로자나부처님
원만보신노사나불 본체를 삼고 중생을 보호하심을 재산과 양식으로 삼으며, 병들어 앓는 이에겐 좋은 의사가 되시옵고, 길 잃은 자에게는 바른 길을 일러 주시고, 어둠 속을 헤매는 자에겐 빛이 되시고, 가난한 자에겐 보배 창고 얻게 하며 모든 중생 두루 넉넉하게 하시는 원만보신 노사나부처님, 천백억화신 석가모니 부처님과 서방교주 아미타 부처님, 장차 오실 용화교주 미륵 부처님 등 시방세계 항상 계신 그대로의 불모님과 일승법의 원만한 교법인 대 화엄경,

서방교주아미타불 당래교주미륵존불
西方教主阿彌陀佛 當來教主彌勒尊佛

대승실교 묘법화경 삼처전심 격외선전
大乘實教 妙法華經 三處傳心 格外禪詮

시방상주 심심법보 대지문수사리보살
十方常住 甚深法寶 大智文殊師利菩薩

대행보현보살 대비관세음보살
大行普賢菩薩 大悲觀世音菩薩

대원본존지장보살 전불심등 가섭존자
大願本尊地藏菩薩 傳佛心燈 伽葉尊者

유통교해 아난존자 시방상주 청정승보
流通教海 阿難尊者 十方常住 清淨僧寶

여시삼보 무량무변 일일주변 일일진찰
如是三寶 無量無邊 一一周遍 一一塵刹

유원자비 강림도량 수차공양
唯願慈悲 降臨道場 受此供養

향화청 (세 번)
香花請

불신보편시방중 삼세여래일체동
佛身普遍十方中 三世如來一體同

광대원운항부진 왕양각해묘난궁
廣大願雲恒不盡 汪洋覺海渺難窮

고아일심 귀명정례
故我一心 歸命頂禮

🔔 헌좌진언
獻座眞言

묘보리좌승장엄 제불좌이성정각
妙菩提座勝莊嚴 諸佛座已成正覺

대승의 참 가르침인 묘법연화경, 세 곳에서 전하신
마음도리, 언어문자 여윈 선법 등 시방에 항상 계신
매우 깊은 법보와 대지문수보살 대행보현보살, 대비
관세음보살, 대원본존지장보살, 부처님의 마음등불
전해 받은 가섭존자, 교법 바다를 유통시킨 아난존
자 등 시방에 항상 계신 청정 승보님, 이와 같은 한
량없고 끝없으며 낱낱의 티끌세계에 두루하는 삼보
시여, 자비로써 중생을 어여삐 여기사 이 도량에 강
림하여 공양을 받으소서.

　　　향과 꽃으로 세 번 청합니다.

부처님 몸 시방세계 충만하니 삼세여래 부처님도
이와 같아라. 넓고 크신 원력 구름 다함이 없고
넓고 넓은 진리바다 끝이 없어라.
저희 이제 일심으로 절하옵니다.

　　　자리를 마련하여 권하는 진언
보리좌를 훌륭하게 꾸몄사온데 삼세제불 깨달음
을 이룬 자리네. 지금 바치는 이 자리도 그

아금헌좌역여시　　자타일시성불도
我 今 獻 座 亦 如 是　　自 他 一 時 成 佛 道

옴 바아라 미나야 사바하 (세 번)

정법계진언
政 法 界 眞 言

옴남옴남 옴남옴남 옴남옴남 옴남 (세 번)

공 양 게
供 養 偈

공양시방조어사　　연양청정미묘법
供 養 十 方 調 御 士　　演 揚 淸 淨 微 妙 法

삼승사과해탈승
三 乘 四 果 解 脫 僧

원수애납수 (절)　　원수애납수　(절)
願 垂 哀 納 受　　　　願 垂 哀 納 受

원수자비애납수　(절)
願 垂 慈 悲 哀 納 受

진언변공　사다라니
眞 言 變 供　四 陀 羅 尼

향수나럴 제자건성 욕구공양지주원
香 羞 羅 列 齋 者 虔 誠 浴 求 供 養 之 周 圓

수장가지지변화 앙유삼보　특사가지
須 仗 加 持 之 變 化 仰 唯 三 寶　特 賜 加 持

나무 시방불 나무 시방법 나무 시방승
南 無 十 方 佛 南 無 十 方 法 南 無 十 放 僧

같사오니 우리 함께 불도를 이루오리다.

옴 바아라 미나야 사바하 (세 번)

법을 맑게 하는 진언
옴남옴남 옴남옴남 옴남옴남 옴남 (세 번)

공양을 올리는 게송
시방삼세 부처님과 청정 진리 퍼내시는 미묘법과
삼승사과로 해탈하신 승보님께 공양 올리오니.
자비로운 마음으로 애틋하게 살피소서.
자비로운 마음으로 애틋하게 살피소서.
자비로운 마음으로 애틋하게 살펴 주옵소서.

진언으로 공양 변화를 청함

향기로운 음식들을 차려놓음은 재자들의 간절한 정성입
니다. 공양이 두루 원만하게 이뤄지려면 가지변화를
의지해야 하오니 삼보님, 특별히 가지를 내리소서.
시방세계 항상계신 부처님께 귀의하고
시방세계 항상계신 부처님법 귀의하며
시방세계 청정한- 승가에- 귀의하옵니다.

무량위덕 자재광명승묘력 변식진언
無量威德 自在光明勝妙力 變食眞言

나막 살바다타 아다야 바로기제 옴 삼마라
삼마라 옴 (세 번)

시감로수진언
施甘露水眞言

나무소로바야 다타 아다야 다냐타 옴
소로소로 바라소로 바라소로 사바하 (세 번)

일자수륜관진언
一字水輪觀眞言

옴 밤 밤 밤밤 (세 번)

유해진언
乳海眞言

나무 사만다 못다남 옴 밤 (세 번)

운심공양진언
運心供養眞言

원차향공변법계	보공무진삼보례
願此香供邊法界	普供無盡三寶禮
자비수공증선근	영법주세보불은
慈悲受供增善根	令法住世報佛恩

부처님의 가지로써 공양을 변화시키는 진언
나막 살바다타 아다야 바로기제 옴 삼마라 삼마
라 옴 (세 번)

감로수가 흘러나오는 진언
나무소로바야 다타 아다야 다냐타 옴 소로소로
바라소로 바라소로 사바하 (세 번)

'밤' 자에서 젖이 한량없이 나오는 진언
옴 밤 밤 밤밤 (세 번)

젖이 바다 같이 많아져 베풀어지는 진언
나무 사만다 못다남 옴 밤 (세 번)

공양하는 마음을 일으키게 하는 진언
향기로운 이공양이 온누리에 꽉채워져 다함없는
삼보님께 두루공양 올리리다 자비로써 받으시고
선근공덕 길러주사 거룩하신 부처님의 은혜갚게
하소서.

나막 살바다타 아제박미 새바 몰계비약 살바다감
오나아제 바라혜암 옴 아아나캄 사바하 (세 번)

예 참 공 양
禮 懺 供 養

지심정례공양 삼계도사 사생자부 시아본사
至 心 頂 禮 供 養　　三 界 導 師　　四 生 慈 父　　是 我 本 師

석가모니불
釋 迦 牟 尼 佛

지심정례공양 시방삼세 제망찰해 상주일체
至 心 頂 禮 供 養　　十 方 三 世　　帝 網 刹 海　　常 住 一 切

불타야중
佛 陀 耶 衆

지심정례공양 시방삼세 제망찰해 상주일체
至 心 頂 禮 供 養　　十 方 三 世　　帝 網 刹 海　　常 住 一 切

달마야중
達 魔 耶 衆

지심정례공양 대지문수 사리보살 대행보현
至 心 頂 禮 供 養　　大 智 文 殊　　師 利 菩 薩　　大 行 普 賢

보살 보현보살 대비관세음보살
菩 薩　普 賢 菩 薩　大 悲 觀 世 音 菩 薩

대원본존 지장보살 마하살
大 願 本 尊　地 藏 菩 薩　摩 訶 薩

지심정례공양 영산당시 수불부촉 십대제자
至 心 頂 禮 供 養　　靈 山 當 時　　受 佛 付 囑　　十 大 第 子

나막 살바다타 아제박미 새바 몰계비약 살바다감
오나아제 바라혜암 옴 아아나캄 사바하 (세 번)

공 양 올 림

지극한 마음으로, 온세계 스승이며 사생의 어버이

신 석가모니 부처님께 절하옵니다.

지극한 마음으로, 온세계 항상 계신 거룩하신

부처님께 절하옵니다.

지극한 마음으로, 온세계 항상 계신 거룩하신

가르침에 절하옵니다.

지극한 마음으로, 대지문수보살 대행보현보살

대비관세음보살 대원본존지장살님께

절하옵니다.

지극한 마음으로, 부처님의 부촉받은 십대제자

십육성 오백성 독수성 내지
十六聖 五百聖 獨修聖 乃至

천이백 제대아라한 무량자비성중
千二百 諸大阿羅漢 無量慈悲聖衆

지심정례공양 서건동진 급아해동 역대전등
至心頂禮供養 西乾東震 及我海東 歷代傳燈

제대조사 천하종사 일체 미진수
諸大祖師 天下宗師 一切 微塵數

제대 선지식
諸大 善知識

지심정례공양 시방삼세 제망찰해 상주일체
至心頂禮供養 十方三世 帝網刹海 常住一切

승가야중
僧伽耶衆

유원 무진 삼보 대자대비 수차공양 명훈
有願 無盡 三寶 大慈大悲 受此供養 冥熏

가피력 원공법계제중생 자타일시성불도
加被力 願供法界諸衆生 自他一時成佛道

사대진언
四大眞言

보공양진언
普供養眞言

옴 아아나 삼바바 바라 훔 (세 번)

십육성 오백성 독수성 내지

천이백 제대아라한께 절하옵니다.

지극한 마음으로, 불법 전한 역대조사 천하종사

한량없는 선지식께 절하옵니다.

지극한 마음으로, 시방삼세 항상 계신 덕 높으

신 스님들께 절하옵니다.

다함없는 삼보시여, 대자비로 저희 예경 받으시고

가피력을 내리시어 법계의 모든 중생 성불하여

지이다.

네 가지 큰 진언

널리 공양하는 진언

옴 아아나 삼바바 바라 훔 (세 번)

보회향진언
普 回 向 眞 言

옴 삼마라 삼마라 미만나 사라마하 자가라가
훔 (세 번)

대원성취진언
大 願 成 就 眞 言

옴 아모카 살바다라 사다야 사베 훔 (세 번)

보궐진언
補 闕 眞 言

옴 호로호로 사야몰케 사바하 (세 번)

정 근
精 勤

나무 삼계도사 사생자부 시아본사
南 無 三 界 導 師 四 生 慈 父 是 我 本 師

[서가모니불] (108번) 시간 되는 대로
釋 迦 牟 尼 佛

찰진심념가수지   대해중수가음진
刹 塵 心 念 可 數 知   大 海 中 水 可 欲 盡

허공가량풍가계   무능진설불공덕
虛 空 可 量 風 可 繫   無 能 盡 說 佛 功 德

고아일심 귀명정례
故 我 一 心 歸 命 頂 禮

널리 회향하는 진언

옴 삼마라 삼마라 미만나 사라마하 자가라가
훔 (세 번)

대원 성취를 발원하는 진언

옴 아모카 살바다라 사다야 시베 훔 (세 번)

빠진 것을 보완하는 진언

옴 호로호로 사야몰케 사바하 (세 번)

불 보살님의 명호를 부르면서 찬탄함

나무 삼계도사 사생자부 시아본사
　　　석가모니불……(108번) 시간 되는 대로

시방세계 모든먼지 몇개인가 헤아리고 큰바다의
많은물을 남김없이 들이키며 저허공의 크기재고
바람묶은 재주라도 부처님의 크신공덕 다말하지
못하리라 저희들이 일심정성 귀명정례 하옵니다.

축 원
祝 願

🔔 앙고 시방삼세 제망중중 무진삼보자존 불
　仰告　十方三世　帝網重重　無盡三寶慈尊　不

사자비 허수낭감 상래소수 불공덕 회향삼처
捨慈悲　虛垂郎鑑　上來所修　佛功德　回向三處

실원만 내지 대한민국 국운융창 민족단합 국
悉圓滿　乃至　大韓民國　國運隆昌　民足團合　國

위선양남북통일 세계평화 만민함락 천하태평
威宣揚南北統一　世界平和　萬民咸樂　天下太平

불일증휘 법륜전 법륜상전 시이 사바세계 남
佛一增輝　法輪轉　法輪常轉　是以　沙婆世界　南

섬부주 동양 대한민국 ○○청정수월도량 원아
贍部州　東洋　大韓民國　　清淨水月道場　願我

금차 지극지정성(모 불공등)헌공발원재자(주소성
今此　至極至精誠　　　　　　獻供發願齋者

명)보체 시회 대중 청신사 청신녀 동남 동녀 백
　保體　時會　大衆　青信士　青信女　童男　童女　白

의단월 각각등 보체 이차인연공덕 앙몽 삼보
依檀越　各各等　保體　以此因緣功德　仰夢　三寶

대성존 가호지묘력 일체재화 일체마장 영위소
大聖尊　加護之妙力　一切災禍　一切魔障　永爲消

멸 가내화합 안과태평재수대통 사업번창 자손
滅　家內和合　安過太平財數大通　事業繁昌　子孫

창성 무병장수 부귀영화
昌盛　無病長壽　富貴榮華

축 원

우러러 고하건대, 시방삼세 상주하는 삼보시여, 저희를 저버리지 마시고 밝게 살펴 주시어 지금 까지 닦아 왔던 저희 모든 공덕이 중생계에 빠짐 없이 회향되기 바라옵니다.

남섬부주 동양 대한민국 (주소: 사암) 청정수월도량 에서 금월금일 지극한 정성으로 공양하며 발원하 는 (주소) 재자 오늘 모인 청신사 청신녀 동남 동 녀 백의단월 각각 등이 이 인연공덕으로 제불보살 님의 오묘한 가피력을 받아서, 일체의 재앙과 장 애는 영원히 사라지고, 가정이 모두 화목하며 편 안한 삶을 살고, 재수는 대통하여 사업은 번창하 고, 자손은 창성하며 병고 없이 오래 살며, 어 느 때나 모든 일들이 형통하여 어려운 일들은 사 라지고, 출입하는 곳곳마다 귀인을 만나오며 관재 구설 사백사병은 일체 소멸하고 사대가 건강하며 마음속에 구하는 것 뜻과 같이 원만하게 이루어지

만사여의원만 성취지대발원 각기 동서사방
萬事如意圓滿 成就至大發願 各其 東西四方

출입왕환 상봉길경 불봉재해 관재구설 삼재팔
出入往還 常逢吉慶 不逢災害 官災口舌 三災八

난 사백사병 일체소멸 사대강건 육근청정 신
難 四百四病 一切消滅 四大强健 六根清淨 身

강철석 심약태산 일일유천상지경 시시무백해
强鐵石 心若泰山 日日有千相之慶 時時無百害

지재 수산고흘 복해왕양 성취지대발원
之災 壽山高屹 福海汪洋 成就至大發願

동참재자 각각 등 보체 불법문중 신심견고 영
同參齋子 各各 等 保體 佛法門中 信心堅固 永

불퇴전 발아뇩다라삼먁삼보리지대원 동참제자
不退轉 發阿耨多羅三藐三菩堤之大願 同參齋子

각각등 복위 각 상서선망부모 열위열명영가
各各等 伏爲 各 上逝先亡父母 列爲列名靈駕

금일불공 이차인연공덕 가호지묘력 서방정토
今日佛供 以此因緣功德 加護之妙力 西方淨土

극락정토 왕생극락 상품상생지대원 연후원 항
極樂淨土 往生極樂 上品上生之大願 然後願 恒

사법계 무량불자등 동유화장장엄해 동입보리
沙法界 無量佛子等 同遊華藏莊嚴海 同入菩提

대도량 상봉화엄불보살 항몽제불대광명 소멸무
大道場 常逢華嚴佛菩薩 恒蒙諸佛大光明 消滅無

량중죄장 획득무량대지혜 돈성무상최정각 광도
量衆罪障 獲得無量大智慧 頓成無上最正覺 廣度

법계제중생
法界諸衆生

며, 매일매일 여러 가지 상서로운 경사 있고, 수
명은 하해와 같이 길어지고 복덕은 바다처럼 넓어지
오며, 동참 재자 모두 부처님 품안에서 신심이 견
고하여 영원히 물러나지 아니하고 아뇩다라삼먁
삼보리심을 발하오며, 동참 재자들의 먼저 돌아가
신 부모님들을 비롯한 모든 영가들이 이 인연공덕
으로 서방정토 극락정토 왕생하여 상품상생하게
하옵소서.

그런 뒤에 갠지스강 모래수와 같이 많은 법계의
한량없는 불자들이, 꽃으로 장엄된 화장세계에 노
닐며 깨달음의 도량에 들어가, 항상 화엄세계의
불보살님들을 만나뵙고, 모든 부처님의 크신 광명
을 입어, 무량한 죄업 소멸되고 한량없는 큰 지혜
를 얻고, 위없는 바른 깨달음을 단박에 이루
어, 널리 법계의 모든 중생을 제도하여, 부처님의
크신 은혜 원하오며,

이보제불막대은 세세상행보살도 구경원성살바
以報諸佛莫大恩 世世常行菩薩道 究竟圓成薩婆

야
若

마하반야바라밀
摩訶般若婆羅蜜

나무석가모니불
南無釋迦牟尼佛

나무석가모니불
南無釋迦牟尼佛

나무시아본사석가모니불
南無是我本師釋迦牟尼佛

세상에 날 때마다 보살도를 행하여 마침내 일체지

를 원만히 이루게 하옵소서.

마하반야바라밀

나무 석가모니불

나무석가모니불

나무시아본사석가모니불

중단퇴공
中壇退供

※ 상단불공을 마치고 공양물을 신중단으로 옮기고 하는 의식

진공진언
進供眞言

옴 살바반자 사바하 (세 번)

이차청정향운공 봉헌옹호성중전
以 此 淸 淨 香 雲 供　奉 獻 擁 護 聖 衆 前

감찰재자건간심
鑑 察 齋 者 虔 懇 心

원수애납수 (절)　　　원수애납수 (절)
願 垂 哀 納 受　　　　　願 受 哀 納 受

원수자비애납수 (절)
願 受 慈 悲 哀 納 受

지심정례공양 진법계 허공계 화엄회상 상계
至 心 頂 禮 供 養　盡 法 界　虛 空 界　華 嚴 會 上　上 界

욕색제천중 　(절)
欲 色 諸 天 衆

지심정례공양 진법계 허공계 화엄회상 중계
至 心 頂 禮 供 養　盡 法 界　虛 空 界　華 嚴 會 上　中 界

팔부사왕중 　(절)
八 部 四 王 衆

지심정례공양 진법계 허공계 화엄회상 하계
至 心 頂 禮 供 養　盡 法 界　虛 空 界　華 嚴 會 上　下 界

호법선신 영기등중 　(절)
護 法 善 神　靈 祈 等 衆

※ 상단불공을 마치고 공양물을 신중단으로 옮기고 하는 의식

참된 공양을 올리는 진언
옴 살바반자 사바하 (세 번)

청정하고 향기로운 공양을 화엄성중께 올리오니
재자들의 간절한 마음을 살피셔서
자비로운 마음으로 애틋하게 살피소서.
자비로운 마음으로 애틋하게 살피소서.
자비로운 마음으로 애틋하게 살펴 주옵소서.

지극한 마음으로, 진법계 허공계 화엄회상 상계
욕계 색계 제천중께 공양 올리옵니다.

지극한 마음으로, 진법계 허공계 화엄회상 중계
팔부사왕님께 공양 올리옵니다.

지극한 마음으로, 진법계 허공계 화엄회상 하계
일체 호법선신님께 공양 올리옵니다.

유원 신중자비 옹호도량 실개수공발보리
唯願 神衆慈悲 擁護道場 悉皆受供發菩堤

시작불사도중생
施作佛事度衆生

진언가지
眞言加持

상래가지이흘 공양장진 이차향수 특신공양
上來加持已訖 供養獎進 以次香羞 特伸供養

향공양 연향공양 등공양 연등공양 다공양
香供養 燃香供養 燈供養 燃燈供養 茶供養

선다공양 과공양 선과공양 미공양 향미공양
善茶供養 果供養 善果供養 米供養 香米供養

유원 신장 애강도량 불사자비 수차공양
唯願 伸將 哀降道量 不捨慈悲 受此供養

🔔 보공양진언
普供養眞言

옴 아아나 삼바라 바아라 훔 　(세 번)

🔔 금강심진언
金剛心眞言

옴 오륜이 사바하 　(세 번)

🔔 예적대원만다라니
穢跡大圓滿陀羅尼

오직 바라옵나니 신중님이시여, 자비로 도량을 옹호하사, 공양을 받으시고 보리심 내어 불사를 이루시고 모든 중생 일시성불 제도하옵소서.

　　진언으로 가지된 공양
위에서 가지를 마친 향긋한 공양구를 특별히 펼쳐 올리고자 하옵니다. 향을 살라 공양하옵고, 등을 켜 공양하오며, 선계의 감로다로 공양하오며, 선계의 과일로 공양하오며, 향기로운 특미로 공양하오니, 신장님이시여, 이 도량에 오셔서 자비를 버리지 마시고 이 공양을 받으소서.

　　널리 공양하는 진언
옴 아아나 삼바라 바아라 훔 (세 번)

　　번뇌를 끊고 금강유정을 얻게 하는 진언
옴 오륜이 사바하 (세 번)

　　예적금강성자의 원만성취 다라니

계수예적금강부
稽首穢跡金剛部

석가화현금강신
釋迦化現金剛身

삼두노목아여검
三頭努目牙如劍

팔비개집항마구
八臂皆執降魔具

독사영락요신비
毒蛇瓔珞繞身臂

삼매화륜자수신
三昧火輪自隨身

천마외도급망량
天魔外道及魍魎

문설신주개포주
聞說神呪皆怖走

원승가지대위력
願承加持大威力

속성불사무상도
速成佛事無上道

옴 비실구리 마하바라 한내 믹집믹 혜마니 미
길미 마나세 옴 자가나 오심모 구리 훔 훔 훔
박박 박박박 사바하 (세 번)

🔔 **항마진언**
降魔眞言

아이금강삼등방편
我以金剛三等方便

신승금강반월풍륜
身乘金剛半月風輪

단상구방남자광명
壇上具放南字光明

소여무명소적지신
燒汝無明所積之身

역칙천상공중지하
亦勅天上空中地下

소유일체작제장난
所有一切作諸障難

불선심자개래호궤
不善心者皆來胡跪

청아소설가지법음
聽我所說加持法音

석가불의 화현이신 예적금강께 절하옵니다.
세 개의 머리에 부릅뜬 눈, 칼 같은 송곳니, 여덟
팔엔 항마의 법구 잡고, 독사로 된 영락으로 온몸
두르고 삼매의 불 바퀴가 몸을 따르니 하늘 마귀
외도들과 도깨비들은 신비한 주문 듣고 두려워
달아나네. 가지의 크나큰 위신력을 보이사 불사와
무상도를 속히 이뤄주소서.

옴 비실구리 마하바라 한내 믹집믹 혜마니 미길
미 마나세 옴 자가나 오심모 구리 훔 훔 훔 박박
박 박박 사바하 (세 번)

　마구를 항복받는 진언
내 이제 금강의 세 가지 방편으로, 금강 같고 반월
같은 풍륜을 타고 단에 올라 '람'자 광명 토해내
어, 무명 쌓여 이루어진 너의 몸을 태우리라. 또한
천상 허공 땅속 모든 세계 명령 내려, 일체의 지은
장애와 어려움을 없애리니 악한 자는 모두 와서 무
릎 꿇고 내가 설한 가지 법을 들을지어다.

사제포악패역지심   어불법중함기신심
捨諸暴惡悖逆之心   於佛法中咸起信心

옹호도량역호시주   강복소재
擁護道場亦護施主   降福消災

옴 소마니 소마니 훔 하리한나 하리한나 훔
하리한나 바나야 훔 아나야 혹 바암밤 바아라
훔 바탁 (세 번)

🔔 **제석천왕제구예진언**
　　帝釋天王除垢穢眞言

아지부 데리나 아지부 데리나 미아데리나
오소데리나 아부다 데리나 구소데리나 사바하
(세 번)

🔔 **십대명왕본존진언**
　　十大明王本尊眞言

옴 호로호로 지따지따 반다반다 하나하나
아미리제 옴박

🔔 **소청팔부진언**
　　召請八部眞言

옴 살바리바나 가아나리 사바하 (세 번)

불법 가운데서 신심을 내어 어리석고 포악한 마음일랑 모두 버리면 이 도량과 시주들을 옹호하여 재앙을 없애고 복을 내릴지라.

옴 소마니 소마니 훔 하리한나 하리한나 훔 하리한나 바나야 훔 아나야 혹 바암밤 바아라 훔 바탁 (세 번)

더러움을 없애는 제석천왕의 진언

아지부 데리나 아지부 데리나 미아데리나 오소데리나 아부다 데리나 구소데리나 사바하 (세 번)

십대명왕의 본심진언

옴 호로호로 지따지따 반다반다 하나하나
아미리제 옴박

팔부 신장을 청하는 진언

옴 살바리바나 가아나리 사바하 (세 번)

마하반야바라밀다심경
摩訶般若波羅蜜多心經

관자재보살 행심반야바라밀다시 조견오온개공 도
觀自在菩薩 行深般若波羅蜜多時 照見五蘊皆空 度

일체고액 사리자 색불이공 공불이색 색즉시공 공
一切苦厄 舍利子 色不異空 空不異色 色卽是空 空

즉시색 수상행식 역부여시 사리자 시제법공상 불
卽是色 受想行識 亦復如是 舍利子 是諸法空相 不

생불멸 불구부정 부증불감 시고 공중무색 무수상
生不滅 不垢不淨 不增不減 是故 空中無色 無受想

행식 무안이비설신의 무색성향미촉법 무안계 내지
行識 無眼耳鼻舌身意 無色聲香味觸法 無眼界 乃至

무의식계 무무명 역무무명진 내지 무노사 역무노
無意識界 無無明 亦無無明盡 乃至 無老死 亦無老

사진 무고집멸도 무지역무득 이무소득고 보리살타
死盡 無苦集滅道 無智亦無得 以無所得故 菩提薩埵

의반야바라밀다 고심무가애 무가애고 무유공포 원
依般若波羅蜜多 故心無罣碍 無罣碍故 無有恐怖 遠

리전도몽상 구경열반 삼세제불 의반야바라밀다 고
離顚倒夢想 究竟涅槃 三世諸佛 依般若波羅蜜多 故

득아뇩다라삼먁삼보리 고지반야바라밀다 시대신주
得阿耨多羅三藐三菩提 故知般若波羅蜜多 是大神呪

시대명주 시무상주 시무등등주 능제일체고 진실불
是大明呪 是無上呪 是無等等呪 能除一切苦 眞實不

허 고설반야바라밀다주 즉설주왈 「아제아제 바라
虛 故說般若波羅蜜多呪 卽說呪曰 揭諦揭諦 波羅

아제 바라승아제 모지 사바하」(세 번)
揭諦 波羅僧揭諦 菩提 娑婆訶

마하반야바라밀다심경

관자재보살이 깊은 반야바라밀다를 행할 때, 오온이 공한 것을 비추어 보고 온갖 고통에서 건지느니라. 사리자여, 색이 공과 다르지 않고 공이 색과 다르지 않으며, 색이 곧 공이요 공이 곧 색이니, 수 상 행 식도 그러하니라. 사리자여, 모든 법은 공하여 나지도 멸하지도 않으며, 더럽지도 깨끗하지도 않으며, 늘지도 줄지도 않느니라. 그러므로 공 가운데는 색이 없고 수 상 행 식도 없으며, 안 이 비 설 신 의도 없고, 색 성 향 미 촉 법도 없으며, 눈의 경계도 의식의 경계까지도 없고, 무명도 무명이 다함까지도 없으며, 늙고 죽음도 늙고 죽음이 다함까지도 없고, 고 집 멸 도도 없으며, 지혜도 얻음도 없느니라. 얻을 것이 없는 까닭에 보살은 반야바라밀다를 의지하므로 마음에 걸림이 없고 걸림이 없으므로 두려움이 없어서, 뒤바뀐 헛된 생각을 멀리 떠나 완전한 열반에 들어가며, 삼세의 모든 부처님도 반야바라밀다를 의지하므로 최상의 깨달음을 얻었느니라. 반야바라밀다는 가장 신비하고 밝은 주문이며 위없는 주문이며 무엇과도 견줄 수 없는 주문이니, 온갖 괴로움을 없애고 진실하여 허망하지 않음을 알지니라. 이제 반야바라밀다주를 말하리라.

「아제아제 바라아제 바라승아제 모지 사바하」(세 번)

불설소재길상다라니
佛說消災吉祥陀羅尼

나무 사만다 못다남 아바라지 하다사 사나남
다냐타 옴 카카 카혜카혜 훔훔 아바라 아바라
바라아바라 바라아바라 자따지따 지리지리 빠
다빠다 선지가 시리예 사바하 (세 번)

🔔 대원성취진언
大願成就眞言

옴 아모카 살바다라 사다야 시베 훔 (세 번)

🔔 보궐진언
補闕眞言

옴 호로호로 사야몰케 사바하 (세 번)

정 근
精 勤

나무 위령막측 신변난사 위도중생 화엄성중...
南無 威靈莫測 神變難思 爲度衆生 華嚴聖衆

(나무 일백사위 제대현성 화엄성중)
南無 一百四位 諸大賢聖 華嚴聖衆

화엄성중 (108번 이상)-------

재난을 소멸하고 좋은 일이 생기는 다라니

나무 사만다 못다남 아바라지 하다사 사나남 다
냐타 옴 카카 카헤카헤 훔훔 아바라 아바라 바라
아바라 바라아바라 자따지따 지리지리 빠다빠다
선지가 시리예 사바하 (세 번)

대원성취를 발원하는 진언

옴 아모카 살바다라 사다야 시베 훔 (세 번)

빠진 것을 보완하는 진언

옴 호로호로 사야몰케 사바하 (세 번)

정 근

불법을 수호하시고 도량을 지켜주시는
화엄성중님께 귀의하옵니다.
(나무 일백네 분 화엄성중께 귀의합니다)

　　　화엄성중 (108번 이상) -------

화엄성중혜감명 　 사주인사일념지
華嚴聖衆慧監明 　 四州人事一念知

애민중생여적자 　 시고아금공경례
哀愍衆生如赤子 　 是故我今恭敬禮

축　원
祝　願

앙고 화엄회상 제대현성
仰告 華嚴會上 諸大賢聖

첨수연민지지정 각방신통지성력
僉垂憐愍之至情 各放神通之聖力

상래소수공덕해 회향삼처실원만
上來所修功德海 回向三處悉圓滿

사바세계 남섬부주 동양 대한민국 (주소)산하
娑婆世界 南贍部州 東洋 大韓民國 　　 山下

사 청정수월도량 원아금차 지극지정성
寺 清淨水月道場 願我今此 至極之精誠

헌공발원제자 (주소) 거주 성명 각각등 보체
獻供發願齊者 　　 居住 性名 各各等 保體

앙몽 화엄성중 가호지묘력 신무일체 병고액난
仰夢 華嚴聖衆 加護之卯力 身無一切 病苦厄難

심무일체 탐연미혹 영위소멸 각기 사대강근
心無一切 貪戀迷惑 永爲消滅 各其 四大强建

육근청정 악인원리 귀인상봉 자손창성
六根清淨 惡人遠離 貴人相逢 子孫昌盛

부귀영화 만사일일 여의원만성취발원
富貴榮華 滿事一一 如意圓滿成就發願

화엄성중 큰 지혜로 밝게 살펴 온 세계의 모든 일을 한 생각에 다 아시고 모든 중생 자식처럼 어여삐 여기사, 저희 이제 공경하며 절하옵니다.

축 원

우러러 고하건대 화엄회상의 모든 성현들이시여, 저희를 불쌍히 여기시는 지극한 마음을 드리우사 모두에게 신통력을 발현해 주옵소서. 지금까지 닦은 바다 같은 공덕을 세 곳으로 회향하오니 모두 원만하여지이다.

사바세계 남섬부주 동양 대한민국 (주소) 산하 ○○사 청정수월도량에서, 오늘 지극한 정성으로 공양 올리며 발원하는 재자 ○○○보체 등이 이 인연공덕으로 화엄성중님의 가피하는 힘을 입어 몸에는 일체의 병고와 액난이 없고, 마음은 일체의 탐함과 어리석음이 영원히 사라지고, 모두 사대가 건강하고 육근이 청정해지고 악인은 멀어지며 귀인을 만나고, 자손은 창성해지고 부귀와 영화 누리는 등 만사가 뜻대로 원만히 성취되게 하옵소서.

재고축 원아금차 지극지정성 헌공발원재자
再告祝 願我今此 至極之精誠 獻供發願齋者

각각등 보체 참선자 의단독로 염불자
各各等 保體 參禪者 疑團獨露 念佛者

삼매현전 간경자 혜안통투 병고자 즉득쾌차
三昧現前 看經者 慧眼通透 病苦者 卽得儈差

직무자 수분성취지대원
職務者 隨分成就之大願

억원 동서사방 출입제처 상봉길경 불봉재해
抑願 東西四方 出入諸處 相逢吉慶 不逢災害

관재구설 삼재팔난 사백사병 일시소멸
官災口舌 三災八難 四百四病 一時消滅

재수대통 부귀영화 만사여의원만형통지대원
財數大通 富貴榮華 萬事如意願滿亨通之大願

연후원 처세간여허공 여련화불착수
然後願 處世間如虛空 如蓮花不着水

심청정초어피 계수래무상존 구호길상
心淸淨超於彼 稽首 無上尊 俱護吉祥

마하반야바라밀
摩訶般若婆羅蜜

거듭 아뢰옵니다.

금일 지극한 정성으로 발원하는 각각등 보체 등이 참선하면 의단이 분명하고, 염불하면 삼매가 드러나고, 간경하면 혜안이 열리고, 신병고통은 쾌차하고, 직무를 행하면 분수대로 성취하게 하옵소서.

거듭 아뢰옵건대,

동서사방 다니는 곳마다 경사를 만나고 재앙을 겪지 않으며, 관재구설과 삼재팔난과 사백사병이 일시에 소멸되고, 재수는 대통하고 부귀는 영화롭고 만사가 뜻대로 원만히 이루어지이다.

그런 뒤에, 세상 살기를 허공 같이 하고 더러움에 물들지 않는 연꽃 같이 마음이 청정하여 정토에 태어나게 하옵소서. 길상 모두 갖추신 위없이 존귀한 분께 절하옵니다.

마하반야바라밀

신중불공
神衆佛供

보례진언
普 禮 眞 言

아금일신중 즉현무진신 변재신중전
我 今 一 身 中　卽 現 無 盡 身　邊 在 神 衆 殿

일일무수례
一 一 無 數 禮

옴 바아라 믹 (세 번) **천수경 운운**

거 불
擧 佛

나무금강회상불보살
南 無 金 剛 會 上 佛 菩 薩

나무도리회상불보살
南 無 忉 利 會 上 佛 菩 薩

나무옹호회상영기등중
南 無 擁 護 會 上 靈 祈 等 衆

🔔 보소청진언
普 召 請 眞 言

나무 보보제리 가리다리 다타 아다야 (세 번)

유 치
由 致

절이 예적명왕 천부공계 산하지기 옹호성중자
切 以　穢 跡 明 王　天 部 空 界　山 河 地 祈　擁 護 聖 衆 者

위령막측 신변난사 위도중생이 혹시자용
威 靈 莫 測　神 變 難 思　爲 度 衆 生 而　或 示 慈 用

신중불공

널리 절하는 진언

제가이제 온몸으로 시방세계 두루계신
신중님께 한분한분 절합니다

옴 바아라 믹 (세 번) 천수경 운운

신중님을 모시는 글

금강회상 불보살님이시여, 자비하신 원력으로
광림하시옵소서.

금강회상 성현중님이시여, 자비하신 원력으로
광림하시옵소서.

금강회상 영기등중님이시여, 자비하신 원력으로
광림하시옵소서.

일체 신중님을 청하는 진언

나무 보보제리 가리다리 다타 아다야 (세 번)

불공 사유를 아뢰는 글

생각하옵건대 옛적 명왕과 천상 허공 땅에서 불
법을 옹호하시는 화엄성중님들께옵서는 위엄을
헤아리기 어려우시고 신통변화가 한량이 없으셔
서 중생들을 제도하기 위해서는

위호불법이 혹현엄상 시권야 불유적화 창실야
爲 護 佛 法 而 或 賢 嚴 相 施 權 也 不 留 跡 化 彰 實 也

즉명본원 혜감분명 묘용자재 상선멸악지무사
卽 冥 本 元 慧 鑑 分 明 妙 用 自 在 賞 善 滅 惡 之 無 私

소재강복지유직 범제소원 막불향종 시이
消 災 降 福 之 有 直 凡 諸 所 願 莫 不 響 從 是 以

사바세계 남섬부주 동양 대한민국 (모사거주)
沙 婆 世 界 南 贍 部 州 東 洋 大 韓 民 國 某 寺 居 住

청정수월도량 원아금차 지극지정성
淸 淨 水 月 道 場 願 我 今 此 至 極 至 情 誠

○○○불공발원재자 ○○보체 원몽화엄성중
佛 供 發 願 齋 者 保 體 願 家 華 嚴 聖 衆

가호지묘력 관재구설 삼재팔난 거리횡액
加 護 之 妙 力 官 災 口 舌 三 災 八 難 距 離 橫 厄

영위소멸 수명장수 수명장원 부귀영화
永 爲 消 滅 壽 命 長 壽 壽 命 長 袁 富 貴 榮 華

재수대통 만사대길 심중소구소원 여의원만
財 數 大 通 萬 事 大 吉 心 中 所 求 所 願 如 意 願 滿

성취발원 이 금월금일 건설법연 정찬공양
成 就 發 元 以 今 月 今 日 虔 設 法 筵 淨 饌 供 養

앙헌 옹호지성중 부찰간도지범정
仰 獻 擁 護 之 聖 衆 俯 察 懇 禱 之 凡 情

기회영감지소소 곡조미성지편편 근병일심
箕 回 靈 鑑 之 昭 昭 曲 照 微 誠 之 片 編 謹 秉 一 心

기회영감지소소 곡조미성지편편 근병일심
箕 回 靈 鑑 之 昭 昭 曲 照 微 誠 之 片 編 謹 秉 一 心

선진삼청
先 陳 三 請

자애로운 모습을 보이시옵고 불법을 옹호하시기 위하여는 엄숙한 모습을 보이시옵니다.

크신 방편 나투실 때에는 자취와 흔적을 남기지 않으시오나 진실을 드러내실 때에는 근본 뜻에 부합하시옵니다. 지혜로운 보살핌이 분명하시고 묘한 작용이 자유로우시며 착한 일에는 상주시고 악한 일을 벌하시기에는 사사로움이 없으시오며 모든 재앙을 녹이고 분에 맞게 복을 내리시기에 강직하시오니 중생들이 소원하는 일 모두 다 들어주시지 않음이 없으시옵니다.

그러하옵기에 오늘 이 자리에는 (사찰: 주소 명칭) 청정도량에서 불공자(주소 성명) 불자 등이 (불공드리는 내용) 간절한 소원으로 법연을 마련하고 청결한 공양구를 마련하와 옹호회상의 여러 성중님들께 청정한 공양을 올리옵나니 어리석은 범부들의 간절한 뜻 굽어 살피시어 감응하여 주시옵소서. 간절한 마음 모아 세 번 거듭 청하옵니다.

청 사
請 詞

🔔 **나무 일심봉청 수호지주 팔대금강**
南無 一心奉請 守護持呪 八大金剛

호지사방 사대보살 여래화현 십대명왕
護持四方 四大菩薩 如來化現 十大明王

사바계주 대범천왕 지거세주 제석천왕
娑婆界主 大梵天王 地居世主 帝釋天王

호세안민 사방천왕 일월이궁 양대천자
護世安民 四方天王 日月二宮 兩大天子

이십제천 제대천왕 북두대성 칠원성군
二十諸天 諸大天王 北斗大聖 七元星君

좌보우필 삼태육성 이십팔수 주천열요
左補右弼 三台六星 二十八宿 周天列曜

제성군중 하계당처 토지가람 호계대신
諸星君衆 下界當處 土地伽藍 護戒大神

복덕대신 내호조왕 외호산신 당경하이
福德大神 內護竈王 外護山神 當境遐邇

유현주재 음양조화 부지명위 호법선신
幽現主宰 陰陽造化 不知名位 護法善神

일체영기등중 유원승 삼보력 강림도량
一切靈祈等衆 唯願承 三寶力 降臨道場

수차공양
受此供養

향 화 청
香 花 請

우리말 청사

(화엄회상 성현들께 일심으로 청합니다)

바른법을 수호하는 팔금강- 성현님과 시방세계

호지하는 사대보살 제존님과 부처님의 화현이신

십대명왕 성중님과 사바세계 주인이신 대범천왕

도리천의 주인이신 제석천왕 호세안민 사천왕과

해와달의 두천자와 이십하늘 천왕님과 북두대성

칠원성군 좌우에서 보필하는 두분성군 삼태좌의

육성님과 이십팔수 여러성군 이땅위에 항상계신

토지신과 가람신과 호제대신 복덕대신 내호조왕

이곳에서 먼곳이나 가까운곳 자유로이 왕래하며

바른법을 수호하여 음양조화 시키시는 이름모를

선신님들 영기님들 바라건대 삼보님의 자비하신

위신력으로 이도량에 강림하여 저희공양

받으시옵소서.

향 사르고 꽃 뿌리며 청합니다

옹호성중만허공　　도재호광일도중
擁護聖衆滿虛空　　都在毫光一道中

신수불어상옹호　　봉행경전영류통
信受佛語常擁護　　奉行經典永流通

고아일심 귀명정례
故我一心 歸命頂禮

🔔 헌좌진언
獻座眞言

아금경설보엄좌　　봉헌제대신중전
我今敬設普嚴座　　奉獻諸大神衆前

원멸진노망상심　　속원해탈보리과
願滅塵努妄想心　　速願解脫菩提果

옴 가마라 승하 사바하 (세 번)

정법계진언
政法界眞言

옴남옴남 옴남옴남 옴남옴남 옴남 (세 번)

다 게
茶 偈

금장감로다 봉헌신중전 감찰건간심
今將甘露茶 奉獻神衆前 鑑察虔懇心

원수애납수 원수애납수 원수자비애납수
願垂哀納受 願受哀納受 願受慈悲哀納受

옹호하는 성중들은 허공중에 가득하여 부처님의
미간백호 광명속에 자재하고 부처말씀 믿고지녀
항상따라 봉행하여 변함없이 받들어서 길이길이
펴옵소서.

신중님께 자리를 권하는 진언

제가이제 경건하게 장엄보좌 설단하고 화엄회상
성중님께 지성으로 바치오니 티끌같은 망상심을
소멸하여 없애시고 해탈하여 보리과를 얻으옵기
원합니다.
옴 가마라 승하야 사바하 (세 번)

법계를 깨끗이 하는 진언

옴남옴남 옴남옴남 옴남옴남 옴남 (세 번)

차를 올리는 게송

청정하고 향기로운 차 한잔을 옹호성중님께 받들
어 올리오니 대자비를 베푸시어 받아주옵소서.
받아주옵소서. 자비로 받아주옵소서.

진언권공
眞言 勸 供

향수나열 제자건성 욕구공양지주원
香羞羅列 齊者虔誠 浴求供養之周圓

수장가지지변화 앙유삼보 특사가지
須仗加持之變化 仰唯三寶 特賜加持

나무시방불 나무시방법 나무시방승

무량위덕 자재광명승묘력
無量威德 自在光明勝妙力

🔔 변식진언
變食眞言

나막 살바다타 아다야 바로기제 옴 삼마라
삼마라 옴 (세 번)

🔔 시감로수진언
施甘露水眞言

나무소로바야 다타 아다야 다냐타 옴
소로소로 바라소로 바라소로 사바하 (세 번)

🔔 일자수륜관진언
一字水輪觀眞言

옴 밤 밤 밤밤 (세 번)

🔔 유해진언
乳海眞言

나무 사만다 못다남 옴 밤 (세 번)

공양을 권하는 진언

향기로운 음식들을 제자들이 정성으로 차려놓은
진수들이 두루두루 원만하온 공양되기 원하옵고
미묘하신 가피력에 의지하려 하옵나니 원하건대
삼보님의 위신력을 내리소서.
시방세계 항상계신 부처님께 귀의하고
시방세계 항상계신 부처님법 귀의하며
시방세계 청정한 승가에 귀의하옵니다.

구미에 맞도록 변하는 진언

나막 살바다타 아다야 바로기제 옴 삼마라
삼마라 옴 (세 번)

감로수로 공양하는 진언

나무소로바야 다타 아다야 다냐타 옴 소로소로
바라소로 바라소로 사바하 (세 번)

공양하는 마음을 갖는 진언

옴 밤 밤 밤밤 (세 번)

진리의 젖으로 변하는 진언

나무 사만다 못다남 옴 밤 (세 번)

운심공양진언
運心供養眞言

원차향공변법계　　보공무진삼보례
願 此 香 供 邊 法 界　　普 供 無 盡 三 寶 禮

자비수공증선근　　영법주세보불은
慈 悲 受 供 增 善 根　　令 法 住 世 報 佛 恩

나막 살바다타 아제박미 새바 몰계비약 살바
다감 오나아제 바라혜암 옴 아아나캄 사바하

(세 번)

예 참
禮 懺

지심정례공양 진법계 허공계 화엄회상 상계
至 心 頂 禮 供 養　盡 法 界　虛 空 界　華 嚴 會 上　上 界

욕색제천중　(절)
欲 色 諸 天 衆

지심정례공양 진법계 허공계 화엄회상 중계
至 心 頂 禮 供 養　盡 法 界　虛 空 界　華 嚴 會 上　中 界

팔부사왕중　(절)
八 部 四 王 衆

지심정례공양 진법계 허공계 화엄회상 하계
至 心 頂 禮 供 養　盡 法 界　虛 空 界　華 嚴 會 上　下 界

호법선신 영기등중　(절)
護 法 善 神　靈 祈 等 衆

공양하는 마음을 갖게 하는 진언

향기로운 이공양이 온두리에 꽉채워져
다함없는 삼보님께 두루공양 올리리다.

자비로써 받으시고 선근공덕 길러주사
거룩하신 부처님의 은혜갚게 해주소서.

나막 살바다타 아제박미 새바 몰계비약 살바
다감 오나아제 바라혜암 옴 아아나캄 사바하

(세 번)

공 양 올 림

지극한 마음으로, 진법계 허공계 화엄회상 상계

욕계 색계 제천중께 공양합니다.

지극한 마음으로, 진법계 허공계 화엄회상 중계

팔부사왕님께 공양합니다.

지극한 마음으로, 진법계 허공계 화엄회상 하계

일체 호법선신님께 공양합니다.

유원 신중자비 옹호도량 실개수공발보리
唯願 神衆慈悲 擁護道場 悉皆受供發菩提

시작불사도중생
施作佛事度衆生

진언가지
眞言加持

상래가지이흘 공양장진 이차향수 특신공양
上來加持已訖 供養獎進 以次香羞 特伸供養

향공양 연향공양 등공양 연등공양 다공양
香供養 燃香供養 燈供養 燃燈供養 茶供養

선다공양 과공양 선과공양 미공양 향미공양
善茶供養 果供養 善果供養 米供養 香米供養

유원 신장 애강도량 불사자비 수차공양
唯願 伸將 哀降道量 不捨慈悲 受此供養

🔔 보공양진언
普供養眞言

옴 아아나 삼바라 바아라 훔 (세 번)

🔔 금강심진언
金剛心眞言

옴 오륜이 사바하 (세 번)

🔔 예적대원만다라니
穢跡大圓滿陀羅尼

일체 호법선신님께 공양합니다. 신중이시여, 자비로 도량을 옹호하소서. 공양을 받으시고 보리심 내어 불사를 이루시고 중생을 건지소서.

진언으로 가지된 공양

위에서 가지를 마친 향긋한 공양구를 특별히 펼쳐 올리고자 하옵니다. 향을 살라 공양하오며, 등을 켜 공양하오며, 선계의 감로다로 공양하오며, 선계의 과일로 공양하오며, 향기로운 특미로 공양하오니, 신장이시여, 자비로 도량에 오셔서 자비를 버리지 마시고 이 공양을 받으소서.

널리 공양하는 진언

옴 아아나 삼바라 바아라 훔 (세 번)

번뇌를 끊고 금강유정을 얻게 하는 진언

옴 오륜이 사바하 (세 번)

예적금강성자의 원만성취 다라니

계수예적금강부
稽首穢跡金剛部

석가화현금강신
釋迦化現金剛身

삼두노목아여검
三頭努目牙如劍

팔비개집항마구
八臂皆執降魔具

독사영락요신비
毒蛇瓔珞繞身臂

삼매화륜자수신
三昧火輪自隨身

천마외도급망량
天魔外道及魍魎

문설신주개포주
聞說神呪皆怖走

원승가지대위력
願承加持大威力

속성불사무상도
速成佛事無上道

옴 비실구리 마하바라 한내 믹집믹 혜마니 미
길미 마나세 옴 자가나 오심모 구리 훔 훔 훔
박박 박박박 사바하　(세 번)

🔔 항마진언
降魔眞言

아이금강삼등방편
我以金剛三等方便

신승금강반월풍륜
身乘金剛半月風輪

단상구방남자광명
壇上具放南字光明

소여무명소적지신
燒汝無明所積之身

역칙천상공중지하
亦勅天上空中地下

소유일체작제장난
所有一切作諸障難

불선심자개래호궤
不善心者皆來胡跪

청아소설가지법음
聽我所說加持法音

석가불의 화현이신 예적금강께 절하옵니다.

세 머리에 부릅뜬 눈, 칼 같은 송곳니, 여덟 팔엔 항마의 법구 잡고, 독사로 된 영락으로 온몸 두르고 삼매의 불 바퀴가 몸을 따르니 하늘 마귀 외도들과 도깨비들은 신비한 주문 듣고 두려워 달아나네. 가지의 크나큰 위신력 입어서 불사와 무상도를 속히 이뤄주소서.

옴 비실구리 마하바라 한내 믹집믹 헤마니 미길미 마나세 옴 자가나 오심모 구리 훔 훔 훔 박박 박 박박 사바하 (세 번)

마구를 항복받는 팔금강의 진언

내 이제 금강의 세 가지 방편으로, 금강 같고 반월 같은 풍륜을 타고 단에 올라 '람'자 광명 토해내어, 무명 쌓여 이루어진 너의 몸을 태우리라. 또한 천상 허공 땅속 모든 세계 명령 내려, 일체의 지은 장애와 어려움을 없애리니 악한 자는 모두 와서 무릎 꿇고 내가 설한 가지 법을 들을지어다.

사제포악패역지심   어불법중함기신심
捨 諸 暴 惡 悖 逆 之 心   於 佛 法 中 咸 起 信 心

옹호도량역호시주   강복소재
擁 護 道 場 亦 護 施 主   降 福 消 災

옴 소마니 소마니 훔 하리한나 하리한나 훔
하리한나 바나야 훔 아나야 혹 바암밤 바아라
훔 바탁 (세 번)

🔔 제석천왕제구예진언
帝 釋 天 王 除 垢 穢 眞 言

아지부 데리나 아지부 데리나 미아데리나 오
소데리나 아부다 데리나 구소데리나 사바하
(세 번)

🔔 십대명왕본존진언
十 大 明 王 本 尊 眞 言

옴 호로호로 지따지따 반다반다 하나하나
아미리제 옴박

🔔 소청팔부진언
召 請 八 部 眞 言

옴 살바리바나 가아나리 사바하 (세 번)

어리석고 포악한 마음일랑 모두 버리고, 부처님
법 가운데서 신심을 내어 도량과 시주들을 옹호
하며 재앙을 없애고 복을 내릴지라.
옴 소마니 소마니 훔 하리한나 하리한나 훔 하리
한나 바나야 훔 아나야 혹 바암밤 바아라 훔 바
탁 (세 번)

더러움을 없애는 제석천왕의 진언

아지부 데리나 아지부 데리나 미아데리나 오소데
리나 아부다 데리나 구소데리나 사바하 (세 번)

십대명왕의 본심진언

옴 호로호로 지따지따 반다반다 하나하나 미리제
옴박

팔부 신장을 청하는 진언

옴 살바리바나 가아나리 사바하 (세 번)

화엄경약찬게
華嚴經略纂偈

대방광불화엄경 大方廣佛華嚴經	용수보살약찬게 龍樹菩薩略纂偈
나무화장세계해 南無華藏世界海	비로자나진법신 毘盧遮那眞法身
현재설법노사나 現在說法盧舍那	서가모니제여래 釋迦牟尼諸如來
과거현재미래세 過去現在未來世	시방일체제대성 十方一切諸大聖
근본화엄전법륜 根本華嚴轉法輪	해인삼매세력고 海印三昧勢力故
보현보살제대중 普賢菩薩諸大衆	집금강심신중신 執金剛心身衆神
족행신중도량신 足行神衆道場神	주성신중주지신 主城神衆主地神
주산신중주림신 主山神衆主林神	주약신중주가신 主藥神衆主稼神
주하신중주해신 主河神衆主海神	주수신중주화신 主水神衆主火神
주풍신중주공신 主風神衆主空神	주방신중주야신 主方神衆主夜神
주주신중아수라 主晝神衆阿修羅	가루라왕긴나라 迦樓羅王緊那羅
마후라가야차왕 摩候羅伽夜叉王	제대용왕구반다 諸大龍王鳩槃茶

화엄경의 제 신중을 간략히 찬탄하는 게송

넓고크고   방정하온   부처님의   화엄경을
용수보살   게송으로   간략하게   엮으셨네
아름다운   연꽃으로   가꾸어진   화장세계
비로자나   부처님의   진실하온   법신불과
현재라도   설법하는   노사나불   보신불과
사바세계   교주이신   석가모니   화신불과
과거현재   미래세상   모든여래   모든성자
두손모아   마음모아   지성으로   귀의하니
근본적인   화엄교실   법의바퀴   굴리심은
해인삼매   평화롭고   드넓으신   힘이어라
보현보살   모든대중   하나하나   열거하면
금강저를   손에드신   집금강신   신중신과
만족하고   실천하는   족행신과   도량신과
성과땅을   주관하는   주성신과   주지신과
산과숲을   주관하는   주산신과   주림신과
약과곡식   주관하는   주약신과   주가신과
하천바다   주관하는   주하신과   주해신과

건달바왕월천자
乾闥婆王月天子

일천자중도리천
日天子衆忉利天

야마천왕도솔천
夜摩天王兜率天

화락천왕타화천
化樂天王他化天

대범천왕광음천
大梵天王光音天

변정천왕광과천
遍淨天王廣果天

대자재왕불가설
大自在王不可說

보현문수대보살
普賢文殊大菩薩

법혜공덕금강당
法慧功德金剛幢

금강장급금강혜
金剛藏及金剛慧

광염당급수미당
光焰幢及須彌幢

대덕성문사리자
大德聲聞舍利自

급여비구해각등
及與比丘海覺等

우바새장우바이
優婆塞長優婆夷

선재동자동남녀
善財童子童男女

기수무량불가설
其數無量不可說

선재동자선지식
善財童子善知識

문수사리최제일
文殊舍利最第一

덕운해운선주승
德雲海雲善住僧

미가해탈여해당
彌伽解脫與海幢

휴사비목구사선
休舍毘目瞿沙仙

승렬바라자행녀
勝熱婆羅慈行女

선견자재주동자
先見自在主童子

구족우바명지사
具足優婆明智士

법보계장여보안
法寶髻長與普眼

무염족왕대광왕
無厭足王大光王

물과불을 주관하는 주수신과 주화신과
바람허공 주관하는 주풍신과 주공신과
밤과방향 주관하는 주방신과 주야신과
낮을맡은 주주신과 다툼의신 아수라와
용의친척 가루라왕 노래의신 긴나라와
음악의신 마후라가 흡혈귀인 야차왕과
여러모든 용왕들과 정기먹는 구반다와
가무의신 건달바왕 밤밝히는 달의천자
낮밝히는 해의천자 도리천왕 함께하고
야마천왕 도솔천왕 화락천왕 타화천왕
대범천왕 관음천왕 변정천왕 광과천왕
색계천의 대자대왕 헤아릴수 없으시네
보현문수 법혜보살 공덕보살 금강당과
금강장과 금강혜와 광명당과 수미당과
대덕성문 사리자와 해각비구 함께하고
우바새와 우바이와 선재동자 동남동녀
그숫자가

부동우바변행외
不動優婆遍行外

우바라화장자인
優婆羅華長者人

바시라선무상승
婆施羅船無上勝

사자빈신바수밀
獅子嚬伸婆須密

비슬지라거사인
毘瑟祇羅居士人

관자재존여정취
觀自在尊與正趣

대천안주주지신
大天安住主地神

바산바연주야신
婆珊婆演主夜神

보덕정광주야신
普德淨光主夜神

희목관찰중생신
喜目觀察衆生神

보구중생묘덕신
普救衆生妙德神

적정음해주야신
寂靜音海主夜神

수호일체주야신
守護一切主夜神

개부수화주야신
開敷樹華主夜神

대원정진력구호
大願精進力求護

묘덕원만구바녀
妙德圓滿瞿婆女

마야부인천주광
摩耶夫人天主光

변우동자중예각
邊友童子衆藝覺

현승견고해탈장
賢勝堅固解脫長

묘월장자무승군
妙月長者無勝軍

최적정바라문자
最寂靜婆羅門者

덕생동자유덕녀
德生童子有德女

미륵보살문수동
彌勒菩薩文殊

보현보살미진중
普賢菩薩微塵衆

어차법회운집래
於此法會雲集來

상수비로자나불
常隨毘盧遮那佛

한량없어　말로할수　없음이라　선재동자
남순할제　선지식이　쉰셋이라　처음으로
찾아뵌분　문수사리　보살이요　덕운비구
해운비구　선주비구　마가장자　해탈장자
해당비구　휴사우바　비목구사　승렬바라
자행동녀　선견비구　자재동자　구족우바
명지거사　법보계장　보안장자　무염족장
대광왕자　부동우바　변행외도　우바라와
장자인과　바시라선　무상승자　사자빈신
비구니와　바수밀과　비슬지라　관자재존
정취보살　대천신과　안주신과　바산바연
주야신과　보덕정왕　주야신과　희목관찰
중생야신　보구중생　묘덕신과　적정음해
주야신과　수호일체　주야신과　개부수화
주야신과　대원정진　역구호신　묘덕원만
주야신과　구바여인　야마부인　천주광녀

어런화장세계해 於蓮華藏世界海	조화장엄대법륜 造化莊嚴大法輪
시방허공제세계 十方虛空諸世界	역부여시상설법 亦復如是常說法
육육육사급여삼 六六六四及與三	일십일일역부일 一十一一亦復一
세주묘엄여래상 世主妙嚴如來相	보현삼매세계성 普賢三昧世界成
화장세계노사나 華藏世界盧舍那	여래명호사성제 如來名號四聖諦
광명각품문명품 光明覺品問名品	정행현수수미정 淨行賢首須彌頂
수미정상게찬품 須彌頂上偈讚品	보살십주범행품 菩薩十住梵行品
발심공덕명법품 發心功德明法品	불승야마천궁품 佛昇夜摩天宮品
야마천궁게찬품 夜摩天宮偈讚品	십행품여무진장 十行品與無盡藏
불승도솔천궁품 不昇兜率天宮品	도솔천궁게찬품 兜率天宮偈讚品
십회향급십지품 十回向及十地品	십정십통십인품 十定十通十忍品
아승지품여수량 阿僧祇品與壽量	보살주처불부사 菩薩住處佛不思
여래십신상해품 如來十身相海品	여래수호공덕품 如來隨好功德品

병우동자　중예각자　현승우바　해탈자와
묘월장자　무승군자　최적정의　바라문과
덕행동자　유덕동녀　미륵보살　문수보살
보현보살　티끌처럼　많은대중　화엄법회
구름처럼　모여와서　비로자나　부처님을
언제든지　모시면서　연꽃으로　가꾸어진
연화장의　세계바다　대법륜을　굴리면서
조화롭게　장엄하고　시방세계　허공계에
한량없는　모든세계　또한다시　이와같이
영원토록　설법하니　여섯여섯　여섯품과
네품다시　세개품과　한품으로　열한품과
한품또한　한품이라　세주묘엄　여래상과
보현삼매　세계정취　화장세계　비로자나
여래명호　사성제품　광명각품　보살문명
정행품과　불승수미　산정품과　수미정상
게찬품과　보살십주　발심공덕　명법품과

보현행급여래출
普賢行及如來出

이세간품입법계
離世間品入法界

화장세계노사나
華藏世界盧舍那

여래명호사성제
如來名號四聖諦

광명각품문명품
光明覺品問名品

정행현수수미정
淨行賢首須彌頂

수미정상게찬품
須彌頂上偈讚品

보살십주범행품
菩薩十住梵行品

발심공덕명법품
發心功德明法品

불승야마천궁품
佛昇夜摩天宮品

야마천궁게찬품
夜摩天宮偈讚品

십행품여무진장
十行品與無盡藏

불승도솔천궁품
不昇兜率天宮品

도솔천궁게찬품
兜率天宮偈讚品

십회향급십지품
十回向及十地品

십정십통십인품
十定十通十忍品

아승지품여수량
阿僧祇品與壽量

보살주처불부사
菩薩住處佛不思

여래십신상해품
如來十身相海品

여래수호공덕품
如來隨好功德品

보현행급여래출
普賢行及如來出

이세간품입법계
離世間品入法界

시위십만게송경
是爲十萬偈頌經

삼십구품원만교
三十九品圓滿敎

풍송차경신수지
諷誦此經信受持

초발심시변정각
初發心時便正覺

안좌여시국토해
安坐如是國土海

시명비로자나불
是名毘盧遮那佛

불승야마　천궁품과　야마천궁　게찬품과

십행품과　무진장품　불승도솔　천궁품과

도솔천궁　게찬품과　십회향품　십지품과

십정십통　십인품과　아승기품　여래수량

보살주처　부사의법　여래십신　상해품과

여래수호　공덕품과　보현행품　여래출현

이세간품　입법게품　칠저구회　설해지니

이것바로　십만게송　화엄경의　내용이요

삼십구품　원만하니　일승원교　교설이라

외우고서　경전말씀　믿으면서　수지하면

처음으로　발심할때　그대로가　정각이니

이와같은　화엄바다　연화세계　안좌하면

그이름이　다름아닌　비로자나　부처로다

크고넓고　방정하온　부처님의　화엄경을

용수보살　게송으로　간략하게　엮으셨네.

마하반야바라밀다심경
摩訶般若波羅蜜多心經

관자재보살 행심반야바라밀다시 조견오온개공 도
觀自在菩薩 行深般若波羅蜜多時 照見五蘊皆空 度

일체고액 사리자 색불이공 공불이색 색즉시공 공
一切苦厄 舍利子 色不異空 空不異色 色卽是空 空

즉시색 수상행식 역부여시 사리자 시제법공상 불
卽是色 受想行識 亦復如是 舍利子 是諸法空相 不

생불멸 불구부정 부증불감 시고 공중무색 무수상
生不滅 不垢不淨 不增不減 是故 空中無色 無受想

행식 무안이비설신의 무색성향미촉법 무안계 내지
行識 無眼耳鼻舌身意 無色聲香味觸法 無眼界 乃至

무의식계 무무명 역무무명진 내지 무노사 역무노
無意識界 無無明 亦無無明盡 乃至 無老死 亦無老

사진 무고집멸도 무지역무득 이무소득고 보리살타
死盡 無苦集滅道 無智亦無得 以無所得故 菩提薩埵

의반야바라밀다 고심무가애 무가애고 무유공포 원
依般若波羅蜜多 故心無罣碍 無罣碍故 無有恐怖 遠

리전도몽상 구경열반 삼세제불 의반야바라밀다 고
離顚倒夢想 究竟涅槃 三世諸佛 依般若波羅蜜多 故

득아뇩다라삼먁삼보리 고지반야바라밀다 시대신주
得阿耨多羅三藐三菩提 故知般若波羅蜜多 是大神呪

시대명주 시무상주 시무등등주 능제일체고 진실불
是大明呪 是無上呪 是無等等呪 能除一切苦 眞實不

허 고설반야바라밀다주 즉설주왈 「아제아제 바라
虛 故說般若波羅蜜多呪 卽說呪曰 揭諦揭諦 波羅

아제 바라승아제 모지 사바하」(세 번)
揭諦 波羅僧揭諦 菩提 娑婆訶

마하반야바라밀다심경

관자재보살이 깊은 반야바라밀다를 행할 때, 오온이 공한 것을 비추어 보고 온갖 고통에서 건지느니라. 사리자여, 색이 공과 다르지 않고 공이 색과 다르지 않으며, 색이 곧 공이요 공이 곧 색이니, 수 상 행 식도 그러하니라. 사리자여, 모든 법은 공하여 나지도 멸하지도 않으며, 더럽지도 깨끗하지도 않으며, 늘지도 줄지도 않느니라. 그러므로 공 가운데는 색이 없고 수 상 행 식도 없으며, 안 이 비 설 신 의도 없고, 색 성 향 미 촉 법도 없으며, 눈의 경계도 의식의 경계까지도 없고, 무명도 무명이 다함까지도 없으며, 늙고 죽음도 늙고 죽음이 다함까지도 없고, 고 집 멸 도도 없으며, 지혜도 얻음도 없느니라. 얻을 것이 없는 까닭에 보살은 반야바라밀다를 의지하므로 마음에 걸림이 없고 걸림이 없으므로 두려움이 없어서, 뒤바뀐 헛된 생각을 멀리 떠나 완전한 열반에 들어가며, 삼세의 모든 부처님도 반야바라밀다를 의지하므로 최상의 깨달음을 얻었느니라. 반야바라밀다는 가장 신비하고 밝은 주문이며 위없는 주문이며 무엇과도 견줄 수 없는 주문이니, 온갖 괴로움을 없애고 진실하여 허망하지 않음을 알지니라. 이제 반야바라밀다주를 말하리라.

「아제아제 바라아제 바라승아제 모지 사바하」(세 번)

불설소재길상다라니
佛說消災吉祥陀羅尼

나무 사만다 못다남 아바라지 하다사 사나남
다냐타 옴 카카 카혜카혜 훔훔 아바라 아바라
바라아바라 바라아바라 자따지따 지리지리 빠
다빠다 선지가 시리예 사바하 (세 번)

대원성취진언
大願成就眞言

옴 아모카 살바다라 사다야 시베 훔 (세 번)

보궐진언
補闕眞言

옴 호로호로 사야몰케 사바하 (세 번)

정 근
精 勤

나무 위령막측 신변난사 위도중생 화엄성중‥
南無 威靈莫測 神變難思 爲度衆生 華嚴聖衆

화엄성중혜감명　　　사주인사일념지
華嚴聖衆慧監明　　　四州人事一念知

애민중생여적자　　　시고아금공경례
哀愍衆生如赤子　　　是故我今恭敬禮

재난을 소멸하고 좋은 일이 생기는 다라니

나무 사만다 못다남 아바라지 하다사 사나남 다
냐타 옴 카카 카혜카혜 훔훔 아바라 아바라 바라
아바라 바라아바라 자따지따 지리지리 빠다빠다
선지가 시리예 사바하 (세 번)

대원성취 발원하는 진언

옴 아모카 살바다라 사다야 시베 훔 (세 번)

빠진 것을 보완하는 진언

옴 호로호로 사야몰케 사바하 (세 번)

정 근

불법을 수호하시고 도량을 지켜주시는 화엄성중님
께 귀의합니다. 화엄성중 큰 지혜로 밝게 살펴 온
세계의 모든 일을 한 생각에 다 아시고 모든 중생
자식처럼 어여삐 여기시니, 저희 이제 공경하며
절하옵니다.

축 원
祝 願

앙고 화엄회상 제대현성 첨수연민지지정
仰 告 華 嚴 會 上 諸 大 賢 聖 僉 垂 憐 愍 之 至 情

각방신통지성력 상래소수공덕해
各 放 神 通 之 聖 力 上 來 所 修 功 德 海

회향삼처실원만
回 向 三 處 悉 圓 滿

사바세계 남섬부주 동양 대한민국 (주소) 산하
娑 婆 世 界 南 贍 部 州 東 洋 大 韓 民 國 山 下

사 청정수월도량 원아금차 지극지정성
寺 淸 淨 水 月 道 場 願 我 今 此 至 極 之 精 誠

헌공발원재자 (주소) 거주 성명 각각등 보체
獻 供 發 願 齋 者 居 住 性 名 各 各 等 保 體

앙몽 화엄성중 가호지묘력 신무일체 병고액난
仰 夢 華 嚴 聖 衆 加 護 之 卯 力 身 無 一 切 病 苦 厄 難

심무일체 탐연미혹 영위소멸 각기 사대강근
心 無 一 切 貪 戀 迷 惑 永 爲 消 滅 各 其 四 大 强 建

육근청정 악인원리 귀인상봉 자손창성
六 根 淸 淨 惡 人 遠 離 貴 人 相 逢 子 孫 昌 盛

부귀영화 만사일일 여의원만성취발원
富 貴 榮 華 滿 事 一 一 如 意 圓 滿 成 就 發 願

재고축 원아금차 지극지정성 헌공발원재자
再 告 祝 願 我 今 此 至 極 之 精 誠 獻 供 發 願 齋 者

각각등 보체 참선자 의단독로 염불자
各 各 等 保 體 參 禪 者 疑 團 獨 露 念 佛 者

삼매현전 간경자 혜안통투 병고자 즉득쾌차
三 昧 現 前 看 經 者 慧 眼 通 透 病 苦 者 卽 得 儈 差

축 원

우러러 고하건대, 화엄회상의 모든 성현들이시여, 저희를 불쌍히 여기시는 지극한 마음을 드리우사 모두에게 신통력을 발현해 주옵소서. 지금까지 닦은 바다 같은 공덕을 세 곳으로 회향하오니 모두 원만하여지이다.

사바세계 남섬부주 동양 대한민국 (주소) 청정수월도량에서, 오늘 지극한 정성으로 공양 올리며 발원하는 재자 (주소)에 거주 보체 등이 화엄성중님의 가피하는 힘을 입어 몸에는 일체의 병고 쾌차하고, 액난이 없어지고, 마음은 일체의 탐함과 어리석음이 영원히 사라지며, 모두 사대가 건강하고 육근이 청정하며, 악인은 멀리 여의고 부귀와 영화 누리는 등 만사가 뜻대로 원만히 성취되게 하옵소서.

거듭 아뢰옵니다. 금일 지극한 정성으로 발원하는 각각 보체 등이 참선하면 의단이 분명하고, 염불하면 삼매가 드러나고, 간경하면 혜안이 열리고,

직무자 수분성취지대원
職務者 隨分成就之大願

억원 동서사방 출입제처 상봉길경 불봉재해
抑願 東西四方 出入諸處 相逢吉慶 不逢災害

관재구설 삼재팔난 사백사병 일시소멸
官災口舌 三災八難 四百四病 一時消滅

재수대통 부귀영화 만사여의원만형통지대원
財數大通 富貴榮華 萬事如意願滿亨通之大願

연후원 처세간여허공 여련화불착수
然後願 處世間如虛空 如蓮花不着水

심청정초어피 계수래무상존 구호길상
心淸淨超於彼 稽首 無上尊 俱護吉祥

마하반야바라밀
魔訶般若婆羅蜜

신병고통은 쾌차하고, 직무를 행하면 분수대로 성취하게 하옵소서.

거듭 아뢰옵건대, 동서사방 다니는 곳마다 경사가 있고 재앙은 겪지 않으며, 관재구설 삼재팔난 사백사병이 일시에 소멸되고, 재수 대통하고 부귀와 영화로우며, 직무를 행하면 분수대로 성취하게 하옵소서. 만사가 뜻대로 원만히 이루어지이다.

그런 뒤에, 세상 살기를 허공 같이 하고 더러움에 물들지 않는 연꽃 같이 마음이 청정하여 정토에 태어나게 하옵소서. 길상 모두 갖추신 위없는 존귀한 분께 절하옵니다.

마하반야바라밀

관음청
觀音請

※ 매월 음력 24일은 관음재일로서 관음청을 하며 관음경독송과 관음
예문을 할 수 있다.

보례진언
普禮眞言

아금일신중　즉현무진신
我今一身中　卽現無盡身

변재관음전　일일무수례
遍在觀音殿　一一無數禮

옴 바아라 믹 (세 번)

천수경 (대중 다함께 동음)

거　불
擧　佛

나무 원통교주 관세음보살
南無 圓通敎主 觀世音菩薩

나무 도량교주 관세음보살
南無 道場敎主 觀世音菩薩

나무 원통회상 불 보 살
南無 圓通會上 佛 菩 薩

보소청진언
普召請眞言

나무 보보제리 가리다리 다타 아다야 (세 번)

관음청

※ 매월 음력 24일은 관음재일로서 관음청을 하며 관음경독송과 관음 예문을 할 수 있다.

널리 절하는 진언

제가 이제 한 몸에서 다함없는 몸을 내어 두루

계신 부처님께 빠짐없이 절합니다.

옴 바아라 믹 (세 번)

천수경 (대중 다함께 동음)

관세음보살님 모시는 글

원통교주 관세음보살님이시여,
자비하신 원력으로 광림하옵소서.

도량교주 관세음보살님이시여,
자비하신 원력으로 광림하옵소서.

원통회상 불보살님이시여,
자비하신 원력으로 광림하옵소서.

널리 청하는 진언

나무 보보제리 가리다리 다타 아다야 (세 번)

유 치
由 致

앙유 관음대성자 자용심묘 비원우심
仰唯 觀音大聖者 慈容甚妙 悲願尤深

위접인중생 내 상처 미타불찰입 적정삼매
爲接引衆生 乃 常處 彌陀佛刹入 寂靜三昧

우불이 백화도량 보응시방 성성구고 불리
又不離 白花道場 普應十方 聲聲救苦 不離

일보 찰찰현신 약신공양지의 필차 감통지념
一步 刹刹現身 若申供養之儀 必借 感通之念

유구개수 무원부종 a
有求皆遂 無願不從

시이 사바세계 남섬부주 동양 대한민국 ○○
是以 沙婆世界 南贍部州 東洋 大韓民國

거주 청정수월도량 a
清淨水月道場

원아금차지극지정성 (모 불공등) 헌공발원재자
願我今此至極至精誠   獻供發願齋者

(불공자 주소성명) 보체
保體

일체고난 영위소멸 사대강건 육근청정
一切苦難 永爲消滅 四大强健 六根淸淨

여의원만성취지발원 이 금월금일 건설법연
如意圓滿成就至發願 以 今月今日 虔說法筵

법회의 연유를 아룀

우러러 생각컨대

미묘하고 자비로운 용모에 인자하신 서원이 더욱 깊으신 관음대성자께옵서는, 중생들을 이끌어 인도하시기 위해서 항상 아미타부처님 국토에 머무르시며, 적정한 삼매에 드시고 백화도량을 떠나지 않으신다 하셨사오니, 공양 올리는 정성 간절하면 반드시 감응의 힘을 내려 주시고 구하는 것은 모두 이루어 주십니다.

그러하옵기에 사바세계 남섬부주 동양 대한민국 (사암: 주소) 청정도량에서 (재자: 주소 성명) 등이 인연공덕으로 ○○원을 이루고자, 금월금일 지극한 정성으로 삼가 법연을 열어 조촐한 공양구를 원통교주 관음보살님께 공양하옵니다. 정성껏 법요를 행하며 신묘한 가피를 바라옵는 저희들은 한 조각 지혜의 향을 살라 마음의 향을

정찬공양 원통교주 관세음보살 훈근작법
淨饌供養 圓通敎主 觀世音菩薩 勤懃作法

앙기묘원자 우복이 친소편혜 표심향
仰祈妙援者 右伏以 親燒片慧 表心香

무화이보훈 앙고자문 청면월이공이곡조 잠사
無火而普熏 仰古慈門 請面月離空而曲照 暫辭

어보굴 청부 어향연 앙표일심 선진삼청
於寶窟 請赴 於香筵 仰表一心 先陳三請

청 사
請 辭

🔔 나무 일심봉청 해안고절처 보타낙가산
南無 一心奉請 海岸孤絶處 寶陀洛迦山

도량교주 삼십이응신 십사무외력 사불사의덕
道場敎主 三十二應身 十四無畏力 四不思議德

수용무애 팔만사천 삭가라수
受用無碍 八萬四千 爍迦羅首

팔만사천모타라비팔사천 청정보목 혹자혹위
八萬四千母陀羅臂八四千 淸淨寶目 或慈或威

분형산체 응제중생 심소원구 발고여락
分形散體 應諸衆生 心所願求 拔苦與樂

대자대비 관자재보살 유원자비 강림도량
大慈大悲 觀自在菩薩 唯願慈悲 降臨道場

수차공양
受此供養

향화청 (세 번)
香花請

표하오니, 불길이 없어도 두루 퍼져 우러러 자비문에 사뢰오니, 맑은 달이 허공을 떠나 굽어 비추듯 잠시나마 보배궁을 떠나시어 이 향연에 이르소서.

삼가 일심으로 간절히 세 번 청하옵니다.

관세음보살님께 일심으로 청하는 글

바닷가 외딴 곳, 보타낙가산의 도량교주는, 삼십이 응신과 열네 가지 무외력과 네 가지 부사의덕을 갖추사 수용하심이 걸림 없으시며, 팔만사천의 지혜 머리와 자비 손길과 청정한 보배 눈의 자비로 위엄 고루 갖추시고, 형상과 몸을 나누어 흩어서, 중생들의 원에 따라 고통을 없애고 즐거움을 주시는 대자대비 관세음 보살님이시여, 이 도량에 강림하여 공양을 받으소서.

향과 꽃으로 세 번 청하옵니다

백의관음무설설   남순동자불문문
白衣觀音無說說   南巡童子不聞聞

병상녹양삼제하   암전취죽시방춘
瓶上錄楊三際夏   岩前翠竹十方春

고아일심 귀명정례
故我一心 歸命頂禮

🔔 헌좌진언
獻座眞言

묘보리좌승장엄   제불좌이성정각
妙菩提座勝莊嚴   諸佛坐已成正覺

아금헌좌역여시   자타일시성불도
我今獻座亦如是   自他一時成佛道

옴 바아라 미나야 사바하 (세 번)

정 근
精 勤

※법주는 마지가 올라왔나 확인. 올라오지 않았으면 관세음보
살 명호를 부르며 올라올 때까지 정근한다.

정법계진언
政法界眞言

옴남옴남 옴남옴남 옴남옴남 옴남 (세 번)

다 게
茶 偈

금장감로다 봉헌관음전 감찰건간심
今將甘露茶 奉獻觀音前 鑑察虔懇心

원수애납수 원수애납수 원수자비애납수
願垂哀納受 願垂哀納受 願垂慈悲哀納受

백의관음 설함 없이 설하시고 남순동자 들음 없이 들으시네. 화병의 푸른 버들 늘 여름이고 바위 앞 푸른 대는 온통 봄이로구나. 저희 이제 일심으로 절하옵니다.

자리를 마련하여 권하는 진언

보리좌를 훌륭하게 꾸몄사온데 삼세제불 깨달음을 이룬 자리네. 지금 바치는 이 자리도 그 같사오니 함께 불도를 이루오리다.
옴 바아라 미나야 사바하 (세 번)

정 근

※법주는 마지가 올라왔나 확인. 올라오지 않았으면 관세음보살 명호를 부르며 올라올 때까지 정근한다.

법계를 맑게 하는 진언

옴남옴남 옴남옴남 옴남옴남 옴남 (세 번)

차 올리는 게송

이제 제가 감로차를 관세음보살님께 올리오니
간절한 마음 살피시어
받으시옵소서, 받으시옵소서,
자비로운 마음으로 애틋하게 살펴 주옵소서.

🔔 **진언변공 사다라니**
眞言變供

향수나열 제자건성 욕구공양지주원
香羞羅列 齋者虔誠 浴求供養之周圓

수장가지지변화 앙유삼보 특사가지
須仗加持之變化 仰唯三寶 特賜加持

나무시방불 나무시방법 나무시방승 (세 번)
南無十方佛 南無十方法 南無十方僧

무량위덕 자재광명승묘력 변식진언
無量威德 自在光明勝妙力 變食眞言

나막 살바다타 아다야 바로기제 옴 삼마라

삼마라 옴 (세 번)

🔔 **시감로수진언**
施甘露水眞言

나무소로바야 다타 아다야 다냐타 옴

소로소로 바라소로 바라소로 사바하 (세 번)

🔔 **일자수륜관진언**
一字水輪觀眞言

옴 밤 밤 밤밤 (세 번)

🔔 **유해진언**
乳海眞言

나무 사만다 못다남 옴 밤 (세 번)

진언으로 공양의 변화를 청함

향기로운 음식을 차려놓음은 재자들의 간절한 정성입니다. 공양이 두루 원만하게 이뤄지면 가지변화에 의지해야 하오니 삼보님, 특별히 가지를 내리소서.

나무 시방불 나무 시방법 나무 시방승 (세 번)

음식을 양적 질적으로 변화시키는 진언

나막 살바다타 아다야 바로기제 옴 삼마라 삼마라 옴 (세 번)

감로수가 흘러나오는 진언

나무소로바야 다타 아다야 다냐타 옴 소로소로 바라소로 바라소로 사바하 (세 번)

'밤' 자에서 젖이 한없이 나오는 진언

옴 밤 밤 밤밤 (세 번)

젖이 바다같이 많아져 베풀어지는 진언

나무 사만다 못다남 옴 밤 (세 번)

운심공양진언
運心供養眞言

원차향공변법계　　보공무진삼보례
願此香供邊法界　　普供無盡三寶禮

자비수공증선근　　영법주세보불은
慈悲受供增善根　　令法住世報佛恩

나막 살바다타 아제박미 새바 몰계비약 살바
다감 오나아제 바라혜암 옴 아아나캄 사바하
(세 번)

예 참 공 양
禮 懺 供 養

지심정례공양　보문시현 원력홍심 대자대비
至心頂禮供養　普門示現 願力弘深 大慈大悲

관세음보살
觀世音菩薩

지심정례공양　심성구고 응제중생 대자대비
至心頂禮供養　尋聲救苦 應諸衆生 大慈大悲

관세음보살
觀世音菩薩

지심정례공양　좌보처 남순동자 우보처
至心頂禮供養　左補處 南巡童子 右補處

해상용왕
海上龍王

공양하는 마음을 일으키는 진언

향기로운 이공양이 온누리에 꽉채워져
다함없는 삼보님께 두루공양 올리리다

자비로써 받으시고 선근공덕 길러주사
거룩하신 부처님의 은혜갚게 해주소서

나막 살바다타 아제박미 새바 몰계비약 살바다감

오나아제 바라혜암 옴 아아나캄 사바하 (세 번)

공 양 올 림

지극한 마음으로 자비원력 크시옵는 대자대비

관세음보살님께 공양을 올립니다.

지극한 마음으로 중생고를 구하시는 대자대비

관세음보살님께 공양을 올립니다.

지극한 마음으로 좌보처 남순동자 우보처 해상

용왕님께 공양을 올립니다.

유원 대자대비 관세음보살 수차공양
唯願 大慈大悲 觀世音菩薩 受此供養

원공법계제제중생 자타일시성불도
願供法界諸衆生 自他一時成佛道

🔔 보공양진언
　　普供養眞言

옴 아아나 삼바바 바라 훔 (세 번)

🔔 보회향진언
　　普回向眞言

옴 삼마라 삼마라 미만나 사라마하 자가라가
훔 (세 번)

🔔 불설소재길상다라니
　　佛說消災吉祥陀羅尼

나모 사만다 못다남 아바라지 하사다 사다남
다냐타 옴 카 카 카혜 카혜 훔 훔 아바라 아
바라 바라아바라 바라아바라 지따 지따 지리
지리 빠다빠다 선지가 시리예 사바하 (세 번)

🔔 대원성취진언
　　大願成就眞言

옴 아모카 살바다라 사다야 사베 훔 (세 번)

원하옵건대 대자대비하신 관세음보살님이시여,
저희 공양을 받으시고 감응하여 주시어서 시방법
계 모든 중생 무상도를 이루게 하옵소서.

  모든 성중에게 두루 공양하는 진언
옴 아아나 삼바바 바라 훔 (세 번)

  헌공공덕 널리 회향하는 진언
옴 삼마라 삼마라 미만나 사라마하 자가라가 훔
(세 번)

   불설소재길상다라니
나모 사만다 다남 아바라지 하사다 사다남 다냐
타 옴 카 카 카혜 카혜 훔 훔 아바라 아바라 바
라아바라 바라아바라 지따 지따 지리 지리 빠다
빠다 선지가 시리예 사바하 (세 번)

   대원성취진언
옴 아모카 살바다라 사다야 사베 훔 (세 번)

🔔 **보궐진언**
補 闕 眞 言

옴 호로호로 사야몰케 사바하 (세 번)

정 근 불보살의 명호를 부르면서 무량한 공덕을 찬탄함
精 勤

나무 보문시현 원력홍심 대자대비 구고구난
南 無 普 門 示 現 願 力 弘 深 大 慈 大 悲 救 苦 救 難

관세음보살…
觀 世 音 菩 薩

관세음보살 멸 업장진언
觀 世 音 菩 薩 滅 業 障 眞 言

옴 아로륵계 사바하 (세 번)

원멸 사생육도 법계유정 다겁생래 죄업장
願 滅 四 生 六 道 法 界 有 情 多 劫 生 來 罪 業 障

아금참회계수례 원제죄장실소제
我 今 懺 悔 稽 首 禮 願 諸 罪 障 悉 消 除

세세상행보살도 (세 번)
世 世 上 行 菩 薩 道

원이차공덕 보급어일체 아등여중생
願 以 此 功 德 普 及 於 一 切 我 等 與 衆 生

당생극락국 동견무령수 개공성불도
當 生 極 樂 國 同 見 無 壽 皆 共 成 佛 道

빠진 것을 보완하는 진언

옴 호로호로 사야몰케 사바하 (세 번)

정 근 불보살의 명호를 부르면서 무량한 공덕을 찬탄함

곳곳에 빠짐없이 나투시어 넓고 깊은 원력으로 대자대비 베푸시고 고난 구제하시는 관세음보살님께 귀의합니다.

관세음보살의 권능으로 모든 업장 소멸하는 진언

옴 아로륵계 사바하 (세 번)

사생육도의 법계중생 여러 겁 동안 지은 업장 모두 소멸해 주시기를 제가 지금 참회하고 머리 숙여 절하옵니다. 죄업장이 모두 소멸되고 태어나는 세상마다 보살도를 행하여지이다.

이 공덕이 일체의 중생에게 널리 미쳐 우리들과 중생들이 극락세계 가서 나고 무량수불 함께 뵙고 불도를 이뤄지이다.

구족신통력　　광수지방편
具足神通力　　廣修智方便

시방제국토　　무찰불현신
十方諸國土　　無刹佛現身

고아일심 귀명정례
故我一心 歸命頂禮

축　원
祝　願

🔔 앙고 대자대비 관세음보살 자존 불사자비
仰告 大慈大悲 觀世音菩薩 慈尊 不捨慈悲

허수낭감 상래소수 불공덕회향삼처 실원만
許垂郎鑑 上來所修 佛功德回向三處 悉圓滿

시이 사바세계 남섬부주 동양 대한민국
是以 沙婆世界 南贍部州 東洋 大韓民國

(사암:주소) 청정수월도량　원아금차
清淨水月道場　願我今此

지극지정성 (불공등) 헌공발원재자 (주소 성명)
至極至精誠　　　　 獻供發願齋者

각각등보체 이차 인연공덕 일체병고 액난
各各等保體 以此 因緣功德 一切病苦 厄難

영위소멸 사대강건 육근청정 안과태평
永爲消滅 四大強健 六根清淨 安過太平

무병장수 자손창성 부귀영화 성취지발원
無病長壽 子孫昌盛 富貴永和 成就至發願

신통한 힘 구족하시고 지혜방편 널리 닦아 시방세계
모든 곳에 빠짐없이 나투시네. 저희들이 일심정성
지심정례 하옵니다.

　　축　원

우러러 고하건대 대자대비하신 관세음보살님이시
여, 자비를 버리지 마시옵고 지혜 광명을 드리워 주
옵소서. 지금까지 닦은 바로는 다 같은 공덕을 세
곳으로 회향하오니 모두 원만하여지이다.

사바세계 남섬부주 동양 대한민국 (주소: 사암) 청
정 수월도량에서 오늘 지극한 정성으로 공양하며
발원하는 재자 (주소: 성명) 등이 이 인연공덕으로
일체의 병고와 재난이 소멸하고 사대가 강건하고
육근이 청정하고 가정은 화목하고 태평하며 자손
은 만대로 창성하며 수명이 길어지고 편안하며
부귀영화 원만히 이루어지게 하옵소서.

연후원 항사법계 무량불자등
然後願 恒沙法界 無量佛子等

동유화장장엄해 동입보리대도량
同遊華藏莊嚴海 同入菩提大道場

상봉화엄불보살 항몽제불대광명
常逢華嚴佛菩薩 恒蒙諸佛大光明

소멸무량중죄장 획득무량대지혜
消滅無量衆罪障 獲得無量大智慧

돈성무상최정각 광도법계제중생
頓成無上最正覺 廣度法界諸衆生

이보제불막대은 세세상행보살도
以報諸佛莫大恩 世世常行菩薩道

구경원성살반야 마하반야바라밀
究竟圓成薩般若 摩訶般若婆羅蜜

나무석가모니불
南無釋迦牟尼佛

나무석가모니불
南無釋迦牟尼佛

나무 시아본사석가모니불
南無 是我本師釋迦牟尼佛

그런 뒤에 원하옵나니, 갠지스강 모래수와 같이 많은 법계의 한량없는 불자들이, 꽃으로 장엄된 화장세계에 노닐며 깨달음의 도량에 들어가, 항상 화엄세계의 불보살님들을 만나 뵙고, 모든 부처님의 크신 광명을 입어, 무량한 죄업 소멸되고 한량없는 큰 지혜를 얻고, 위없는 바른 깨달음을 단박에 이루어, 널리 법계의 모든 중생을 제도하여, 부처님의 크신 은혜 갚기 원하오며, 태어나는 세상마다 보살도를 행하여 마침내 일체지를 원만히 이루어지게 하옵소서.

마하반야바라밀

나무 석가모니불

나무 석가모니불

나무 시아본사석가모니불

약 사 청
藥 師 請

보례진언
普禮眞言

아금일신중 즉현무진신 변재약사전
我今一身中 卽現無盡身 遍在藥師殿

일일무수례
一 一 無 數 禮

옴 바아라 믹 (세 번)

천수경 (대중 동음으로)

거 불
擧 佛

나무 동방약사유리광여래불
南無 東方藥師琉璃光如來佛

나무 좌보처 일광변조보살
南無 左補處 日光遍照菩薩

나무 우보처 월광변조보살
南無 右補處 月光遍照菩薩

🔔 보소청진언
普召請眞言

나무 보보제리 가리다리 다타 아다야 (세 번)

유 치
由 致

절문a 월조장공 영락천강지수 능인출세
切聞 月照長空 影落千江之水 能仁出世

지투만휘지기 여래 진실지비 민제중생
智投萬彙之機 如來 眞實智悲 愍諸衆生

보례진언

제가이제 온몸으로 시방세계 두루계신
약사여래 부처님께 한분한분 절합니다.

옴 바아라 믹 (세 번)

천수경 (대중 동음으로)

약사여래불을 청하는 의식

동방만월 약사유리광 부처님이시여, 자비하신
원력으로 광림하시옵소서.

일광변조 보살님이시여, 자비하신 원력으로
광림하시옵소서.

월광변조 보살님이시여, 자비하신 원력으로
광림하시옵소서.

불보살님을 청하는 진언

나무 보보제리 가리다리 다타 아다야 (세 번)

오늘 열린 법회의 연유를 알리는 내용

듣자옵건대 맑은 하늘에 달이 밝으면 모든 강물에
그림자 비치고, 중생 세계에 부처님께서 나타나
시오면 그 지혜는 만 중생들을 보살펴 주신다고
하셨습니다.

원지건성례 수애작증명
願 知 虔 誠 禮 垂 哀 作 證 明

시이 사바세계 남섬부주 동양 대한민국
是 以 沙 婆 世 界 南 贍 部 州 東 洋 大 韓 民 國

○○청정수월도량 원아금차 지극지정성
清 淨 水 月 道 場 願 我 今 此 至 極 至 精 誠

(모불공등)헌공발원재자 (주소성명)보체
獻 供 發 願 齋 者 保 體

이차인연공덕 동방 만월세계 약사유리광불
以 此 因 緣 功 德 東 方 滿 月 世 界 藥 師 瑠 璃 光 佛

가호지묘력 일체병고액난 영위소멸 사대강건
加 護 之 妙 力 一 切 病 苦 厄 難 永 爲 消 滅 四 大 强 健

육근청정 심중소구소원 만사 여의원만성취
六 根 清 淨 心 中 所 求 所 願 萬 事 如 意 圓 滿 成 就

대발원 이 금월금일 건설법연 정찬공양
大 發 願 以 今 月 今 日 虔 說 法 筵 淨 饌 供 養

십이원성 약사유리광불 훈근작법 앙기묘원자
十 二 願 成 藥 師 瑠 璃 光 佛 熏 懃 作 法 仰 祈 妙 援 者

우복이 설 우두지명향 정천주지묘공 재체수미
右 伏 以 爇 牛 頭 之 茗 香 呈 天 廚 之 妙 供 齋 體 雖 微

건성가민 잠사보계 강부향연 앙표일심
虔 誠 可 愍 暫 辭 寶 界 降 赴 香 筵 仰 表 一 心

선진삼청
先 陳 三 請

여래의 진실하옵고 크옵신 지혜는 중생들을 가엾이 굽어보심이 으뜸이시오니 저희들의 간절한 소원 멀리서 감응하시와 자비로써 이 공덕을 증명하여 주시옵소서. 그러하옵기에

시이 사바세계 남섬부주 동양 대한민국 (사암: 주소 명칭)사 청정수월도량 (불공자: 주소 성명) 불자가 우연득병하여 오랫동안 신병고통 견디기 어렵사옵기에 좋은 약과 밝은 의원 만나게 되옵기를 바라는 간절한 소원으로 오늘 이 자리에 조촐한 진수를 장만하여 십이대원 약사유리광 부처님께 공양을 올리옵고 정성을 다하여 법요를 받들어 행하여서 미묘하옵신 가피력을 원하나이다. 우두의 그윽한 향을 사루고 천계에 감미로운 공양구를 올렸사오니 올리옵는 공양구는 부족함이 많사오나 그 정성을 어여쁘게 여기시고 보배 세계를 잠시 떠나시어 금일 법회에 강림하여 주시옵소서.

지극한 마음으로 먼저 세 번 청하옵니다.

청 사
請　詞

🔔 **나무 일심봉청 단거만월 광화군미**
南無　一心奉請　端居滿月　廣化群迷

상행이륙 지홍자 증접사생 이해탈 십이원성
常行二六　之洪慈　拯接四生　而解脫　十二願成

약사유리광불 유원자비 강림도량 수차공양
藥師瑠璃光佛　唯願慈悲　降臨道場　受此供養

향화청 (세 번)
香花請

동방세계명만월　　　**불호유리광교결**
東方世界名滿月　　　　佛號瑠璃光皎潔

두상선라청사산　　　**미간호상백여설**
頭上旋螺青似山　　　　眉間毫相白如雪

고아일심 귀명정례
故我一心　歸命頂禮

🔔 **헌좌진언**
獻座眞言

묘보리좌승장엄　　　**제불좌이성정각**
妙菩提座勝莊嚴　　　　諸佛坐己成正覺

아금헌좌역여시　　　**자타일시성불도**
我今獻座亦如是　　　　自他一時成佛道

옴 바아라 미나야 사바하 (세 번)

부처님을 청하는 진언

만월세계 단정하게 앉으셔서 미혹중생 두루교화
하시옵고 열두가지 크신자비 베푸시어 네종류의
생명들을 구제하고 해탈하게 하시옵는 약사유리광
부처님이시여, 바라옵건대 이도량에 강림하시어
저희공양 받으시고 공덕증명 하옵소서.

향과 꽃 뿌리며 세 번 청하는 글

동방세계 나라있어 만월이라 이름하고 부처님은
유리광이니 광명이 밝으시며 머리위에 나계빛은
푸른청산 같으시고 미간의 백호상은 백설같이
희시옵네.
저희들이 일심정성 귀명정례 하옵니다.

제불보살님 자리에 모시는 진언

깨달음의 묘한자리 뛰어나게 장엄한곳 모든부처
이곳앉아 무상정각 이루셨네 제가이제 자리마련
이와같이 앉으시니 너나없이 모두함께 깨달음을
성취하리
옴 바아라 미나야 사바하 (세 번)

정법계진언
政法界眞言

옴남옴남 옴남옴남 옴남옴남 옴남 (세 번)

다 게
茶 偈

금장감로다 봉헌약사전 감찰건간심
今 將 甘 露 茶　奉 獻 藥 師 前　鑑 察 虔 懇 心

원수애납수 원수애납수 원수자비애납수
願 垂 哀 納 受　願 垂 哀 納 受　願 垂 慈 悲 哀 納 受

🔔 진언권공
眞 言 勸 供

향수나열 재자건성 욕구공양지주원 수장가지
香 羞 羅 列　齋 者 虔 誠　浴 求 供 養 之 周 圓　須 仗 加 持

지변화 앙유삼보 특사가지
之 變 化　仰 唯 三 寶　特 賜 加 持

나무시방불　나무시방법　나무시방승
南 無 十 方 佛　南 無 十 方 法　南 無 十 方 僧

🔔 무량위덕 자재광명승묘력 변식진언
無 量 威 德　自 在 光 明 勝 妙 力　變 食 眞 言

나막 살바다타 아다야 바로기제 옴 삼마라

삼마라 옴 (세 번)

278 · 법요집

법계를 깨끗하게 하는 진언

옴남옴남 옴남옴남 옴남옴남 옴남 (세 번)

차를 올리는 게송

저희들이 감로다를 약사전에 올리오니 어여쁘게
여기시어 애민으로 받으시고 간절한맘 자비로써
굽어살펴 주옵소서.

불보살님께 공양을 권하는 진언

재자들이 정성으로 차려놓은 진수들이 두루두루
원만하온 공양되기 원하옵고 미묘하신 가피력에
의지하려 하옵나니
원하옵건대 삼보님의 위신력을 내리소서.
불 법 승 삼보님께 귀의합니다.

한량없는 위신공덕 자재하신 광명의 승묘한
묘력으로 구미에 맞게 변식하는 진언

나막 살바다타 아다야 바로기제 옴 삼마라 삼마
라 훔 (세 번)

🔔 시감로수진언
施 甘 露 水 眞 言

나무소로바야 다타 아다야 다냐타 옴

소로소로 바라소로 바라소로 사바하 (세 번)

🔔 일자수륜관진언
一 字 水 輪 觀 眞 言

옴 밤 밤 밤밤 (세 번)

🔔 유해진언
乳 海 眞 言

나무 사만다 못다남 옴 밤 (세 번)

운심공양진언
運 心 供 養 眞 言

원차향공변법계   보공무진삼보례
願 此 香 供 邊 法 界   普 供 無 盡 三 寶 禮

자비수공증선근   영법주세보불은
慈 悲 受 供 增 善 根   令 法 住 世 報 佛 恩

나막 살바다타 아제박미 새바 몰계비약 살바
다감 오나아제 바라혜암 옴 아아나캄 사바하
(세 번)

감로수공양 올리는 진언

나무소로바야 다타 아다야 다냐타 옴 소로소로
바라소로 바라소로 사바하 (세 번)

변함없는 마음으로 올리는 공양

옴 밤 밤 밤밤 (세 번)

음식이 진리의 젖으로 변하는 진언

나무 사만다 못다남 옴 밤 (세 번)

공양하는 마음을 들게 하는 진언

향기로운 이공양이 온누리에 꽉채워져 다함없는
삼보님께 두루공양 올리오니 자비로써 받으시고
선근공덕 길러주사 거룩하신 부처님의 은혜갚게
해주소서.

나막 살바다타 아제박미 새바 몰계비약 살바다감
오나아제 바라혜암 옴 아아나캄 사바하 (세 번)

예 참
禮 懺

지심정례공양 동방만월세계 십이상원
至心頂禮供養 東方滿月世界 十二上願

약사유리광여래불
藥師유璃光如來佛

지심정례공양 좌보처 일광변조 소재보살
至心頂禮供養 左補處 日光遍照 消災菩薩

지심정례공양 우보처 월광변조 식재보살
至心頂禮供養 右補處 月光遍照 息災菩薩

유원 약사유리광불 강림도량 수차공양
唯願 藥師瑠璃光佛 降臨道場 受此供養

원공법계제중생 자타일시성불도
願供法界諸衆生 自他一時成佛道

🔔 보공양진언
普供養眞言

옴 아아나 삼바바 바라 훔 (세 번)

🔔 보회향진언
普回向眞言

옴 삼마라 삼마라 미만나 사라마하 자가라가

훔 (세 번)

🔔 불설소재길상다라니
佛說消災吉祥陀羅尼

공양올림

지극한 마음으로 동방만월 약사유리 부처님께
공양올립니다.
지극한 마음으로 좌보처 일광변조 소재보살님께
공양올립니다.
지극한 마음으로 우보처 월광변조 식재보살님께
공양올립니다.

원하옵건대 약사유리광여래 부처님이시여, 저희
공양 받으시고 가피력을 내리시어 시방법계 모든
중생 어여쁘게 여기시고 일체중생 빠짐없이 일시
성불 하여지이다.

모든 성중께 두루 공양하는 진언
옴 아아나 삼바바 바라 훔 (세 번)

헌공공덕 널리 회향하는 진언
옴 삼마라 삼마라 미만나 사라마하 자가라가 훔
(세 번)

일체중생의 재액을 소멸하는 진언

나모 사만다 못다남 아바라지 하사다 사다남
다냐타 옴 카 카 카혜 카혜 훔 훔 아바라 아
바라 바라아바라 바라아바라 지따 지따 지리
지리 빠다빠다 선지가 시리예 사바하 (세 번)

🔔 대원성취진언
大 願 成 就 眞 言

옴 아모카 살바다라 사다야 시베 훔 (세 번)

🔔 보궐진언
補 闕 眞 言

옴 호로호로 사야몰케 사바하 (세 번)

정 근
精 勤

나무 동방만월세계 십이대원
南無 東方滿月世界 十二大願

약사유리광여래불...
藥師瑠璃光如來佛

십이대원접군기	일편비심무공결
十二大願接群機	一片悲心無空缺
범부전도병근심	불우약사죄난멸
凡夫顚倒病根深	不遇藥師罪難滅

고아일심 귀명정례
故我一心 歸命頂禮

나모 사만다 못다남 아바라지 하사다 사다남 다
냐타 옴 카 카 카혜 카혜 훔 훔 아바라 아바라
바라아바라 바라아바라 지따 지따 지리 지리 빠
다빠다 선지가 시리예 사바하 (세 번)

　　모든 소원 이뤄지기 바라는 진언
옴 아모카 살바다라 사다야 시베 훔 (세 번)

　　빠진 것을 보완하는 진언
옴 호로호로 사야몰케 사바하 (세 번)

　　정 근
나무 동방만월세계 십이대원
약사유리광여래불 ……
열두가지 대원으로 근기따라 구원하며
중생향한 측은심은 한조각도 빠짐없네

범부중생 전도망상 뿌리깊은 번뇌의병
대의왕불 못만나면 죄업소멸 어렵도다.
저희들이 일심으로 귀명정례 하옵니다.

축 원
祝 願

앙고ⓐ 동방만월세계 십이상원
仰 告 東 方 滿 月 世 界 十 二 上 願

약사유리광여래 자존전 불사자비 허수낭감
藥 師 瑠 璃 光 如 來 慈 尊 前 不 捨 慈 悲 許 垂 朗 鑑

시이 사바세계 남섬부주 동양 대한민국
是 以 沙 婆 世 界 南 贍 部 州 東 洋 大 韓 民 國

(사암: 주소) 청정수월도량 원아금차
淸 淨 水 月 道 場 願 我 今 此

지극지정성 (불공명) 헌공발원재자 (주소:
至 極 至 精 誠 獻 供 發 願 齋 者

성명) 보체ⓐ 이차인연공덕 앙몽
保 體 以 此 因 緣 功 德 仰 夢

동방만월세계 약사유리광불 가호지묘력
東 方 滿 月 世 界 藥 師 瑠 璃 光 佛 加 護 之 妙 力

일체병고액난 영위소멸 사대강건 육근청정
一 切 病 苦 厄 難 永 爲 消 滅 四 大 强 健 六 根 淸 淨

신강철석 심약태산 가내화합 안과태평
身 强 鐵 石 心 若 泰 山 家 內 和 合 安 過 太 平

무병장수 자손창성 부귀영화 만사여의원만
無 病 長 壽 子 孫 昌 盛 富 貴 榮 華 萬 事 如 意 圓 滿

성취지대발원 각기 동서사방 출입왕환
成 就 至 大 發 願 各 其 東 西 四 方 出 入 往 還

축 원

우러러 고합니다. 동방세계 나라 있어 만월이라 이름하고 열두 가지 대원으로 근기 따라 구원하며 진실하온 자비로써 중생들을 가엾게 여기시어 굽어보심이 으뜸이시오니 저희들의 간절한 소원 저버리지 마시옵고 지혜 광명 드리워 주옵소서. 시이 사바세계 남섬부주 동양 대한민국 (사암: 주소) 청정수월도량에서 오늘 지극한 정성으로 공양을 올리옵고 발원하는 재자 (주소: 성명) 보체 우연득병하여 장기간 신병고통 견디기 어렵기에 좋은 약과 밝은 의원 만나 뵈옵기를 바라옵는 간절한 소원으로 오늘 조촐한 진수를 장만하여 부처님께 올리옵고 정성을 다하여 법요를 받들어 행하여서 모시옵니다. 부처님의 미묘하신 가피지력을 원하나이다. 일체의 병고 액난은 영원히 소멸하고 사대가 강건하고 육근이 청정하여 돌과 강철 같이 강한 몸 되게 하옵시고, 마음은 크고 높은 도량되어 편안한 마음 이루게 하여 가정은 화합하여 태평하고 자손은 대대로 창성하여 가는 곳마다

상봉길경 불봉재해 관재구설 삼재팔난
常逢吉慶 不逢災害 官災口舌 三災八難

사백사병 일체소멸 원만성취지대발원 a
四百四病 一切消滅 圓滿成就至大發願

연후원 항사법계 무량불자등
然後願 恒沙法界 無量佛子等

동유화장장엄해 동입보리대도량
同遊華藏莊嚴海 同入菩提大道場

상봉화엄불보살 항몽제불대광명
常逢華嚴佛菩薩 恒蒙諸佛大光明

소멸무량중죄장 획득무량대지혜
消滅無量衆罪障 獲得無量大智慧

돈성무상최정각 광도법계제중생
頓成無上最正覺 廣度法界諸衆生

이보제불막대은 세세상행보살도
以報諸佛莫大恩 世世常行菩薩道

구경원성살바야 마하반야바라밀
究竟圓成薩婆若 摩訶般若婆羅蜜

나무석가모니불
南無釋迦牟尼佛

나무석가모니불
南無釋迦牟尼佛

나무 시아본사석가모니불
南無 是我本師釋迦牟尼佛

귀인을 만나 이루고자 하는 모든 일들은 원만하게 하옵시며, 모든 재앙은 멀리하고 부귀영화를 누리는 마음 간절하오며, 관재구설 삼재팔난 사백사병 일체 영위소멸 성취를 대 발원하옵니다.

그런 뒤에 원하옵나니, 갠지스강 모래수와 같이 많은 법계의 한량없는 불자들이 꽃으로 장엄된 화장세계에 노닐며, 깨달음의 도량에 들어가, 항상 화엄세계의 불보살님들을 만나 뵙고, 모든 부처님의 크신 광명을 입어 무량한 죄업 소멸되고, 한량없는 큰 지혜를 얻고 위없는 바른 깨달음을 단박에 이루어, 널리 법계의 모든 중생을 제도하여 부처님의 크신 은혜 갚기 원하오며, 태어나는 세상마다 보살도를 행하여 마침내 일체지를 원만히 이루어지게 하옵소서.

마하반야바라밀

나무 석가모니불

나무 석가모니불

나무 시아본사석가모니불

산 신 청
山 神 請

보례진언
普 禮 眞 言

아금일신중 즉현무진신 변재산신전
我 今 一 身 中　卽 現 無 盡 身　遍 在 山 神 殿

일일무수례
一 一 無 數 禮

옴 바아라 믹 (세 번) 천수경 운운

거 목
擧 目

나무 만덕고승 성개한적 산왕대신
南 無　萬 德 高 勝　性 皆 開 寂　山 王 大 神

나무 차산국내 항주대성 산왕대신
南 無　此 山 局 內　恒 住 大 成　山 王 大 神

나무 시방법계 지령지성 산왕대신
南 無　十 方 法 界　至 靈 至 聖　山 王 大 神

🔔 **보소청진언**
普 召 請 眞 言

나무 보보제리 가리다리 다타 아다야 (세 번)

유 치
由 致

널리 절하는 진언

제가 이제 온몸으로 시방세계 두루하신 신령스런

산신님께 빠짐없이 절합니다.

옴 바아라 믹 (세 번) 천수경 운운

산신님께 귀의하며 청함

만덕고승 성개한적 산왕대신님이시여,
자비하신 원력으로 광림하시옵소서.

차산국내 항주대성 산왕대신님이시여,
자비하신 원력으로 광림하시옵소서.

시방법계 지령지성 산왕대신님이시여,
자비하신 원력으로 광림하시옵소서.

일체의 산왕대신들을 청하는 글

나무 보보제리 가리다리 다타 아다야 (세 번)

불공 사유를 고하는 진언

절이 산왕대성자 최신최령 능위능맹 능맹지처
切以 山王大聖者 最神最靈 能威能猛 能猛之處

최요항마 최령지시 소재강복 유구개수 무원 부종
催妖降魔 最靈之時 消災降福 有求皆遂 無願 不從

시이 사바세계 남섬부주 동양 대한민국 ○○
是以 沙婆世界 南贍部州 東洋 大韓民國

청정수월도량 원아금차 지극지정성 (주소, 사암)
清淨水月道場 願我今此 至極至精誠

헌공발원재자 (주소, 성명) 보체 이 금월금일
獻供發願齋者 保體 以 今月今日

건설법연 정찬공양 산왕대신 병종권속
虔說法筵 淨饌供養 山王大神 並從眷屬

기회영감 곡조미성 앙표일심 선진삼청
冀回靈鑑 曲照微誠 仰表一心 先陳三請

청 사
請 詞

나무 일심봉청 후토성모 오악제군 직전외아
南無 一心奉請 后土聖母 五岳帝君 職典嵬峨

팔대산왕 금기오온 안제부인 익성 보덕진군
八代山王 禁忌五蘊 安濟夫人 益聖 保德眞君

시방법계 지령지성 제대산왕 병종권속 유원승
十方法界 至靈至聖 諸大山王 並從眷屬 唯願承

삼보력 강림도량 수차공양 (세 번)
三寶力 降臨道場 受此供養

듣자옵건대 산왕대신께옵서는 가장 신묘하시고 영험스러우며 위풍스럽고 용맹하시다 하옵니다. 용맹스러우실 때에는 모든 마군을 항복받으시고 신령스러운 곳에서는 재앙을 물리치고 복을 내려주시오며 구하는 일 원하는 대로 모두 이루어주신다 하옵기에 시이 사바세계 남섬부주 동양 대한민국 (사찰: 주소 사암) 청정수월도량에서 (불공자: 주소 성명) 불자가 바라옵는 소원을 이루어주시옵기를 간절한 마음으로 공양구를 마련하와 산왕대성께 올리오니 감응하여 주시옵기 지극한 마음 모아 세 번 청하옵니다.

산왕대신님께 일심으로 청합니다.

어머님처럼 모든 땅을 맡으신 오악제군님들과 높은 봉우리를 맡으시온 팔대산왕님들과 오온의 물들음을 금기하오신 안제부인과 성스러움을 더하고 덕을 보존하시옵는 여러 진군님들과 시방법계에 매우 신령스러우시고 성스러우신 산왕님들과 그 권속인 여러 산왕님들이시여, 원하옵건대 삼보님의 위신력을 받드시어 이 도량에 강림하여 주셔서 저희 공양 받으시옵소서.

향화청 (세 번)
香 花 請

영산석일여래촉　　　위진강산도중생
靈 山 昔 日 如 來 囑　　　威 鎭 江 山 度 衆 生

만리백운청장리　　　운거학가임한정
萬 里 白 雲 靑 嶂 裡　　　雲 車 鶴 駕 任 閒 情

고아일심 귀명정례
故 我 一 心 歸 命 頂 禮

🔔 헌좌진언
獻 座 眞 言

아금경설보엄좌　　　봉헌제대산왕전
我 今 敬 說 普 嚴 座　　　奉 獻 諸 大 山 王 前

원멸진로망상심　　　속원해탈보리과
願 滅 塵 勞 妄 想 心　　　速 願 解 脫 菩 提 果

옴 감마라 승하 사바하 (세 번)

욕건만나라 선송
欲 建 蔓 拏 羅 先 誦

🔔 정법계진언
政 法 界 眞 言

옴남옴남 옴남옴남 옴남옴남 옴남 (세 번)

다 게
茶 偈

금장감로다　　봉헌산왕전　　감찰재자건간심
金 將 甘 露 茶　　奉 獻 山 王 前　　監 察 齋 者 虔 懇 心

향 사르고 꽃 뿌려 세 번 청하는 진언

오랜옛날 영산회상 여래부촉 받으시고
크신위엄 갖추시어 중생제도 하시오니

수만리의 흰구름과 깊고푸른 산속에서
학이끄는 구름수레 한가로이 지내시네.

저희들이 일심으로 귀명정례 하옵니다.

자리에 모시는 진언

저희이제 경건하게 보배자리 만들어서 산왕대신
님전에 봉헌하니 원하건대 번뇌망상 없애시고 하
루속히 보리과를 원만하게 이루소서.
옴 감마라 승하 사바하 (세 번)

욕건만다라선송

법계를 깨끗이 하는 진언

옴남옴남 옴남옴남 옴남옴남 옴남 (세 번)

차를 올리는 게송

제가 이제 감로다를 산왕님께 올리오니
간절한 마음 살피시어

원수애납수 원수애납수 원수자비애납수
願 垂 哀 納 受　願 垂 哀 納 受　願 垂 慈 悲 哀 納 受

🔔 진언권공
眞 言 勸 供

향수나열 제자건성 욕구공양지주원
香 羞 羅 列　齋 者 虔 誠　浴 求 供 養 之 周 圓

수장가지지변화 앙유삼보 특사가지
須 仗 加 持 之 變 化　仰 唯 三 寶　特 賜 加 持

나무시방불　　나무시방법　　나무시방승(세 번)
南 無 十 方 佛　　南 無 十 方 法　　南 無 十 方 僧

무량위덕 자재광명승묘력 변식진언
無 量 威 德　自 在 光 明 勝 妙 力　變 食 眞 言

나막 살바다타 아다야 바로기제 옴 삼마라

삼마라　옴 (세 번)

🔔 시감로수진언
施 甘 露 水 眞 言

나무소로바야 다타 아다야 다냐타 옴

소로소로 바라소로 바라소로 사바하 (세 번)

🔔 일자수륜관진언
一 字 水 輪 觀 眞 言

옴 밤 밤 밤밤 (세 번)

받으옵소서(절) 받으옵소서(절)

자비로써 받으시옵소서(절)

　　진언으로 공양 변화를 청함

향기로운 음식들을 차려놓음은 재자들의 간절한 정

성입니다. 공양 두루 원만하게 이뤄지려면 가지변

화에 의지해야 하오니 삼보님, 특별히 가지하소서.

나무시방불 나무시방법 나무시방승 (세 번)

　　무량위덕 자재광명승묘력 변식진언

나막 살바다타 아다야 바로기제 옴 삼마라 삼마

라 옴 (세 번)

　　감로수가 흘러나오는 진언

나무소로바야 다타 아다야 다냐타 옴 소로소로

바라소로 바라소로 사바하 (세 번)

　　'밤' 자에서 젖이 흘러나오는 나오는 진언

옴 밤 밤 밤밤 (세 번)

유해진언
乳 海 眞 言

나무 사만다 못다남 옴 밤 (세 번)

운심공양진언
運 心 供 養 眞 言

원차향공변법계　　보공무진삼보례
願 此 香 供 邊 法 界　　普 供 無 盡 三 寶 禮

자비수공증선근　　영법주세보불은
慈 悲 受 供 增 善 根　　令 法 住 世 報 佛 恩

나막 살바다타 아제박미 새바 몰계비약 살바다감

오나아제 바라혜암 옴 아아나캄 사바하 (세 번)

예 참
禮 懺

지심정례공양 만덕고승 성개한적 산왕대신
至 心 頂 禮 供 養 萬 德 高 勝 性 皆 閒 寂 山 王 大 神

지심정례공양 차산국내 항주대성 산왕대신
至 心 頂 禮 供 養 此 山 局 內 恒 住 大 成 山 王 大 神

지심정례공양 시방법계 지령지성 산왕대신
至 心 頂 禮 供 養 十 方 法 界 至 靈 至 聖 山 王 大 神

유원 산왕대신 애강도량 수차공양
唯 願 山 王 大 神 哀 降 道 場 隨 此 供 養

실개수공발보리 시작불사도중생
悉 皆 受 供 發 菩 提 始 作 佛 事 度 衆 生

음식이 진리의 젖으로 변하는 진언

나무 사만다 못다남 옴 밤 (세 번)

공양하는 마음을 들게 하는 진언

향기로운 이공양이 온누리에 꽉채워져
다함없는 삼보님께 두루공양 올리오니

자비로써 받으시고 선근공덕 길러주신
거룩하신 부처님의 은혜갚게 해주소서.

나막 살바다타 아제박미 새바 몰계비약 살바다감
오나아제 바라혜암 옴 아아나캄 사바하 (세 번)

공양올림

지극한 마음으로 만덕 높고 수승하여 모든 성품
　　　한적하신 산신님께 공양합니다.

지극한 마음으로 시방법계에 지극히 신령하고
　　　성스러운 산신님께 공양합니다.

지극한 마음으로 만덕 높고 수승하여 모든 성품
　　　한적하신 산신님께 공양합니다.

산신님이시여, 중생을 어여삐 여겨 이 공양을 받
으소서. 공양 받고 보리심 내어 불사를 이루시고
중생을 건지소서.

🔔 보공양진언
普供養眞言

옴 아아나 삼바바 바라 훔 (세 번)

🔔 보회향진언
普回向眞言

옴 삼마라 삼마라 미만나 사라마하 자가라가
훔 (세 번)

불설산왕경
佛說山王經

대산소산산왕대신 大山小山山王大神	대악소악산왕대신 大岳小岳山王大神
대각소각산왕대신 大覺小覺山王大神	대축수축산왕대신 大丑 丑山王大神
미산재처산왕대신 尾山在處山王大神	이십육정산왕대신 二十六丁山王大神
외악명산산왕대신 外岳明山山王大神	사해피발산왕대신 四海被髮山王大神
명당토산산왕대신 明堂土山山王大神	금궤대덕산왕대신 金匱大德山王大神
청용백호산왕대신 靑龍白虎山王大神	현무주작산왕대신 玄武朱雀山王大神
동서남북산왕대신 東西南北山王大神	원산근산산왕대신 遠山近山山王大神
상방하방산왕대신 上方下方山王大神	흉산길산산왕대신 凶山吉山山王大神

모든 성중께 두루 공양하는 진언

옴 아아나 삼바바 바라 훔 (세 번)

널리 회향하는 진언

옴 삼마라 삼마라 미만나 사라마하 자가라가 훔
(세 번)

불설산왕경

대산소산산왕대신	대악소악산왕대신
대각소각산왕대신	대축소축산왕대신
미산재처산왕대신	이십육정산왕대신
외악명산산왕대신	사해피발산왕대신
명당토산산왕대신	금궤대덕산왕대신
청용백호산왕대신	현무주작산왕대신
동서남북산왕대신	원산근산산왕대신
상방하방산왕대신	흥산길산산왕대신

🔔 불설소재길상다라니
佛 說 消 災 吉 祥 陀 羅 尼

나모 사만다 못다남 아바라지 하사다 사다남 다냐타 옴 카 카 카혜 카혜 훔 훔 아바라 아바라 바라아바라 바라아바라 지따 지따 지리 지리 빠다빠다 선지가 시리예 사바하 (세 번)

🔔 대원성취진언
大 願 成 就 眞 言

옴 아모카 살바다라 사다야 사베 훔 (세 번)

🔔 보궐진언
補 闕 眞 言

옴 호로호로 사야몰케 사바하 (세 번)

정 근
精 勤

나무 만덕고승 성개한적 산왕대신....
南 無 萬 德 高 勝 性 皆 閒 寂 山 王 大 神

영산석일여래촉　　위진강산도중생
靈 山 昔 日 如 來 囑　　威 鎭 江 山 度 衆 生

만리백운청장리　　운거학가임한정
萬 里 白 雲 靑 嶂 裡　　雲 車 鶴 駕 任 閒 情

재난 소멸 좋은 일만 생기는 다라니

나모 사만다 못다남 아바라지 하사다 사다남 다
냐타 옴 카 카 카혜 카혜 훔 훔 아바라 아바라
바라아바라 바라아바라 지따 지따 지리 지리 빠
다빠다 선지가 시리예 사바하 (세 번)

　　모든 성취 발원하는 진언

옴 아모카 살바다라 사다야 사베 훔 (세 번)

　　빠진 것을 보완하는 진언

옴 호로호로 사야몰케 사바하 (세 번)

　　정 근

나무 만덕고승 성개한적 산왕대신…

그 옛날 영산에서 여래의 부촉을 받아 위엄으로
강산에서 중생을 건지시네. 만 리의 흰 구름 푸른
산 속을 구름 타고 학을 타고 한가로이 거니시네.

축 원
祝 願

절이　제대산왕대신전　첨수연민　지지정　각방
切以　諸大山王大神前　僉垂憐愍　之至情　各方

신통지묘력　상래소수공덕해　회향삼처실원만
神通之妙力　上來所修功德海　回向三處悉圓滿

시이　사바세계　남섬부주　동양　대한민국
是以　沙婆世界　南贍部州　東洋　大韓民國

○○청정수월도량　원아금차　지극지정성
　　清淨水月道場　願我今此　至極至精誠

(모 불공등)　헌공발원재자　(주소 성명)　보체
　　　　　　獻供發願齋者　　　　　　　保體

이차인연공덕　앙몽　일일유천상지경
以此因緣功德　仰夢　日日有千祥之庚

시시무백해지재　사대강건　육근청정　자손창성
時時無百害之災　四大強健　六根清淨　子孫昌盛

부귀영화　안과태평　무병장수　심중소구소원
富貴榮華　安過太平　無病長壽　心中所求所願

만사여의원만　형통지대발원
萬事如意圓滿　亨通至大發願

연후원　원제유정등　삼업개청정　봉지제불교
然後願　願諸有情等　三業皆清淨　奉持諸佛教

화남대성존　구호길상　마하반야바라밀
和南大聖尊　俱護吉祥　摩訶般若婆羅蜜

축 원

우러러 고하건대 모든 산왕대신이시여,

연민의 지극한 마음을 드리우사, 각각 신통력을
놓으소서. 지금까지 닦은 공덕을 회향하오니 모두
원만하여지이다.

시이 사바세계 남섬부주 동양 대한민국 (주소: 사
암) 청정수월도량에서, 오늘 지극한 정성으로 공
양하며 발원하는 재자 (주소: 성명) 보체가 이 인
연공덕으로 매일매일 여러 가지 상서로운 경사
있고, 어느 때나 일체 재앙 없어지고, 사대가 건
강하고 육근이 청정하여 자손은 창성하고 부귀영
화 누리며 편안하고 태평하며, 수명이 길어지고
마음속에 구하는 모든 소원이 뜻대로 원만하게
이루어지게 하옵소서. 그런 뒤에 일체 유정들이
삼업이 청정해지고 부처님 가르침을 받들어 지니
고 대성존께 절하오며, 함께 길상을 보호하게 하
옵소서. 마하반야바라밀

칠 성 청
七 星 請

보례진언
普 禮 眞 言

아금일신중 즉현무진신 변재칠성전
我 今 一 身 中　卽 現 無 盡 身　遍 在 七 星 殿

일일무수례
一 一 無 數 禮

옴 바아라 믹 (세 번)　천수경 (대중 동음으로)

거 불
擧 佛

나무 금륜보계 치성광여래불
南 無　金 輪 寶 界　熾 盛 光 如 來 佛

나무 좌우보보처 양대보살
南 無　左 右 補 菩 處　兩 大 菩 薩

나무 북두대성 칠원성군
南 無　北 斗 大 星　七 元 星 君

🔔 보소청진언
普 召 請 眞 言

나무 보보제리 가리다리 다타 아다야 (세 번)

유 치
由 致

306 • 법요집

칠 성 청

널리 절하는 진언

제가이제 온몸으로 시방세계 두루하신

북두대성 칠성님께 빠짐없이 절합니다.

옴 바아라 믹 (세 번) 천수경 (대중 동음으로)

거 불

금륜보게 치성광 부처님이시여,
귀명정례 하옵나니 강림하옵소서.

좌우보처 양대보살님이시여,
귀명정례 하옵나니 강림하옵소서.

북두대성 칠원성군님이시여,
귀명정례 하옵나니 강림하옵소서.

일체의 칠성님을 청하는 진언

나무 보보제리 가리다리 다타 아다야 (세 번)

금일 재의 사유를 고하는 진언

앙유 치성광여래 여 북두칠성존
仰惟 熾星光如來 與 北斗七星尊

지혜신통부사의 실지일체중생심
知慧神通不思議 悉知一切衆生心

능이종종방편력 멸피군생무량고 조장시우천상
能以種種方便力 滅彼群生無量苦 照長時于天上

응수복 어 인간
應壽福 於 人間

시이 사바세계 남섬부주 동양 대한민국
是以 沙婆世界 南贍部州 東洋 大韓民國

(사암주소) 청정수월도량 원아금차 지극지정성
清淨水月道場 願我今此 至極至精誠

헌공발원재자 (주소 성명) 보체 이 금월금일
獻供發願齋者 保體 以 今月今日

근비진수 건성예청 치성광여래 여 좌우보처
謹備珍羞 虔誠禮請 熾星光如來 與 左右補處

양대보살 위수 북두칠성 이십팔수 제성군중
兩大菩薩 爲首 北斗七星 二十八宿 諸星君衆

훈근작법 앙기묘원자 우복이 설명향이예청
薰懃作法 仰祈妙援者 右伏以 說名香以禮請

정옥립이수재 재체수미 건성가민 잠사천궁
呈玉粒而修齋 齋體雖微 虔誠可愍 暫辭天宮

원강향연 근운일심 공진삼청
願降香筵 謹運一心 恭陳三請

생각하옵건대 치성광여래 부처님과 북두칠성님께
옵서는 지혜와 신통이 불가사의하시옵기에 갖가지
방편을 쓰시어 중생들의 고통을 없애주시고 오랜
세월 동안 하늘에서 빛을 비추시고 중생들에게
수명연장과 복덕구족을 점지하신다 하시옵기에
시이 사바세계 남섬부주 동양 대한민국 (사찰: 사암)
청정수월도량에서 (주소: 성명) 보체께서 (불공 사
유)을 바라옵는 간절한 소원으로 청정한 공양구를
마련하와 치성광여래 부처님과 좌우보처 보살님과
북두칠성님 이십팔수 여러 성군님들께 오늘 이 법
회에 강림하시옵기를 간절한 마음으로 청하옵고
정성을 다하여 법요를 거행하옵나니, 신묘한 가피를
바라옵는 저희들이 삼가 싱그러운 향을 사루어 정
성껏 맞이하오며 청정한 공양을 올리옵니다. 올리는
공양구는 미약하지만 그 정성 간절하옵나니 잠시
하늘 궁전을 떠나시어 이 자리에 강림하시옵소서.

🔔 나무 일심봉청 금륜보계 치성광여래불
南 無 一 心 奉 請 金 輪 寶 界 熾 星 光 如 來 佛

좌보처 일광변조 소재보살 우보처 월광변조
左 補 處 日 光 遍 照 消 災 菩 薩 右 補 處 月 光 遍 照

식재보살 최승세계 운의통증여래불 묘보세계
息 災 菩 薩 最 勝 世 界 運 意 通 證 如 來 佛 妙 寶 世 界

광음자재여래불 원만세계 금색성취여래불
光 音 自 在 如 來 佛 圓 滿 世 界 金 色 成 就 如 來 佛

무우세계 최승길상여래불 정주세계
無 憂 世 界 最 勝 吉 祥 如 來 佛 淨 住 世 界

광달지변여래불 법의세계 법해유희여래불
廣 達 智 辯 如 來 佛 法 意 世 界 法 海 遊 戲 如 來 佛

유리세계 약사유리광여래불 유원자비
琉 璃 世 界 藥 師 琉 璃 光 如 來 佛 唯 願 慈 悲

강림도량 수차공양 (세 번)
降 臨 道 場 受 此 供 養

향화청 (세 번)
香 花 請

위광변조시방중　　　월인천강일체동
威 光 遍 照 十 方 中　　月 印 千 江 一 切 同

사지원명제성사　　　분림법회이군생
四 智 圓 明 諸 星 士　　賁 臨 法 會 利 群 生

고아일심 귀명정례
故 我 一 心 歸 命 頂 禮

지극한 마음으로 일심으로 청하옵나니 천재지변 소멸하여 만덕 성취하게 하는 금륜보배세계의 치성광부처님 좌보처로 계시면서 햇빛 두루 펴시어서 재앙 없게 하시옵는 소재보살님, 우보처로 계시면서 달빛 두루 펴시어서 재앙 쉬게 하시옵는 식재보살님, 가장 뛰어난 세계의 운이통증 부처님, 묘한 보배세계의 광음자재 부처님, 원만 세계의 금색성취 부처님, 근심 없는 세계의 최승길상 부처님, 청정함에 머무시는 광달지변 부처님, 진리 마음 세계의 법해유회 부처님, 유리세계의 약사유리광 부처님이시여, 원하옵건대 대자비를 베푸시어 이 도량에 강림하여 주시옵고 저희 공덕 증명하여 주시옵소서.

향 사르고 꽃 뿌리며 세 번 청합니다
위엄광명 시방세계에 두루 펴져 비추시니 일천 강에 달그림자 한가지로 같으시고 네 가지 지혜 두루 밝은 성현들께옵서는 금일 법회 강림하셔서 중생들을 이롭게 하네. 저희들이 일심으로 귀명정례 하옵니다.

🔔 **헌좌진언**
獻 座 眞 言

묘보리좌승장엄　　제불좌이성정각
妙 菩 提 座 勝 莊 嚴　　諸 佛 座 已 成 正 覺

아금헌좌역여시　　자타일시성불도
我 今 獻 座 亦 如 是　　自 他 一 時 成 佛 道

옴 바아라 미라야 사바하 (세 번)

다 게
茶 偈

금장감로다 봉헌칠성증명전 감찰재자건간심
今 將 甘 露 茶 奉 獻 七 星 證 明 前 鑑 察 齋 者 虔 懇 心

원수애납수 원수애납수 원수애자비납수
願 垂 哀 納 受 願 垂 哀 納 受 願 垂 哀 慈 悲 納 受

청 사
請 辭

🔔 나무 일심봉청 북두제일 자손만덕
南 無 一 心 奉 請 北 斗 第 一 子 孫 萬 德

탐낭성군 북두제이 장난원리 거문성군
貪 狼 星 君 北 斗 第 二 障 難 遠 離 巨 門 星 君

북두제삼 업장소제 녹존성군 북두제사
北 斗 第 三 業 障 消 除 錄 存 星 君 北 斗 第 四

소구개득 문곡성군 북두제오 백장진멸
所 求 皆 得 文 曲 星 君 北 斗 第 五 百 障 殄 滅

염정성군 북두제육 복덕구족 무곡성군
廉 貞 星 君 北 斗 第 六 福 德 具 足 武 曲 星 君

북두제칠 수명장원 파군성군
北 斗 第 七 壽 命 長 遠 破 軍 星 君

제불보살님 자리에 모시는 진언

깨달음의 묘한자리 뛰어나게 장엄한곳
모든부처 이곳앉아 무상정각 이루셨네

제가이제 자리마련 이와같이 앉으시니
너나없이 모두함께 깨달음을 성취하리.
옴 바아라 미나야 사바하 (세 번)

차를 올리는 게송

제가 이제 감로다를 올리오니 간절한 마음
살피시어 받으옵소서(절) 받으옵소서(절)
자비로써 받으옵소서(절)

청하여 아뢰는 글

첫째별   자손의 만덕을 관장하는 탐낭성군

둘째별   장애와 어려움 없애주는 거문성군

셋째별   자손 만덕을 관장하는 녹존성군

넷째별   구하는 바 얻게 하는 문곡성군

다섯째별 온갖 손해 없애주는 염정성군

여섯째별 복과 덕을 갖게 하는 무곡성군

일곱째별 인간 수명 늘려주는 파군성군

좌보필성 우보필성 삼태육성 이십팔수
座補弼星 右補弼星 三台六星 二十八宿

주천열요 제성군중 유원자비 강림도량
周天列曜 諸星君衆 唯願慈悲 降臨道場

수차공양
受此供養

향화청 (세 번)
香花請

영통광대혜감명　　　주재공중영무방
靈通廣大慧鑑明　　　住在空中暎無方

나열벽천임찰토　　　주천인세수산장
羅列碧天臨利土　　　周天人世壽算長

고아일심 귀명정례
故我一心 歸命頂禮

🔔　헌좌진언
獻座眞言

묘보리좌승장엄　　　제불좌이성정각
妙菩堤座勝莊嚴　　　諸佛坐已成正覺

아금헌좌역여시　　　자타일시성불도
我今獻座亦如是　　　自他一時成佛道

옴 가마라 승하 사바하 (세 번)

욕건만나라 선송
欲建蔓拏羅 先誦

좌우에서 보좌하는 성군님과 삼태육성 이십팔수

빛내시는 여러 성군님들 이 도량에 강림하사 저

희 공양 받으소서.

　　향 사르고 꽃 뿌리며 세 번 청합니다

신령스런 신통력과 넓은지혜 밝게살펴
허공중에 머물러서 아니비침 없으시네.

푸른하늘 국토마다 가운데로 비추시며
천상계와 인간계에 수명복덕 늘려주네.

저희들이 일심정성 귀명정례 하옵니다.

　　제불보살님 자리에 모시는 진언

깨달음의 묘한자리 뛰어나게 장엄한곳
모든부처 이곳앉아 무상정각 이루셨네

제가이제 자리마련 이와같이 앉으시니
너나없이 모두함께 깨달음을 성취하리

옴 가마라 승하 사바하 (세 번)

　　만다라 단을 세우는 송

정법계진언
政 法 界 眞 言

옴남옴남 옴남옴남 옴남옴남 옴남 (세 번)

다 게
茶 偈

금장감로다 봉헌칠성증명전 감찰재자건간심
今 將 甘 露 茶 奉 獻 七 星 證 明 前 鑑 察 齋 者 虔 懇 心

원수애납수 원수애납수 원수애자비납수
願 垂 哀 納 受 願 垂 哀 納 受 願 垂 哀 慈 悲 納 受

🔔 진언변공
眞 言 變 供

향수나열 제자건성 욕구공양지주원
香 羞 羅 列 齋 者 虔 誠 浴 求 供 養 之 周 圓

수장가지지변화 앙유삼보 특사가지
須 仗 加 持 之 變 化 仰 唯 三 寶 特 賜 加 持

나무시방불 나무시방법 나무시방승 (세 번)
南 無 十 方 佛 南 無 十 方 法 南 無 十 方 僧

무량위덕 자재광명승묘력 변식진언
無 量 威 德 自 在 光 明 勝 妙 力 變 食 眞 言

나막 살바다타 아다 바로기제 옴 삼마라 삼마
라 옴 (세 번)

🔔 시감로수진언
施 甘 露 水 眞 言

법계를 깨끗이 하는 진언

옴남옴남 옴남옴남 옴남옴남 옴남 (세 번)

차를 올리는 게송

제가 이제 감로다를 올리오니 간절한 마음
살피시어 받으옵소서(절) 받으옵소서(절)
자비로써 받으옵소서(절)

진언으로 공양 변화를 청함

향기로운 음식들을 차려 놓음은 재자들의 간절한
정성입니다. 공양 두루 원만하게 이뤄지려면 가지
변화에 의지해야 하오니 삼보님, 특별히 가지하소서.
나무시방불 나무시방법 나무시방승 (세 번)

무량위덕 자재광명승묘력 변식진언

나막 살바다타 아다야 바로기제 옴 삼마라 삼마
라 옴 (세 번)

감로수가 흘러나오는 진언

나무소로바야 다타 아다야 다냐타 옴 소로소로
바라소로 바라소로 사바하 (세 번)

🔔 일자수륜관진언
一 字 水 輪 觀 眞 言

옴 밤 밤 밤밤 (세 번)

🔔 유해진언
乳 海 眞 言

나무 사만다 못다남 옴 밤 (세 번)

운심공양진언
運 心 供 養 眞 言

원차향공변법계 보공무진삼보례
願 此 香 供 邊 法 界 普 供 無 盡 三 寶 禮

자비수공증선근 영법주세보불은
慈 悲 受 供 增 善 根 令 法 住 世 報 佛 恩

나막 살바다타 아제박미 새바 몰계비약 살바다감
오나아제 바라혜맘 옴 아아나캄 사바하 (세 번)

예 참
禮 懺

지심정례공양 능멸천재 성취만덕 금륜보계
至 心 頂 禮 供 養 能 滅 千 災 成 就 萬 德 金 輪 寶 界

치성광여래불
熾 盛 光 如 來 佛

나무소로바야 다타 아다야 다냐타 옴 소로소로
바라소로 바라소로 사바하 (세 번)

　　'밤' 자에서 젖이 흘러나오는 나오는 진언
옴 밤 밤 밤밤

　　음식이 진리의 젖으로 변하는 진언
나무 사만다 못다남 옴 밤 (세 번)

　　공양하는 마음을 들게 하는 진언
향기로운 이공양이 온누리에 꽉채워져
다함없는 삼보님께 두루공양 올리오니

자비로써 받으시고 선근공덕 길러주사
거룩하신 부처님의 은혜갚게 해주소서.

나막 살바다타 아제박미 새바 몰계비약 살바다감
오나아제 바라혜맘 옴 아아나캄 사바하 (세 번)

　　　공양 올림
지극한 마음으로 능멸천재 성취만덕 금륜보계
치성광여래께 공양 올립니다.

지심정례공양 좌우보처 일광월광 양대보살
至心頂禮供養 左右補處 日光月光 兩大菩薩

지심정례공양 북두대성 칠원성군 주천열요
至心頂禮供養 北斗大星 七元星君 周天列曜

제성군중
諸星君衆

유원 칠성자비 수차공양 실개수공발보리
唯願 七星慈悲 受此供養 悉皆受供發菩提

시작불사도중생
施作佛事度衆生

🔔 보공양진언
普供養眞言

옴 아아나 삼바바 바라 훔 (세 번)

🔔 보회향진언
普回向眞言

옴 삼마라 삼마라 미만나 사라마하 자가라가 훔
(세 번)

북 두 주
北 斗 呪

북두구진중천대신   상조금궐하복곤륜
北斗九辰中天大神   上朝金闕下覆崑崙

조리강기통제건곤   대괴탐랑거문녹존
調理綱紀統制乾坤   大魁貪狼巨門祿存

지극한 마음으로 좌우 보처 일광 월광 양대보살
마하살님께 공양 올립니다.
지극한 마음으로 북두대성 칠원성군 주천열요
제성군중들께 공양 올립니다.

오로지 원하오니 칠원성군님의 자비원력으로 도
량지키사 모두가 공양받고 보리심 내어 불사 일
으켜서 중생 건지세.

　넓리 공양하는 진언
옴 아아나 삼바바 바라 훔 (세 번)

　널리 회향하는 진언
옴 삼마라 삼마라 미만나 사라마하 자가라가 훔
(세 번)

　　북 두 주
북두의 아홉 개 별 가운데 천태신이시여, 위로는
금륜보계 아래로는 곤륜에 이르도록 조리강기 굳
게 세워 하늘과 땅 다스리는 통치자는 탐랑성군

문곡염정무곡파군 高上玉皇紫微帝君
文曲廉貞武曲破君 고상옥황자미제군

대주천계세입미진 하재불멸하복부진
大 天界細入微塵 何災不滅何福不臻

원황정기내합아신 천강소지주야상륜
元皇正氣來合我身 天罡所指晝夜常輪

속거소인호도구령 원견존의영보장생
俗居小人好道求靈 願見尊儀永保長生

삼태허정육순곡생 생아양아호아신형
三台虛精六淳曲生 生我養我護我身形

괴작관행필보표존제 급급여율영사바하
魁勺觀行畢甫票尊帝 急急如律令娑婆訶

(세 번)

🔔 대원성취진언
大願成就眞言

옴 아모카 살바다라 사다야 사베 훔 (세 번)

🔔 보궐진언
補闕眞言

옴 호로호로 사야몰케 사바하 (세 번)

정 근
精 勤

나무 북두대성 칠원성군…
南無 北斗大星 七元星君

자미대제통성군   십이궁중태을신
紫微大帝統星君   十二宮中太乙神

거문성군 녹존성군 문곡성군 염정성군 무곡성군
파군성군 제일높은 옥황상제 자미성의 임금께서
큰천계를 두루돌고 작은티끌 돌아가서 어떤재난
소멸찮고 복덕인들 못이루리 황제님의 바른정기
나의몸과 부합하고 북두대성 방향따라 밤낮으로
항상굴려 세속중생 도를즐겨 신령함을 구하는자
귀한거동 친견하여 오래살기 원하오니 삼태허정
육순곡생 내몸양육 보호하네 괴작관행 필보표
존제 급급 여율영 사바하 (세 번)

모든 성취 발원하는 진언

옴 아모카 살바다라 사다야 사베 훔 (세 번)

빠진 것을 보완하는 진언

옴 호로호로 사야몰케 사바하 (세 번)

정 근

나무 북두대성 칠원성군-----
자미대제 으뜸성신 여러별들 거느리고
십이궁전 가운데에 태을신이 그분이라

칠정제림위성주　　삼태공조작현신
七 政 齊 臨 爲 聖 主　　三 台 共 照 作 賢 臣

고아일심 귀명정례
故 我 一 心 歸 命 頂 禮

축　원
祝　願

앙고 북두대성 칠원성군 첨수연민 지지정
仰 告 北 斗 大 聖 七 元 星 君 僉 垂 憐 愍 之 至 情

각방 신통지묘력 상래소수불공덕
各 方 神 通 之 妙 力 上 來 所 修 佛 供 德

회향삼처실원만 시이 사바세계 남섬부주 동양
廻 向 三 處 悉 圓 滿 是 以 沙 婆 世 界 南 贍 部 州 東 洋

대한민국 ○○ 청정수월도량 원아금차
大 韓 民 國 　　清 淨 水 月 道 場 願 我 今 此

지극지정성 ○○ 헌공발원재자 ○○○ 보체
至 極 至 精 誠 　　獻 供 發 願 齋 者 　　　保 體

이차인연공덕 앙몽 치성광여래불 여 북두대성
以 此 因 緣 功 德 仰 夢 熾 盛 光 如 來 佛 與 北 斗 大 星

칠원성군 가호지묘력 사대강건 육근청정
七 元 星 君 加 護 之 妙 力 四 大 强 健 六 根 淸 淨

자손창성 부귀영화 안과태평 수명장수 심중 소구
子 孫 昌 盛 富 貴 榮 華 安 過 太 平 壽 命 長 壽 心 中 所 求

소원 만사여의원만 형통지대원 각기
所 願 萬 事 如 意 圓 滿 亨 通 至 大 願 各 其

칠원성군 으뜸성주 수복장원 다스릴때
삼태육성 어진신하 함께비춰 살피시네.
저희들이 일심정성 귀명정례 하옵니다.

　　축　원
우러러 고하건대 모든 칠원성군님이시여,
연민의 지극한 마음을 드리우사, 각각 신통력을
놓으소서. 지금까지 닦은 공덕을 회향하오니 모두
원만하여 지이다.
시이 사바세계 남섬부주 동양 대한민국 (주소: 사
암) 청정수월도량에서, 오늘 지극한 정성으로 공
양하며 발원하는 재자 (주소: 성명) 보체가 이 인
연공덕으로 원하오니 북두대성 칠원성군 가호지
묘력으로, 사대가 건강하고 육근이 청정하여 자손
은 창성하고 부귀영화 누리며 편안하고 태평하며
수명이 길어지고 마음속에 구하옵는 모든 소원이
뜻대로 원만하게 이루게 하옵시고

동서사방 출입제처 상봉길경 불봉재해
東西四方 出入諸處 常逢吉慶 不逢災害

관재구설 삼재팔난 사백사병 일체소멸
官災口舌 三災八難 四百四病 一切消滅

재수대통 사업성취 만사여의 일일유 천상지경
財數大通 事業成就 萬事如意 日日有 千祥之慶

시시무 백해지재 수산고흘 복해왕양 지대원
時時無 百害之災 壽山高屹 福海汪洋 之大願

연후원 삼장돈제 오복증숭 원제유정등
然後願 三障頓除 五福增崇 願諸有情等

삼업개청정 봉지제불교 화남대성존 구호길상
三業皆淸淨 奉持諸佛教 和南大聖尊 俱護吉相

마하반야바라밀 마하반야바라밀
摩訶般若婆羅蜜 摩訶般若婆羅蜜

나무 마하반야바라밀
南無 摩訶般若婆羅蜜

동서사방 가는 길에 걸림없게 하옵시고 곳곳마다 좋은 인연 만나오며 재해는 만나지 않고 관재구설과 삼재팔난 모든 병마는 일체가 없어지고, 재수는 대통하고 사업은 날로 번창하며 매일매일 여러 가지 상서로운 경사 있고, 어느 때나 일체 재앙 없어지고 높은 경지에서 복덕이 왕성하길 대 발원합니다.

그런 뒤에, 일체 유정들이 삼업이 청정해지고 부처님 가르침을 받들어 지니고 대성존께 절하오며, 함께 길상을 보호하게 하옵소서.

마하반야바라밀

마하반야바라밀

나무 마하반야바라밀

보례진언
普 禮 眞 言

아금일신중 즉현무진신 변재용왕전
我 今 一 身 中　卽 現 無 盡 身　邊 在 龍 王 殿

일일무수례
一 日 無 數 禮

옴 바아라 믹 (세 번)

천수경 운운

거　불
擧　佛

나무 삼주호법 위태천신 용왕대신
南 無　三 洲 護 法　韋 馱 天 神　龍 王 大 神

나무 좌보처 사가라 용왕대신
南 無　左 補 處　沙 伽 羅　龍 王 大 神

나무 우보처 화수길 용왕대신
南 無　右 補 處　和 修 吉　龍 王 大 神

🔔 보소청진언
普 召 請 眞 言

나무 보보제리 가리다리 다타 아다야 (세 번)

용 왕 청

널리 절하는 진언

제가이제 온몸으로 시방세계 두루계신 용왕님께
한분한분 절합니다.

옴 바아라 믹 (세 번)

천수경 운운

용왕대신님을 모시는 글

삼주호법 위태천신 용왕대신님이시여,
　　　　자비하신 원력으로 광림하시옵소서.

좌보처 사가라 용왕대신님이시여,
　　　　자비하신 원력으로 광림하시옵소서.

우보처 화수길 용왕대신님이시여,
　　　　자비하신 원력으로 광림하시옵소서.

일체 용왕님을 청하는 진언

나무 보보제리 가리다리 다타 아다야 (세 번)

유 치
由 致

절이 영산회상 발원도생 지심경중 귀명예성
切以 靈山會上 發願度生 之心敬衆 歸命禮聖

호승변신어금전지외 청불유령어석굴지중
呼僧變身於金殿之外 請佛遺靈於石窟之中

수명상제 포운어 일허지공 자섭하민 시우어
受命上帝 布雲於 一虛之空 慈攝下民 施雨於

사해지계 변화자재 신통무애 시이 사바세계
四海之界 變化自在 神通無碍 是以 娑婆世界

차산천하 남섬부주 동양 대한민국 (주소, 사암)
此山天下 南贍部洲 東洋 大韓民國

청정수월도량 원아금차 지극지정성 (헌공)
清淨受月道場 願我今此 至極至情誠 獻供

발원재자 (모처, 모인) 보체 이차인연공덕
發願齋者 保體 以此因緣功德

(발원문) 발원재자
發願齋者

이 금월금일 설단이분향 헌공이예청 재체수미
以 今月今日 說壇以焚香 獻供而禮請 齋體雖微

건성가민 근병일심 선진삼청
虔誠可愍 謹秉一心 先陳三請

불공 사유를 아뢰는 진언

우러러 생각하옵건대 용왕대신님께옵서는 영산회상에서 중생제도하시기로 발원하고 지극한 마음으로 대중을 공경하고 목숨을 바쳐 삼보에 귀의하셨사옵니다. 황금대궐 밖에서 스님네를 불러 뫼시고 변화를 보였으며, 석굴 안에서 부처님을 청해 모시고 신령스러움을 보였나이다.

제석천왕의 명을 받들어 끝없는 허공에 구름을 펴시고 자비로써 아랫 백성을 거두어 사해의 안팎에 비를 뿌리시오니 변화가 자재하고 무애하십니다. 하옵기에

사바세계 차사천하 남섬부주 동양 대한민국 (사암: 주소) 청정수월도량에 거주하는 각각등 보체등이 용왕대신님의 가호지묘력으로 (각기각각) 바라옵는 소원으로 오늘 이 자리에 단을 차리고 향을 피워 공양을 올리오며 강림하심을 청하오니 재의 규모는 적사오나 그의 정성 갸륵하오니 굽어 강림하시어 감응하시옵소서. 한결같은 마음 모아 거듭 세 번 청하옵니다.

청 사
請 詞

🔔 나무 일심봉청 비장법보 주집군용
南 無 一 心 奉 請 秘 藏 法 寶 主 執 郡 龍

사가라용왕 난타용왕 화수길용왕 덕차가용왕
沙 伽 羅 龍 王 難 陀 龍 王 和 修 吉 龍 王 德 叉 伽 龍 王

아나바달다용왕 마야사용왕 우바라용왕
阿 那 婆 達 多 龍 王 摩 耶 斯 龍 王 優 婆 羅 龍 王

여시내지 무량무변 제대용왕 병종권속 유원승
如 是 乃 至 無 量 無 邊 諸 大 龍 王 竝 從 眷 屬 唯 願 承

삼보력 강림도량 수차공양
三 寶 力 降 臨 道 場 受 此 供 養

향화청 (세 번)
香 花 請

가 영
歌 詠

시우행운사대주　　오화수출구천두
施 雨 行 雲 四 大 洲　　五 花 秀 出 救 千 頭

도생일념귀무념　　백곡이리해중수
度 生 一 念 歸 無 念　　百 穀 以 利 海 衆 收

고아일심 귀명정례
故 我 一 心 歸 命 頂 禮

우리말 청사

(용왕대신님들께 일심으로 청합니다)

영산회상에서 중생제도 발원하옵시고 대중을

공경하옵시는 비로박예용왕 비장법보 주집군용

사가라용왕 난타용왕 화수길용왕 덕차가용왕

아나바달다용왕 마야사용왕 우바라용왕 제대용왕

병종권속 유원승 삼보님의 자비하신 원력으로 이

도량에 강림하여 저희 공양 받으시옵소서.

　　　향 사르고 꽃 뿌리며 세 번 청합니다

동서남북 사대주에 비내리고 구름펼쳐
오화팔문 나투시어 천만목숨 구하시네

중생제도 한생각뿐 무념으로 돌아가서
백가지 곡식으로 바다같은 중생을 거두시네.

저희들이 일심정성 귀명정례 하옵니다.

헌좌진언
獻座眞言

아금경설보엄좌　　봉헌제대용왕전
我今敬設普嚴座　　奉獻諸大龍王前

원멸진노망상심　　속원해탈보리과
願滅塵努妄想心　　速願解脫菩提果

옴 가마라 승하 사바하 (세 번)

정법계진언
政法界眞言

옴남옴남 옴남옴남 옴남옴남 옴남 (세 번)

다 게
茶 偈

금장감로다 봉헌용왕전 감찰건간심
今將甘露茶 奉獻龍王前 鑑察虔懇心

원수애납수 원수애납수
願垂哀納受 願受哀納受

원수자비애납수
願受慈悲哀納受

진언변공
眞言變供

용왕님께 자리를 권하는 진언

제가 이제 경건하게 장엄보좌 설단하고
용왕대신님께 지성으로 바치오니 티끌같은
망상심을 소멸하여 없애고 해탈하여 보리과를
얻으옵기 원합니다.
옴 가마라 승하야 사바하 (세 번)

법계를 깨끗이 하는 진언

옴남옴남 옴남옴남 옴남옴남 옴남 (세 번)

차 올리는 진언

제가 이제 감로다를 용왕대신님께 올리오니 간절
한 마음 살피시어 절 받으옵소서 절 받으옵소서
자비로써 절 받으옵소서.

진언으로 공양의 변화를 청함

향수나열 재자건성 욕구공양지주원
香羞羅列 齋者虔誠 浴求供養之周圓

수장가지지변화 앙유삼보 특사가지
須仗加持之變化 仰唯三寶 特賜加持

나무시방불 나무시방법 나무시방승
南無十方佛 南無十方法 南無十方僧

무량위덕 자재광명승묘력 변식진언
無量威德 自在光明勝妙力 變食眞言

나막 살바다타 아다야 바로기제 옴 삼마라
삼마라 옴 (세 번)

🔔 시감로수진언
施甘露水眞言

나무소로바야 다타 아다야 다냐타 옴
소로소로 바라소로 바라소로 사바하 (세 번)

🔔 일자수륜관진언
一字水輪觀眞言

옴 밤 밤 밤밤 (세 번)

🔔 유해진언
乳海眞言

나무 사만다 못다남 옴 밤 (세 번)

향기로운 음식들을 차려 놓음은 재자들의 간절한 정성입니다. 공양이 두루 원만하게 이뤄지려면 가지 변화에 의지해야 하오니 삼보님 특별히 가지를 내리소서.
불 법 승 삼보님께 귀의합니다.

　부처님의 자비로써 공양한 음식을 질적 양적으로 변화시키는 진언
나막 살바다타 아다야 바로기제 옴 삼마라 삼마라 옴 (세 번)

　　감로수가 흘러나오는 진언
나무소로바야 다타 아다야 다냐타 옴 소로소로 바라소로 바라소로 사바하 (세 번)

　　'밤' 자에서 젖이 한량없이 나오는 진언
옴 밤 밤 밤밤 (세 번)

　　젖이 바다같이 많아져 베푸는 진언
나무 사만다 못다남 옴 밤 (세 번)

운심공양진언
運心供養眞言

원차향공변법계   **보공무진삼보례**
願此香供邊法界   普供無盡三寶禮

자비수공증선근   **영법주세보불은**
慈悲受供增善根   令法住世報佛恩

나막 살바다타 아제박미 새바 몰계비약 살바

다감 오나아제 바라혜암 옴 아아나캄 사바하

(세 번)

예 참
禮 懺

지심정례공양 삼주호법 위태천신 용왕대신(절)
至心頂禮供養 三洲護法 韋駄天神 龍王大神

지심정례공양 좌보처 사가라 용왕대신(절)
至心頂禮供養 左補處 沙伽羅 龍王大神

지심정례공양 우보처 화수길 용왕대신(절)
至心頂禮供養 右補處 和修吉 龍王大神

유원 용왕대신 수차공양 실개수공발보리
唯願 龍王大神 受此供養 悉皆受供發菩提

시작불사도중생
施作佛事度衆生

공양하는 마음을 같게 하는 진언

향기로운 이공양이 온두리에 꽉채워져
다함없는 삼보님께 두루공양 올리리다

자비로써 받으시고 선근공덕 길러주사
거룩하신 부처님의 은혜갚게 해주소서

나막 살바다타 아제박미 새바 몰계비약 살바 다
감 오나아제 바라혜암 옴 아아나캄 사바하

(세 번)

공양 올림

지극한 마음으로, 삼주호법 위태천신 용왕대신님
께 공양 올립니다.
지극한 마음으로, 좌보처 사가라 용왕대신님께
공양 올립니다.
지극한 마음으로, 우보처 화수길 용왕대신님께
공양 올립니다.
오로지 원하옵나니 자비를 버리지 마시옵고 적으
나마 저희 공양 받으시고 함께 보리심을 내시어
보살도를 이루게 하여 주시옵소서.

🔔 보공양진언
普 供 養 眞 言

옴 아아나 삼바라 바아라 훔 (세 번)

🔔 보회향진언
普 回 向 眞 言

옴 삼마라 삼마라 미만나 사라마하 자가라가
훔 (세 번)

불설용왕삼매경
佛 說 龍 王 三 昧 經

나무 동방만월세계 유리광명문산불
南 無 東 方 滿 月 世 界 琉 離 光 明 聞 山 佛

나무 청정광명 문수사리보살
南 無 淸 淨 光 明 文 殊 師 利 菩 薩

나무 무상광명 능광보살
南 無 無 上 光 明 勒 光 菩 薩

나무 동방제누뇌타천왕
南 無 東 方 堤 賴 吒 天 王

나무 남방비류늑차천왕
南 無 南 方 毘 瑠 勒 叉 天 王

나무 서방비류박차천왕
南 無 西 方 毘 瑠 博 叉 天 王

나무 북방비사문천왕
南 無 北 方 毘 沙 門 天 王

나무 대선용왕　　　　　나무 원본용왕
南 無 大 善 龍 王　　　南 無 願 本 龍 王

나무 자금산용왕　　　　나무 지백용왕
南 無 紫 金 山 龍 王　　南 無 地 白 龍 王

널리 공양하는 진언

옴 아아나 삼바바 바라 훔 (세 번)

널리 회향하는 진언

옴 삼마라 삼마라 미만나 사라마하 자가라가 훔

(세 번)

불설용왕삼매경

나무 동방만월세계 유리광명문산불

나무 청정광명 문수사리보살

나무 무상광명 늑광보살

나무 동방제누뇌타천왕

나무 남방비류늑차천왕

나무 서방비류박차천왕

나무 북방비사문천왕

나무 대선용왕	나무 원본용왕
나무 자금산용왕	나무 지백용왕

나무 칠금산용왕
南無 七金山龍王

나무 수미산용왕
南無 須彌山龍王

나무 마하파선용왕
南無 摩訶波善龍王

나무 기류다용왕
南無 多龍王

나무 노부파선용왕
南無 老夫波善龍王

나무 가치용왕
南無 加値龍王

나무 군심용왕
南無 君心龍王

나무 선중용왕
南無 善中龍王

나무 정봉용왕
南無 定 龍王

나무 근지용왕
南無 近智龍王

나무 풍심용왕
南無 風心龍王

나무 비류용왕
南無 昆瑠龍王

나무 자칠용왕
南無 紫七龍王

나무 선금산용왕
南無 善金山龍王

나무 주적용왕
南無 朱赤龍王

나무 월각산용왕
南無 月角山龍王

나무 정백용왕
南無 定白龍王

나무 사갈라용왕
南無 沙竭羅龍王

나무 화적용왕
南無 火赤龍王

나무 수섭용왕
南無 水攝龍王

나무 덕차가용왕 주왈
南無 德叉迦龍王 呪曰

나무 칠금산용왕   나무 수미산용왕

나무 마파선용왕   나무 기류다용왕

나무 노부파선용왕   나무 가치용왕

나무 군심용왕   나무선중용왕

나무 정목용왕   나무 근지용왕

나무 풍심용왕   나무 비류용왕

나무 자칠용왕   나무 선금용왕

나무 주적용왕   나무 월각용왕

나무 정백용왕   나무 사갈라용왕

나무 화적용왕   나무 수섭용왕

나무 덕차가용왕 주왈

아바다제 인내삼만다주 유마제주 유비남 산파
약제 어두니소 아누다 제 삼먁삼불타 두류두류
거제 거제 바가박가자 사바하 (세 번)

소청일체천룡진주
召請一切天龍眞呪

옴 이비사마야 바아례 다라다라 훔 (세 번)

소청제용왕진언
召請諸龍王眞言

나모 사만다 못다남 옴 미가 마리야 사바하
(세 번)

대원성취진언
大願成就眞言

옴 아모카 살바다라 사다야 시베 홈 (세 번)

보궐진언
補闕眞言

옴 호로호로 사야몰케 사바하 (세 번)

시우행운사대주	오화수출구천두
施雨行雲四大洲	五花秀出救千頭
도생일념귀무념	백곡이리해중수
度生一念歸無念	百穀以利海衆收

고아일심 귀명정례
故我一心 歸命頂禮

아바다제 인내삼만다주 유마제주 유비남 산파
약제 어두니소 아누다 제 삼먁삼불타 두류두류
거제 거제 바가박가자 사바하 (세 번)

소청일체천룡진주
옴 이비사마야 바아례 다라다라 훔 (세 번)

소청제용왕진언
나모 사만다 못다남 옴 미가 마리야 사바하
(세 번)

대원성취진언
옴 아모카 살바다라 사다야 시베 홈 (세 번)

보궐진언
옴 호로호로 사야멀케 사바하 (세 번)

동서남북 사대주에 비내리고 구름펼쳐
오화팔문 나투시어 천만목숨 구하시네.

중생제도 한생각뿐 무념으로 돌아가서
백가지 곡식으로 바다같은 중생을 거두시네.

저희들이 일심정성 귀명정례 하옵니다.

정근
精勤

나무 삼주호법 위태천신 용왕대신
南無 三洲護法 韋馱天神 龍王大神

용왕대신 ------ 108번 이상 시간에 따라
龍王大神

시우행운사대주   오화수출구천두
施雨行雲四大洲   五花秀出救千頭

도생일념귀무념   백곡이리해중수
度生一念歸無念   百穀以利海衆收

고아일심 귀명정례
故我一心 歸命頂禮

축원
祝願

앙고 제대용왕전 첨수연민지지경
仰告 諸大龍王前 歛垂憐愍之至經

각방신통지묘력
各放神通之妙力

시이 사바세계 남섬부주 동양 대한민국 (주소,
是以 娑婆世界 南贍部洲 東洋 大韓民國

사암) 청정수월도량 원아금차 지극지성심
清淨水月道場 願我今此 至極之誠心

헌공발원재자 (주소, 성명) 보체 이차 인연공덕
獻供發願齋者   保體 以此 因緣功德

일일유 천상지경 시시무 백해지재 사대강건
一日有 千祥之慶 時時無 百害之災 四大强健

346 · 법요집

정 근

나무 삼주호법 위태천신 용왕대신

용왕대신 —————— 108번 이상 시간에 따라

동서남북 사대주에 비내리고 구름펼쳐
오화팔문 나투시어 천만목숨 구하시네.

중생제도 한생각뿐 무념으로 돌아가서
백가지 곡식으로 바다같은 중생을 거두시네.

저희들이 일심정성 귀명정례 하옵니다.

축 원

우러러 고하건대 모든 용왕대신님이시여,

연민의 지극한 마음을 드리우사, 각각 신통력을
놓으소서. 지금까지 닦은 공덕을 회향하오니 모두
원만하여 지이다.

시이 사바세계 남섬부주 동양 대한민국 (사암: 주
소) 청정수월도량 원아금차 지극지성심 헌공발원
재자 (주소 성명) 보체 이차 인연공덕 일일유 천상
지경 시시무 백해지재 사대강건

육근청정 안과태평 수명장원 자손창성
六根淸淨 安過太平 壽命長遠 子孫昌盛

부귀영화 심중소구소원 만사여의
富貴榮華 心中所求所願 萬事如意

원만형통지대원 원아금차 지극지정성 각기
圓滿亨通之大願 願我今此 至極至精誠 各其

각각 참선자 의단독로 염불자 삼매현전
各各 參禪者 疑團獨露 念佛者 三昧現前

간경자 혜안동투 직무자 수분성취 영업자
看經者 慧眼洞透 職務者 隨分成就 營業者

재수대통 사업자 사업번창 학업자 우등성취
財數大通 事業者 事業繁昌 學業者 優等成就

운수자 무사운행 농업자 오곡풍성 박복자
運輸者 無事運行 農業者 五穀豊盛 薄福者

복덕구족 원제유정등 삼업개청정 봉지제불교
福德具足 願諸有情等 三業皆淸淨 奉持諸佛敎

화남대성존 구호길상
和南大聖尊 俱護吉祥

마하반야바라밀
摩訶般若波羅蜜

육근청정 안과태평 수명장원 자손창성 부귀영화 심중소구소원 만사여의 원만형통지대원 원아금차 지극지정성 각기 각각 참선자 의단독로 염불자 삼매현전 간경자 혜안동투 직무자 수분성취 영업자 재수대통 사업자 사업번창 학업자 우등성취 운수자 무사운행 농업자 오곡풍성 박복자 복덕구족 그런 뒤에, 세상 살기를 허공같이 하고 더러움에 물들지 않는 연꽃같이 마음이 청정하여 정토에 태어나게 하옵소서. 길상 모두 갖추신 위없는 존귀한 분께 절하옵니다.

마하반야바라밀

조 왕 청
竈 王 請

보례진언
普禮眞言

아금일신중 즉현무진신 변재조왕전
我今一身中 卽現無盡身 遍在竈王殿

일일무수례
一一無數禮

옴 바아라 믹 (세 번)

천 수 경 (대중 다함께 동음) 云云
千 手 經

거 목
擧 目

나무 팔만사천 조왕대신
南無 八萬四千 竈王大神

나무 좌보처 담시역사
南無 左補處 擔柴力士

나무 우보처 조식취모
南無 右補處 竈食炊母

🔔 보소청진언
普召請眞言

나무 보보제리 가리다리 다타 아다야 (세 번)

조 왕 청

널리 절하는 진언
제가이제 온몸으로 시방세계 두루계신 불 법 승
삼보님께 한분한분 절합니다.
옴 바아라 믹

천수경 운운

부처님을 모시는 글
팔만사천 조왕대신님이시여, 자비하신 원력으로
광림하시옵소서.
좌보처 담시역사님이시여, 자비하신 원력으로
광림하시옵소서.
우보처 조식취모님이시여, 자비하신 원력으로
광림하시옵소서.

보소청진언
나무 보보제리 가리다리 다타아다야

유 치
由 致

절이 주재조호영기자 성덕외외 신공호호
切以 主宰造戶靈祇者 聖德鬼鬼 神功浩浩

일현지위상 요마자최 일현지자용 인세경앙
一現之威相 妖魔自催 一現之慈容 人世敬仰

유구개수 무원부종 시이 사바세계 남섬부주
有求皆遂 無願不從 是以 娑婆世界 南贍部洲

동양 대한민국 (주소, 사암) 청정수월도량
東洋 大韓民國 清淨受月道場

원아금차 지극지정성 헌공발원재자 (주소,
願我今此 至極之精誠 獻供發願齋者

성명) 보체 (발원주제)후 금월금일 건설정찬
保體 後 今月今日 虔說淨饌

경헌성전 강부향단 만위단나지원 내림보좌
敬獻聖前 降赴香壇 滿慰壇那之願 來臨寶座

극부이제지심 전신찬어 차전청사 근병일심
克副利濟之心 前神讚語 次展請詞 勤秉一心

선진삼청
先陣三請

청 사
請 詞

나무일심봉청 옹호영기 주재조호 분명선악
南無一心奉請 擁護詠祇 主宰造戶 分明善惡

자재출납 불법문중 불리수호 팔만사천
自在出納 佛法門中 不離守護 八萬四千

조왕대신 병종권속 유원승삼보력 강림도량
竈王大神 並終眷屬 唯願承三寶力 降臨道場

수차공양
受此供養

우리말 유치

들자옵건대 부엌을 주재하시는 조왕대신님들께옵
서는 성스러운 덕이 높으시고 신비한 공은 끝이
없사옵니다. 한쪽으로는 위엄을 보이시오니 요망
한 마군은 저절로 무너지고 한쪽으로는 자비한 모
습을 보이시오니 인간과 하늘의 무리들이 우러러
공경하옵니다. 조왕대신께옵서는 중생들이 원하는
것은 모두 다 이루어 주신다 하옵기에 시이 사바
세계 남섬부주 동양 대한민국 (사암: 주소) 불자가
(불공내용)을 바라옵는 간절한 소원으로 조촐한 공
양구를 장만하와 조왕님전에 올리오니 감응하여
주시옵기를 지극한 마음 모아 세 번 청하옵니다.

우리말 청사

옹호회상중에 부엌을 담당하시며 선과 악을 밝히시
고 들고남에 자재하오시며 부처님 문중 떠나지 않
으시옵는 팔만사천 조왕대신님과 권속님들이시여,
원하옵건대 삼보님의 가피를 입으시어 이 자리에
강림하사 저희 공양 받으시옵소서.

향 화 청
香 花 請

향적주중상출납　　호지불법역최마
香 積 廚 中 常 出 納　　護 持 佛 法 亦 摧 魔

인간유원내성축　　제병소재강복다
人 間 有 願 來 誠 祝　　除 病 消 災 降 福 多

고아일심 귀명정례
故 我 一 心 歸 命 頂 禮

헌좌진언
獻 座 眞 言

아금경설보엄좌　　봉헌제대조왕전
我 今 敬 說 寶 嚴 座　　奉 獻 諸 大 竈 王 前

원멸진로망상심　　속원해탈보리과
願 滅 塵 勞 妄 想 心　　速 願 解 脫 菩 提 果

옴 가마라 승하야 사바하

정법계진언
淨 法 界 眞 言

옴남옴남 옴남옴남 옴남옴남 옴남 (세 번)

다 게
茶 偈

금장감로다 봉헌신중전 감찰건간심
今 將 甘 露 茶 奉 獻 神 衆 前 鑑 察 虔 懇 心

원수애납수 원수애납수
願 垂 哀 納 受 願 受 哀 納 受

원수자비애납수
願 受 慈 悲 哀 納 受

향 사르고 꽃을 뿌리며 청합니다
향적세계 부엌에서 출납맡아 다스리며
불법호지 하옵시며 마구니를 꺾으시네.
인간세계 원있는곳 정성으로 축원하니
병과재앙 사라지고 많은복록 내려지네.
저희들이 일심정성 귀명정례 하옵니다.

자리를 드리는 진언
경건히 보배자리 마련하옵고 조왕님께 받들어
올리옵니다. 번뇌티끌 망상심을 없애버리고
해탈의 보리과를 원만히 하소서.
옴 가마라 승하야 사바하

법계를 깨끗이 하는 진언
옴남옴남 옴남옴남 옴남옴남 옴남 (세 번)

차를 올리는 게송
청정하고 향기로운 차 한잔을 옹호성중님께
받들어 올리오니 대자비를 베푸시어
받아주옵소서.

진공진언
進供眞言

향수나열 재자건성 욕구공양지주원
香羞羅列 齋者虔誠 浴求供養之周圓

수장가지지변화 앙유삼보
須仗加持之變化 仰唯三寶

특사가지
特賜加持

나무시방불 나무시방법 나무시방승

무량위덕 자재광명승묘력
無量威德 自在光明勝妙力

변식진언
變食眞言

나막 살바다타 아다야 바로기제 옴 삼마라

삼마라 옴 (세 번)

시감로수진언
施甘露水眞言

나무소로바야 다타 아다야 다냐타 옴

소로소로 바라소로 바라소로 사바하 (세 번)

일자수륜관진언
一字水輪觀眞言

옴 밤 밤 밤밤 (세 번)

유해진언
乳海眞言

나무 사만다 못다남 옴 밤 (세 번)

보살님께 공양을 권하는 진언

재자들이 정성으로 차려놓은 진수들이 두루두루
원만하온 공양되기 원하옵고 미묘하신 가피력에
의지하려 하옵나니 원하건대 삼보님의 위신력을
내리소서.
불 법 승 삼보님께 귀의합니다.

한량없는 위신공덕 자재하신 광명이며
승묘하신 묘력으로 변식하는 진언

나막 살바다타 아다야 바로기제 옴 삼마라
삼마라 옴 (세 번)

감로수로 공양하는 진언

나무소로바야 다타 아다야 다냐타 옴 소로소로
바라소로 바라소로 사바하 (세 번)

수륜을 관하는 일자 진언

옴 밤 밤 밤밤 (세 번)

진리의 젖으로 변하는 진언

나무 사만다 못다남 옴 밤 (세 번)

운심공양진언
運心供養眞言

원차향공변법계　　보공무진삼보례
願此香供邊法界　　普供無盡三寶禮

자비수공증선근　　영법주세보불은
慈悲受供增善根　　令法住世報佛恩

나막 살바다타 아제박미 새바 몰계비약 살바
다감 오나아제 바라혜암 옴 아아나캄 사바하

(세 번)

예 참
禮 懺

지심정례공양 팔만사천 조왕대신 (절)
至心頂禮供養 八萬四千 竈王大神

지심정례공양 좌보처 담시역사 (절)
至心頂禮供養 左補處 擔柴力士

지심정례공양 우보처 조식취모 (절)
至心頂禮供養 右補處 造食炊母

유원 조왕자비 옹호도량 실개수공발보리
唯願 竈王慈悲 擁護道場 悉皆受供發菩提

시작불사도중생
施作佛事度衆生

공양하는 마음을 갖게 하는 진언

향기로운 이공양이 온두리에 꽉채워져 다함없는
삼보님께 두루공양 올리리다 자비로써 받으시고
선근공덕 길러주사 거룩하신 부처님의 은혜갚게
해주소서.

나막 살바다타 아제박미 새바 몰계비약 살바
다감 오나아제 바라혜암 옴 아아나캄 사바하

(세 번)

예배하며 공양 올림

지극한 마음으로 거룩하신 부엌신장 팔만사천
조왕님께 공양합니다.
지극한 마음으로 좌보처 땔감나무 담당하신
담시역사님께 공양합니다.
지극한 마음으로 우보처 공양 짓고 불 때시는
조식취모님께 공양합니다.
원하옵건대 조왕님께옵서는 자비원력으로 도량
지키사 다함께 공양 받으시고 보리심 내어 불사
일으켜 중생들을 건지시옵소서.

보공양진언
普 供 養 眞 言

옴 아아나 삼바바 바아라 훔 (세 번)

보회향진언
普 回 向 眞 言

옴 삼마라 삼마라 미만나 사라마하 자가라가
훔 (세 번)

불설소재길상다라니
佛 說 消 災 吉 祥 陀 羅 尼

나무 사만다 못다남 아바라지 하다사 사나남
다냐타 옴 카카 카헤카헤 훔훔 아바라 아바라
바라아바라 바라아바라 자따지따 지리지리 빠
다빠다 선지가 시리예 사바하 (세 번)

대원성취진언
大 願 成 就 眞 言

옴 아모카 살바다라 사다야 시베 훔 (세 번)

보궐진언
補 闕 眞 言

옴 호로호로 사야몰케 사바하 (세 번)

넓리 공양 권하는 진언
옴 아아나 삼바바 바아라 훔 (세 번)

헌공공덕 넓리 회향하는 진언
옴 삼마라 삼마라 미만나 사라마하 자가라가 훔
(세 번)

재난소멸 좋은 일만 생기는 다라니
나무 사만다 못다남 아바라지 하다사 사나남 다
냐타 옴 카카 카혜카혜 훔훔 아바라 아바라 바라
아바라 바라아바라 자따지따 지리지리 빠다빠다
선지가 시리예 사바하 (세 번)

소원이 이루지기 원하는 진언
옴 아모카 살바다라 사다야 시베 훔 (세 번)

빠진 것을 보완하는 진언
옴 호로호로 사야몰케 사바하 (세 번)

환희조왕경
歡喜竈王經

계수장엄조왕신
稽首莊嚴竈王神

시방조요대광명
十方照曜大光明

위광자재조왕신
威光自在竈王神

토지용신개환희
土地龍神皆歡喜

천상사관조왕신
天上仕官竈王神

합가인중총안녕
闔家人衆總安寧

내외길창조왕신
內外吉昌竈王神

금은옥백만당진
金銀玉帛滿堂進

상봉길경조왕신
相逢吉慶竈王神

악귀사신퇴산거
惡鬼邪神退散去

지망주성조왕신
志望周成竈王神

억선만복개구족
億善萬福皆具足

이장안주조왕신
離障安住竈王神

부부가인증복수
夫婦家人增福壽

재앙영멸조왕신
災殃永滅竈王神

백병소재대길상
百病消 大吉祥

증시수호조왕신
曾時守護竈王神

백곡승출양잠배
百穀勝出養蠶倍

구호사택조왕신
救護舍宅竈王神

일체제신개환희
一切諸神皆歡喜

우리말 환희조왕경

계수장엄　조왕신은　시방두루　밝은생명

비춰주고　위광자재　조왕신은　토지용신

모두함께　기뻐하며　천성사관　조왕신은

집에있는　모든사람　편안하게　하시옵고

내외길상　조왕신은　금은옥백　집안가득

구족하게　하시옵고　상봉길경　조왕신은

악귀사신　물리쳐서　흩어지게　하시옵고

지망주성　조왕신은　많은선과　많은복을

만족하게　하시오며　이장안주　조왕신은

부부가족　복과수명　증장하게　하시오며

재앙영멸　조왕신은　모든병이　소멸하여

가내길상　주시오며　증시수호　조왕신은

온갖곡식　누에들을　증장하게　하시옵고

구호사택　조왕신은　일체모든　귀신들을

　　　　　즐거웁게　하시옵네

정근
情 勤

나무 팔만사천 조왕대신
南無 八萬四千 竈王大神

조왕대신---- 108번 이상 시간 되는 대로
竈王大神

향적주중상출납　호지불법역최마
香 積 廚 中 常 出 納　護 持 佛 法 亦 摧 魔

인간유원내성축　제병소재강복다
人 間 有 願 來 誠 祝　除 病 消 災 降 福 多

고아일심 귀명정례
故 我 一 心 歸 命 頂 禮

축 원
祝 願

앙고 팔만사천 조왕대신 첨수연민 지지정
仰 告 八 萬 四 千 竈 王 大 神 僉 垂 憐 愍 之 至 情

각방신통지묘력 사바세계 남섬부주 동양
各 方 神 通 之 妙 力 娑 婆 世 界 南 贍 部 洲 東 洋

대한민국 (사암, 주소) 청정수월도량 원아금차
大 韓 民 國　寺 庵 住 所　清 淨 受 月 道 場 願 我 今 此

지극지정성 헌공발원재자 (주소, 성명) 보체
地 極 至 精 成 獻 供 發 願 齋 者　住 所 性 名　保 體

이차인연공덕 일일유 천상지경 시시무
以 此 因 緣 功 德 一 日 有 天 上 之 慶 時 時 無

백해지재 사대강건 육근청정 안과태평
百 害 之 災 四 大 強 健 六 根 清 淨 安 過 太 平

정 근

나무 주재조호 영기성덕 조왕대신--108번 이상
향적세계 부엌에서 출납맡아 다스리며 불법호지
하옵시며 마구니를 꺾으시네. 인간세계 원하는곳
정성으로 축원하니 병과재앙 사라지고 많은복록
내려지네.

축 원

바라옵건대 시방세계 두루 밝은 생명 비추시고 모
든 중생 편안하게 하옵시고 금은보화 구족하게 하
옵시는 팔만사천 조왕대신님이시여, 사바세계 남섬
부주 동양 대한민국 (사암: 주소) 맑고 깨끗한 도량
에서 헌공발원재자 (주소 성명) 보체 금일불공 발원
공덕으로 사대가 건강하며 육근은 청정하고 가정은
태평하며 수명은 길어지고 자손은 번성하며 동서사
방 다니는 곳마다 경사가 있고 재앙은 겪지 않으며,
관재구설 삼재팔난 사백사병이 일시에 소멸되고,
재수 대통하고 부귀와 영화로우며 직무를 행하면
분수대로 성취하게 하옵소서.

수명장수 자손창성 부귀영화 만사여의 원만성
壽命長壽 子孫昌盛 富貴榮華 萬事如意 圓滿成

취지대원 원제유정등 구호길상
就之大願 願諸有情等 俱護吉祥

마하반야바라밀
摩訶般若婆羅蜜

그런 뒤에, 세상 살기를 허공같이 하고 더러움에
물들지 않는 연꽃같이 마음이 청정하여 정토에
태어나게 하옵소서. 길상 모두 갖추신 위없는 존
귀한 분께 절하옵니다.

마하반야바라밀

49재는 우리나라 고유 제례의식으로 여겨지기도 하는데, 불교의 재(齋)는 제사의 제(祭)와는 조금 다른 의미가 있다.

1. 재(齋)란

재(齋)는 재계(齋戒)와 재회(齋會)의 뜻을 담고 있다. 재계는 몸과 마음을 청정히 가지고 나태해진 마음을 경계하는 것이다.

『능엄경』에 제사를 의미하는 제(祭)가 죽은 자인 신(神)에게 음식을 올리는 것으로 귀신을 모시는 것인데 반해 재(齋)는 재공(齋供), 즉 반승(飯僧)의 뜻으로 마음을 닦는 절차를 의미한다.

즉 재(齋)는 몸, 입, 마음으로 짓는 삼업(三業)을 청정히 해서 공양 올리고 죽은 영혼이나 산 사람에게 그 공덕을 널리 회향해 베풀어주는, 시방세계의 모든 제불보살과 천룡팔부 및 선신(善神)들의 가피를 입도록 하는 의식(齋會)을 말한다.

재의 종류는 칠칠재, 사십구재, 백일재, 천도재,

영산재, 수륙재, 예수재 등이 있다.

2. 49재의 의미와 절차

천도재를 위한 재로는 49재가 일반적이지만 백일째 되는 날 백재를 지내거나 1주기, 3주기에 천도재를 지내기도 한다. 천도재는 주로 49재 외에 별도로 영가를 위한 재를 올리는 것이다.

『지장경』에 죽은 뒤에 극락세계로 바로 왕생하는 아주 선한 사람이나 바로 지옥으로 떨어지는 극한 사람을 제외하고는 대부분 다음 생을 받을 때까지 중간적 존재인 중음신(中陰身)으로 49일 동안 떠돌게 된다고 한다.

칠일 만에 한 번씩 재를 올리는 것은 7일을 1주기로 하여 7주기 동안 유명계(幽冥界)의 시왕(十王)이 죽은 이를 심판한다는 시왕신앙에서 유래되었다.

49일이 지나면 생전에 지은 업에 따라 다음 생을 받게 되는데, 이 기간 동안에 유가족이 영가를 위해 공덕을 지으면 영가가 천상세계나 인간세계

등 좋은 곳에 태어날 수 있다고 한다.

영가가 좋은 곳으로 잘 건너가도록 인도해 주는 것을 영가천도(靈駕薦度)라 한다.

49재를 비롯한 천도재는 단지 죽은 이의 명복을 비는 의식이 아니라 영가에게 부처님의 법을 들려주는 의식으로, 영가를 인도해 스스로 생전의 죄업을 참회하도록 권하고 법을 듣고 깨달을 수 있는 기회를 주는 것이다. 영가 자신이 업장을 소멸하므로 죄업의 과보를 면할 수 있는 것이다.

유가족 또한 영가를 위한 재를 지내거나 선업을 지으면 이것이 죽은 이의 업에 영향을 끼칠 수 있으며, 유가족도 재를 통해 자신의 죄업을 참회하고 재계를 지키게 되므로 업장을 소멸하고 공덕을 짓게 되는 것이다.

『지장경』에 죽은 이를 위해 재를 지내면 그 공덕이 7분의 1은 영가에게, 7분의 6은 재를 지내는 사람에게 돌아간다고 하였다.

영가를 위해 재를 지내는 것은 불법을 듣게 해서 영가에게 마음 닦을 기회를 주고, 유가족이 불보살과 승려 및 대중에게 음식 등을 회향함으로써 영가를 위한 공덕을 쌓아주는 것이다.

바다에 던지면 가라앉는 바위도 배에 실으면 가라앉지 않는 것과 같이, 유가족이 영가를 위해 공덕을 짓고 죄업중생이 재(齋)를 통해 참회하고 간절히 기원하면, 고통 받는 중생을 모두 구제하고자 큰 서원을 세우신 불보살의 원력(願力)으로 감응하게 되어 극락세계에 왕생할 수 있게 되는 것이다.

시련편(侍輦篇)

※ 칠보로 된 연(輦)을 가지고 절 입구에 가서 불보살님과 여러 성현들을 청해 모시는 의식이다. 본래 연이란 가마의 일종으로, 보통 사람이 타는 것이 아니라 임금이 타는 가마를 말한다. 그러므로 연을 들고 동구 밖에 나아가 연 안에 영가를 모시고 온다는 것은 잘못 알고 있는 것이다. 불보살의 가피를 받아 천도되어야 할 대상인 영가는 칠보로 장엄된 연을 탈 자격이 없기 때문이다. 다만 영가를 극락세계로 인도하시는 인로왕보살님을 청해 모시고 인로왕보살님이 타신 뒤에 연의 뒤를 영가가 따라 온다는 것이 맞는 표현이다.

옹 호 게
擁 護 揭

봉청시방제현성　　범왕제석사천왕
奉 請 十 方 諸 賢 聖　　梵 王 帝 釋 四 天 王

가람팔부신기중　　불사자비원강림
伽 藍 八 部 神 祈 衆　　不 捨 慈 悲 願 降 臨

헌좌진언
獻 座 眞 言

아금경설보엄좌　　봉헌일체성현전
我 今 敬 說 寶 嚴 座　　奉 獻 一 切 聖 賢 前

원멸진로망상심　　속원해탈보리과
願 滅 塵 勞 妄 想 心　　速 圓 解 脫 菩 提 果

옴 가마라 승하 사바하 (세 번)

시 련 편

※ 칠보로 된 연(輦)을 가지고 절 입구에 가서 불보살님과 여러 성현들을 청해 모시는 의식이다. 본래 연이란 가마의 일종으로, 보통 사람이 타는 것이 아니라 임금이 타는 가마를 말한다. 그러므로 연을 들고 동구 밖에 나아가 연 안에 영가를 모시고 온다는 것은 잘못 알고 있는 것이다. 불보살의 가피를 받아 천도되어야 할 대상인 영가는 칠보로 장엄된 연을 탈 자격이 없기 때문이다. 다만 영가를 극락세계로 인도하시는 인로왕보살님을 청해 모시고 인로왕보살님이 타신 뒤에 연의 뒤를 영가가 따라 온다는 것이 맞는 표현이다.

(시련) 제반 성중을 청합니다

시방의 여러 성현과 범왕 제석 사천왕

가람신 팔부신들을 모두 청하옵나니

자비를 베푸시와 왕림하여 주시옵소서.

(헌좌진언) 제 불보살님 자리에 모십니다

깨달음의 묘한자리 뛰어나게 장엄한곳 모든부처

이곳앉아 무상정각 이루셨네 제가이제 자리마련

이와같이 앉으시니 너나없이 모두함께 깨달음을

성취하리.

옴 가마라 승하 사바하 (세 번)

다 게
茶 揭

금장감로다　봉헌성현전　감찰건간심
今 將 甘 露 茶　奉 獻 聖 賢 前　鑑 察 虔 懇 心

원수애납수　원수애납수　원수자비애납수
願 垂 哀 納 受　願 垂 哀 納 受　願 垂 慈 悲 哀 納 受

행 보 게
行 步 揭

이행천리만허공　귀도정망도정방
移 行 千 里 滿 虛 空　歸 道 情 妄 到 淨 邦

삼업투성삼보례　성범동회법왕궁
三 業 投 誠 三 寶 禮　聖 凡 同 會 法 王 宮

산 화 락 (세 번)
散 花 落

나무대성　인로왕보살
南 無 大 聖　引 路 王 菩 薩

영 취 게
靈 鷲 偈

영축염화시상기　긍동부목접맹귀
靈 鷲 拈 華 示 上 機　肯 同 浮 木 接 盲 龜

음광불시미미소　무한청풍부여수
欽 光 不 是 微 彌 笑　無 限 淸 風 付 與 誰

보례삼보
普 禮 三 普

보례시방　상주불　보례시방　상주법
普 禮 十 方　常 住 佛　普 禮 十 方　常 住 法

보례시방　상주승
普 禮 十 方　常 住 僧

차를 올리는 게송

제가 이제 감로다를 올리오니 간절한 마음 살피시어 절

받으옵소서. 절 받으옵소서. 자비로써 절 받으옵소서.

행 보 게

천리만리 가시는길 허공계에 가득하네 가시다가 정

잊으면 그곳이곧 정토로다 삼업벗고 삼보님께 지성

으로 예배하고 성인범부 구별없는 법왕궁서 만납시다.

꽃 뿌리며 세 번 청합니다

나무대성 인로왕보살 (세 번)

영 취 게

영취산서 꽃을 들어 상근기에 보이시니 눈먼 거북

물위에 뜬 나무를 만난 듯 가섭존자 빙그레 웃지를

않았더라면 글 없는 맑은 가풍을 누구에게 전했으리.

예의 갖춰 삼보님께 귀의합니다

시방세계 항상계신 부처님께 귀의하고

시방세계 항상계신 부처님법 귀의하며

시방세계 청정한 승가에 귀의하옵니다.

재 대 령(齋對靈)

※ 대령이란 영가를 대한다는 의미를 가지며, 재(齋)를 모시기 전 몸과 마음을 청결히 하고 돌아가신 영가를 생사 번뇌에 의한 고통의 세계에서 구해내 극락으로 인도함이며, 천도 대상 되는 영가를 청하여 간단하게 공양(국수)을 제공하고 법문을 통하여 영가를 위로하고 안심시켜서 계속적으로 진행될 천도 절차에 따르도록 주문하는 의식이다.

거 불
擧 佛

나무 극락도사 아미타불
南無 極樂導師 阿彌陀佛

나무 관음세지 양대보살
南無 觀音勢至 兩大菩薩

나무 접인망령 인로왕보살
南無 接引亡靈 引路王菩薩

대 령 소
對 靈 疏

수설대회소
修說 大會疏

(소청문소배헌 삼대가친등중
所請文疏拜獻 三代家親等衆

석가여래유교제자봉행가지병법사문 근소)
釋迦如來遺教弟子奉行加持秉法沙門 謹疏

재 대 령

※ 대령이란 영가를 대한다는 의미를 가지며, 재(齋)를 모시기 전 몸과 마음을 청결히 하고 돌아가신 영가를 생사 번뇌에 의한 고통의 세계에서 구해내 극락으로 인도함이며, 천도 대상 되는 영가를 청하여 간단하게 공양(국수)을 제공하고 법문을 통하여 영가를 위로하고 안심시켜서 계속적으로 진행될 천도 절차에 따르도록 주문하는 의식이다.

거 불

극락도사 아미타불 부처님이시여, 자비하신
원력으로 광림하시옵소서.
좌우보처 양대보살님이시여, 자비하신
원력으로 광림하시옵소서.
접인망령 인로왕보살님이시여, 자비하신
원력으로 광림하시옵소서.

대 령 소

영가를 청하는 글

(청하옵는 글월을 전하오며 삼대가친께 올리나이다.
석가모니 부처님의 유훈에 따라 출가하온 제자는 가지를 봉행하며 병법사문(○○)은 삼가 봉하나이다.)

개문 생사로암 빙 불촉이가명 고해파심 장
蓋聞 生死路暗 憑 佛燭而可明 苦海波深 仗

법선이가도 사생육도 미진즉 사의순환
法船而可渡 四生六道 迷眞則 似蟻巡環

팔난삼도 자정즉 여잠처견 상차생사 종고지금
八難三途 恣情則 如蠶處繭 傷嗟生死 從古至今

미오심원 나능면의 비빙불력 난가초승 a
未悟心源 那能免矣 非憑佛力 難可超昇

사바세계 남섬부주 동양 대한민국 ○○○사
婆婆世界 南贍部州 東洋 大韓民國　　寺

청정수월도량 원아금차 지극지정성 ○○○재
淸淨水月道場 源我今此 至極至情誠　　齋

천혼발원재자 행효자 ○○○등 복위 소천망
薦魂發願齋者 行孝子　　等 伏爲 所薦亡

○○○영가 금즉 천풍숙정 백일명명
　　靈駕 今則 天風肅靜 白日明明

(밤이면 야루침침)

전열향화 이신영청 나무 일심봉청
專列香花 以伸迎請 南無 一心奉請

대성인로왕보살 마하살 우복이 일영불매
大聖引路王菩薩 摩訶薩 右伏以 一靈不昧

팔식분명 귀계도량 영점공덕 진원숙채
八識分明 歸居道場 領霑功德 陳寃宿債

듣자옵건대 생사의 길은 어두워 불촉을 의지해야 밝아지고, 고해의 파도는 심하여 범선을 의지해야 건널 수 있답니다. 사생육도 (이것은) 진리를 미한 것(결과)인즉 (그곳을 떠나지 못함이) 개미가 쳇바퀴 돌듯 함과 같고 팔난삼도 (이것은) 감정을 억제하지 못한 것인즉 (그곳의 고통은) 누에가 고치에 자리한 것과 같습니다. 가슴 아픈 것은 생과 사가 그 언제인가부터 지금에 이르고 있다는 것인데 마음의 근원을 깨닫지 못하면 어찌 능히 면할 수 있으리오. 부처님의 힘을 의지하지 않으면 가히 뛰어 오르기 어렵습니다.

오늘 이 자리에는 사바세계 남섬부주 동양 대한민국 (사암: 주소) 청정수월도량에서 (제주: 주소 성명) 복위 등은 (관계: 영가)의 생전효행 사후(재의 명칭)를 맞이하여 부처님의 위신력으로 왕생극락을 발원코자 법석을 마련하옵고 향과 꽃과 과일 등의 공양구를 장만하와 대성인로왕보살마하살님을 청하여 모시오니 본래의 서원을 잊지 마시옵고 이 도량에 강림하시어 이 공덕을 굽어 감응하시옵고 영가의 앞길을 밝게 인도하여 주시옵소서. 그리하와 한 생각에 매이지 않고 팔식이 분명하여 부처님의 품안에서 풍성한 공덕 누리고, 묵은 업장과

응념돈소 정각보리 수심변증 근소
應念頓消 正覺菩提 隨心便證 謹疏

불기○○년○○월○○일 병법사문 ○○ 근소
佛紀　　年　　月　　日 秉法沙門　○○　謹疏

지 옥 게
地 獄 揭

철위산간옥초산　화탕노탄검수도
鐵圍山間沃焦山　火湯爐炭劍樹刀

팔만사천지옥문　장비주력금일개
八萬四千地獄門　仗秘呪力今日開

청 혼
請 魂

거 사바세계 남섬부주 동양 대한민국
據 娑婆世界 南贍部州 東洋 大韓民國

○○○산하 ○○○사 청정수월도량 거주 행효자
　　山下 　　寺 請淨水月道場 居住 行孝子

○○○복위 소천망 선엄부 ○○○영가
　　伏爲 所薦亡 先嚴父 　　靈駕

상세선망 사존부모 다생사장 누대종친
上世先亡 娑尊父母 多生師長 累代宗親

제형숙백 자매질손 원근친척 일체애혼
弟兄叔伯 姉妹姪孫 遠近親戚 一切哀魂

불자등각열위 열명영가
佛子等各列位 列名靈駕

지난 빚 모두 소멸하여 정각보리의 법을 얻도록 힘을 베풀어 주시옵소서.

불기 ○○년 ○○월 ○○일 병법사문 ○○근소

지 옥 게

철위산속 곳곳마다 옥초산과 여러지옥
화탕지옥 노탄지옥 팔만사천 굽이굽이

굳게닫힌 지옥문을 부처님의 비밀주로
남김없이 여옵니다.

영가를 청하여 모신다

거 사바세계 남섬부주 동양 대한민국 (사암: 주소)청정한 부처님 도량에서 금일 지극한 정성으로 ○○재를 맞이하여 행효자 ○○○복위 등은 엎드려 청하옵나이다. ○○○영가님을 중심으로 지난 세상 먼저 돌아가신 부모, 다생의 스승, 모든 친족 등 여러 영가와 이 도량 안과 밖, 주인이 있고 없는 외로운 영혼 등 여러 영가들이시여.

착어
着語

생본무생 멸본무멸 생멸본허 실상상주
生本無生 滅本無滅 生滅本虛 實相常住

금일 (○○○영가) 환회득 무생멸지 일구마
靈駕 還會得 無生滅底 一句麼

(🔔 🔔 🔔) 부앙은현현 시청명력력 약야회득
府仰隱玄玄 視聽明歷歷 若也會得

돈증법신 영멸기허 기혹미연 승불신력
頓證法身 永滅飢虛 其或未然 承佛神力

장법가지 부차향단 수아묘공 증오무생
仗法加持 赴此香壇 受我妙供 證悟無生

진령게
振鈴揭

이차진령신조청　　금일영가보문지
以此振鈴伸請　　今日靈駕普聞知

원승삼보력가지　　금일금시내부회
願承三寶力加持　　今日今時來赴會

🔔 보소청진언
普召請眞言

나무 보보제리 가리다리 다타 아다야 (세 번)

영가에게 이르는 법어

금일 영가 ○○○시여, 생은 본래 생이 아니요 멸은 본래 멸이 아닙니다. 생과 멸이 본래 허망한 것이니 실상만이 항상 주하여 있습니다.

△ ○○○영가시여, 여쭙거니와 '무생멸'이라는 일구를 깊이 깨달으셨습니까.

(△ △ △) 땅을 살피고 하늘을 보아도 숨어 있어 보이지 않으나 보고 듣는 것은 밝아 분명합니다. 만일 깨달으셨다면 당장 법신을 증득하시어 영원히 기허를 멸하시려니와 만일 그렇지 못하셨다면 부처님의 위신력을 이으시고 법의 가지력을 의지하사 이 향단으로 오시어 저의 묘공 받으시고 무생법인 증득하소서.

요령을 울리는 게송

이제 요령을 흔들어 두루 청하오니 오늘의 영가시여, 잘 들으소서. 바라건대 삼보님의 위신력 빌려 오늘 지금 이 향단에 내려오소서.

널리 청하는 진언

나무 보보제리 가리다리 다타 아다야 (세 번)

고 혼 청
孤 魂 請

🔔 **일심봉청 실상이명 법신무적 종연은현**
一心奉請 實相離名 法身無跡 從緣隱顯

약경상지유무 수업승침 여 정륜지고하
若鏡像之有無 隨業昇沈 如 井輪之高下

묘변막측 환래아란 원아금차 지극지정성 (재명
妙變莫測 幻來何難 願我今此 至極至精誠

등) 설향단전 봉청재자 행효자 (주소: 성명)
熱香壇前 奉請齋者 行孝子

복위 소천망 (모인)영가 승불신력 내예향단
伏爲 所薦亡 靈駕 承不神力 來詣香壇

수첨법공
受霑法供

🔔 **일심봉청 약인욕식불경계 당정기의여허공**
一心奉請 若人欲識佛境界 當淨其意如虛空

원리망상급제취 영심소향 개무애 원아금차
遠離妄想及諸趣 令心所向 皆無碍 願我今次

지극지정성 천혼발원재자 행효자 ○○○복위
至極至情誠 薦魂發願齋子 行孝子 伏爲

소천망 ○○○영가 승불신력 장법가지
所薦亡 靈駕 承佛神力 仗法加持

내예향단 수첨법공
來詣香壇 受霑法供

영가를 청함

일심으로 받들어 청합니다. 인연이 모이고 흩어지는 것은 당연한 이치요, 비고 밝고 광대하며 오고 감이 자재하여 걸림이 없습니다. 오늘 지극한 정성으로 천도코자 재를 올리는 금일 천혼재자 ○○○복위 등이 엎드려 예 올리오니 ○○○영가시여, 부처님의 위신력을 이으시고 법의 가지를 의지하사 이 향단에 오시어 법답게 올리는 공양을 받으소서.

일심으로 청합니다. 누구든지 부처님의 경계를 알고자 한다면 마음을 밝히어 그 뜻을 허공과 같이 하소서. 모든 망상과 번뇌를 멀리 여의고 마음에 걸림이 없게 하라고 가르치셨습니다. 오늘 재자 ○○○복위가 청하옵나니, ○○○영가를 비롯하여 이 자리에 오신 여러 영가님들이시여, 거룩한 이 법석에 강림하시어서 부처님의 법공양을 받아 누리옵소서.

🔔 일심봉청 생종하처래 사향하처거
一心奉請 生從何處來 死向何處去

생야일편부운기 사야일편부운멸
生也一片浮雲起 死也一片浮雲滅

부운자체본무실 생사거래역여연 독유일상독로
浮雲自體本無實 生死去來亦如然 獨有一常獨露

담연불수어생사 원아금차 지극지정성
湛然不隨於生死 願我今此 支極支靜誠

생전효행 사후 ○○○재 천혼 발원재자
生前孝行 死後 齋 薦魂 發願齋者

○○○거주 행효자 ○○○복위 소천망 선엄부
居住 行孝子 伏爲 所薦亡 先嚴父

○○○영가 영가위주 상세선망 사존부모
靈駕 靈駕爲主 上世先亡 婆尊父母

다생사장 누대종친 제형숙백 자매질손
多生師長 累代宗親 第兄叔伯 姉妹姪孫

원근친척 일체애혼 불자등 각 열위열명영가
遠近親戚 一切哀魂 佛者等 各 列位列名靈駕

차○○○사 도량궁내외 동상동하 유주무주
此 寺 道場宮內外 洞上洞下 有主無主

운집고혼 일체애혼불자등 각열위열명영가
雲集孤魂 一切哀魂佛子等 各列位列名靈駕

승불실력 장법가지 내예향단 수첨향등다미공
承佛實力 丈法可至 來詣香壇 受霑香燈茶米空

향 연 청
香 然 請

가 영
歌 詠

외로운 영혼들을 일심으로 청합니다

태어남이란 온 곳 어디며 죽음이란 가는 곳 어디인가. 태어남은 한 조각 구름이요 죽음이란 한 조각 구름이 흩어지는 것이니 나고 죽는 인생사 또한 그와 같도다. 그러나 한 물건이 홀로 남아 나고 죽음에 걸림이 없어라.

원하옵건대 금일 지극한 정성으로 향단을 차려 청하옵는 행효자 ○○○복위가 ○○○영가님을 청하옵나니 부처님의 위신력이 있는 이곳 향단에 강림하시어 법공양에 흠뻑 젖어 그 은혜를 받으소서.

향을 사르며 세 번 청합니다
　노래로 맞이함

제령한진치신망　　　석화광음몽일장
諸靈限盡致身亡　　　石火光陰夢一場

삼혼묘묘귀하처　　　칠백망망거원향
三魂渺妙歸何處　　　七魄茫茫去遠鄉

🔔 금일 ◯◯◯영가 기수건청 이강향단
　　金日　　　　靈駕 旣受虔請 已降香壇

방사제연 부흠사전 a 금일 ◯◯◯영가
放捨諸緣 俯欽斯奠　　今日　　　靈駕

일주청향 정시영가 본래면목
一炷淸香 正是靈駕 本來面目

수점명등 정시영가 착안시절 선헌조주다
數點明燈 正是靈駕 着眼時節 先獻趙州茶

후진향적찬 어차물물 환 착안마
後進香積饌 於此物物 還 着眼麼

(잠시 묵념 🔔 🔔 🔔) 저두앙면무장처 운재청천
　　　　　　　　　　低頭仰面無藏處 雲在靑天

수재병 금일◯◯◯영가 a 기수향공 이청법음
水在瓶 金日　　　靈駕　　旣受香供 已聽法音

합장전심 참예금선
合掌專心 參禮金仙

세상 인연 다하여서 저 세상에 옮겨가니 번개 같은 인생살이 한바탕의 꿈이로세. 아득해라 삼혼이여, 어드메로 돌아가며 일곱 넋은 아득히도 멀리 떠나가시는가. 오늘 천도하옵는 ○○○영가시여, 이미 정성들인 청함을 받으시고 정결한 이 향단에 이르렀으니 모든 인연 놓아버리시고 이 공양물을 받으옵소서. 먼저 조주 스님께 올립니다.

한 자루 맑은 향은 바로 영가님의 눈 뜬 시절입니다. 각각에 대하여 드리오니 뒤돌이켜 깨달으셨습니까.

(잠시 묵념 🔔 🔔 🔔) 머리 숙이고 얼굴 들어도 감춘 곳이 없으나 구름은 푸른 하늘에 있고 물은 병 속에 있도다.

금일 ○○○영가시여, 이미 향기로운 공양 받으시고 법음 들으셨으니 합장하시고 마음 모아 부처님께 예를 올리시옵소서.

관욕생략시

🔔 금일 ○○○영가 기수향공 이청법음
　　金日　　　　　　靈 駕 既 受 香 供　己 聽 法 音

합장전심 참예금선
合 掌 專 心　參 禮 金 仙

여기까지만 하고 지단진언으로 바로 들어간다.

관욕생략시

금일영가 ○○○ 기수향공 이청범음 합장전심

참예금선

여기까지만 하고 지단진언으로 바로 들어간다.

관 욕
灌 浴

※ 영가께서 생전에 신 구 의(身口意) 삼업으로 알게 모르게 지은 업장을 부처님의 비밀 신주로써 깨끗이 씻어내는 의식

🔔 인례향욕
引 禮 香 浴

금일소천 ○○○**영가 제불자 상래 이빙**
今 日 所 薦　　　　靈 駕 諸 佛 子 上 來 已 憑

불력법력 삼보위신지력 소청인도 일체인륜 급
佛 力 法 力 三 寶 威 神 之 力 召 請 人 道 一 切 人 倫 及

무주고혼 유정등중 이계도량 대중성발
無 主 孤 魂 有 情 等 衆 已 屆 道 量 大 衆 聲 跋

청영부욕
請 迎 赴 浴

신묘장구대다라니
神 妙 章 句 大 陀 羅 尼

나모라 다나 다라 야야 나막알약 바로기제
새바라야 모지사다바야 마하사다바야 마하가
로 니가야 옴 살바 바예수 다라나 가라야
다사명 나막까리다바 이맘 알야 바로기제
새바라 다바 이라간타 나막하라나야 마발타
이사미 살발타 사다남 수반 아예염 살바
보다남 바바말아 미수다감 다냐타 옴 아로
계 아로가 마지로가 지가란제 혜혜하례

관 욕

※ 영가께서 생전에 신 구 의(身口意) 삼업으로 알게 모르게 지은 업장을 부처님의 비밀 신주로써 깨끗이 씻어내는 의식

영가를 욕실로 인도하는 글

오늘 천도하옵는 ○○○영가와 여러 불자들이시여, 지금까지 부처님의 법력과 삼보의 위신력에 의지하여 청하여 모신 인간계의 모든 사람들, 재주가 없으신 고혼과 유정들께서 도량에 이르렀으니 대중들은 정성으로 욕실로 나아가는 길을 청하여 맞이하소서.

신묘장구대다라니
神妙章句大陀羅尼

나모라 다나 다라 야야 나막알약 바로기제 새바라야 모지사다바야 마하사다바야 마하가로 니가야 옴 살바 바예수 다라나 가라야 다사명 나막까리다바 이맘 알야 바로기제 새바라 다바 이라간타 나막하라나야 마발타 이사미 살발타 사다남 수반 아예염 살바 보다남 바바말아 미수다감 다냐타 옴 아로계 아로가 마지로가 지가란제 혜혜하례

마하모지 사다바 사마라 사마라 하리나야
구로구로 갈마 사다야 사다야 도로도로
미연제 마하미연제 다라다라 다린나례 새
바라 자라자라 마라 미마라 아마라 몰제
예혜혜 로계 새바라 라아 미사미 나사야
나베 사미사미 나사야 모하자라 미사미
나사야 호로호로 마라호로 하례 바나마
나바 사라사라 시리시리 소로소로 못자못
자 모다야 모다야 매다리야 니라간타 가
마사 날사남 바라하리나야 마낙 사바하
싯다야 사바하 마하싯다야 사바하 싯다유
예 새바라야 사바하 니라간타야 사바하
바하라 목하싱하 목카야 사바하 바나마
하따야 사바하 자가라 욕타야 사바하 상
카섭나예 모다나야 사바하 마하라 구타다

마하모지 사다바 사마라 사마라 하리나야
구로구로 갈마 사다야 사다야 도로도로
미연제 마하미연제 다라다라 다린나례 새
바라 자라자라 마라 미마라 아마라 몰제
예혜혜 로계 새바라 라아 미사미 나사야
나베 사미사미 나사야 모하자라 미사미
나사야 호로호로 마라호로 하례 바나마
나바 사라사라 시리시리 소로소로 못자못
자 모다야 모다야 매다리야 니라간타 가
마사 날사남 바라하리나야 마낙 사바하
싯다야 사바하 마하싯다야 사바하 싯다유
예 새바라야 사바하 니라간타야 사바하
바하라 목하싱하 목카야 사바하 바나마
하따야 사바하 자가라 욕타야 사바하 상
카섭나예 모다나야 사바하 마하라 구타다

라야 사바하 바마사간타 이사시체다 가릿나

이나야 사바하 먀가라 잘마 이바사나야

사바하 「나모라 다나다라 야야 나막알야

바로기제 새바라야 사바하」 (세 번)

정로진언 (位牌를 灌浴壇 앞에 모신다)
淨 路 眞 言

옴 소싯지 나자리다라 나자리다라 모라다예

자라자 만다만다 하나하나 훔바탁 (세 번)

입 실 게
入 室 偈

※ 위패를 관욕실로 모시고 향로촛대도 관욕실로 옮긴다.
이때 법주 바라지도 관욕단으로 방향을 옮긴다.

일종위배본심왕 기입삼도역사생
一 從 違 背 本 心 王   幾 入 三 途 歷 四 生

금일척제번뇌염 수연의구자환향
今 日 滌 除 煩 惱 染   隨 緣 依 舊 自 還 鄕

🔔 가지조욕
加 持 操 浴

금일소천 ○○○영가 제불자 상부 a 정 삼업자
今 日 所 薦   靈 駕 諸 佛 子 詳 夫   淨 三 業 者

무월호징심 결 만물자 막과호청수
無 越 乎 澄 心 潔 萬 物 者 莫 過 乎 淸 水

라야 사바하 바마사간타 이사시체다 가릿나
이나야 사바하 먀가라 잘마 이바사나야 사
바하 「나모라 다나다라 야야 나막알야 바로
기제 새바라야 사바하」 (세 번)

관욕실로 영가를 인도하는 진언

옴 소싯지 나자리다라 나자리다라 모라다예 자라
자라 만다만다 하나하나 훔바탁 (세 번)

욕실에 드는 게송
※ 위패를 관욕실로 모시고 향로촛대도 관욕실로 옮긴다.
이때 법주 바라지도 관욕단으로 방향을 옮긴다.

스스로 마음 왕을 등진 날부터 삼도사생 해매인
지 몇 번이던고. 오늘 이제 번뇌의 때 모두 씻으
니 인연 따라 고향땅에 돌아가리라.

불보살의 힘을 빌려 목욕하소서
오늘 천도하옵는 ○○○영가와 여러 불자들이시여,
삼업을 닦는 데는 마음 맑음 으뜸이요, 만물을 씻
는 데는 맑은 물이 으뜸이라. 그러므로 부처님의

시이 근엄욕실 특비향탕 희 일탁어진로
是 以 謹 嚴 浴 室 特 備 香 湯 希 一 灌 於 塵 勞

획만겁지청정 하유목욕지게 대중수언후화
獲 萬 劫 之 淸 淨 下 有 沐 浴 之 偈 大 衆 隨 言 後 和

관욕게
灌 欲 偈

아금이차향탕수　　관욕고혼급유정
我 今 以 此 香 湯 水　　灌 浴 孤 魂 及 有 情

신심세청영청정　　증입진공상락향
身 心 洗 令 淸 淨　　證 入 眞 空 常 樂 香

🔔 (요령을 흔들어 놓고)

🔔 목욕진언(관욕바라 추지 않을 때 몰아침)
沐 欲 眞 言

옴 바다모 사니사 아모까아레 훔 (세 번)

🔔 작양진언
嚼 楊 眞 言

옴 바아라하 사바하 (세 번)

🔔 수구진언
漱 口 眞 言

옴 도도리 구로구로 사바하 (세 번)

신비로운 작법으로 특별한 향탕수를 영가 위해
갖췄으니 관욕실에 한 번 들어 천겁 묵은 때를
씻고 만겁 동안 영원토록 청정자유 누리소서.

목욕을 청하는 게송
제가 이제 여기 놓인 향기로운 목욕물로 고혼과 유정
들을 목욕시켜 드리오니 몸과 마음 닦고 닦아 청정법
신 이루시고 참된 공을 깨달아서 안락국에 이르소서.

🔔 (요령을 흔들어 놓고)

몸으로 지은 업을 청정히 하는 진언
옴 바다모 사니사 아모까아레 훔 (세 번)

양치하는 진언

옴 바아라하 사바하 (세 번)

입을 헹구는 진언

옴 도도리 구로구로 사바하 (세 번)

🔔 세수면진언
洗 手 面 眞 言

옴 삼만다 바리 숫제훔 (세 번)

🔔 가지화의
加 持 化 衣

제불자 a 관욕기주 신심구정 a 금이여래
諸 佛 子　　灌 浴 旣 周　身 心 俱 淨　　今 以 如 來

무상비밀지언 가지명의 원차일의 위다의
無 上 秘 密 之 言　加 持 冥 衣　願 此 一 衣　爲 多 衣

이다의 위무진지의 a 영칭신형 부장부단
以 多 衣　爲 無 盡 之 衣　　令 稱 身 形　不 長 不 短

불착불관 a 승전소복지의 변성해탈지복 a 고
不 窄 不 寬　　勝 前 所 服 之 衣　變 成 解 脫 之 服　　故

오불여래 유 화의재다라니 근당선념 a
吾 佛 如 來　有　化 衣 財 多 羅 尼　謹 當 宣 念

※ 금강저 내지 합장수인 한다.

🔔 화의재진언 ※ 화의재진언 하면서 지의를 사른다.
化 衣 財 眞 言

나무 사만다 못다남 옴 바자나 비로기제 사바하

(세 번)

손과 얼굴을 씻는 진언

옴 삼만다 바리 숫제훔 (세 번)

해탈복(천의) 갈아 입으소서
오늘 천도하옵는 ○○○영가와 여러 불자들이시여,
목욕을 원만히 마치었으니 몸과 마음 다함께 깨
끗해지셨습니다. 이제 부처님의 비밀한 말씀으로
영가님께 명부 세계의 옷 입게 하리니 바라건대
한 벌 옷이 많은 옷이 되고 많은 옷은 다시 무수
한 옷이 되어 영가님들 몸에 꼭 맞게 하여 길지
도 아니하고 짧지도 않고 좁지도 아니하고 넓지
도 않아 예전의 입던 옷보다도 훨씬 훌륭하여 그
대로가 해탈열반의 옷입니다. 이제 부처님의 가르
침 따라 화의재진언을 염송하오니 이를 받아 입
으시고 극락왕생 하옵소서.

※ 금강저 내지 합장수인 한다.

화의재진언 ※ 화의재진언 하면서 지의를 사른다.

나무 사만다 못다남 옴 바자나 비로기제 사바하

(세 번)

🔔 금일소천 ○○○영가 제불자 제불자
今 日 所 薦　　　靈 駕　諸 佛 子　諸 佛 者

관욕기주 화의이변 무의자 여의부체 유의자
灌 浴 旣 周　化 衣 已 徧　無 衣 者　與 衣 復 體　有 衣 者

기고환신 장애정단 선정복식
棄 古 換 新　將 謁 淨 壇　先 整 服 飾

🔔 수의진언
授 衣 眞 言

옴 바리마라 바라아리니 훔 (세 번)

🔔 착의진언
着 衣 眞 言

옴 바아라 바사제 사바하 (세 번)

🔔 정의진언
整 衣 眞 言

옴 삼만다 사다라나 바다메 훔박(세 번)

🔔 출욕참성
出 浴 參 聖

※ 위패를 상주에게 건네주고 병풍을 거두며 관욕단을 정
리한다.

오늘 천도하옵는 ○○영가와 여러 불자들이시여, 부처님의 묘한 진언 두루하여서 영가들의 법다운 옷 갖추었나니 옷이 없는 영가들은 새옷을 입고 옷이 헐은 영가들은 헌옷 버리고 향단으로 나아가는 새옷 입으소서.

옷을 드리는 진언

옴 바리마라 바라아리니 훔 (세 번)

옷을 입는 진언

옴 바아라 바사제 사바하 (세 번)

옷매무새를 바로 하는 진언

옴 삼만다 사다라나 바다메 훔박 (세 번)

출욕참성

※ 위패를 상주에게 건네주고 병풍을 거두며 관욕단을 정리한다.

금일소천 ○○○영가 제불자 제불자 기주복식
今日所薦   靈駕 諸佛子 諸佛者 旣呪服飾

가애단장 예 삼보지자존 청일승지묘법
可藹壇場 禮 三寶之慈尊 聽一乘之妙法

청리향욕 당부정단 합장전심 서보전진
請離香浴 當赴淨壇 合掌專心 徐步前進

※ 재주는 위패를 들고 상단을 향하여 선다.

 지단진언
指 壇 眞 言

옴 예이혜 베로자나야 사바하 (세 번)

법신변만백억계   보방금색조인천
法身變滿百億界   普放金色照人天

응물현형담저월   체원정좌보련대
應物現刑潭低月   體圓正坐寶蓮臺

산 화 락 (세 번)
散 花 落

나무대성인로왕보살 (세 번)
南無大聖引路王菩薩

※ 목욕을 마치고 부처님 친견 준비한다.
(法堂 안에서 관욕을 시행할 시 정중게와 개문게는 생략한다)

오늘 천도하옵는 ○○○영가와 여러 불자들이시여, 목욕하고 청결한 새옷 입고서 합장하고 일심으로 단에 나아가 자비하신 삼보님께 예배드리고 일승의 묘한 법문 잘 들으소서. 바라건대 향 욕실 나오시어 불단으로 향할 채비 하시옵소서. 부처님의 비밀신주 풍송하오니 가시는 길 인도하여 드리오리다.

※ 재주는 위패를 들고 상단을 향하여 선다.

불단을 가리키는 진언
옴 예이혜 베로자나야 사바하 (세 번)

법신은 백억계에 가득하시고 거룩하신 광명으로 인천 비추니 중생 위해 나투신 몸 연못 달월 같아 본법신은 연화좌에 항상 계시네.

꽃을 뿌려 거룩하게 장엄합니다

나무대성인로왕보살 (세 번)

※ 목욕을 마치고 부처님 친견 준비한다.
(법당 안에서 관욕을 시행할 시 정중게와 개문게는 생략한다)

🔔 정중게
庭 中 偈

일보증부동	내향수운간
一 步 曾 不 動	來 向 水 雲 間

기도아련야	입실예금선
旣 到 阿 練 若	入 室 禮 今 仙

🔔 개문게
開 門 偈

권박봉미륵	개문견석가
捲 箔 逢 彌 勒	開 門 見 釋 迦

삼삼예무상	유희법왕가
三 三 禮 無 上	遊 戱 法 王 家

🔔 가지예성
加 持 禮 聖

상래 위 명도유정 인입정단이경 금당예봉
上 來 爲 冥 道 有 情 引 入 淨 壇 已 竟 今 當 禮 奉

삼보 부 삼보자 삼신정각 오교영문
三 寶 夫 三 寶 者 三 身 正 覺 五 敎 靈 文

삼현십성지존 사과이승지중 여등 기래법회
三 賢 十 聖 之 尊 四 果 二 乘 之 衆 汝 等 旣 來 法 會

득부향연 상 삼보지난봉 경 일심이신례
得 赴 香 筵 想 三 寶 之 難 逢 傾 一 心 而 信 禮

하유보례 지게 대중수언후화 a
下 有 普 禮 之 偈 大 衆 隨 言 後 和

부처님 친견 준비

모름지기 한걸음도 움직임이 없으면서 맑은물과 구름따라 자유로이 오고갔네. 그대이미 불도량에 임했으니 모름지기 한걸음도 움직임이 없으면서 맑은물과 구름법당 들어가서 부처님께 예배하소.

부처님 계신 법당에 들어간다

발걸음을 내다보니 미륵보살 뵙게되고 문을열어 나아가니 석가모니 친견일세. 세번거듭 머리숙여 부처님께 절을하고 번뇌망상 떠난자리 유유자적 하여보세.

부처님께 참배하는 예성

오늘 천도하옵는 ○○○영가와 여러 불자들이시여, 부처님의 비밀하신 법력에 힘입어 정단에 들어오셨으니 이제 다시 정신차려 삼보님께 인사를 드려야 합니다. 법신 보신 화신 등 부처님들과 경장 율장 논장 등의 가르치심과 성문 연각 보살 등 승단을 이루는 말이니 이 세 가지의 보배, 즉 삼보는 중생이 윤회의 고통에서 벗어나려면 반드시 의지해야 하는 가장 거룩한 인연이며 끝내 아무런 상처도 주지 않는 가장 소중한 보배이며 중생들의 모든 소원을 이루어주시는 거룩한 복밭입니다. 금일 ○○○영가님이시여, 이제 다시 정신을 가다듬어 삼보님께 귀의하는 예를 올리십시오.

보례시방상주　법신보신화신제불타
普 禮 十 方 常 住　法 身 報 身 化 身 諸 佛 陀

보례시방상주　경장율장논장제달타
普 禮 十 方 常 住　經 藏 律 藏 論 藏 諸 達 陀

보례시방상주　보살연각성문제승가
普 禮 十 方 常 住　菩 薩 緣 覺 聖 聞 諸 僧 伽

🔔 금일 영가등 제불자 행봉성회 이례자존 의
今 日 靈 駕 等 諸 佛 子 幸 逢 聖 會 已 禮 慈 尊 宜

생 한우지심 가발난조지상 청이단소 당부명연
生 罕 遇 之 心 可 發 難 遭 之 想 請 離 壇 所 當 赴 冥 筵

동향진수 각구묘도
同 享 珍 羞 各 求 妙 道

법 성 게　재주는 스님 목탁에 맞추어 시계방향으로
法 性 偈　　법당을 따라 돈 다음 위패를 영단에 모신다.

법성원융무이상　　　제법부동본래적
法 性 圓 融 無 二 相　　諸 法 不 動 本 來 寂

진성심심극미묘　　　불수자성수연성
眞 性 甚 深 極 微 妙　　不 守 自 性 隨 緣 成

일중일체다중일　　　일즉일체다즉일
一 中 一 切 多 中 一　　一 卽 一 切 多 卽 一

일미진중함시방　　　일체진중역여시
一 微 塵 中 含 十 方　　一 切 塵 中 亦 如 是

무량원겁즉일념　　　일념즉시무량겁
無 量 遠 劫 卽 一 念　　一 念 卽 是 無 量 劫

시방세계 항상계신 부처님께 절합니다.
시방세계 항상계신 가르침에 절합니다.
시방세계 항상계신 스님들께 절합니다.

오늘 천도하옵는 ○○○영가와 여러 불자들이시여, 다행하게 성인회상에 오시어서 자비하신 부처님께 예를 올리셨고 만나뵙기 어렵다는 마음을 내시오니 다행스런 생각 그지없습니다. 바라옵건대 단소 욕실을 나오셔서 이 자리에 좌정하시옵고 진귀한 공양구를 흠향하시고 근기 따라 부처님의 묘한 도를 구하십시오.

법 성 게 재주는 스님 목탁에 맞추어 시계방향으로
법당을 따라 돈 다음 위패를 영단에 모신다.

모든것의	본래성품	원융하여	둘아니니
삼라만상	그대로가	본래부터	적멸이라
이름없고	모양없어	헤아려선	알수없고
깨달아야	알바로써	달리알수	없는경계
참된성품	깊고깊어	지극히도	미묘한데
자기성품	안지키니	인연따라	천태만상
하나중에	전부있고	많은중에	하나있어
하나가곧	전부이고	많은그것	곧하나라

구세십세호상즉　　　　　잉불잡란격별성
九世十世互相卽　　　　　仍不雜亂隔別成

초발심시변정각　　　　　생사열반상공화
初發心時便正覺　　　　　生死涅槃常共和

이사명연무분별　　　　　십불보현대인경
理事冥然無分別　　　　　十佛普賢大人境

능인해인삼매중　　　　　번출여의부사의
能仁海印三昧中　　　　　繁出如意不思議

우보익생만허공　　　　　중생수기득이익
雨寶益生滿虛空　　　　　衆生隨器得利益

시고행자환본제　　　　　파식망상필부득
是故行者還本際　　　　　叵息妄想必不得

무연선교착여의　　　　　귀가수분득자량
無緣善巧捉如意　　　　　歸嫁隨分得資糧

이다라니무진보　　　　　장엄법계실보전
以陀羅尼無盡寶　　　　　莊嚴法界實寶殿

궁좌실제중도상　　　　　구래부동명위불
窮坐實際中道床　　　　　舊來不動名爲佛

(위패와 영정 사진을 영단에 모시고 재주들은 영단을 향한다)

한티끌속　　가운데에　　온우주를　　머금었고
하나하나　　티끌속도　　살펴보니　　그와같네
한량없는　　긴세월은　　한생각에　　바탕이니
지금갖는　　한생각이　　무량한겁　　그대로다
구세십세　　달리없어　　서로서로　　의지해도
엄한질서　　유지하여　　자기모습　　따로있네
처음발심　　했을때가　　다름아닌　　정각이며
생사열반　　두경계가　　항상함께　　화합하네
이와사의　　이치깊어　　분별할길　　없는것이
열분부처　　보현보살　　대성인의　　경계로다
부처님의　　깨침바다　　크신삼매　　가운데서
보배비가　　중생돕듯　　저허공에　　가득하여
중생들은　　근기따라　　이로움을　　얻게되네
이렇거니　　수행자여　　근본마음　　돌아가세
망상심을　　아니쉬곤　　얻을것이　　분명없네
무연자비　　선교방편　　여의하게　　어서얻어
본분가에　　돌아가서　　수분수력　　큰힘얻세
다라니의　　큰위신력　　다함없는　　보배로써
온법계를　　장엄하여　　보배궁전　　세우고서
마지막엔　　참된법인　　중도상에　　앉아보세
예전이나　　지금이나　　이름일러　　부처라네

(위패와 영정 사진을 영단에 모시고 재주들은 영단을 향한다)

제불대원경　　　　필경무내외
諸佛大圓鏡　　　　畢竟無內外

야양금일회　　　　미목정상시
爺孃今日會　　　　眉目正相

🔔 수위안좌
受位安座

제불자 상래 승불섭수 장법가지 기무수계이임연
諸佛子 上來 承佛攝受 仗法加持 旣無囚繫 以臨筵

원획소요이취좌 하유안좌지게 대중수언후
願獲消遙而就座 下有安座之偈 大衆隨言後

안 좌 게
安 座 偈

아금의교설화연　　　다과진수열좌전
我今依敎設華筵　　　茶果珍羞列座前

대소의위차제좌　　　전심제청연금언
大小依位次第座　　　專心諦聽演今言

옴마니 군다니 훔훔 사바하 (세 번)

백초임중일미신　　　조주상권기천인
百草林中一味新　　　趙州常勸幾千人

팽장석정강심수　　　원사망령헐고륜
烹將石鼎江心水　　　願使亡靈歇苦輪

원사고혼헐고륜　　　원사제령헐고륜
願使孤魂歇苦輪　　　願使諸靈歇苦輪

모든 부처님의 대원경지 필경에는 안팎이 없습니다. 하옵건만 부처님을 오늘에야 뵙게 되오니 파안미소 그칠 줄 모릅니다.

위계에 따라 자리를 마련해 드리는 진언
오늘 천도하옵는 ○○○영가와 여러 불자들이시여, 부처님의 섭수하심을 받고 법의 가지에 의지하여 이미 죄에 얽매임이 없어져서 법연에 임하였으니 원컨대 임의로 법자리에 나아가소서. 아래 안좌게 가 있으니 대중은 제 말에 따라 합장하시오.

신분에 따라 순서대로 앉는 진언
제가 이제 법식 따라 법연 열고자 여러 가지 귀한 음식 향단에 차려 크고 작은 지위 따라 다 앉으시어 일심으로 성인 말씀 잘 들으소서.

옴마니 군다니 훔훔 사바하 (세 번)

향기로운 수풀 속의 신선한 맛을 조주스님 몇천 사람 권하였던가 맑은 강물 돌솥에서 달여 올리니
망령이여 드시고 윤회고를 끊으시고 안락하소서
고혼이여 드시고 윤회고를 벗어나서 안락하소서
영가시여 드시고 삼계고회 멈추시고 안락하소서

재주들은 신중단을 향한다.
영가 천도의식을 행함에 있어 의식 도량에 모든 불법 수호 선신들을 청
하여 금일 재가 원만히 회향할 수 있도록 이들로 하여금 악귀들의 근접
을 막고 청정한 의식 도량을 수호하게 하는 의식 행위를 말한다. 신중
들의 명호를 하나하나 불러 청하는 의식이며 범패나 태징 요란한 분위
기로 악귀를 몰아내는 상징적인 의미를 갖는다.

옹 호 게
擁　護　偈

팔부금강호도량　　　공신속부보천왕
八 部 金 剛 護 道 場　　空 神 速 赴 報 天 王

삼계제천함래집　　　여금불찰보정상
三 界 諸 天 咸 來 集　　如 今 佛 刹 補 禎 祥

나무 금강회상 불 보 살
南無　金 剛 會上　佛 菩 薩

나무 도리회상 성 현 중
南無　忉 利 會上　聖 賢 衆

나무 옹호회상 영기등중
南無　擁 護 會上　靈 祈 等 衆

가 영
歌　詠

옹호성중만허공　　　도재호강일도중
擁 護 聖 衆 滿 虛 空　　都 在 豪 一 道 中

신수불어상옹호　　　봉행경전영류통
信 受 佛 語 常 擁 護　　奉 行 經 典 永 流 通

고아일심 귀명정례
故 我 一 心　歸 命 頂 禮

신중작법

재주들은 신중단을 향한다.

영가 천도의식을 행함에 있어 의식 도량에 모든 불법 수호 선신들을 청하여 금일 재가 원만히 회향할 수 있도록 이들로 하여금 악귀들의 근접을 막고 청정한 의식 도량을 수호하게 하는 의식 행위를 말한다. 신중들의 명호를 하나하나 불러 청하는 의식이며 범패나 태징 요란한 분위기로 악귀를 몰아내는 상징적인 의미를 갖는다.

옹호성중들을 찬탄함

팔부세계 모든신들 이도량을 옹호하고 하늘위의
신장들을 천왕님께 보고하며 욕계색계 무색계의
제천선신 다모이니 부처님의 회상처럼 상서기운
감돕니다.

금강회상 성현들께 지성귀의 하옵니다.
도리회상 천신들께 지성귀의 하옵니다.
옹호회상 모든분께 지성귀의 하옵니다.

가 영

옹호하는 성중들은 허공중에 가득하여 부처님의
미간백호 광명속에 자재하고 부처님법 믿고지녀
어느때나 옹호하며 모든경전 받들어서 길이유통
시키시네. 저희들이 일심정성 귀명정례 하옵니다.

청정명다약　　능제병혼침　　유기옹호중
清淨茗茶藥　　能除病昏沈　　唯冀擁護衆

원수애납수　　원수애납수　　원수자비애납수
願垂哀納受　　願受哀納受　　願受慈悲哀納受

탄　백
歎　百

제석천왕혜감명　　사주인사일넘지
帝釋天王慧鑑明　　四洲人事一念知

애민중생여적자　　시고아금공경례
哀愍衆生如赤子　　施故我今恭敬禮

삼십구위(三十九位)

옹 호 게　　(옹호성중을 찬탄함)
擁　護　偈

팔부금강호도량　공신속부보천왕
八部金剛護道場　空神速赴報天王

삼계제천함래집　여금불찰보정상
三界諸天咸來集　如今佛刹補禎祥

요잡바라 막바라를 춘다.

청정하고 향기로운 차한잔을 올리오니 드신뒤에
병혼침을 능히없애 주시옵고 일백네분 성중님께
지성으로 청하노니 원하건대 자비로써 굽어살펴
주옵소서

탄 백

제석천의 큰지혜는 거울처럼 밝고밝아 사대주의
사람인들 한생각에 살피시고 중생들을 아들처럼
사랑으로 감싸시니 그러므로 우리모두 공경예배
올립니다.

삼십구위

옹호성중들을 찬탄함

팔부세계 모든금강 이도량을 옹호하고 하늘위의
신장들을 천왕님께 보고하며 욕계색계 무색계의
제천선신 다모이니 부처님의 회상처럼 상서기운
감돕니다.

요잡바라 막바라를 춘다.

봉청 관찰무상 소행평등 무수 자재　　천왕
奉請 觀察無常 所行平等 無數 自在　　天王

봉청 개이적정 안주기중 무량 광과　　천왕
奉請 皆以寂靜 安住其中 無量 廣果　　天王

봉청 광대법문 근작이익 무량 변정　　천왕
奉請 廣大法門 勤灼利益 無量 徧淨　　天王

천왕봉청 광대적정 무애법문 무량　　광음천왕
天王奉請 廣大寂靜 無碍法門 無量　　光音天王

봉청 개구대자 연민중생 불가사의수　대범천왕
奉請 皆具大慈 憐愍衆生 不可思議數　大梵天王

봉청 수습방편 광대법문 무수타화　자재천왕
奉請 修習方便 廣大法門 無數他化　自在天王

봉청 조복중생 영득해탈 무량　　화락천왕
奉請 調伏衆生 令得解脫 無量　　化樂天王

봉청 개근염지 제불명호 불가사의수도 솔타천왕
奉請 皆勤念持 諸佛名號 不可思議數兜 率陀天王

봉청 개근수습 광대선근 무량수　　야마천왕
奉請 皆勤修習 廣大善根 無量須　　夜摩天王

봉청 개근발기 일체세간 무량　　삼십삼천왕
奉請 皆勤發起 一切世間 無量　　三十三天王

봉청 개근수습 이익중생 무량　　일천자
奉請 개勤修習 利益衆生 無量　　日天子

봉청 개근현발 중생심보 무량　　　월천자
奉請　皆勤現發　衆生心寶　無量　　　月天子

유원 신장자비 옹호도량 성취불사
唯願　神將慈悲　擁護道場　成就弗事

가 영
歌　詠

욕색제천제성중 상수불회현자엄
欲色諸天諸聖衆　常隨佛會現慈嚴

소행평등보관찰 위구중생무피염
所行平等普觀察　爲救衆生無疲厭

고아일심 귀명정례
故我一心　歸命頂禮

중 단
中　壇

봉청 심생신해 환희애중 무량　　　건달바왕
奉請　深生信解　歡喜愛重　無量　　　乾闥婆王

봉청 무애법문 광대광명 무량　　　구반다왕
奉請　無碍法門　廣大光明　無量　　　鳩槃茶王

봉청 흥운포우 열뇌제멸 무량　　　제대용왕
奉請　興雲布雨　熱惱除滅　無量　　　諸大龍王

봉청 개근수호 일체중생 무량　　　야차왕
奉請　皆勤守護　一切衆生　無量　　　夜叉王

봉청 광대방편 영할치망 무량　　　마후라왕
奉請　廣大方便　永割癡網　無量　　　摩睺螺王

봉청 심항쾌락 자재유희 무량　　긴나라왕
奉請 心恒쾌락 自在遊戱 無量　　緊那羅王

봉청 성취방편 구섭중생 불가사의수 가루라왕
奉請 成就方便 救攝衆生 不可思議數 迦樓羅王

봉청 실이정근 최복아만 무량　　아수라왕
奉請 悉己精勤 摧伏我慢 無量　　阿修羅王

유원 신장자비 옹호도량 성취불사
唯願 神將慈悲 擁護道場 成就佛事

가　영
歌　詠

팔부사왕래부회 심항쾌락이무궁
八部四王來赴會 心恒快樂利無窮

개근해탈방편력 섭복군마진위웅
皆勤解脫方便力 攝伏郡魔振威雄

고아일심 귀명정례
故我一心 歸命頂禮

하　단
下　壇

봉청 개어묘법 능생신해 무량　　주주신
奉請 皆於妙法 能生信解 無量　　主晝神

봉청 개근수습 이법위락 무량　　주야신
奉請 皆勤修習 以法爲樂 無量　　主夜神

봉청 보방광명 항조시방 무량　　주방신
奉請 普妨光明 恒照是放 無量　　主方神

봉청(奉請) 심개이구(心皆離垢) 광대명결(廣大明潔) 무량(無量) 주공신(主空神)

봉청(奉請) 개근산멸(皆勤散滅) 아만지심(我慢之心) 무량(無量) 주풍신(主風神)

봉청(奉請) 시현광명(示現光明) 열뇌제멸(熱惱除滅) 무량(無量) 주화신(主火神)

봉청(奉請) 상근구호(常勤救護) 일체중생(一切衆生) 무량(無量) 주수신(主水神)

봉청(奉請) 공덕대해(功德大海) 충만기중(充滿其中) 무량(無量) 주해신(主海神)

봉청(奉請) 개근작의(皆勤作意) 이익중생(利益衆生) 무량(無量) 주하신(主河神)

봉청(奉請) 막불개득(莫不皆得) 대희성취(大喜成就) 무량(無量) 주가신(主稼神)

봉청(奉請) 성개이구(性皆離垢) 인자우물(仁慈佑物) 무량(無量) 주약신(主藥神)

봉청(奉請) 개유뮤량(皆有量) 가애광명(可愛光明) 불가사의수(不可思議數) 주림신(住林神)

봉청(奉請) 개어제법(皆於諸法) 득청정안(得淸淨眼) 무량(無量) 주산신(主山神)

봉청(奉請) 친근제불(親近諸佛) 동수복업(同修福業) 불세계(佛世界) 미진수(微塵數) 주지신(主地神)

봉청(奉請) 엄정여래(嚴淨如來) 소거궁전(所居宮殿) 불세계(佛世界) 미진수(微塵數) 주성신(主城神)

봉청 성취원력 광흥공양 불세계 미진수 도량신
奉請 成就願力 廣興供養 佛世界 微塵數 道場神

봉청 친근여래 수축불사 불세계 미진수 족행신
奉請 親近如來 隨逐不捨 佛世界 微塵數 足行神

봉청 성취대원 공양제불 불세계 미진수 신중신
奉請 成就大願 供養諸佛 佛世界 微塵數 身衆神

봉청 항발대원 공양제불 불세계 미진수집금강신
奉請 恒發大願 供養諸佛 佛世界 微盡數 執金剛神

유원 신장자비 옹호도량 성취불사
唯願 神將慈悲 擁護道場 成就佛事

가 영
歌 詠

품류무변형색별   수기원력현신통
品類無邊形色別   隨其願力現神通

봉행불법상위호   이익중생일체동
奉行佛法常爲護   利益衆生一切同

고아일심 귀명정례
故我一心 歸命頂禮

탄 백
歎 白

옹호성중혜감명   사주인사일념지
擁護聖衆慧鑑明   四洲人事一念知

애민중생여적자   시고아금공경례
哀愍衆生如赤子   施故我今恭敬禮

유해진언

나무 사만다 못다남오옴 바예염나무 사만다 못다남오옴 바예염나무 사만다 못다남오옴 바예염

운심공양진언

원차향공 변법계 보공무진 삼보례

자비수공 증선근 영법주세 보불은

나막살바 다타아제 박미새바 몰계비약 살바다감

오나아제 바라 혜암 옴 아아나캄 사바하 세번

사다라니

향수나렬 제자건성 욕구공양지주원 수장가지지변화

앙유삼보 특사가지

나무 ○시방 불법승

나무 ○시방 불법승

나무 ○시방 불법승

무량 위덕 자재 광명 ●● 승묘력변식다라니 ●●●

나막 ●● 살바다타 ● 아다야 바로 기제 오옴 삼마 ○라아 ○삼마

라아 ○ 오옴 세번 ◉ ● ● ● ◉

○ ○ 오옴 세번 ◉ ● ● ● ◉

시감로수진언 ●● 나무소로 ●● 바라야 ○다타 ○아다 ○혜○혜 다나

타아 ●● 오옴 ●● 소오로 ○소로바라 ●소오로 바라 ○소오로 사바하 세번

일자수륜관진언 오옴 바암바암 밤바암 세번 ◉◉●●∞●◉

사방찬

○
일쇄동방결도량
●

○
삼쇄서방구정토
●●
○
○

○
이쇄남방득청량
●

○
사쇄북방영안강 ↖
●●
○
○

도량게

도량청정、무하예
道場清淨　無瑕穢

아금지송、묘진언
我今持誦　妙眞言

삼보천룡、강차지
三寶天龍　降此地

원사자비、밀가호
願賜慈悲　密加護

끝난후 ↖

(막바라)

●● ●●
●● ●◉
●● ●◉
●● ●◉
●● ●◉
●●✓ ●◉
●● ●◉
●● ●◉
●● ●◉
●● ●●
●● ∞ ●●
●● ●◉
●● ●◉
◉ ●◉

바하라 ○목하싱하 ●목카야 ○사바하 ○바나마 ○하따야 ○사바하

쟈그라 ○욕타야 ●사바하상카 ○섭낙네 ●모다냐야 ○사바하

●마하라구타 다라야 ○사바하바마 ●사간타이사 시체다 가릿나

이냐야 ○사바하 먀가라 ●잘마이바 ○사나야 ○사바하

나모라 ○다나 ○다라 ○야야 ○나막 ○알야 바로 ○기제 ●새●바●라야

사바하 ○○8○

● 새바라야
○ 사바하 ● 사바하니라 간타야 ○ 사바하 ○ 사바하

○ 사바하 ○ 싯다야 ● 사바하마하 ○ 싯다야 ○ 사바하 ○ 싯다 유예

매다리야 ○ 니라간타 ● 가마사 날사남 바라 하리 ○ 나야마낙

○ 사라시리 시리 소로 소로 ● 못자못자 모다야 모다야 ○

나사야 ○ 호로 호로 마라 ● 호로하례 ○ 바나마 나바 사라

○ 미사미 나사야 나베 ● 사미사미 나사야 ○ 모하자라 미사미

○ 자라 자라마라 미마라 아마라몰제 예혜혜로계 새바라라아

● 도로도로 ● 미연제마하 ○ 미연제 다라 다라 다린나례 ○ 새바라

사마라 하리 나야 ○ 구로 구로갈마 사다야 사다야

伏請偈 [복청게]

伏請大衆 同音唱和 神妙章句大陀羅尼
복청대중 동음창화 신묘장구대다라니

神妙章句大陀羅尼
신묘장구대다라니

○
○
∞

○
○○ 모지 사다 바야 마하 사다 바야 마하가로 니가야

나모라 다나 다라 야야 나막 알약 바로 기제 ●새바라야

●옴 ●살바 바예수 다라나 가라야 다사명 나막 ●까리 ●다바

이맘 알야 바로기제 ○새바라 다바 니라 간타 나막 ●하 ●리 ●나 ●야

마발타 이사미 살발타 ●사다 ●남 수반 ●아예염 ●살바 ●보다 ●남

○바바 ○말아 ●미 ●수다감 ●다냐타○옴 ○아로계 아로가 ○마지

○로가 ○지가 ○란제 ○혜혜 ○하례 ●마하 ●모지 사다바 ○사마라

428 • 법요집

百年貪物一朝塵 (백년탐물일조진)

三日修心千財寶 (삼일수심천재보)

백 년을 탐한 물질은 하루아침의 티끌이요

삼 일 닦은 마음은 천 년의 보배로다.

玉不喝不成器 (옥불탁불성기)

人不學不之道 (인불학불지도)

옥도 다듬지 않으면 그릇을 만들 수 없고

사람도 닦지 않으면 도에 이르지 못한다.

상단권공 (지장청)
上 壇 勸 供　地 藏 請

보례진언
普 禮 眞 言

아금일신중 즉현무진신 변재지장전
我 今 一 身 中　卽 現 無 盡 身　遍 在 地 藏 殿

일일무수례
一 一 無 數 禮

옴 바아라 믹 (세 번)

천 수 경 (대중 다함께 동음) 云 云
千 手 經

거 불
擧 佛

나무 유명교주 지장보살
南 無　幽 冥 敎 主　地 藏 菩 薩

나무 남방화주 지장보살
南 無　南 方 化 主　地 藏 菩 薩

나무 대원본존 지장보살
南 無　大 願 本 尊　地 藏 菩 薩

🔔 보소청진언
普 召 請 眞 言

나무 보보제리 가리다리 다타 아다야 (세 번)

상단권공 (지장청)

널리 절하는 진언

제가 이제 한 몸에서 다함없는 몸을 내어 두루 계신

지장보살님께 빠짐없이 절합니다.

옴 바아라 믹 (세 번)

천 수 경 (대중 다함께 동음) 운 운

지장보살님께 가피를 청함

유명교주 지장보살님이시여,
자비하신 원력으로 광림하소서.

남방화주 지장보살님이시여,
자비하신 원력으로 광림하소서.

대원본존 지장보살님이시여,
자비하신 원력으로 광림하소서.

널리 청하는 진언

나무 보보제리 가리다리 다타 아다야 (세 번)

유 치 由致

앙유 지장대성자 만월진용 징강정안 장마니 이
仰唯 地藏大聖者 滿月眞容 澄江淨眼 掌摩尼 而

시원과위 제함담이 유섭인문 보방자광
示圓果位 蹄菌菩而 猶躡因門 普放慈光

상휘혜검 조명음로 단멸죄근 당절귀의
常揮慧劍 照明陰路 斷滅罪根 倘切歸依

해지감응 시이 사바세계 남섬부주 동양
奚遲感應 是以 娑婆世界 南贍部州 東洋

대한민국 ○○○ 청정수월도량 제당 ○○○재
大韓民國 淸淨水月道場 第當 齋

천혼재자 ○○거주 행효자 ○○○복위 소천망
薦魂齋者 居住 行孝子 伏爲 所薦亡

○○후인 ○○○영가 [재고축 삼고축]
后人 靈駕

이차인연공덕 상세선망 사존부모 누대종친
以此因緣供德 上世先亡 師尊父母 累代宗親

제형숙백 자매질손 원근친척 일체무진
弟兄叔伯 姊妹姪孫 遠近親戚 一切無盡

제불자등 각열위열명영가 금월금일 건설법연
諸佛者等 各列位列名靈駕 今月今日 虔設法筵

정찬공양 남방화주 지장대성 서회자감
淨饌供養 南方化主 地藏大聖 庶廻慈鑑

곡조미성 앙표일심 선진삼청
曲照微誠 仰表一心 先陳三請

재의 사유를 고하는 진언

우러러 생각하옵건대 지장보살님께옵서는 만월 같으신 얼굴과 맑은 강물 같은 눈을 가지셨으며 마니 구슬을 손에 들어 원만한 과위를 보이시고 연꽃 송이에 앉으사 인행의 문을 여의지 않으시며 자비의 광명을 두루 놓으시고 항상 지혜로운 검을 휘두르사 저승의 길을 밝히시오며 죄악의 뿌리를 끊으신다 하오니 귀의하는 정성 간절하면 그 감응 어찌 더디겠나이까. 그러하옵기에

시이 사바세계 남섬부주 동양 대한민국(사찰: 주소) 청정수월도량에서 (주소 성명) 복위 등이 (선망부 모) 등의 영가님께 (재의 명칭) 등을 당하여 극락세계 왕생하옵기를 발원하여 법연을 정성껏 마련하옵고 청정한 공양구를 장만하여 남방화주 지장보살님께 공양을 올리나이다. 자비의 광명을 비추어 주시어서 가냘픈 정성 굽어 감응하시기를 지극한 마음으로 세 번 청하옵나이다.

🔔 나무 일심봉청 자인적선 서구중생 수중금석
南 無 一 心 奉 請 慈 因 積 善 誓 救 衆 生 手 中 金 錫

진개지옥지문 장상명주 광섭대천지계
振 開 地 獄 之 門 掌 上 明 珠 光 攝 大 天 之 界

염왕전상 업경대전 위 남염부제중생
閻 王 殿 上 業 鏡 臺 前 爲 南 閻 浮 提 衆 生

작개증명공덕주 대비대원 대성대자본존
作 個 證 明 功 德 主 大 悲 大 願 大 聖 大 慈 本 尊

지장왕보살 마하살 유원자비 강림도량
地 藏 王 菩 薩 摩 訶 薩 唯 願 慈 悲 降 臨 道 場

수차공양
受 此 供 養

향화청 (세 번)
香 花 請

장상명주일과한   자연수색변래단
掌 上 明 珠 一 顆 寒   自 然 隨 色 辨 來 端

기회제기친분부   암실아손향외간
幾 回 提 起 親 分 付   暗 室 我 孫 向 外 看

고아일심 귀명정례
故 我 一 心 歸 命 頂 禮

🔔 헌좌진언
獻 座 眞 言

묘보리좌승장엄   제불좌이성정각
妙 菩 提 座 勝 莊 嚴   諸 佛 座 己 成 正 覺

아금헌좌역여시   자타일시성불도
我 今 獻 座 亦 如 是   自 他 一 時 成 佛 道

옴 바아라 미나야 사바하 (세 번)

인자하시고 공덕 쌓아 중생구제를 서원하신 지장보살 마하살님께 일심으로 청하오며 지성귀의 하옵니다. 손에는 금빛석장으로 지옥문을 두드려여시고, 손바닥에는 밝은 구슬 지니사 광명으로 대천세계를 감싸시고 염라대왕 전각 업경대 앞에서 남섬부주 중생들의 증명공덕주가 되시는 대자비와 크신 원력의 본존이신 지장보살이시여, 원하옵건대 지금 이 도량에 강림하사 저희들의 공양을 받으옵소서.

꽃과 향 사르며 청합니다
손바닥위 한 알의 밝은 구슬 자연스레 빛깔 따라 어김없이 나타나고 몇 번이고 들어 보이며 친히 알려주었건만 미혹한 중생들은 밖을 향해 바라보네. 저희 이제 일심으로 절하옵니다.

자리를 마련하여 권하는 진언
보리좌를 훌륭하게 꾸몄사온대 삼세제불 깨달음을 이룬 자리네. 지금 바치는 이 자리도 그 같사오니 우리 함께 불도를 이루오리다.
옴 바아라 미나야 사바하 (세 번)

정법계진언
政法界眞言

옴남옴남 옴남옴남 옴남옴남 옴 남 (세 번)

다 게 작법(作法)
茶 偈

금장감로다 봉헌지장전 감찰건간심
今 將 甘 露 茶　奉 獻 地 藏 前　鑑 察 虔 懇 心

원수애납수　　원수애납수
願 垂 哀 納 受　　願 垂 哀 納 受

원수자비애납수
願 垂 慈 悲 哀 納 受

진언변공
眞 言 變 供

향수나열 재자건성 욕구공양지주원
香 羞 羅 列　齋 者 虔 誠　浴 求 供 養 之 周 圓

수장가지지변화 앙유삼보 특사가지
須 仗 加 持 之 變 化　仰 唯 三 寶　特 賜 加 持

나무시방불 나무시방법 나무시방승
南 無 十 方 佛　南 無 十 方 法　南 無 十 方 僧

무량위덕 자재광명승묘력 변식진언
無 量 威 德　自 在 光 明 勝 妙 力　變 食 眞 言

나막 살바다타 아다야 바로기제 옴 삼마라
삼마라 옴 (세 번)

법계를 밝게 하는 진언

옴남옴남 옴남옴남 옴남옴남 옴 남 (세 번)

차 올리는 진언

제가 이제 감로다를 지장보살님께 올리오니 간절한
마음 살피시어 절 받으옵소서. 절 받으옵소서.
자비로써 절 받으옵소서.

진언으로 공양의 변화를 청함

향기로운 음식들을 차려 놓음은 재자들의 간절한 정성
입니다. 공양이 두루 원만하게 이뤄지려면 가지 변화
에 의지해야 하오니 삼보님 특별히 가지를 내리소서.
불 법 승 삼보님께 귀의합니다.

부처님의 자비로써 공양한 음식을
질적 양적으로 변화시키는 진언

나막 살바다타 아다야 바로기제 옴 삼마라
삼마라 옴 (세 번)

🔔 **시감로수진언**
施 甘 露 水 眞 言

나무소로바야 다타 아다야 다냐타 옴

소로소로 바라소로 바라소로 사바하 (세 번)

🔔 **일자수륜관진언**
一 字 水 輪 觀 眞 言

옴 밤 밤 밤밤 (세 번)

🔔 **유해진언**
乳 海 眞 言

나무 사만다 못다남 옴 밤 (세 번)

운심공양진언
運 心 供 養 眞 言

원차향공변법계　　보공무진삼보례
願 此 香 供 邊 法 界　　普 供 無 盡 三 寶 禮

자비수공증선근　　영법주세보불은
慈 悲 受 供 增 善 根　　令 法 住 世 報 佛 恩

나막 살바다타 아제박미 새바 몰계비약 살바다감

오나아제 바라혜암 옴 아아나캄 사바하 (세 번)

감로수가 흘러나오는 진언

나무소로바야 다타 아다야 다냐타 옴 소로소로

바라소로 바라소로 사바하 (세 번)

'밤' 자에서 젖이 한량없이 나오는 진언

옴 밤 밤 밤밤 (세 번)

젖이 바다 같이 많아져 베푸는 진언

나무 사만다 못다남 옴 밤 (세 번)

공양하는 마음을 일으키게 하는 진언

　향기로운 이공양이 온누리에 꽉채워져

　다함없이 삼보님께 두루공양 올리오니

　자비로써 받으시고 선근공덕 길러주사

　거룩하신 부처님께 은혜갚게 해주소서.

나막 살바다타 아제박미 새바 몰계비약 살바다감

오나아제 바라혜암 옴 아아나캄 사바하 (세 번)

예 참
禮 懺

지심정례공양 지장원찬 이십삼존 제위여래불
至心頂禮供養 地藏圓讚 二十三尊 諸位如來佛

지심정례공양 유명교주 지장보살 마하살
至心頂禮供養 幽冥教主 地藏菩薩 摩訶薩

지심정례공양 좌우보처 도명존자 무독귀왕
至心頂禮供養 左右補處 道明尊者 無毒鬼王

유원지장대성 강림도량 수차공양
唯願地藏大聖 降臨道場 受此供養

원공법계제중생 자타일시성불도
願共法界諸衆生 自他一時成佛道

🔔 보공양진언
普供養眞言

옴 아아나 삼바바 바라 훔 (세 번)

🔔 보회향진언
普回向眞言

옴 삼마라 삼마라 미만나 사라마하 자가라가

훔 (세 번)

🔔 대원성취진언
大願成就眞言

옴 아모카 살바다라 사다야 사베 훔 (세 번)

공양 올림

지극한 마음으로 지장원찬 이십삼제위
　　　　　　여래불께 공양을 올립니다.
지극한 마음으로 유명교주 지장보살
　　　　　　마하살님께 공양을 올립니다.
지극한 마음으로 좌우보처 도명존자
　　　　　　무독귀왕님께 공양을 올립니다.

오직 원하옵건대 대원본존 지장보살 마하살님이시
여, 저희 공양 받으시고 가피력을 내리시어 온 법
계의 모든 중생 남김없이 일시성불 하여지이다.

　　모든 성중님께 두루 공양하는 진언
옴 아아나 삼바바 바라 훔 (세 번)

　　널리 회향하는 진언
옴 삼마라 삼마라 미만나 사라마하 자가라가 훔
　　　　　　　　　　　　　　　　(세 번)

　　모든 성취를 발원하는 진언
옴 아모카 살바다라 사다야 사베 훔 (세 번)

🔔 **보궐진언**
補 闕 眞 言

옴 호로호로 사야몰케 사바하 (세 번)

정 근 ※ 정근은 불보살님의 명호를 부르면서
精 勤　　기도 정진하는 수행이다.

나무 남방화주 대원본존 지장보살 ......
南無 南方化主 大願本尊 地藏菩薩

🔔 **지장보살 멸 정업진언**
地藏菩薩 滅 定業眞言

옴 바라라 마니다니 사바하 (세 번)

지장대성위신력　　항하사겁설난진
地藏大聖威神力　　恒河沙怯說難盡

견문첨례일념간　　이익인천무량사
見聞瞻禮一念間　　利益人天無量事

축 원
祝 願

앙고ⓐ 남방화주 대원본존 지장보살 불사자비
仰告　　南方化主 大願本尊 地藏菩薩 不捨慈悲

허수낭감ⓐ 상래소수공덕해 회향삼처실원만
許垂郎鑑　　上來所修功德海 回向三處悉圓滿

사바세계 남섬부주 동양 대한민국 (주소 사암)
沙婆世界 南贍部州 東洋 大韓民國

청정수월도량 거주
清淨水月道場 居住

빠진 것 보완하는 진언

옴 호로호로 사야몰케 사바하 (세 번)

정 근 ※ 정근은 불보살님의 명호를 부르면서 기도
정진하는 수행이다.

나무 남방화주 대원본존 지장보살 ……

지장보살님이 정해진 업을 소멸하는 진언

옴 바라라 마니다니 사바하 (세 번)

지장보살 대성인의 크신 위신력 항하사 겁 말하
여도 다하지 못해 보고 듣고 찰나 동안 예배하여
도 인간 천상 모두 함께 이익 얻으리.

축 원

우러러 고하건대 남섬부주의 교주이며 큰 원력의
본존이신 지장보살님이시여, 자비를 버리지 마시
옵고 지혜광명을 드리워 주옵소서. 지금까지 닦은
바다 같은 공덕을 세 곳으로 회향하오니 모두 원만
하여지이다. 사바세계 남섬부주 동양 대한민국 (사
암: 주소) 청정수월도량에서 지극한 정성으로

제당 ○○재 (재자: 주소) 행효자 ○○○복위
第當　　齋　　　　　　　　　　行孝子　　　伏爲

소천망 ○○○영가 이차인연공덕 지장대성
所薦亡　　　　靈駕　以此因緣功德　地藏大聖

가피지묘력 다겁생래 소작지죄업 실개소멸
加被之妙力　多劫生來　所作之罪業　悉皆消滅

부답명로 즉 왕생극락세계 상품상생지대원
不踏冥路　卽　往生極樂世界　上品上生之大願

재고축 이차인연 염불풍송공덕 왕생서방정토
再告祝　以此因緣　念佛諷誦功德　往生西方淨土

친견미타 획몽제불 득무생법인지대원
親見彌陀　獲夢諸佛　得無生法忍之大願

억원 영가위주 상세선망 사존부모 누대종친
抑願　靈駕爲主　上世先亡　師尊父母　累代宗親

제형숙백 자매질손 원근친척 일체애혼 불자등
弟兄叔伯　姉妹姪孫　遠近親戚　一切哀魂　佛子等

각열위열명영가 차도량내외 동상동하 일체
各列爲列名靈駕　此道場內外　洞上洞下　一切

유주무주 고혼 제불자등 각열위열명영가 이차
有主無主　沈魂　諸佛子等　各列位列名靈駕　以此

인연공덕 불보살가피지력 함탈삼계지고뇌
因緣功德　佛菩薩加被之力　咸脫三界之苦惱

왕생 왕생 원왕생 원왕생 왕생극락세계
往生　往生　願往生　願往生　往生極樂世界

상품상생지대원
上品上生之大願

오늘 (재명)재를 봉행하는 행효자 (주소 성명)복위 ○○○영가 이차 인연공덕으로 지장보살님께서 보살피는 오묘한 힘을 입어 여러 겁 동안 지은 죄업이 모두 소멸되고, 저승길에 헤매이지 않고 곧바로 극락세계 왕생하여 상생상품하게 하옵소서. 다시 축하하옵건대 염불하고 경을 외운 공덕으로 부처님께서 감로수 뿌려주심을 입어 밝은 지혜 환히 깨달아 무생법인을 얻을지어다.

거듭 원하옵건대 영가를 중심으로 먼저 돌아가신 스승, 부모, 여러 대의 종친, 형제, 숙부, 백부, 모든 친족 등 여러 영가와 이 도량 안과 밖, 윗동네와 아랫동네, 주인이 있거나 없는 외로운 영혼, 모든 불자 등 각각 영가들이 이 인연공덕으로 불보살의 가피력을 입어 모두 삼계의 고뇌를 벗어나 왕생 왕생 원왕생 극락세계에 왕생하여 상품상생 하여지이다.

억원 금차 금일지성재자 (주소 성명) 각각등 보체
抑 願 今 此 今 日 至 誠 齋 者　　　各 各 等 保 體

이차인연공덕 불보살가피력 무병장수 복덕구족
以 此 因 緣 功 德 佛 菩 薩 加 被 力 無 病 長 壽 福 德 具 足

만사대길 각기 심중 소구소원 여의원만
萬 事 大 吉 各 其 心 中 所 求 所 願 如 意 圓 滿

성취발원
成 就 發 願

연후원 항사법계 무량불자등 동유화장장엄해
然 後 願 恒 沙 法 界 無 量 佛 子 等 同 遊 華 藏 莊 嚴 海

동입보리대도량 상봉화엄불보살
同 入 菩 提 大 道 場 常 逢 華 嚴 佛 菩 薩

항몽제불대광명 소멸무량중죄장
恒 蒙 諸 佛 大 光 明 消 滅 無 量 衆 罪 障

획득무량대지혜 돈성무상최정각
獲 得 無 量 大 智 慧 頓 成 無 上 最 正 覺

광도법계제중생 이보제불막대은
廣 度 法 界 諸 衆 生 以 報 諸 佛 莫 大 恩

세세상행보살도 구경원성살반야
世 世 常 行 菩 薩 道 究 竟 圓 成 薩 般 若

마하반야바라밀
摩 訶 般 若 婆 羅 密

거듭 원하옵건대 오늘 지극정성 발원재자 (주소 성명) 각각등 보체가 이 인연공덕으로 제불보살님의 가피력을 입어 건강하고 행복하며 수명은 길어지고 복덕이 구족하여 만사가 대길하고 각자 마음 속에 구하는 원들이 원만히 뜻대로 이루어지이다.

그런 뒤에 갠지스강 모래수와 같이 많은 법계의 한량없는 불자들이, 꽃으로 장엄된 화장세계에 노닐며 깨달음의 도량에 들어가 항상 화엄세계의 불보살님들과 만나 뵙고 모든 부처님의 크신 광명을 입어 무량한 죄업 소멸되고 한량없는 큰 지혜를 얻어 위없는 바른 깨달음을 단박에 이루어 널리 법계의 모든 중생을 제도하여 부처님의 크신 은혜 원하오며, 세상에 날 때마다 보살도를 행하여 마침내 일체지를 원만히 이루어지게 하옵소서.

마하반야바라밀 마하반야바라밀 마하반야바라밀
나무 석가모니불   나무 석가모니불
나무 시아본사 석가모니불

화 청

⊙ ● ⊙ ● ● ⊙᷉

어~~~   지심걸청 지심걸청 일회대중

일심봉청

⊙ ● ⊙ ● ● ⊙᷉

어~~헐랑 두어두어 금일영가

소천 망 엄부(자모) ○○ 후인 ○○ 영가

인간세상 나왔다가 사바세계 여의시고 명부세계

돌아간지 어언간에 (금일재명) 돌아와서 대원지장

보살님께 다과공양 진설하고 왕생극락 하시라고

지성으로 발원하니 좋은염불 많이듣고 상품연대

가옵소서. ⊙ ● ● ⊙ ● ⊙

일가권속 함께모여 지극하신 정성으로 명부상단

불을밝혀 칠보대상 모셔놓고 극락세계 가시라고

축원하고 발원하니 삼천대천 불보살이 이회상에

강림하여 고혼영가 인도하네 금일영가 천혼영가

지혜광명 빛을받아 삼계화택 영리하여 생사고해

건너갈때 반야용선 빌려타고 인의예지 효자충신
노를젓고 열녀효부 닻을감아 한가운데 극락도사
아미타불 사자상에 정좌하고 좌우보처 양대보살
관음세지 시위로다. ◉●◉ ◉●◉

이물에는 인로왕보살 천첩보개 손에들고
화만영락 몸에걸고 그물에는 지장보살 장상명주
대천세계 비추시고 하단에는 사바세계 염불중생
가득싣고 망망창해 넓은바다 건너갈때 팔부신장
옹호하고 천동천녀 시위하네 어느선녀 학을타고
어느선녀 연화들고 어느선녀 감로들고 어느동자
사자타고 어느동자 소라불고 어느동자 향화들며
갖추갖추 풍악잡혀 무변대해 건너갈때

◉●◉ ◉●◉

어떤강은 천수강요 어떤강은 황천강요 어느강은
지옥강요 어느강은 극락강요 지장보살 수경보검
장상명주 번쩍들어 모든강을 막아놓고 극락으로
건너가니 극락이라 하는곳은 부는바람 요풍이요

돋는달은 순월이라 요풍순월 짝을지어 아미타불
대원품에 들어가니 극락세계 여길세라.

◉●◉ ◉●◉

우리세존 대법왕이 미타경에 이르기를 극락이라
하는나라 이세상과 전혀달라 황금으로 땅이되고
백은으로 성을쌓고 칠중난순 둘러있고 칠보라망
덮혔는데 무비상묘 보배로다 한~편을 바라보니
온갖새가 날아든다 무슨새가 날아드나 청학백학
비금주수 앵무공작 두견조와 가릉빈가 공명조도
새소리로 아니울고 아미타불 사십팔원 육자염불
노래하며 법성원융 넓은뜰을 자유자재 노닐면서
싸앙쌍이 날아드니 극락세계 분명코나.

●◉● ◉●◉

또오한편 바라보니 사~향수 맑은연못 오색연화
가득한데 연화마다 광명이요 광명좇아 향내나고
향내따라 서기로다 금일영가 천혼영가 서기방광
다리놓아 금일영가 ○○영가 팔공덕수 목욕하니
정~신이 쾌락쿠나 아미타불 큰원력이 마정수기

증득하고 구품연대 탄생하여 무진복락 받으시니
금일영가 살아생전 염불하신 공덕이고 일가권속
친척들의 지극하신 성심이라.　　◉ ● ◉　◉ ● ◉

이이세상 천지간에 사람밖에 또있는가 여보시오
시주님네 이내말씀 들어보소 이세상에 나올적에
뉘덕으로 나왔는가 불보살님 은덕으로 아버님전
뼈를빌려 어머님전 살을타고 칠성님께 명을타고
제석님전 복을타고 석가여래 제도하에 이내일신
탄생하니 한두살에 철을몰라 부모은공 모르다가
이삼십을 당해서는 애~욕한 고생살이 부모은공
갚을쏘냐 절통하고 통분하다.　　◉ ● ◉　◉ ● ◉

부모은공 못다갚아 무정세월 여류하여 원수백발
달려드니 인생칠십 고희~라 없던망령 절로난다
망령들어 변할쏘냐 이팔청춘 소년들아 늙은망령
웃지마라 눈어둡고 귀어두니 망령이라 흉을보며
구석구석 웃는모양 애닯고도 설운지고 절통하고

분통하다. ◉●●◉ ◉●◉

홍안백발 되었으니 다시젊지 못하리라 인간백년
살지라도 병든날과 잠든날과 근심걱정 다제하면
단사십도 못사나니 어제오늘 성턴몸이 하룻사이
병이들어 섬섬하고 약한몸이 태산같이 무거워라
부르나니 어머니요 찾는것은 냉수로다 인삼녹용
약을쓴들 약덕이나 입을쏘냐 판수불러 경읽으니
경덕인들 입을쏘냐 재미쌀을 쓸고쓸어 명산대천
찾아가서 상~탕에 마지짓고 중~탕에 목욕하고
하~탕에 수족씻고 촛대한쌍 올려놓고 향로향갑
불갖추고 소지한장 든연후에 비나이다 비나이다
삼보님전 비나이다 칠성님전 발원하고 신장님전
공양한들 어느성현 알음있어 감응이나 할까보냐.

◉●◉ ◉●◉

이세상에 나올적에 남녀노소 막론하고 빈손빈몸
들고나와 목욕탐심 너무마소 삼일수심 천재보요
백년탐물 일조진데 삼일동안 닦은마음 일천년에

보배되고 백년동안 탐한재물 하루아침 티끌이라
초로같은 우리인생 위수중에 부평같고 풀~끝에
이슬같고 바람앞에 등불같고 단불에는 나비같고
하루살이 같은목숨 백년살며 천년사나 이세월이
견고한줄 태산같이 믿으면서 인간세상 살았건만
백년광음 못다가서 저승길을 돌아가니 애~달픈
이길이라. ⊙●⊙ ⊙●⊙

이제한번 돌아가면 언제다시 돌아와서 처자권속
손을잡고 만단설화 나눠볼까 춘~초는 연년록요
왕~손은 귀불귀라 일백년을 산다해도 일장춘몽
꿈이로다 우리인생 한번가면 다시오기 어려워라
인생부득 항소년은 풍월중에 명담이요 삼천갑자
동방삭은 전생후생 초문이라 팔백년을 살던팽조
고문금문 또있을까 분~같은 이세상에 초로같은
우리인생 잠시잠깐 나왔다가 속절없이 돌아가니
슬프고도 애닯도다. ⊙●⊙ ⊙●⊙

금일영가 천혼영가 인간세상 태어나서 한평생을
살아갈제 기쁜날이 몇날이며 좋은일이 얼마던가
세상인연 다마치고 저세상을 돌아갈제 애지중지
기른자손 어느자손 대신가며 죽자살자 하던친구
어느친구 함께가나 속절춘광 지부황천 면치못할
이길이라 해와달이 공하거든 세월믿고 무엇하며
처자권속 공하거늘 황천길에 만날쏜가 이화도화
곱다마소 꽃이피면 며칠가나 공명길상 호걸보소
부귀영화 허사로라 죽음길에 노소있나 금은칠보
소용없네 부귀빈천 돌고돌아 북망산천 무덤되고
다비장이 연기된다 동쪽에서 솟는해가 서산낙일
되었으니 밤이되고 닭이운다 청춘세월 믿지말고
허송세월 하지마소. ◉●◉ ◉●◉

무명업력 깊은밤에 길밝히는 등불이요 생사고해
넓은바다 건너가는 돛대로다 염불정진 회피하고
극락세계 어찌가나 염불이라 하는것은 선한맘도
염불이요 어진맘도 염불이며 부모님께 효도함도

염불이라 염불하면 불법이요 불법하면 요순이라
내맘내뜻 모르거든 남을보아 깨치소서 이몸받아
나온사람 남녀노소 존비귀천 막론하고 일생일사
있는거요 인간세상 살아갈제 악한업을 짓지마소
악한업을 짓고보면 염라대왕 친구라도 북망산천
모셔갈때 인정없고 사정없네. ◉●◉ ◉●◉

어이하면 이세상에 죽지않고 오래남아 장생불사
하여보나 세도크면 산다더니 요순우탕 문무주공
성덕없어 붕어시며 글잘하면 산다더니 공명같은
성현네는 글못하여 돌아갔나 재산많아 산다더니
만고일부 석숭이는 재물없어 죽었으며 약잘쓰면
산다더니 화타편작 명의술은 약명몰라 죽었는가
말잘하면 산다더니 구변좋은 소진장의 육군제왕
다달래고 염라왕만 못달래고 그도또한 허사로다.
◉ ● ◉ ● ● ◉

빈객삼천 맹상군도 죽어지면 간곳없고 백사천손
곽분양도 죽고나면 자취없네 만고영웅 진시왕도

여산추초 잠들었고 글잘쓰는 이태백도 기경산천
하여있네 천하영웅 초패왕도 오강월야 흔적없고
구선하던 한무제도 분수추풍 한탄이라 이세상에
나온사람 영웅이라 말을말고 호걸이라 자랑마소
영웅인들 죽지않고 호걸인들 늙지않나 만고영웅
진시왕도 불사약을 찾았건만 해와달이 가로막혀
못구하고 말았으니 그도또한 허사로다.

◉ ● ◉ ◉ ● ◉

명사십리 해당화야 꽃진다고 설워마라 명년삼월
봄이되면 너는다시 피련마는 초로같은 우리인생
이세상을 하직하면 움이나나 싹이나나 영결종천
가고만다 북망산천 돌아갈제 어찌갈꼬 험한험로
한정없는 길이로다 만단설화 다못하여 처자권속
손을잡고 정신차려 살펴보니 이내육신 살린손가
구사당에 하직하고 신사당에 허배한후 대문밖을
썩나서니 적삼내어 손에들고 혼백불러 초혼하니
없던곡성 낭자쿠나. ◉ ● ◉ ◉ ● ◉
십대왕의 명을받아 이세상에 나왔다가 황천길을

돌아갈때 일직사자 월직사자 한~손에 창검들고
또한손에 성명삼자 적어들고 쇠사슬을 비껴차고
활등같이 굽은길을 살대같이 달려가서 닫은문을
걷어차고 어서나오 바삐나오 뉘영이라 거역하며
뉘분부라 어길쏘냐 팔뚝같은 쇠사슬로 결박하고
끌어내어 실날같은 이내목숨 혼비백산 질책하니
일월조차 무광이라. ◉●●◉●●◉

일직사자 앞을서고 월직사자 등을밀고 풍우같이
재촉하여 천방지축 모셔갈때 높은데는 낮아지고
낮은곳은 높아진다 그렁저렁 여러날에 두사자의
벗을삼아 저승원문 당도하니 우두나찰 마두귀졸
문전문전 늘어서서 인정달라 비는구나 무엇으로
인정쓸까 인정쓸돈 반푼없다 이차인연 공덕으로
그문전을 들어가니 무섭기도 끝이없고 두렵기도
측량없다 대명하고 기다리니 옥사장의 분부받고
남녀죄인 등대시켜 낱낱이도 문초할때 인간세상
살았을때 무슨공덕 지었느냐. ◉●◉◉●◉

배고픈이 밥을주어 아사구제 하였느냐 헐벗은이
옷을주어 구란공덕 하였느냐 깊은물에 다리놓아
월천공덕 하였느냐 좋은밭에 원두심어 행인해갈
하였느냐 목마른이 물을주어 급수공덕 하였느냐
병든사람 약을주어 활인공덕 하였느냐 높은산에
법당지어 중생공덕 하였느냐 부처님께 공양하고
마음닦고 선심하여 염불공덕 지었느냐.

◉ ● ◉ ◉ ● ◉

여보시오 시주님네 또한말씀 들어보소 이세상에
나온사람 남녀노소 물론하고 이세상에 나왔거든
놀지말고 염불하소 염불해야 성불하고 성불해야
극락가오 염불이라 하는것은 착한맘도 염불이고
순한맘도 염불이라 일가친척 화목하고 처자권속
사랑하고 친구간에 우애있고 이웃간에 인정주고
나라에는 충성함이 이모두가 염불이며 부모님께
효도함이 염불중에 염불이라. ◉ ● ◉ ◉ ● ◉
내맘내뜻 모르거든 성현보아 깨치소서 공~수래
공수거라 빈손빈몸 들고왔다 빈손으로 돌아가는

초로같은 우리인생 아차실수 한번하면 헤어나기
어려워라 단~불에 나비같고 유수중에 방울같고
풀~끝에 이슬같은 하루살이 같은인생 이제한번
돌아가면 언제다시 돌아오랴 올~길이
막연하고 막연쿠나. ◉ ● ◉　◉ ● ◉
십대왕을 모셔보세 제일전에 진광대왕 제이전에
초강대왕 제삼전에 송제대왕 제사전에 오관대왕
제오전에 염라대왕 제육전에 변성대왕 제칠전에
태산대왕 제팔전에 평등대왕 제구전에 도시대왕
제십전에 전륜대왕 십대왕의 명을받아 구품연대
모셔놓고 모진법문 설하시니 그도또한 쾌락이라
대명천지 밝은달은 높은산에 먼저돋고 대자대비
부처님은 정성심을 먼저보네 정성이면 지성이요
지성이면 감응인데 무량무변 세계중에 극락세계
제일이라 인연따라 생멸하는 사바세계 집착말고
부지런히 마음닦아 극락세계 상품상대 가봅시다
　　　　　　　　　◉ ● ◉　◉ ● ◉
금일날에 ○○영가 ○○재를 받읍시고 극락세계

상품상생 구품연대 탄생되어 무진복락 한~없이
받읍시게 되었으니 이~또한 금일영가 살아생전
염불하신 공덕이고 일가권속 친척들의 지극하신
성심이라. ◉ ● ◉ ◉ ● ◉

일심봉청 남방화주 환희세계 중생도중 방증보리
지옥미제 서불성불 대비대원 대성대자 고혼천도
지장보살 ● ◉ ● ● ● ● ● √● ◉

공덕공덕 상래소수 불~공덕 ● ● ●√● ◎
원만원만 회향삼처 실~원만 ● ● ●√● ◎
원력원력 지장대성 서~원력 ● ● ●√● ◎
고해고해 항사중생 출~고해 ● ● ●√● ◎
옥공옥공 심전조율 지~옥공 ● ● ●√● ◎
만세만세 만만세 대한민국 천추만세

● ● ●√● ◎

원아 금유차일 사바세계 남섬부주 동양 대한민국
(사암: 주소) 거주 원아금차 지극지정성 천혼재자

행효자 ○○생 ○○일문가족 등 복위

소천망 엄부(자모) ○○후인(유인) ○○○영가

●● •√● ◎

왕생 왕생 원왕생 왕생극락세계 상품상생 구품연
대지 발원 ●● •√● ◎

명장 명장 수명장 세월무궁 쾌락즉진사막유

●● •√● ◎

일일유 천상지경 시시무 백해지제 ●● •√● ◎

이보제불막대은 세세상행보살도 구경원성살바야
마하반야바라밀 마하반야바라밀 마하반야바라밀

●◎ ●●●● •√● ●●◎

중단퇴공
中 壇 退 供

※ 상단불공을 마치고 공양물을 신중단으로 옮기고 하는 의식

진공진언
進 供 眞 言

옴 살바반자 사바하 (세 번)

이차청정향운공 봉헌옹호성중전
以 此 淸 淨 香 雲 供 奉 獻 擁 護 聖 衆 前

감찰재자건간심
鑑 察 齋 者 虔 懇 心

원수애납수 (절)　　원수애납수 (절)
願 垂 哀 納 受　　　願 受 哀 納 受

원수자비애납수 (절)
願 受 慈 悲 哀 納 受

지심정례공양 진법계 허공계 화엄회상 상계
至 心 頂 禮 供 養 盡 法 界 虛 空 界 華 嚴 會 上 上 界

욕색제천중 (절)
欲 色 諸 天 衆

지심정례공양 진법계 허공계 화엄회상 중계
至 心 頂 禮 供 養 盡 法 界 虛 空 界 華 嚴 會 上 中 界

팔부사왕중 (절)
八 部 四 王 衆

지심정례공양 진법계 허공계 화엄회상 하계
至 心 頂 禮 供 養 盡 法 界 虛 空 界 華 嚴 會 上 下 界

호법선신 영기등중 (절)
護 法 善 神 靈 祈 等 衆

중단퇴공

※ 상단불공을 마치고 공양물을 신중단으로 옮기고 하는 의식

참된 공양을 올리는 진언

옴 살바반자 사바하 (세 번)

청정하고 향기로운 공양을 화엄성중께 올리오니

재자들의 간절한 마음을 살피셔서

받으옵소서. (절)

받으옵소서. (절)

자비로써 받으옵소서. (절)

지극한 마음으로, 진법계 허공계 화엄회상 상계

욕계 색계 제천중께 공양올리옵니다.

지극한 마음으로, 진법계 허공계 화엄회상 중계

팔부사왕님께 공양올리옵니다.

지극한 마음으로, 진법계 허공계 화엄회상 하계

일체 호법선신님께 공양올리옵니다.

유원 신중자비 옹호도량 실개수공발보리
唯願 神衆慈悲 擁護道場 悉皆受供發菩堤

시작불사도중생
施作佛事度衆生

진언가지
眞言加持

상래가지이흘 공양장진 이차향수 특신공양
上來加持已訖 供養獎進 以次香羞 特伸供養

향공양 연향공양 등공양 연등공양 다공양
香供養 燃香供養 燈供養 燃燈供養 茶供養

선다공양 과공양 선과공양 미공양 향미공양
善茶供養 果供養 善果供養 米供養 香米供養

유원 신장 애강도량 불사자비 수차공양
唯願 伸將 哀降道量 不捨慈悲 受此供養

🔔 보공양진언
普供養眞言

옴 아아나 삼바라 바아라 훔 (세 번)

🔔 금강심진언
金剛心眞言

옴 오륜이 사바하 (세 번)

🔔 예적대원만다라니
穢跡大圓滿陀羅尼

오직 바라옵나니 신중님이시여, 자비로 도량을
옹호하사 공양을 받으시고 보리심 내어 불사를
이루시고 모든 중생 일시성불 제도하옵소서.

　　진언으로 가지된 공양
위에서 가지를 마친 향긋한 공양구를 특별히 펼쳐
올리고자 하옵니다. 향을 살라 공양하옵고, 등
을 켜 공양하오며, 선계의 감로다로 공양하오며,
선계의 과일로 공양하오며, 향기로운 특미로 공
양하오니 신장님이시여, 이 도량에 오셔서 자비
를 버리지 마시고 이 공양을 받으소서.

　　널리 공양하는 진언
옴 아아나 삼바라 바아라 훔 (세 번)

　　번뇌를 끊고 금강유정을 얻게 하는 진언
옴 오륜이 사바하 (세 번)

　　예적금강성자의 원만성취 다라니

계수예적금강부
稽首穢跡金剛部

석가화현금강신
釋迦化現金剛身

삼두노목아여검
三頭弩目牙如劍

팔비개집항마구
八臂皆執降魔具

독사영락요신비
毒蛇瓔珞繞身臂

삼매화륜자수신
三昧火輪自隨身

천마외도급망량
天魔外道及魍魎

문설신주개포주
聞說神呪皆怖走

원승가지대위력
願承加持大威力

속성불사무상도
速成佛事無上道

옴 비실구리 마하바라 한내 믹집믹 혜마니
미길미 마나세 옴 자가나 오심모 구리 훔 훔
훔 박박 박박박 사바하   (세 번)

🔔 항마진언
降魔眞言

아이금강삼등방편
我以金剛三等方便

신승금강반월풍륜
身乘金剛半月風輪

단상구방남자광명
壇上具放南字光明

소여무명소적지신
燒汝無明所積之身

역칙천상공중지하
亦勅天上空中地下

소유일체작제장난
所有一切作諸障難

불선심자개래호궤
不善心者皆來胡跪

청아소설가지법음
聽我所說加持法音

석가불의 화현이신 예적금강께 절하옵니다.

세 개의 머리에 부릅뜬 눈, 칼 같은 송곳니, 여덟 팔엔 항마의 법구 잡고, 독사로 된 영락으로 온몸 두르고, 삼매의 불 바퀴가 몸을 따르니 하늘 마귀 외도들과 도깨비들은 신비한 주문 듣고 두려워 달아나네. 가지의 크나큰 위신력을 보이사 불사와 무상도를 속히 이뤄주소서.

옴 비실구리 마하바라 한내 믹집믹 혜마니
미길미 마나세 옴 자가나 오심모 구리 훔 훔 훔
박박 박 박박 사바하   (세 번)

마구를 항복받는 진언
내 이제 금강의 세 가지 방편으로, 금강 같고 반월 같은 풍륜을 타고 단에 올라 '람' 자 광명 토해내어, 무명 쌓여 이루어진 너의 몸을 태우리라. 또한 천상 허공 땅속 모든 세계 명령 내려, 일체의 지은 장애와 어려움을 없애리니 악한 자는 모두 와서 무릎 꿇고 내가 설한 가지법을 들을지어다.

사제포악패역지심　　어불법중함기신심
捨諸暴惡悖逆之心　　於佛法中咸起信心

옹호도량역호시주　　강복소재
擁護道場亦護施主　　降福消災

옴 소마니 소마니 훔 하리한나 하리한나 훔
하리한나 바나야 훔 아나야 혹 바암밤 바아라
훔 바탁 (세 번)

　　🔔 제석천왕제구예진언
　　　帝釋天王除垢穢眞言

아지부 데리나 아지부 데리나 미아데리나
오소데리나 아부다 데리나 구소데리나 사바하
(세 번)

　　🔔 십대명왕본존진언
　　　十大明王本尊眞言

옴 호로호로 지따지따 반다반다 하나하나
아미리제 옴박

　　🔔 소청팔부진언
　　　召請八部眞言

옴 살바리바나 가아나리 사바하 (세 번)

불법 가운데서 신심을 내어 어리석고 포악한 마
음일랑 모두 버리면 이 도량과 시주들을 옹호하
여 재앙을 없애고 복을 내릴지라.
옴 소마니 소마니 훔 하리한나 하리한나 훔
하리한나 바나야 훔 아나야 혹 바암밤 바아라 훔
바탁 (세 번)

　더러움을 없애는 제석천왕의 진언
아지부 데리나 아지부 데리나 미아데리나
오소데리나 아부다 데리나 구소데리나 사바하
(세 번)

　십대명왕의 본심 진언

옴 호로호로 지따지따 반다반다 하나하나
아미리제 옴박

　팔부 신장을 청하는 진언

옴 살바리바나 가아나리 사바하 (세 번)

마하반야바라밀다심경
摩訶般若波羅蜜多心經

관자재보살 행심반야바라밀다시 조견오온개공 도
觀自在菩薩 行深般若波羅蜜多時 照見五蘊皆空 度

일체고액 사리자 색불이공 공불이색 색즉시공 공
一切苦厄 舍利子 色不異空 空不異色 色卽是空 空

즉시색 수상행식 역부여시 사리자 시제법공상 불
卽是色 受想行識 亦復如是 舍利子 是諸法空相 不

생불멸 불구부정 부증불감 시고 공중무색 무수상
生不滅 不垢不淨 不增不減 是故 空中無色 無受想

행식 무안이비설신의 무색성향미촉법 무안계 내지
行識 無眼耳鼻舌身意 無色聲香味觸法 無眼界 乃至

무의식계 무무명 역무무명진 내지 무노사 역무노
無意識界 無無明 亦無無明盡 乃至 無老死 亦無老

사진 무고집멸도 무지역무득 이무소득고 보리살타
死盡 無苦集滅道 無智亦無得 以無所得故 菩提薩埵

의반야바라밀다 고심무가애 무가애고 무유공포 원
依般若波羅蜜多 故心無罣碍 無罣碍故 無有恐怖 遠

리전도몽상 구경열반 삼세제불 의반야바라밀다 고
離顚倒夢想 究竟涅槃 三世諸佛 依般若波羅蜜多 故

득아뇩다라삼먁삼보리 고지반야바라밀다 시대신
得阿耨多羅三藐三菩提 故知般若波羅蜜多 是大神

주 시대명주 시무상주 시무등등주 능제일체고 진
呪 是大明呪 是無上呪 是無等等呪 能除一切苦 眞

실불허 고설반야바라밀다주 즉설주왈 「아제아제
實不虛 故說般若波羅蜜多呪 卽說呪曰 揭諦揭諦

바라아제 바라승아제 모지 사바하」(세 번)
波羅揭諦 波羅僧揭諦 菩提 娑婆訶

마하반야바라밀다심경

관자재보살이 깊은 반야바라밀다를 행할 때, 오온이 공한 것을 비추어 보고 온갖 고통에서 건지느니라. 사리자여, 색이 공과 다르지 않고 공이 색과 다르지 않으며, 색이 곧 공이요 공이 곧 색이니, 수 상 행 식도 그러하니라. 사리자여, 모든 법은 공하여 나지도 멸하지도 않으며, 더럽지도 깨끗하지도 않으며, 늘지도 줄지도 않느니라. 그러므로 공 가운데는 색이 없고 수 상 행 식도 없으며, 안 이 비 설 신 의도 없고, 색 성 향 미 촉 법도 없으며, 눈의 경계도 의식의 경계까지도 없고, 무명도 무명이 다함까지도 없으며, 늙고 죽음도 늙고 죽음이 다함까지도 없고, 고 집 멸 도도 없으며, 지혜도 얻음도 없느니라. 얻을 것이 없는 까닭에 보살은 반야바라밀다를 의지하므로 마음에 걸림이 없고 걸림이 없으므로 두려움이 없어서, 뒤바뀐 헛된 생각을 멀리 떠나 완전한 열반에 들어가며, 삼세의 모든 부처님도 반야바라밀다를 의지하므로 최상의 깨달음을 얻었느니라. 반야바라밀다는 가장 신비하고 밝은 주문이며 위없는 주문이며 무엇과도 견줄 수 없는 주문이니, 온갖 괴로움을 없애고 진실하여 허망하지 않음을 알지니라. 이제 반야바라밀다주를 말하리라.

「아제아제 바라아제 바라승아제 모지 사바하」(세 번)

불설소재길상다라니
佛 說 消 災 吉 祥 陀 羅 尼

나무 사만다 못다남 아바라지 하다사 사나남

다냐타 옴 카카 카혜카혜 훔훔 아바라 아바라

바라아바라 바라아바라 자따지따 지리지리

빠다빠다 선지가 시리예 사바하 (세 번)

🔔 대원성취진언
大 願 成 就 眞 言

옴 아모카 살바다라 사다야 시베 훔 (세 번)

🔔 보궐진언
補 闕 眞 言

옴 호로호로 사야몰케 사바하 (세 번)

정 근
精 勤

나무 위령막측 신변난사 위도중생 화엄성중…
南 無 威 靈 莫 測 神 變 難 思 爲 度 衆 生 華 嚴 聖 衆

(나무 일백사위 제대현성 화엄성중)
南 無 一 百 四 位 諸 大 賢 聖 華 嚴 聖 衆

화엄성중----(108번 이상)

재난을 소멸하고 좋은 일이 생기는 다라니

나무 사만다 못다남 아바라지 하다사 사나남
다냐타 옴 카카 카혜카혜 훔훔 아바라 아바라
바라아바라 바라아바라 자따지따 지리지리
빠다빠다 선지가 시리예 사바하 (세 번)

대원성취를 발원하는 진언

옴 아모카 살바다라 사다야 시베 훔 (세 번)

빠진 것을 보완하는 진언

옴 호로호로 사야몰케 사바하 (세 번)

정근
불법을 수호하시고 도량을 지켜주시는
화엄성중님께 귀의하옵니다.
(일백네 분 화엄성중께 귀의합니다)
화엄성중----(108번 이상)

화엄성중혜감명   사주인사일념지
華嚴聖衆慧監明   四州人事一念知

애민중생여적자   시고아금공경례
哀愍衆生如赤子   是故我今恭敬禮

축 원
祝 願

앙고 화엄회상 제대현성 첨수연민지지정
仰告 華嚴會上 諸大賢聖 僉垂憐愍之至情

각방신통지성력 상래소수공덕해
各放神通之聖力 上來所修功德海

회향삼처실원만
回向三處悉圓滿

사바세계 남섬부주 동양 대한민국 (주소) 산하
娑婆世界 南贍部州 東洋 大韓民國 山下

○○사 청정수월도량 원아금차 지극지정성
寺 清淨水月道場 願我今此 至極之精誠

헌공발원재자 (주소) 거주 성명 각각등 보체
獻供發願齋者 居住 性名 各各等 保體

앙몽 화엄성중 가호지묘력 신무일체 병고액난
仰夢 華嚴聖衆 加護之卯力 身無一切 病苦厄難

심무일체 탐연미혹 영위소멸 각기 사대강근
心無一切 貪戀迷惑 永爲消滅 各其 四大强健

육근청정 악인원리 귀인상봉 자손창성
六根清淨 惡人遠離 貴人相逢 子孫昌盛

부귀영화 만사일일 여의원만성취발원
富貴榮華 滿事一一 如意圓滿成就發願

화엄성중 큰 지혜로 밝게 살펴 온 세계의 모든
일을 한 생각에 다 아시고 모든 중생 자식처럼
어여삐 여기사, 저희 이제 공경하며 절하옵니다.

축 원

우러러 고하건대 화엄회상의 모든 성현들이시여,
저희를 불쌍히 여기시는 지극한 마음을 드리우사
모두에게 신통력을 발현해 주옵소서. 지금까지 닦
은 바다 같은 공덕을 세 곳으로 회향하오니 모두
원만하여지이다.

사바세계 남섬부주 동양 대한민국 (주소) 산하 ○○
사 청정수월도량에서, 오늘 지극한 정성으로 공양
올리며 발원하는 재자 ○○○보체 등이 이 인연공
덕으로 화엄성중님의 가피하는 힘을 입어 몸에는
일체의 병고와 액난이 없고, 마음은 일체의 탐함
과 어리석음이 영원히 사라지고, 모두 사대가 건
강하고 육근이 청정해지고 악인은 멀어지며 귀인
을 만나고, 자손은 창성해지고 부귀와 영화 누리
는 등 만사가 뜻대로 원만히 성취되게 하옵소서.

재고축 원아금차 지극지정성 헌공발원재자
再告祝 願我今此 至極之精誠 獻供發願齋者

각각등 보체 참선자 의단독로 염불자
各各等 保體 參禪者 疑團獨露 念佛者

삼매현전 간경자 혜안통투 병고자 즉득쾌차
三昧現前 看經者 慧眼通透 病苦者 卽得儈差

직무자 수분성취지대원
職務者 隨分成就之大願

억원 동서사방 출입제처 상봉길경 불봉재해
抑願 東西四方 出入諸處 相逢吉慶 不逢災害

관재구설 삼재팔난 사백사병 일시소멸
官災口舌 三災八難 四百四病 一時消滅

재수대통 부귀영화 만사여의원만형통지대원
財數大通 富貴榮華 萬事如意願滿亨通之大願

연후원 처세간여허공 여련화불착수
然後願 處世間如虛空 如蓮花不着水

심청정초어피 계수래무상존 구호길상
心淸淨超於彼 稽首 無上尊 俱護吉祥

마하반야바라밀
魔訶般若婆羅蜜

거듭 아뢰옵니다.

금일 지극한 정성으로 발원하는 각각등 보체등이 참선하면 의단이 분명하고, 염불하면 삼매가 드러나고, 간경하면 혜안이 열리고, 신병고통은 쾌차하고, 직무를 행하면 분수대로 성취하게 하옵소서.

거듭 아뢰옵건대,

동서사방 다니는 곳마다 경사를 만나고 재앙을 겪지 않으며, 관재구설과 삼재팔난과 사백사병이 일시에 소멸되고, 재수는 대통하고 부귀는 영화롭고 만사가 뜻대로 원만히 이루어지이다.

그런 뒤에, 세상 살기를 허공 같이 하고 더러움에 물들지 않는 연꽃 같이 마음이 청정하여 정토에 태어나게 하옵소서. 길상 모두 갖추신 위없이 존귀한 분께 절하옵니다.

마하반야바라밀

觀音施食

※시식은 영가를 위하여 음식을 베풀고 부처님의 법을 일러주는 의식으로, 천도시 대표적으로 쓰이는 것은 관음시식이다.

거 불
擧 佛

나무극락도사아미타불
南 無 極 樂 導 師 阿 彌 陀 佛

나무관음세지양대보살
南 無 觀 音 勢 至 兩 大 菩 薩

나무접인망령인로왕보살
南 無 接 引 亡 靈 引 路 王 菩 薩

창 혼
唱 魂

🔔 **거사바세계 남섬부주 동양 대한민국**
據 娑 婆 世 界 南 贍 部 州 東 洋 大 韓 民 國

○○거주 금차지극지정성 제당 ○○재지신
居 住 今 此 至 極 至 精 誠 第 當 齋 之 辰

천혼재자 행효자 ○○복위 소천망
薦 魂 齋 者 行 孝 者 伏 爲 所 薦 亡

○○○영가 a
靈 駕

영가위주 상세선망 사존부모 누대종친
靈 駕 爲 主 上 世 先 亡 師 尊 父 母 累 代 宗 親

관음시식

※ 시식은 영가를 위하여 음식을 베풀고 부처님의 법을 일러주는 의식으로, 천도시 대표적으로 쓰이는 것은 관음시식이다.

불명을 칭하며 가피를 구함

극락도사 아미타부처님이시여,
자비하신 원력으로 광림하옵소서.

관음세지 양대보살님이시여,
자비하신 원력으로 광림하옵소서.

접인망령 인로왕보살님이시여,
자비하신 원력으로 광림하옵소서.

도량에 영가를 청하는 글

사바세계 남섬부주 동양 대한민국 (사암: 주소) 청
정수월도량에서 오늘 (재의 명칭)재를 맞이하여 향
단 차려 청하옵는 (주소 성명) 재자 엎드려 부르옵
니다. 망엄부(또는 망자모) ○○○영가시여, 영가를
중심으로 지난 세상 먼저 돌아가신 부모님, 다생
의 스승님과 여러 생의 종친들

불자등 각열위열명영가 ○○○사 법당내
佛子等 各列爲列名靈駕 　　　寺 法堂內

봉안위패 부지명위영가등 각열위열명영가
奉安位牌 不知名位靈駕等 各列位列名靈駕

차도량궁내외 동상동하 유주무주 운집고혼
此道場宮內外 洞上洞下 有主無主 雲集孤魂

제불자등 각열위열명영가
諸佛者等 各列位列名靈駕

着語 [착어]

영원담적 무고무금 묘체원명 하생하사
靈源湛寂 無古無今 妙體圓明 何生何死

변시서가세존 마갈엄관지시절 달마대사
便是署暇世尊 摩竭俺關之時節 達磨大師

소림면벽지가풍 소이니련하측 곽시쌍부
小林面壁之家風 所以泥蓮河側 槨示雙趺

총령도중 수휴척리 제불자 환회득 담적원명저
葱嶺途中 手携隻履 諸佛者 還會得 湛寂圓明底

일구마
一句麼

(♩ ♩ ♩) 부앙은현현 시청명역력 약야회득
　　　　俯仰隱玄玄 視聽明歷歷 若也會得

돈증법신 영멸기허 기혹미연 승불신력
頓證法身 永滅飢虛 基或未然 承佛神力

장법가지 부차향단 수아묘공 증오무생
仗法加持 赴此香壇 受我妙供 證悟無生

480 · 법요집

형제자매, 멀고도 가까운 친척, 일체 이 도량 안과 밖, 마을의 위와 아래, 주인이 있고 없는 외로운 영혼 등 모든 영가들이시여.

영가에게 이르는 법어

신령한 근원은 맑고도 고요하며 옛날도 없고 지금도 없고 묘한 본체는 둥글고도 밝아서 태어남과 죽음이 없으니, 이는 석가세존께서 마갈타에서 문을 닫고 계시던 소식이며 달마께서 벽을 향해 앉으셨던 경지입니다. 그러므로 사라수 아래서 관 밖으로 두 발을 보이셨고, 총령 마루턱에서 손에 짚신 한 짝을 들고 가셨습니다. 오늘 초청되는 ○○○영가시여, 이 비고 고요한 정체를 알겠습니까? (조금 있다가 🔔🔔🔔) 구부렸다 폈다 함에 은밀히 현현하고 보고 들을 때에 분명히 역력합니다. 만일 이 도리를 아신다면 법신을 활짝 증득하셔서 주림을 영원히 여의소서. 만일 그렇지 못하거든 부처님의 위신력과 법력을 빌려 이 단에 강림하여 법공양을 받으시고 무생법인을 증득하소서.

진 령 게
振 鈴 偈

이차진령신소청	금일영가보문지
以 此 振 鈴 伸 召 請	今 日 靈 駕 普 聞 知

원승삼보력가지	금일금시내부회
願 承 三 寶 力 加 持	今 日 今 時 來 赴 會

착 어
着 語

🔔 상래소청 제불자등 각 열위열명영가 a
上 來 所 請 諸 佛 子 等 各 列 位 列 名 靈 駕

자광조처연화출	혜안관시지옥공
慈 光 照 處 蓮 花 出	慧 眼 觀 時 地 獄 空

우황대비신주력	중생성불찰나중
又 況 大 悲 神 呪 力	衆 生 成 佛 刹 那 中

천수일편위고혼 지심제청 지심제수 a
千 受 一 片 爲 孤 魂 志 心 諦 聽 志 心 諦 受

신묘장구대다라니
神 妙 章 句 大 陀 羅 尼

나모라 다나 다라 야야 나막알약 바로기제 새
바라야 모지사다바야 마하사다바야 마하가로
니가야 옴 살바 바예수 다라나 가라야 다사명
나막 가리다바 이맘 알야 바로기제 새바라 다
바니라간타 나막 하리나야 이사미 살발타

요령을 울리는 게송

요령소리 펼치고서 청하옵나니 오늘의 영가시여, 잘 들으소서. 바라건대 삼보님의 위신력 빌려 이 시간 이 향단에 내려오소서.

불 보살님의 가르침을 영가에게 들려줌

오늘 천도하옵는 ○○○영가시여, 여러 불자들이여, 자비광명 비추는 곳 연꽃이 되고 지혜눈길 닿는 곳에 지옥 없어라. 그 위에 대비신주 위력 떨치니 중생들이 찰나 간에 성불하도다. 영가 위해 천수 일편 독송하오니 마음 비워 귀 기울여 잘 들으소서.

신묘하고 미묘한 다라니

나모라 다나 다라 야야 나막알약 바로기제 새바라야 모지사다바야 마하사다바야 마하가로 니가야 옴 살바 바예수 다라나 가라야 다사명 나막 가리다바 이맘 알야 바로기제 새바라 다바니라간 타 나막 하리나야 이사미 살발타

사다남 수반 아예염 살바 보다남 바바말아 미
수다감 다냐타 오옴 아로계 아로가 마지로가
지가란제 혜헤하례 마하모지 사다바 사마라 사
마라 하리나야 구로구로 갈마 사다야 사다야
도로도로 미연제 마하미연제 다라다라 다린나
례새바라 자라자라 마라 미마라 아마라 몰제 예
혜혜 로계 새바라 라아 미사미 나사야 나베 사
미사미 나사야 모하자라 미사미 나사야 호로호
로 마라호로 하례 바나마 나바 사라사라 시리시
리 소로소로 못자못자 모다야 모다야 매다리야
니라간타 가마사 날사남 바라하리나야 마낙 사
바하 싯다야 사바하 마하싯다야 사바하 싯다유
예 새바라야 사바하 니라간타야 사바하 바하라
목하싱하 목카야 사바하 바나마 하따야 사바하
자가라 욕타야 사바하 상카섭나예 모다나야 사
바하 마하라 구타다라야 사바하 바마사간타 이
사시체다 가릿나 이나야 사바하 먀가라 잘마 이
바사나야 사바하 「나모라 다나다라 야야 나막알
야 바로기제 새바라야 사바하」 (세 번)

사다남 수반 아예염 살바 보다남 바바말아 미수다
감 다냐타 오옴 아로계 아로가 마지로가 지가란제
혜혜하례 마하모지 사다바 사마라 사마라 하리나
야 구로구로 갈마 사다야 사다야 도로도로 미연제
마하미연제 다라다라 다린나례새바라 자라자라 마
라 미마라 아마라 몰제 예혜혜 로계 새바라 라아
미사미 나사야 나베 사미사미 나사야 모하자라 미
사미 나사야 호로호로 마라호로 하례 바나마 나바
사라사라 시리시리 소로소로 못자못자 모다야 모다
야 매다리야 니라간타 가마사 날사남 바라하리나
야 마낙 사바하 싯다야 사바하 마하싯다야 사바하
싯다유예 새바라야 사바하 니라간타야 사바하 바하
라 목하싱하 목카야 사바하 바나마 하따야 사바하
자가라 욕타야 사바하 상카섭나에 모다나야 사바하
마하라 구타다라야 사바하 바마사간타 이사시체다
가릿나 이나야 사바하 먀가라 잘마 이바사나야 사
바하 「나모라 다나다라 야야 나막알야 바로기제 새
바라야 사바하」 (세 번)

약인욕요지　　삼세일체불
若人欲了知　　三世一切佛

응관법계성　　일체유심조
應觀法界性　　一切唯心造

🔔 파지옥진언
破地獄眞言

옴 가라지야 사바하 (세 번)

🔔 해원결진언
解寃結眞言

옴 삼다라 가닥 사바하 (세 번)

🔔 보소청진언
普召請眞言

나무 보보제리 가리다리 다타 아다야 (세 번)

나무상주시방불
南無常住十方佛

나무상주시방법
南無常住十方法

나무상주시방승 (세 번)
南無常住十方僧

나무대자대비구고구난관세음보살 (세 번)
南無大慈大悲救苦求難觀世音菩薩

나무대방광불화엄경 (세 번)
南無大方廣佛華嚴經

과거, 현재, 미래의 모든 부처님 깨달으신
소식을 알고자 하면 마땅히 법계성품
관하옵소서. 모든 것은 이 마음이 지었나이다.

　　지옥을 깨뜨리는 진언
옴 가라지야 사바하 (세 번)

　　맺힌 원한 푸는 진언
옴 삼다라 가닥 사바하 (세 번)

　　널리 청하는 진언
나무 보보제리 가리다리 다타 아다야 (세 번)

나무상주 시방불

나무상주 시방법

나무상주 시방승 (세 번)

나무 대자대비 구고구난 관세음보살 (세 번)

나무 대방광불화엄경 (세 번)

고 혼 청
孤 魂 請

🔔 일심봉청 실상이명 법신무적 종연은현 약
一 心 奉 請 實 相 離 名 法 身 無 跡 從 緣 隱 現 若

경상지유무 수업승침 여 정륜지고하 묘변막측
鏡 像 之 有 無 隨 業 昇 沈 如 井 綸 之 高 下 妙 變 莫 惻

환래하난 원아금차 지극지정성 생전효행 사후
幻 來 何 難 願 我 今 此 至 極 至 情 誠 生 前 孝 行 死 後

○○재 천혼발원재자
齋 薦 魂 發 願 齋 者

행효자 ○○○각각등 복위 소천망 ○○○영가
行 孝 子 各 各 等 伏 爲 所 薦 亡 靈 駕

승불위광 내예향단 수첨법공
承 佛 威 光 來 詣 香 壇 受 沾 法 供

🔔 일심봉청 인연취산 금고여연 허철광대
一 心 奉 請 因 緣 聚 散 今 古 如 然 虛 徹 廣 大

영통왕래 자재무애 원아금차 지극지정성
靈 通 往 來 自 在 無 礙 願 我 今 此 至 極 之 情 誠

생전효행 사후 ○○재 천혼발원재자 행효자
生 前 孝 行 死 後 齋 薦 魂 發 願 齋 者 行 孝 子

○○○ 복위 소천망 ○○○영가 승불위광
伏 爲 所 薦 亡 靈 駕 承 佛 威 光

내예향단 수첨법공
來 詣 香 壇 受 沾 法 供

영가를 모시는 진언

일심으로 받들어 청하옵니다.

실상은 이름 모양 여의었고 법신은 온갖 자취 없사오니 인연 따라 나타났다 숨는 것이 거울 속에 비쳐진 영상 같고, 업을 따라 육도세계 오르내림 두레박이 오르내림 같사오며, 묘한 변화 측량하지 못하오니 환화공신 강림 어찌 어려우리. 오늘 지성 받들어서 청하옵는 재자 (주소 성명) 복위등이 제당, 재일을 맞이하여 엎드려 부르나니 망엄부 ○○후인(유인) ○○○영가시여, 부처님의 위덕 빌려 향단 위에 앉으시어 위없는 법공양을 환희로써 받으소서.

일심으로 받들어 청하옵니다.

인연이 모였다가 흩어짐은 지금이나 예전이나 그러하듯이 텅 비어 탁 트이고 넓고 커서 신령스럽게 통하며 오고감에 자재하여 걸림이 없습니다. 오늘 지성 받들어서 청하옵는 ○○○복위등이 승○○재일을 맞이하여 엎드려 부르나니 ○○○ 영가시여, 부처님의 위덕 빌려 향단 위에 앉으시어 위없는 법공양을 환희로써 받으소서.

🔔 일심봉청 생종하처래 사향하처거
一心奉請 生從何處來 死向何處去

생야일편부운기 사야일편부운멸
生也一片浮雲起 死也一片浮雲滅

부운자체본무실 생사거래역여연
浮雲自體本無實 生死去來亦如然

독유일물상독로 담연불수어생사
獨有一物常獨露 湛然不隨於生死

원아금차지극지정성 생전효행 사후○○재
願我今此至極之情誠 生前孝行 死後　　齋

천혼재자 행효자 ○○복위 소천망 ○○영가
薦魂齋者 行孝子　　伏爲 所薦亡　　靈駕

영가위주 다생사장 누대종친 제형숙백
靈駕爲主 多生師長 累代宗親 弟兄淑伯

자매질손 원근친척 일체애혼 제불자등 각
姉妹姪孫 遠近親戚 一切哀魂 諸佛子等 各

열위열명영가 차○○○사 도량궁내외 동상동하
列位列名靈駕 此　　　寺 道場宮內外 同上同訶

유주무주 운집고혼 일체애혼 제불자등 각
有主無主 雲集孤魂 一切哀魂 諸佛者等 各

열위열명영가 승불위광 내예향단
列位列名靈駕 承佛威光 來詣香壇

수첨향등다미공
受霑香燈茶米供

일심으로 받들어 청하옵니다

태어날 때 어디서 오셨으며 돌아갈 때 어디로 가십니까. 태어남은 한 조각 뜬구름이 일어남이요, 죽음이란 한 조각 뜬구름이 사라짐입니다. 떠도는 구름이 본래 실체가 없듯 생사의 오고 감 또한 그런 것입니다. 한 물건만 홀로이 언제나 드러나니 초연히 생사에 휩쓸리지 않나이다.

오늘 지성 받들어서 청하옵는 ○○○복위 등이 ○○재일을 맞이하여 엎드려 부르나니 망엄부 ○○후인(유인) ○○○영가시여, 영가를 중심으로 윗대로 먼저 돌아가신 부모님, 여러 생의 스승님, 종친들, 형제자매, 숙부, 백부, 조카, 손자, 멀고 가까운 친척, 일체 권속 등 각열위열명영가와 이 도량 내외의 재주가 있건 없건 외로운 영혼과 일체의 애달픈 불자 등 각 열위열명영가시여, 부처님의 위덕 빌려 향단 위에 앉으시어 위없는 법공양을 받으소서.

향연청 (세 번)
香 煙 請

가 영
歌 詠

제령한진치신망   석화광음몽일장
諸 靈 限 盡 致 身 亡   石 火 光 陰 蒙 一 長

삼혼묘묘귀하처   칠백망망거원향
三 魂 渺 渺 歸 何 處   七 魄 茫 茫 去 遠 鄕

🔔 상래 소청제위 불자등 각 열위열명영가
上 來 召 請 諸 位 佛 子 等 各 列 位 列 名 靈 駕

승불섭수 장법가지 기무수게 이임연 원획소요
承 佛 攝 受 仗 法 伽 持 旣 無 囚 繫 以 臨 筵 願 獲 消 遙

이취좌 하유안좌지게 대중수언후화
而 就 座 下 有 安 座 之 偈 大 衆 隨 言 後 和

안 좌 게
安 座 偈

아금의교설화연   다과진수열좌전
我 今 衣 敎 設 華 筵   茶 果 珍 羞 列 座 前

대소의위차제좌   전심제청연금언
大 小 依 位 次 第 座   專 心 諦 聽 演 金 言

🔔 수위안좌진언
受 位 安 座 眞 言

옴 마니 군다니 훔훔 사바하 (세 번)

다 게
茶 揭

향을 사르며 청하옵니다

영가를 위로하는 노래

세상 인연 다하여 죽음 이르니 번개 같은 인생이
여 한판 꿈이라. 아득하다 삼혼이여 어디로 가
고, 망망해라 칠백이여 멀리 떠나는가.

청한 모든 불자 각 열위영가시여, 그리고 겸하여
청하온 여러 불자님들이시여, 부처님의 보살핌으
로 비밀신주를 들으셔서 걸림없이 자유로운 몸이
되셨으니 너그러운 자세로 편안하게 앉으소서. 대
중과 같이 자리를 권하는 법문을 일러드리오리다.

자리를 권함

내가이제 법식따라 꽃자리를 차려놓고 가지가지
진수성찬 푸짐하게 마련했소. 높고낮은 신분따라
순서대로 앉으셔서 지극하온 마음으로 금구성언
들으시오.

영가님 자리에 앉으시는 진언

옴 마니 군다니 훔훔 사바하 (세 번)

차 올리는 게송

백초임중일미신　　조주상권기천인
白草林中一味新　　趙州常勸幾千人

팽장석정강심수　　원사망령헐고륜
烹將石鼎江心水　　願使亡靈歇苦輪

원사고혼헐고륜　　원사제령헐고륜
願使孤魂歇苦輪　　願使諸靈歇苦輪

🔔 선밀가지　신전윤택　업화청량　각구해탈
宣密加持　身田潤澤　業火清凉　各救解脫

🔔 변식진언
變食眞言

나막 살바다타 아다야 바로기제 옴 삼마라
삼마라 옴 (세 번)

🔔 시감로수진언
施甘露水眞言

나무소로바야 다타 아다야 다냐타 옴
소로소로 바라소로 바라소로 사바하 (세 번)

🔔 일자수륜관진언
一字水輪觀眞言

옴 밤 밤 밤밤 (세 번)

🔔 유해진언
乳海眞言

나무 사만다 못다남 옴 밤 (세 번)

백가지풀 가운데의 향기로운 한맛이라 조주스님
권하기를 몇천번을 하였던가 돌솥에다 강심수를
고이다려 드리오니 영가시여 드시고서 윤회고를
끊으시고 고혼이여 드시고서 육도윤회 벗어나며
모든영가 드시고서 삼계윤회 멈추소서.

은밀하온 가지공덕 몸과마음 편안하니
업의불길 꺼지리니 모든영가 해탈일세.

　한량없이 많은 수로 변하는 진언

나막 살바다타 아다야 바로기제 옴 삼마라
삼마라 옴 (세 번)

　감로수를 베푸는 진언

나무소로바야 다타 아다야 다냐타 옴 소로소로
바라소로 바라소로 사바하 (세 번)

　'밤' 자에서 젖이 한량없이 나오는 진언
옴 밤 밤 밤밤 (세 번)

　젖이 바다처럼 많아지는 진언

나무 사만다 못다남 옴 밤 (세 번)

칭량성호
稱場聖號

나무 다보여래 **원제고혼** **파제간탐** **법재구족**
南無 多寶如來　願諸孤魂　破除慳貪　法財具足

나무 묘색신여래 **원제고혼** **이추루형** **상호원만**
南無 妙色身如來　願諸孤魂　離醜陋形　相好圓滿

나무 광박신여래 **원제고혼** **사육범신** **오허공신**
南無 廣博身如來　願諸孤魂　捨六凡身　悟虛空身

나무 이포외여래 **원제고혼** **이제포외** **득열반락**
南無 離怖畏如來　願諸孤魂　離諸怖畏　得涅槃樂

나무 감로왕여래 **원아각각** **열명영가** **인후개통**
南無 甘露王如來　願我各各　列名靈駕　咽喉開通

획감로미
獲甘露味

시식게
施食偈

원차가지식 **보편만시방**
願此加持食　普遍滿十方

식자제기갈 **득생안양국**
食者除飢渴　得生安養國

시귀식진언
施鬼食眞言

옴 미기미기 야야미기 사바하 (세 번)

보공양진언
普供養眞言

옴 아아나 삼바바 바라 훔 (세 번)

성스러운 명호를 찬탄하여 드날림

다보여래 부처님께　지심귀의　하옵나니
모든고혼　간탐버려　법의재물　구족하고
묘색신의 부처님께　지심귀의　하옵나니
모든고혼　추형벗고　원만상호　이루오며
광박신의 부처님께　지심귀의　하옵나니
모든고혼　범부벗고　허공신을　얻으시고
이포외의 부처님께　지심귀의　하옵나니
모든고혼　공포떠난　열반락을　누리오며
감로왕의 부처님께　지심귀의　하옵나니
모든영가　목이열려　감로공양　맛보소서

　시 식 게
가지력에 힘입은바 이~음식 두루널리 시방세계
가득하여 배고픔과 목마름을 여의옵고 아미타불
안양국에 날지어다.

　영가에게 음식을 베푸는 진언
옴 미기미기 야야미기 사바하 (세 번)

　널리 공양하는 진언
옴 아아나 삼바바 바라 훔 (세 번)

시무차법식진언
施 無 遮 法 食 眞 言

옴 목역능 사바하 (세 번)

보회향진언
普 回 向 眞 言

옴 삼마라 삼마라 미만나 사라마하 자가라바 훔

(세 번)

수아차법신 하이아난찬 기장함포만 업화돈청량
受 我 此 法 身 何 異 阿 難 饌 飢 腸 咸 飽 滿 業 火 頓 清 凉

돈사탐진치 상귀불법승 염념보리심 처처안락국
頓 捨 貪 瞋 痴 常 歸 佛 法 僧 念 念 菩 提 心 處 處 安 樂 國

반야경 사구게
般 若 經 四 句 偈

범소유상 개시허망 약견제상비상 즉견여래
凡 所 有 相 皆 是 虛 妄 若 見 諸 相 非 相 卽 見 如 來

여래십호
如 來 十 好

여래 응공 정변지 명행족 선서 세간해 무상사
如 來 應 供 正 邊 智 名 行 足 善 逝 世 間 解 無 上 士

조어장부 천인사 불세존 (세 번)
調 御 丈 夫 天 人 師 佛 世 尊

법화경사구게
法 華 經 四 句 偈

제법종본래 상자적멸상 불자행도이 내세득작불
諸 法 從 本 來 常 自 寂 滅 相 佛 子 行 道 已 來 世 得 作 佛

법공양을 베푸는 진언

옴 목역능 사바하 (세 번)

공양의 공덕을 회향하는 진언

옴 삼마라 삼마라 미만나 사라마하 자가라바 훔
(세 번)

내가 드린 법공양은 아란찬과 다름없으리. 배고픈 이 포식하여 다 만족하고 업의 불길 모두 꺼져 시원해지며 탐진치의 모진 독을 모두 버리고 어느 때나 보리심이요 곳곳마다 안락국에 태어나리라.

반야경 사구게

모든 형상 실체 없어 모두 허망하나니 형상 아닌 줄 알면 그대로 여래를 보리라.

부처님의 열 가지 명호

여래 응공 정변지 명행족 선서 세간해 무상사 조어장부 천인사 불세존

법화경 사구게

모든 법은 본래부터 항상하게도 유위와 무위 아닌 적멸상이라. 불자들이 끊임없이 수행해가면 오는 세상 누구든지 부처 되리라.

열반경 사구게
涅槃經 四句偈

제행무상 시생멸법 생멸멸이 적멸위락
諸 行 無 常　是 生 滅 法　生 滅 滅 已　寂 滅 爲 樂

장엄염불
莊 嚴 念 佛

원아진생무별념　　아미타불독상수
願 我 盡 生 無 別 念　阿 彌 陀 佛 獨 相 隨

심심상계옥호광　　염념불이금색상
心 心 常 係 玉 毫 光　念 念 不 離 金 色 相

아집염주법계관　　허공위승무불관
我 執 念 珠 法 界 觀　虛 空 爲 繩 無 不 貫

평등사나무하처　　관구서방아미타
平 等 舍 那 無 何 處　觀 求 西 方 阿 彌 陀

나무서방대교주　　무량수　여래불
南 無 西 方 大 敎 主　無 量 壽　如 來 佛

나무아미타불 (열 번)

아미타불재하방　　착득심두절막망
阿 彌 陀 佛 在 何 方　着 得 心 頭 切 莫 忘

염도염궁무념처　　육문상방자금광나무아미타불
念 到 念 窮 無 念 處　六 門 常 放 紫 金 光

열반경 사구게

이 세상의 인연법은 항상함 없이 생겼다가 없어지는 무상법이라. 생멸법이 사라지고 번뇌 없으면 적멸법이 그대로 열반락 되리라.

장엄염불

이 생명 다하도록 별 생각 않고 애오라지 아미타불 따르오며 마음마다 옥호광명 늘 떠올리고 생각마다 금빛 모습 늘 간직하네. 염주 잡고 법계를 관하오니 허공으로 끈을 삼아 못 꿰는 것 없고 평등한 노사나불 안 계신 곳 없어 서방정토 아미타불 관하여 구하옵니다. 나무서방대교주 무량수여래불

나무아미타불 (열 번)

아미타불 부처님은 어느 곳에 계시는가. 마음속에 깊이 새겨 한시라도 잊지 말라. 생각하고 생각하여 무념처를 이룬다면 여섯 분이 어느 때나 금색광명 빛나리라.

나무아미타불

극락세계십종장엄
極 樂 世 界 十 種 莊 嚴

법장서원 수인장엄 나무아미타불
法 藏 誓 願 修 因 莊 嚴 南 無 阿 彌 陀 佛

사십팔원 원력장엄 나무아미타불
四 十 八 願 願 力 莊 嚴 南 無 阿 彌 陀 佛

미타명호 수광장엄 나무아미타불
彌 陀 名 號 壽 光 莊 嚴 南 無 阿 彌 陀 佛

삼대사관 보상장엄 나무아미타불
三 大 士 觀 寶 像 莊 嚴 南 無 阿 彌 陀 佛

미타국토 안락장엄 나무아미타불
彌 陀 國 土 安 樂 莊 嚴 南 無 阿 彌 陀 佛

보하청정 덕수장엄 나무아미타불
寶 河 清 淨 德 水 莊 嚴 南 無 阿 彌 陀 佛

보전여의 누각장엄 나무아미타불
寶 殿 如 意 樓 閣 莊 嚴 南 無 阿 彌 陀 佛

주야장원 시분장엄 나무아미타불
晝 夜 長 遠 時 分 莊 嚴 南 無 阿 彌 陀 佛

이십사락 정토장엄 나무아미타불
二 十 四 樂 淨 土 莊 嚴 南 無 阿 彌 陀 佛

삼십종익 공덕장엄 나무아미타불
三 十 種 益 功 德 莊 嚴 南 無 阿 彌 陀 佛

극락세계 열 가지 장엄

법장비구 서원세워 인행닦아 장엄하고, 나무아미타불

마흔여덟 원력으로 정성다해 장엄하고, 나무아미타불

아미타불 명호로써 무량수명 장엄하고, 나무아미타불

세분스승 큰성인네 보배상호 장엄하고, 나무아미타불

아미타불 청정국토 평화로써 장엄하고, 나무아미타불

보배강물 청정하여 공덕수로 장엄하고, 나무아미타불

여의주와 보배들로 누각궁전 장엄하고, 나무아미타불

낮과밤이 길고먼것 시분으로 장엄하고, 나무아미타불

스물네개 즐거움이 극락정토 장엄하고, 나무아미타불

서른가지 중생이익 공덕세계 장엄하고, 나무아미타불

청산첩첩 미타굴 　나무아미타불
青山疊疊 彌陀窟 　南無阿彌陀佛

창해망망 적멸궁 　나무아미타불
蒼海茫茫 寂滅宮 　南無阿彌陀佛

물물염내 무괘애 　나무아미타불
物物捻來 無罣碍 　南無阿彌陀佛

기간송정 학두홍 　나무아미타불
幾看松亭 鶴頭紅 　南無阿彌陀佛

극락당전 만월용 　나무아미타불
極樂堂前 滿月容 　南無阿彌陀佛

옥호금색 조허공 　나무아미타불
玉毫金色 照虛空 　南無阿彌陀佛

약인일념 칭명호 　나무아미타불
若人一念 稱名號 　南無阿彌陀佛

경각원성 무량공 　나무아미타불
頃刻圓成 無量功 　南無阿彌陀佛

시방세계 역무비 　나무아미타불
十方世界 亦無比 　南無阿彌陀佛

세간소유 아진견 　나무아미타불
世間所有 我盡見 　南無阿彌陀佛

일체무유 여불자 　나무아미타불
一切無有 如佛子 　南無阿彌陀佛

찰진심념 가수지 　나무아미타불
刹塵心念 可數知 　南無阿彌陀佛

십념왕생원 　나무아미타불
十念往生願 　南無阿彌陀佛

겹겹으로 푸른산은 아미타불 법당이요, 나무아미타불

아득하게 넓은바다 적멸보궁 도량이라, 나무아미타불

세상사의 모든것은 마음따라 자재한데, 나무아미타불

소나무의 단정학을 몇번이나 보았는가, 나무아미타불

극락세계 적멸보궁 만월같은 아미타불, 나무아미타불

금빛의몸 백호광명 온누리를 비추시네, 나무아미타불

누구든지 아미타불 일념으로 부르오면, 나무아미타불

찰나간에 무량공덕 뚜렷하게 이루리라, 나무아미타불

시방세계 둘러봐도 비길자가 전혀없고, 나무아미타불

이세상의 모든것을 남김없이 살펴봐도, 나무아미타불

부처님을 따를자가 천지간에 하나없네, 나무아미타불

시방세계 모든먼지 몇개인가 헤아리고, 나무아미타불

극락세계 적멸보궁 만월같은 아미타불　나무아미타불

열번불러 가서나리　　　　　　　　　나무아미타불

왕생극락원 (往生極樂願)　나무아미타불 (南無阿彌陀佛)

상품상생원 (上品上生願)　나무아미타불 (南無阿彌陀佛)

광도중생원 (廣度衆生願)　나무아미타불 (南無阿彌陀佛)

원공법계제중생 (願共法界諸衆生)　동입미타대원해 (同入彌陀大願海)

진미래제도중생 (盡未來除度衆生)　자타일시성불도 (自他一時成佛道)

나무아미타불 (南無阿彌陀佛)

나무서방정토 극락세계 삼십육만억 일십일만
南無西方淨土 極樂世界 三十六萬億 一十一萬

구천오백 동명동호 대자대비 아미타불 나무
九千五百 同名東號 大慈大悲 阿彌陀佛 南無

서방정토 극락세계 불신장광 상호무변 금색
西方淨土 極樂世界 佛身長廣 相好無變 金色

광명 변조법계 사십팔원 도탈중생 불가설 불
光明 邊照法界 四十八願 度脫衆生 不可說 不

가설전 불가설 항하사불찰 미진수 도마죽위
可說轉 不可說 恒河沙佛刹 微塵數 稻麻竹葦

무한극수 삼백육십만억 일십일만 구천오백 동
無限極數 三百六十萬億 一十一萬 九千五百 同

명동호 대자대비 아등도사 금색여래 아미타불
名同號 大慈大悲 我等導師 金色如來 阿彌陀佛

나무문수보살 나무보현보살 나무관세음보살
南無文殊菩薩 南無普賢菩薩 南無觀世音菩薩

극락정토 가서나리   나무아미타불
상품상생 가서나리   나무아미타불
모든중생 가서나리   나무아미타불

원하노니 시방법계 한량없는 모든중생
아미타불 원력바다 모두함께 들어가서
미래세가 다하도록 모든중생 제도하고
너도나도 모두함께 무상불도 이루리라

나무아미타불

서방정토 극락세계 항상 계신 삼십육만억 일십일만
구천오백 동명동호 대자대비 아미타부처님께 지심
귀의 하옵니다. 서방정토 극락세계 장엄하신 부처님
몸 한량없는 상호로서 금빛광명 비추시어 온세상을
밝히시고 사십팔원 세우시어 모든 중생 구제하신 크
나크신 깊은 은혜 헤아리기 어려웁고 한량없는 불국
정토 말로서는 셀 수 없는 미진수의 부처세계 대숲
같은 무한극수 마지막의 끝자리에 삼십육만억 일십
일만 구천오백 분의 동명동호 대자대비 우리들의 큰
스승인 아미타부처님께 지심귀의 하옵니다.
나무문수보살 나무보현보살 나무관세음보살

나무대세지보살 나무금강장보살 나무제장애보
南無大勢至菩薩 南無金剛藏菩薩 南無除障碍菩

살 나무미륵보살 나무지장보살 나무일체청정
薩 南無彌勒菩薩 南無地藏菩薩 南無一切淸淨

대해중보살마하살 원공법계제중생 동입미타대
大海衆菩薩摩訶薩 願共法界諸衆生 同入彌陀大

원해 시방삼세불 아미타제일 구품도중생 위덕
願海 十方三世佛 阿彌陀第一 九品道衆生 威德

무궁극 아금대귀의 참회삼업죄 범유제복선지
無窮極 我今大歸依 懺悔三業罪 凡有諸福善至

심용회향 원동염불인 진생극락국 견불요생사
心用回向 願同念佛人 盡生極樂國 見佛了生死

여불도일체 원아임욕명종시 진제일체제장애
如佛度一切 願我臨欲命終時 盡除一切諸障碍

면견피불아미타 즉득왕생안락찰
面見彼佛阿彌陀 卽得往生安樂刹

원이차공덕 보급어일체 아등여중생
願以此功德 菩及於一切 我等與衆生

당생극락국 동견무량수 개공성불도
當生極樂國 同見無量壽 皆孔成佛道

나무대세지보살 나무금강장보살 나무재장애보살
나무미륵보살 나무지장보살 나무일체청정대해중
보살마하살 원하오니 시방법계 한량없는 모든 중
생 아미타불 원력 바다 모두 함께 들어가리다. 시
방삼세 부처님 중 아미타불 제일이니 구품대로 이
끄시는 위덕 또한 다함없네. 제가 지금 삼업의 죄
참회하고 모든 복덕 모든 선을 지심 회향 하나이
다. 원하오니 염불행자 극락세계 모두 나서 부처
뵙고 생사 깨쳐 중생제도 하사이다. 이 내 목숨 다
할 때에 온갖 장애 사라지고 아미타불 뵙는 즉시
안락국에 왕생하리.

원하오니 이공덕이 모두에게 두루미쳐
저희들과 중생들이 극락세계 태어나서
무량수불 함께뵙고 모두성불 하여지이다.

(소대를 생략하고 위패를 법당에서 소각할 때
안과편을 하며 소각한다)

안 과 편
安 過 篇

상래소청 제불자등 각 열명영가 기래화연
上 來 所 請　諸 佛 子 等　各　列 名 靈 駕　既 來 華 筵

포찬선열 방하신심 안과이주
飽 饌 禪 悅　放 下 身 心　安 過 而 住

(위패를 보관할 때 봉안게를 하고 마친다)

봉 안 게
奉 安 偈

생전유형질　　　사후무종적
生 前 有 形 質　　死 後 無 從 跡

청입법왕궁　　　안심좌도량
請 入 法 王 宮　　安 心 座 道 場

(소대를 생략하고 위패를 법당에서 소각할 때
 안과편을 하며 소각한다)

안 과 편

오늘 초청하여 이 자리에 오신 영가들이시여, 이
청정한 법석의 공양으로 배부름과 기쁨의 선열에
오르셨습니다. 이제 모든 것을 내려놓으시고 본
연의 자리로 옮겨 앉으소서.

(위패를 보관할 때 봉안게를 하고 마친다)

봉 안 게

살아서는 형상있고 죽어서는 자취없네.

법왕궁에 모시오니 안심하고 좌정하옵소서.

봉송게 후 위패를 모시고 상단을 향하여 우리말 극락왕생 발원문을
낭독하여도 좋다.

봉송고혼계유정　　지옥아귀급방생
奉送孤魂洎有情　　地獄餓鬼及傍生

아어타일건도량　　불위본서환래부
我於他日建道場　　不違本誓還來赴

🔔 금차 지극지정성 생전효행 사후 ○○재
今此 至極至情誠 生前孝行 死後 　　齋

천혼발원재자 행효자 ○○○각각등복위
薦魂發願齋者 行孝子 　　各各等伏爲

소천망 ○○○영가　제불자 기수향공 이청법음
所薦亡 　　靈駕　諸佛子 旣受香供 已聽法音

금당봉송 갱의건성 봉사삼보
今當奉送 更宜健誠 奉謝三寶

보례삼보
普禮三寶

보례시방상주불　보례시방상주법
普禮十方常住佛　普禮十方常住法

보례시방상주승 (세 번)
普禮十方常住僧

이행천리만허공　　귀도정망도정방
移行千里滿虛空　　歸途情忘到淨邦

삼업투성삼보례　　성범동회법왕궁
三業投誠三寶禮　　聖凡同會法王宮

산화락 (세 번)
散花樂

나무대성인로왕보살 (삼설 반배)
南無大聖引路王菩薩

받들어 보내드리는 게송

봉송게 후 위패를 모시고 상단을 향하여 우리말 극락왕생 발원문을
낭독하여도 좋다.

고혼이여, 망령이여, 영가들이시여, 삼도의 유정
들이여, 잘들 가소서. 다른 날에 다시 한번 청하
오리니 본래서원 잊지 말고 다시 오소서.

오늘 지성 받들어서 청하옵는 (주소 성명)복위등이
제당 (재명)재일을 맞이하여 엎드려 부르옵나니 망
엄부 ○○후인(유인) ○○○영가 불자시여, 향기로
운 공양구를 받으시고 미묘하신 대 법문을 경건하
게 들으셨나니 이제 다시 법력 빌려 저 언덕에 보
내노니 정성들여 예경하고 삼보님께 하직하소.

　　　삼보님께 예를 올림
시방세계 부처님께 예배합니다. 　시방세계 가르침에
예배합니다. 　시방세계 스님들께 예배합니다. (세 번)

극락으로 가시는 길은 어디에든 있사오니 정 잊으면 가
시는 길 그곳이 정토로다. 삼업으로 정성 다해 삼보님께
예배하고 성인과 범부가 함께 법 왕궁에서 만납시다.

　　　꽃 뿌리는 진언
나무대성인로왕보살 (삼설 반배)

극락왕생 발원문

대자대비하신 서방정토 극락세계 아미타부처님
이시여, 오늘 이 자리에서 신원적 ○○○영가
의 왕생극락을 발원하고자 부처님께서 남겨주
신 법도에 따라 천도의 법요를 거행하오니 굽어
감응하옵소서.

아미타부처님이시여, 오늘의 이 공덕으로 신
원적 ○○○영가가 생전에 못다한 공덕이 원만
해지고 생전에 지은 죄업도 소멸하여 극락세
계에 왕생하도록 이끌어 주옵소서. 오늘의 유
족들이 영가께서 남기신 삶의 의지를 본받아
부처님의 품을 떠나지 않고 착실한 믿음에 근거
하여 자신의 생업을 스스로 가꾸어 나가게 해
주시고, 유족들의 슬픔을 거두시어 극락세계
아미타부처님 곁에서 모두가 다시 만나는 방법
이 무엇인지 알게 하여 주옵소서. 그리하여 오
늘의 법요 뒤에 오래오래 이 가문이 평안하고,
그 자손들의 복록이 나날이 증진하와 이생에서
는 행복을, 내생에서는 은혜를 누리는 불자가
되도록 이끌어 주시옵소서. 마하반야바라밀

우리말 극락왕생 발원문

대자대비하신 서방정토 극락세계 아미타부처님이
시여, 오늘 이 자리에서 신원적 ○○○영가의 왕
생극락을 발원하고자 부처님께서 남겨주신 법도에
따라 천도의 법요를 거행하오니 굽어 감응하옵소서.
아미타부처님이시여, 오늘의 이 공덕으로 신원적
○○○영가가 생전에 못다한 공덕이 원만해지고
생전에 지은 죄업도 소멸하여 극락세계에 왕생하
도록 이끌어 주옵소서. 오늘의 유족들이 영가께서
남기신 삶의 의지를 본받아 부처님의 품을 떠나지
않고 착실한 믿음에 근거하여 자신의 생업을 스스
로 가꾸어 나가게 해주시고, 유족들의 슬픔을 거
두시어 극락세계 아미타 부처님 곁에서 모두가 다
시 만나는 방법이 무엇인지 알게 하여 주옵소서.
그리하여 오늘의 법요 뒤에 오래오래 이 가문이
평안하고, 그 자손들의 복록이 나날이 증진하와 이
생에서는 행복을, 내생에서는 은혜를 누리는
불자가 되도록 이끌어 주시옵소서. 마하반야바라밀

법 성 게
法 性 偈

법성원융무이상	제법부동본래적
法性圓融無二相	諸法不動本來寂
무명무상절일체	증지소지비여경
無名無相絶一切	證智所知非餘境
진성심심극미묘	불수자성수연성
眞性甚深極微妙	不守自性隨緣成
일중일체다중일	일즉일체다즉일
一中一切多中一	一卽一切多卽一
일미진중함시방	일체진중역여시
一微塵中含十方	一切塵中亦如是
무량원겁즉일념	일념즉시무량겁
無量遠劫卽一念	一念卽是無量劫
구세십세호상즉	잉불잡란격별성
九世十世互相卽	仍不雜亂隔別成
초발심시변정각	생사열반상공화
初發心時便正覺	生死涅槃常共和
이사명연무분별	십불보현대인경
理事冥然無分別	十佛普賢大人境
능인해인삼매중	번출여의부사의
能仁海印三昧中	繁出如意不思議
우보익생만허공	중생수기득이익
雨寶益生滿虛空	衆生隨器得利益
시고행자환본제	파식망상필부득
是故行者還本際	叵息妄想必不得
무연선교착여의	귀가수분득자량
無緣善巧捉如意	歸嫁隨分得資糧
이다라니무진보	장엄법계실보전
以陀羅尼無盡寶	莊嚴法界實寶殿
궁좌실제중도상	구래부동명위불
窮坐實際中道床	舊來不動名爲佛

우리말 의상조사 법성게

모든것의 본래성품 원융하여 둘아니니 삼라만상
그대로가 본래부터 적멸이라 이름없고 모양없어
헤아려선 알수없고 깨달아야 알바로써 달리알수
없는경계 참된성품 깊고깊어 지극히도 미묘한데
자기성품 안지키니 인연따라 천태만상 하나중에
전부있고 많은중에 하나있어 하나가곧 전부이고
많은그것 곧하나라 한티끌속 가운데에 온우주를
머금었고 하나하나 티끌속도 살펴보니 그와같네
한량없는 긴세월은 한생각에 바탕이니 지금갖는
한생각이 무량한겁 그대로다 구세십세 달리없어
서로서로 의지해도 엄한질서 유지하여 자기모습
따로있네 처음발심 했을때가 다름아닌 정각이며
생사열반 두경계가 항상함께 화합하네 이와사의
이치깊어 분별할길 없는것이 열분부처 보현보살
대성인의 경계로다 부처님의 깨침바다 크신삼매
가운데서 뜻한대로 쏟아지니 불가사의 진리의법
보배비가 중생돕듯 저허공에 가득하여 중생들은
근기따라 이로움을 얻게되네 이렇거니 수행자여
근본마음 돌아가세 망상심을 아니쉬곤 얻을것이
분명없네 무연자비 선교방편 여의하게 어서얻어
본분가에 돌아가서 수분수력 큰힘얻세 다라니의
큰위신력 다함없는 보배로써 온법계를 장엄하여
보배궁전 세우고서 마지막엔 참된법인 중도상에
앉아보세 예전이나 지금이나 이름일러 부처라네

금차문외 봉송재자 행효자 ○○○복위
今 此 門 外　奉 送 齋 者　行 孝 子　　　　伏 爲

소천망 ○○○영가 영가위주 상세선망부모
所 薦 亡　　　　靈 駕　靈 駕 爲 主　上 世 先 亡 父 母

다생사장 누대종친 원근친척 각열명영가
多 生 師 長　累 代 宗 親　願 根 親 戚　各 列 名 靈 駕

차도량궁내외 동상동하 유주무주 애혼불자등
此 道 場 宮 內 外　洞 上 洞 下　有 主 無 主　哀 魂 佛 子 等

각열명영가 상래시식풍경 염불공덕 이망연야
各 列 名 靈 駕　上 來 施 食 諷 經　念 佛 功 德　離 亡 緣 耶

불리망연야 이망연즉 차청산승 말후일게
不 離 妄 緣 耶　離 妄 緣 則　此 廳 山 僧　末 後 一 偈

사대각리여몽중 육진심식본래공 욕식불조회광
四 大 各 離 如 夢 中　六 塵 心 識 本 來 空　欲 識 佛 祖 回 光

처 일락서산월출동 염시방삼세 일체제불
處　日 落 西 山 月 出 東　念 十 方 三 世　一 切 諸 佛

제존보살마하살 마하반야바라밀
諸 尊 菩 薩 摩 訶 薩　摩 訶 般 若 婆 羅 蜜

소대에 이르러서

문 밖에 나와서 전송하는 재자 (주소 성명) 등이 엎드려 부르옵니다. ○○○영가시여, 영가를 중심으로 지난 세상 먼저 돌아가신 부모님, 다생의 스승님과 여러 생의 종친들 형제, 숙부, 백부, 자매, 질손, 멀고 가까운 친척 일체, 도량 안과 밖, 마을의 위와 아래 주인 있고 주인 없는 외로운 영혼 등 모든 영가들이시여, 시식하고 송경하고 염불해 온 공덕으로 진실없는 인연들을 여의고서 떠나는가. 부질없는 인연들을 못 버리고 떠나는가. 망연들을 버린 자는 극락세계 왕생하니 망연들을 못 버린 자 다시 한번 들으시라. 사대가 제각기 흩어지니 간밤의 꿈이요 육진과 욕식의 얽힘도 본래부터 공이라. 불조께서 깨달으신 경지를 알려고 한다면 해가 서쪽에서 지니 달은 동쪽에서 솟는도다. 시방삼세 일체 모든 부처님과 모든 귀하신 보살 마하살들을 생각하니 크나큰 반야로써 제도하소서.

원왕생 원왕생 원재미타회중좌 수집향화상공양
願往生　願往生　願在彌陀會中坐　手執香花常供養

원왕생 원왕생 왕생극락견미타
願往生　願往生　往生極樂見彌陀

획몽마정수기별
獲蒙摩頂受記別

원왕생 원왕생 원생화장연화계
願往生　願往生　願生華藏蓮花界

자타일시성불도
自他一時成佛道

🔔 소전진언
燒錢眞言

옴 비로기제 사바하 (세 번)

🔔 봉송진언
奉送眞言

옴 바아라 사다 목차목 (세 번)

🔔 상품상생진언
上品上生眞言

옴 마니다니 훔훔 바탁 사바하 (세 번)

처세간 여허공 여련화 불착수
處世間　如虛空　如蓮華　不着水

심청정 초어피 계수례 무상존
心淸淨　超於彼　稽首禮　無上尊

귀의불 귀의법 귀의승
歸依佛　歸依法　歸依僧

원하옵고 원하노니 아미타불 그곁에서 큰설법을
들으면서 향과꽃을 공양하고 원하옵고 원하노니
극락세계 태어나서 아미타불 뵈온뒤에 마정수기
받자오며 원하옵고 원하노니 화장연화 세계에서
너나없이 모두함께 성불하기 원합니다.

위패를 사르는 진언
옴 비로기제 사바하 (세 번)

전송하는 진언
옴 바아라 사다 목차목 (세 번)

부처님 세계로 태어나게 하는 진언
옴 마니다니 훔훔 바탁 사바하 (세 번)
세간 속에 자리해도 걸림없는 허공 같고 아름다운 연꽃
이 더러움에 물 안 들 듯 청정한 마음으로 저 언덕에 건
너가서 오체투지 머리 숙여 부처님께 귀의하세. 불보에
귀의합니다. 법보에 귀의합니다. 승보에 귀의합니다.

귀의불양족존 귀의법이욕존 귀의승중중존
歸 依 佛 陽 足 尊　歸 依 法 離 欲 尊　歸 依 僧 衆 中 尊

귀의불경 귀의법경 귀의승경
歸 依 佛 境　歸 依 法 境　歸 依 僧 境

선보운정 복유진중
善 步 雲 程　伏 惟 珍 重

🔔 보회향진언
普 回 向 眞 言

옴 삼마라 삼마라 미마라 자가라바 훔 (세 번)

화탕풍요천지괴　　요요장재백운간
火 湯 風 搖 天 地 壞　　寥 寥 長 在 白 雲 間

일성휘파금성벽　　단향불전칠보산
一 聲 揮 破 金 城 壁　　但 向 佛 前 七 寶 山

나무환희장마니보적불
南 無 歡 喜 藏 摩 尼 寶 積 佛

나무원만장보살마하살
南 無 圓 滿 藏 菩 薩 摩 訶 薩

나무회향장보살마하살
南 無 廻 向 藏 菩 薩 摩 訶 薩

양족존이신 불보에 귀의합니다.
이욕존이신 법보에 귀의합니다.
중중존이신 승보에 귀의합니다.
불보에 귀의를 마치었고 법보에 귀의를 마치었고
승보에 귀의를 마쳤으니 청운의 꿈 펼치실 그 길
편안하시길 엎드려 빕니다.

널리 회향하는 진언

옴 삼마라 삼마라 미마라 자가라바 훔 (세 번)

화탕불길 하늘과 땅 무너뜨려도 당당하게 노니는
곳 흰구름 사이라네. 한소리에 금성철벽 부숴버
리고 부처님전 칠보산에 어서 가소서.

환희장마니 보적불께 귀의합니다.

원만장 보살마하살께 귀의합니다.

회향장 보살마하살께 귀의합니다.

거 불
擧 佛

나무아미타불
南 無 阿 彌 陀 佛

나무관음세지양대보살
南 無 觀 音 勢 至 兩 大 菩 薩

나무대성망령인로왕보살
南 無 大 聖 亡 靈 引 路 王 菩 薩

창 혼 법주 요령 세 번 내리고 조금 있다가
唱 魂 합장하고 부른다.

거사바세계 남섬부주 동양 대한민국 ○○거주
據 娑 婆 世 界 南 贍 部 州 東 兩 大 韓 民 國 居 住

청정수월도량 원아금차지극지정성 제당
淸 淨 水 月 道 場 願 我 今 此 至 極 至 精 誠 第 當

○○재지신 천혼재자 행효자 ○○복위 소천망
齋 之 辰 薦 魂 齋 者 行 孝 者 伏 爲 所 薦 亡

○○○영가 영가위주 상세선망 사존부모
靈 駕 靈 駕 爲 主 上 世 先 亡 師 尊 父 母

다생사장 누대종친 제형숙백 자매질손
多 生 師 長 累 代 宗 親 弟 兄 叔 伯 姉 妹 姪 孫

원근친척 오무간옥 아귀도중 수고함령등
遠 近 親 戚 五 無 間 獄 餓 鬼 道 中 受 苦 含 靈 等

불보살님을 청하여 모시는 글

극락도사 아미타부처님이시여,
자비하신 원력으로 광림하옵소서.

관음세지 양대보살님이시여,
자비하신 원력으로 광림하옵소서.

접인망령 인로왕보살님이시여,
자비하신 원력으로 광림하옵소서.

도량의 영가를 청하는 진언
법주 요령 세 번 내리고 조금 있다가 합장하고 부른다.

거 사바세계 남섬부주 동양 대한민국 (사암: 주소)

청정수월도량에서 오늘 지성으로 향단 차려

(주소 성명)에 거주하는 (행효자 성명)등이 (재명)을

맞이하여 엎드려 부르옵나니 망엄부(자모) ○○○

영가시여, 영가를 중심하여 지난 세상 먼저 돌아

가신 부모님과 다생의 스승, 종친, 형제자매, 질

손, 원근친척 여러 영가와 이 도량 안팎, 마을의

위와 아래, 주인 있고 없는 외로운 영혼과

일체애혼 제불자등 각열위열명영가
一切哀魂 第佛子等 各列爲列名靈駕

착 어
着 語

영명성각묘난사　　　　월타추담계영한
靈明性覺妙難思　　　　月墮秋潭桂影寒

금탁수성개각로　　　　잠사진계하향단
今鐸數聲開覺路　　　　暫辭眞界下香壇

이차진령신소청　　　　금일[야]영가보문지
以此振鈴伸召請　　　　今日　　靈駕普聞知

원승삼보력가지　　　　금일[야]금시내부회
願承三寶力加持　　　　今日　　今時來赴會

🔔 보소청진언
普召請眞言

나무 보보제리 가리다리 다타 아다야 (세 번)

고 혼 청
孤 魂 請

🔔 일심봉청 생종하처래 사향하처거
一心奉請 生從何處來 死向何處去

생야일편부운기 사야일편부운멸
生也一片浮雲起 死也一片浮雲滅

부운자체본무실 생사거래역여연 독유일물상독로
浮雲自體本無實 生死去來亦如然 獨有一物常獨露

담연불수어생사 원아금차지극지정성 생전효행
湛然不隨於生死 願我今此至極之情誠 生前孝行

사후○ ○재 천혼재자
死後　 　齋 薦魂齋者

지옥계와 아귀도중 고통받는 고혼이시여.

영가에게 이르는 법어

신령하고 밝은성품 미묘하기 그지없어 가을못에 비친 달이 계수나무 사무쳐라. 목탁소리 요령소리에 보리길이 열렸나니 가시는길 잠시쉬고 이향단에 내려오소서.

요령소리 펼치고서 청하옵나니, 저승세계 영가시여 잘 들으소서. 바라건대 삼보님의 위신력 빌려 이 시간 이 향단에 내려오소서.

널리 청하는 진언
나무 보보제리 가리다리 다타 아다야 (세 번)

영가를 청함
일심으로 받들어 청하옵니다.
태어날 때 어디서 오셨으며 돌아갈 때 어디로 가십니까. 태어남은 한 조각 뜬구름이 일어남이요, 죽음이란 한 조각 뜬구름이 사라짐입니다. 떠도는 구름이 본래 실체가 없듯 생사의 오고 감 또한 그런 것입니다. 한 물건만 홀로이 언제나 드러나니 초연히 생사에 휩쓸리지 않나이다.

행효자 ○○복위 소천망 ○○영가 영가위주
行孝子　　　伏爲　所薦亡　　　靈駕　靈駕爲主

다생사장 누대종친 제형숙백 자매질손
多生師長　累代宗親　弟兄淑伯　姉妹姪孫

원근친척 일체애혼 제불자등 각 열위열명영가
遠近親戚　一切哀魂　諸佛子等　各　列位列名靈駕

차○○○사 도량궁내외 동상동하 유주무주
此　　　寺　道場宮内外　同上同訶　有主無主

운집고혼 일체애혼 제불자등 각 열위열명영가
雲集孤魂　一切哀魂　諸佛者等　各　列位列名靈駕

승불위광 내예향단 수첨향등다미공
承佛威光　來詣香壇　受霑香燈茶米供

　　향연청 (세 번)
　　香煙請

　　가 영
　　歌 詠

　　제령한진치신망　　　　석화광음몽일장
　　諸靈限盡致身亡　　　　石火光陰蒙一長

　　삼혼묘묘귀하처　　　　칠백망망거원향
　　三魂渺渺歸何處　　　　七魄茫茫去遠鄕

　　🔔 수위안좌진언
　　　受位安座眞言

옴 마니 군다니 훔훔 사바하 (세 번)

오늘 지성 받들어서 청하옵는 (주소 성명) 복위등이 제당 (재명)재일을 맞이하여 엎드려 부르나니 망엄부 ○○후인(유인) ○○○영가시여, 영가를 중심으로 윗대로 먼저 돌아가신 부모님, 여러 생의 스승님들, 종친들, 일체 권속 등 각 열위열명 영가와 이 도량 내외의 재주가 있건 없건 외로운 영혼과 일체의 애달픈 불자 등 각 열위열명영가시여, 부처님의 위덕 빌려 이 향단 위에 앉으시어 위없는 법공양을 받으소서.

향을 사르며 청함

노래로 맞이하는 진언
세상 인연 다하여 죽음 이르니 번개 같은 인생이여 한판 꿈이라. 아득하다 삼혼이여 어디로 가고, 망망해라 칠백이여 멀리 떠나네.

위계에 따라 자리를 권해 드리는 진언
옴 마니 군다니 훔훔 사바하 (세 번)

다 게
茶 揭

백초임중일미신 白 草 林 中 一 味 新	조주상권기천인 趙 州 常 勸 幾 千 人
팽장석정강심수 烹 將 石 鼎 江 心 水	원사망령헐고륜 願 使 亡 靈 歇 苦 輪
원사고혼헐고륜 願 使 孤 魂 歇 苦 輪	원사제령헐고륜 願 使 諸 靈 歇 苦 輪

헌 식 소
獻 食 疏

상래소청 금일 ○○○영가a 제불자등
上 來 召 請　今 日　　　　靈 駕　　諸 佛 子 等

각 열위열명영가 향설오분지진향 훈발대지
各 列 位 列 名 靈 駕 香 爇 五 分 之 眞 香 爇 發 大 智

등연반야지명등 조파혼구 다헌조주지청다
燈 燃 般 若 之 明 燈 照 破 昏 衢 茶 獻 趙 州 之 淸 茶

돈식갈정 과헌선도지진품 상조일미
頓 息 渴 情 果 獻 仙 都 之 眞 品 常 助 一 味

식진향적지진수 영절기허a 금일 ○○○영가
食 進 香 積 之 珍 羞 永 絶 飢 虛　　今 日　　　靈 駕

제불자 등 각 열위열명영가 어차물물 종종진수
諸 佛 子 等 各 列 位 列 名 靈 駕 於 此 物 物 種 種 珍 羞

부종천강 비종지용 단종재자지일편 성심유출
不 從 天 降 非 從 地 聳 但 從 齋 者 之 一 片 誠 心 流 出

나열영전 복유상향
羅 列 靈 前 伏 惟 尙 饗

차 올리는 진언

백가지풀 가운데의 향기로운 한맛이라 조주스님
권하기를 몇천번을 하였던가 돌솥에다 강심수를
고이다려 드리오니 영가시여 드시고서 윤회고를
끊으시고 고혼이여 드시고서 육도윤회 벗어나며
모든영가 드시고서 멈추시고 이고득락 하옵소서

일체 영가에게 공양을 올리는 법어

금일 ○○재에 청하여 단에 오르신 ○○○영가시
여, 여기에 진설되어 있는 모든 공양물은 하늘에
서 내린 것도 아니요 땅에서 솟은 것 또한 아니오
며 사랑하는 재자 행효자(녀) ○○○등 재자들이
성심으로 마련하여 정성껏 올리오니, 바라옵건대
한 생각에 매이지 마시옵고 편안한 마음으로 연화
좌에 앉으셔서 이 공양을 받으시고 법회의 선열로
써 굶주림을 면하소서.

우리말 영가에게 올리는 법어진반

※ 재주들은 경건한 마음으로 합장, 무릎 꿇고 진반을 설할 동 안 묵념에 들어간다.

금일 ○○재에 청하여 향단에 오신 ○○○영가시 여, 여기에 진설되어 있는 모든 공양물은 하늘에 서 내린 것도 아니요 땅에서 솟은 것 또한 아니 오며 사랑하는 재자 행효자(녀) ○○○등 재자들 이 성심으로 마련하여 정성껏 올리오니, 바라옵 건대 한 생각에 매이지 마시옵고 편안한 마음으 로 연화좌에 앉으셔서 이 공양을 받으시고 법회 의 선열로써 굶주림을 면하소서.

○○○영가시여, 향은 자신을 태워 세상의 악취 를 소멸합니다. 전생의 모든 악업을 여의고 다겁 생래 덮어두었던 자성의 참모습을 발견하여 깨 치소서.

○○○영가시여, 촛불은 자신을 태워 세상의 어두움을 밝힙니다. 법의 광명 빛나는 등 공양을 밝혀 시방법계의 자비 광명을 꿰뚫어보소서.

○○○영가시여, 맑은 차는 자신을 바쳐 중생의 갈증을 풀어줍니다. 진미 흘러넘치는 차 공양을 받으시고 덧없는 애욕의 갈증을 풀어 다겁 생래의 윤회 고통에서 하루속히 벗어나소서.

○○○영가시여, 꽃과 과일은 자신을 바쳐 세상에 아름다움과 기쁨을 안겨 줍니다. 법의 환희 가득한 꽃과 과일 공양을 받으시고 이기심에 찌들었던 편협한 마음을 넉넉하게 하시고 행한다면 반드시 불과를 이룰 수 있다는 신념으로 거룩한 인연법을 깨치소서.

○○○영가시여, 재자들의 정성어린 진지공양을 흠향하시고 시장함에서 영원히 벗어나 법의 선열로 배 부르소서.
법다운 공양을 받으신 유주무주 여러 영가시여, 여러 생에 무단히도 살생하고 미워하는 마음 등 모든 악업 여의시고 다겁생에 덮어 두었던 자성의 참모습을 발견하고 깨치시어 성불하소서.

본마음은 고요하여 옛과 지금 없다 하니 태어남은 무엇이고 돌아감은 무엇인가. 불 법 승을 따르오면 오고 가는 곳곳마다 그대로가 극락이니 첩첩 쌓인 푸른 산은 부처님의 도량이요 맑은 하늘 흰 구름은 부처님의 발자취며 대자연의 바람 소리 부처님의 설법이고 대자연의 고요함은 부처님의 마음이라. 불심으로 바라보면 온 세상이 불국토요 범부들의 마음에는 불국토가 사바로다. 마음이 청정하면 온 세계가 청정하고 모든 업장 참회하여 청정해진 마음으로 돌아가면 영가님이 가시는 길 광명으로 가득하리. 청정한 마음으로 자성의 참모습을 깨치시어 돌고 도는 생사윤회 자기 업을 따르오니 오고 감을 슬퍼 말고 환희로써 발심하여 무명 업장 무거운 짐 하루속히 모두 벗고 삼악도를 벗어나서 청정해진 마음으로 극락왕생 하옵소서.

○○○영가님이시여, 소승은 이제 사랑하시는 ○○○재자들이 지극한 정성으로 올린 공양을 흡족히 흠향하셨으리라 믿고 신비한 주문을 설하오니, 몸과 마음을 편안하게 하시고 편협한 마음을 놓으신다면 업력이 청량하리니 한마음 한뜻으로 합장하여 해탈하시고 상품상대에 소생하옵기를 구하소서.

마하반야바라밀다심경
摩訶般若波羅蜜多心經

관자재보살 행심반야바라밀다시 조견오온개공 도
觀自在菩薩 行深般若波羅蜜多時 照見五蘊皆空 度

일체고액 사리자 색불이공 공불이색 색즉시공 공
一切苦厄 舍利子 色不異空 空不異色 色卽是空 空

즉시색 수상행식 역부여시 사리자 시제법공상 불
卽是色 受想行識 亦復如是 舍利子 是諸法空相 不

생불멸 불구부정 부증불감 시고 공중무색 무수상
生不滅 不垢不淨 不增不減 是故 空中無色 無受想

행식 무안이비설신의 무색성향미촉법 무안계 내지
行識 無眼耳鼻舌身意 無色聲香味觸法 無眼界 乃至

무의식계 무무명 역무무명진 내지 무노사 역무노
無意識界 無無明 亦無無明盡 乃至 無老死 亦無老

사진 무고집멸도 무지역무득 이무소득고 보리살타
死盡 無苦集滅道 無智亦無得 以無所得故 菩提薩埵

의반야바라밀다 고심무가애 무가애고 무유공포 원
依般若波羅蜜多 故心無罣碍 無罣碍故 無有恐怖 遠

리전도몽상 구경열반 삼세제불 의반야바라밀다 고
離顚倒夢想 究竟涅槃 三世諸佛 依般若波羅蜜多 故

득아뇩다라삼먁삼보리 고지반야바라밀다 시대신
得阿耨多羅三藐三菩提 故知般若波羅蜜多 是大神

주 시대명주 시무상주 시무등등주 능제일체고 진
呪 是大明呪 是無上呪 是無等等呪 能除一切苦 眞

실불허 고설반야바라밀다주 즉설주왈 「아제아제
實不虛 故說般若波羅蜜多呪 卽說呪曰 揭諦揭諦

바라아제 바라승아제 모지 사바하」(세 번)
波羅揭諦 波羅僧揭諦 菩提 娑婆訶

마하반야바라밀다심경

관자재보살이 깊은 반야바라밀다를 행할 때, 오온이 공한 것을 비추어 보고 온갖 고통에서 건지느니라. 사리자여, 색이 공과 다르지 않고 공이 색과 다르지 않으며, 색이 곧 공이요 공이 곧 색이니, 수 상 행 식도 그러하니라. 사리자여, 모든 법은 공하여 나지도 멸하지도 않으며, 더럽지도 깨끗하지도 않으며, 늘지도 줄지도 않느니라. 그러므로 공 가운데는 색이 없고 수 상 행 식도 없으며, 안 이 비 설 신 의도 없고, 색 성 향 미 촉 법도 없으며, 눈의 경계도 의식의 경계까지도 없고, 무명도 무명이 다함까지도 없으며, 늙고 죽음도 늙고 죽음이 다함까지도 없고, 고 집 멸 도도 없으며, 지혜도 얻음도 없느니라. 얻을 것이 없는 까닭에 보살은 반야바라밀다를 의지하므로 마음에 걸림이 없고 걸림이 없으므로 두려움이 없어서, 뒤바뀐 헛된 생각을 멀리 떠나 완전한 열반에 들어가며, 삼세의 모든 부처님도 반야바라밀다를 의지하므로 최상의 깨달음을 얻었느니라. 반야바라밀다는 가장 신비하고 밝은 주문이며 위없는 주문이며 무엇과도 견줄 수 없는 주문이니, 온갖 괴로움을 없애고 진실하여 허망하지 않음을 알지니라. 이제 반야바라밀다주를 말하리라.
「아제아제 바라아제 바라승아제 모지 사바하」(세 번)

원차가지식   보편만시방
願 此 加 持 食   普 遍 滿 十 方

식자제기갈   득생안락국
食 者 除 飢 渴   得 生 安 樂 國

시귀식진언
施 鬼 食 眞 言

옴 미기미기 야야미기 사바하 (세 번)

시무차법식진언
施 無 遮 法 食 眞 言

옴 목역능 사바하 (세 번)

보공양진언
普 供 養 眞 言

옴 아아나 삼바바 바라 훔 (세 번)

보회향진언
普 回 向 眞 言

옴 삼마라 삼마라 미만나 사라마하 자가라바 훔
(세 번)

수아차법신 하이아난찬 기장함포만
受 我 此 法 身 何 異 阿 難 饌 飢 腸 咸 飽 滿

업화돈청량 돈사탐진치 상귀불법승
業 火 頓 淸 凉 頓 捨 貪 賑 痴 常 歸 佛 法 僧

염념보리심 처처안락국
念 念 菩 堤 心 處 處 安 樂 國

바라옵건대 법다운 이 공양이여, 시방세계 두루두루 넘칠지어다. 먹는 사람 배고픔을 길이 여의고 아미타불 극락세계에 태어나리라.

영가에게 음식을 베푸는 진언
옴 미기미기 야야미기 사바하 (세 번)

법공양을 가리지 않고 베푸는 진언
옴 목역능 사바하 (세 번)

널리 공양하는 진언
옴 아아나 삼바바 바라 훔 (세 번)

공양의 공덕을 회향하는 진언
옴 삼마라 미만나 삼마라 사라마하 자가라바 훔
(세 번)

내가드린 법공양은 아란찬과 다름없어 주린창자 배불리고 업의불길 모두꺼져 탐진치를 다버리고 삼보님께 귀명하면 생각생각 보리나고 곳곳마다 안락일세.

범소유상 개시허망 약견제상비상 즉견여래
凡 所 有 相 皆 是 虛 妄 若 見 諸 相 非 相 卽 見 如 來

여래십호
如 來 十 號

여래 응공 정변지 명행족 선서 세간해 무상사
如 來 應 供 正 邊 智 名 行 足 善 逝 世 間 解 無 上 士

조어장부 천인사 불 세존
調 御 丈 夫 天 人 師 佛 世 尊

제법종본래　　　　상자적멸상
諸 法 從 本 來　　　常 自 寂 滅 相

불자행도이　　　　내세득작불
佛 子 行 道 己　　　來 世 得 作 佛

제행무상　　　　시생멸법
諸 行 無 常　　　是 生 滅 法

생멸멸이　　　　적멸위락
生 滅 滅 己　　　寂 滅 爲 樂

장엄염불~소대까지 (p.500 참조)

모든 형상 실체 없어 모두 허망하나니
형상 아닌 줄 알면 그대로 여래를 보리라.

　여래의 열 가지 이름
여래 응공 정변지 선서 세간에 무상사 조어장부
천인사 불세존

모든 법은 본래부터 항상하게도 유위와 무위 아
닌 적멸상이라. 불자들이 끊임없이 수행해가면
오는 세상 누구든지 부처 되리라.

이 세상의 인연법은 항상함 없이 생겼다가 없어
지는 무상법이라. 생멸법이 사라지고 번뇌 없으
면 적멸법이 그대로 열반락 되리라.

장엄염불~소대까지 (p.501 참조)

나무 아미타불
南無 阿彌陀佛

나무 관세음보살
南無 觀世音菩薩

나무 대세지보살
南無 大勢至菩薩

불신충만어법계　보현일체중생전
佛身充滿於法界　普賢一切衆生前

수연부감미부주　이항처차보리좌
隨緣赴感靡不周　而恒處此菩提座

거사바세계 남섬부주 동양 대한민국 ○○거주
據娑婆世界 南贍部州 東洋 大韓民國　　居住

금차지극지정성 설향단전 봉청재자 행효자
今此至極至精誠 爇香壇前 奉請齋者 行孝者

○○복위 소천망 ○○영가
伏爲 所薦亡 靈駕

영가위주 상세선망 사존부모 다생사장
靈駕爲主 上世先亡 師尊父母 多生師長

누대종친 제형숙백 자매질손 원근친척
累代宗親 弟兄叔伯 姉妹姪孫 遠近親戚

일체애혼 제 불자등 각 열위열명영가
一切哀魂 第 佛子等 各 列爲列名靈駕

화엄시식

아미타부처님께 귀의합니다.

관세음보살님께 귀의합니다.

대세지보살님께 귀의합니다.

불신은 법계에 충만하니 모든 중생 앞에 널리 나투십니다. 연을 따라 응하사 두루하지 않으심이 없으시나 항상 정각의 자리에 계시옵니다.

사바세계 남섬부주 동양 대한민국 (사암: 명칭)청정도량에서 천혼재자 (주소 성명)등 재자들이 엎드려 청하옵니다.

○○○영가시여, 영가를 중심으로 지난 세상 먼저 돌아가신 부모님, 다생의 스승님과 여러 생의 종친들, 일체애혼 불자를 도량 안과 밖, 마을의 위와 아래, 주인 있고 주인 없는 외로운 영혼 등 모든 영가들이시여, 또한 바라옵건대 이 가람이 처음 창건된 이래 사원을 중건 중수하시고 불상을

억원 금차 최초 창건이래 중건중수 조불조탑
抑願 今此 最初 創建以來 重建重修 造佛造塔

불량등촉 불전내외 일용 범제집물 화주시주
佛糧燈燭 佛前內外 日用 凡諸什物 化主施主

도감별좌 조연양공 사사시주등
都監別座 助緣良工 私事施主等

각열위열명영가 불전내외 일용 범제집물
各列位列名靈駕 佛前內外 日用 凡諸什物

사사시주등 차도량궁내외 동상동하 침혼체백
私事施主等 此道 宮內外 洞上洞下 沈魂滯白

유주무주 일체애혼 제불자등 각열위열명영가
有主無主 一切哀魂 諸佛子等 各列位列名靈駕

승불신력 내예향단 동첨법공 증오무생
承佛神力 來詣香壇 同沾法空 證悟無生

보방광명향장엄 종종묘향집위장
普放光明香莊嚴 種種妙香集爲帳

보산시방제국토 공양일체대덕존
普散十方諸國土 供養一切大德尊

보방광명다장엄 종종묘다집위장
普放光明茶莊嚴 種種妙茶集爲帳

보산시방제국토 공양일체영가중
普散十方諸國土 供養一切靈駕衆

보방광명미장엄 종종묘미집위장
普放光明米莊嚴 種種妙米集爲帳

보산시방제국토 공양일체제불법
普散十方諸國土 供養一切諸佛法

조성하고 불탑을 건립하며 불전에 올린 양식과 등촉 내지는 불전 안팎에서 매일 사용하는 크고 작은 온갖 기구들 시주토록 권하신 화주, 이를 감독하신 도감, 이를 운용하신 별좌, 연을 맺도록 도움 주신 분과 가사 짓는 분, 물건을 시주하신 분 등 모든 영가시여, 또한 이 도량 안과 밖 주인이 있거나 없거나 외로운 영가들이시여, 부처님의 위신력을 입으사 이 향단에 오시어 법답게 올리는 공양을 받으시고 무생법인을 깨치소서.

지혜광명 널리놓고 향연으로 장엄함에 가지가지 미묘한향 한데모여 휘장되고 두루널리 시방세계 불국토로 흩어져서 큰덕지닌 모든분께 공양올려 지사이다.

광명다시 널리놓고 명다로써 장엄함에 가지가지 묘한 명다 한데모여 휘장되고 두루널리 시방세계 불국토로 흩어져서 큰덕지닌 모든분께 공양올려 지사이다.

광명다시 널리놓고 향기로써 장엄함에 가지가지 묘한 향미 한데모여 휘장되고 두루널리 시방세계 불국토로 흩어져서 임자없는 고혼영가 공양올려 지사이다.

우방광명법자재　　차광능각일체중
又放光明法自在　　遮光能覺一切衆

영득무진다라니　　실지일체제불법
令得無盡陀羅尼　　悉持一切諸佛法

법력난사의　대비무장애　입립변시방
法力難思議　大悲無障碍　粒粒邊十方

보시주법계　금이소수복　보첨어귀취
普施周法界　今以所修福　普沾於鬼趣

식이면극고　사신생락처
食已免極苦　捨身生樂處

무량위덕 자재광명승묘력 변식진언
無量威德 自在光明勝妙力 變食眞言

나막 살바다타 아다야 바로기제 옴 삼마라

삼마라 옴 (세 번)

시감로수진언
施甘露水眞言

나무 소로바야 다타 아다야 다냐타 옴

소로소로 바라소로　바라소로 사바하 (세 번)

광명다시 널리놓고 진여법문 자재함에 이광명이 모든 중생 빠짐없이 깨우쳐서 다함없는 다라니를 남김없이 언게하여 한량없는 부처님법 언게되어 지사이다.

진리의힘 헤아리기 어려우며 크신비원 걸릴것이 없사오니 한알한알 시방세계 두루하여 두루두루 온법계에 베풀어져 적사오나 지금제가 닦은복도 귀취중에 모든중생 몫이되어 공양듦에 갖은고통 면해지고 몸을바꿔 왕생극락 하여이다.

음식을 질적 양적으로 변화시키는 진언

나막 살바다타 아다야 바로기제 옴 삼마라 삼마라 옴 (세 번)

감로수가 흘러나오는 진언

나무소로바야 다타 아다야 다냐타 옴 소로소로 바라소로 바라소로 사바하 (세 번)

일자수륜관진언
一 字 水 輪 觀 眞 言

옴 밤 밤 밤밤 (세번)

유해진언
乳 海 眞 言

나무 사만다 못다남 옴 밤 (세 번)

마하반야바라밀다심경
摩 訶 般 若 波 羅 蜜 多 心 經

관자재보살 행심반야바라밀다시 조견오온개공
觀 自 在 菩 薩 行 深 般 若 波 羅 蜜 多 時 照 見 五 蘊 皆 空

도 일체고액 사리자 색불이공 공불이색 색즉
度 一 切 苦 厄 舍 利 子 色 不 異 空 空 不 異 色 色 卽

시공 공즉시색 수상행식 역부여시 사리자 시
是 空 空 卽 是 色 受 想 行 識 亦 復 如 是 舍 利 子 是

제법공상 불생불멸 불구부정 부증불감 시고
諸 法 空 相 不 生 不 滅 不 垢 不 淨 不 增 不 減 是 故

공중무색 무수상행식 무안이비설신의 무색성
空 中 無 色 無 受 想 行 識 無 眼 耳 鼻 舌 身 意 無 色 聲

향미촉법 무안계 내지 무의식계 무무명 역무
香 味 觸 法 無 眼 界 乃 至 無 意 識 界 無 無 明 亦 無

무명진 내지 무노사 역무노사진 무고집멸도
無 明 盡 乃 至 無 老 死 亦 無 老 死 盡 無 苦 集 滅 道

'밤' 자에서 젖이 나오는 진언

옴 밤 밤 밤밤 (세 번)

젖이 바다같이 많아져 베푸는 진언

나무 사만다 못다남 옴 밤 (세 번)

마하반야바라밀다심경

관자재보살이 깊은 반야바라밀다를 행할 때, 오온이 공한 것을 비추어 보고 온갖 고통에서 건지느니라. 사리자여, 색이 공과 다르지 않고 공이 색과 다르지 않으며, 색이 곧 공이요 공이 곧 색이니, 수 상 행 식도 그러하니라. 사리자여, 모든 법은 공하여 나지도 멸하지도 않으며, 더럽지도 깨끗하지도 않으며, 늘지도 줄지도 않느니라. 그러므로 공 가운데는 색이 없고 수 상 행 식도 없으며, 안 이 비 설 신 의도 없고, 색 성 향 미 촉 법도 없으며, 눈의 경계도 의식의 경계까지도 없고, 무명도 무명이 다함까지도 없으며, 늙고 죽음도 늙고 죽음이 다함까지도 없고,

무지역무득 이무소 득고 보리살타 의반야바라
無智亦無得 以無所 得故 菩提薩埵 依般若波羅

밀다 고심무가애 무가애고 무유공포 원리전도
蜜多 故心無罣碍 無罣碍故 無有恐怖 遠離顚倒

몽상구경열반 삼세제불 의반야바라밀다 고득
夢想究竟涅槃 三世諸佛 依般若波羅蜜多 故得

아뇩다라삼먁삼보리 고지반야바라밀다 시대신
阿耨多羅三藐三菩提 故知般若波羅蜜多 是大神

주 시대명주 시무상주 시무등등주 능제일체고
呪 是大明呪 是無上呪 是無等等呪 能除一切苦

진실불허 고설반야바라밀다주 즉설주왈
眞實不虛 故說般若波羅蜜多呪 卽說呪曰

「아제아제 바라아제 바라승아제 모지 사바하」
揭諦揭諦 波羅揭諦 波羅僧揭諦 菩提 娑婆訶

(세 번)

원차가지식   보편만시방
願此加持食   普遍滿十方

식자제기갈   득생안락국
食者除飢渴   得生安樂國

시귀식진언
施鬼食眞言

옴 미기미기 야야미기 사바하 (세 번)

고 집 멸 도도 없으며, 지혜도 얻음도 없느니라. 얻을 것이 없는 까닭에 보살은 반야바라밀다를 의지하므로 마음에 걸림이 없고 걸림이 없으므로 두려움이 없어서, 뒤바뀐 헛된 생각을 멀리 떠나 완전한 열반에 들어가며, 삼세의 모든 부처님도 반야바라밀다를 의지하므로 최상의 깨달음을 얻었느니라. 반야바라밀다는 가장 신비하고 밝은 주문이며 위없는 주문이며 무엇과도 견줄 수 없는 주문이니, 온갖 괴로움을 없애고 진실하여 허망하지 않음을 알지니라. 이제 반야바라밀다주를 말하리라.

「아제아제 바라아제 바라승아제 모지 사바하」
                                    (세 번)

바라건대 법다운 이 공양이여, 시방세계 두루두루 넘칠지어다. 먹는 사람 배고픔을 길이 여의고 아미타불 극락세계에 태어나리라.

   영가에게 음식을 베푸는 진언
 옴 미기미기 야야미기 사바하 (세 번)

시무차법식진언
施 無 遮 法 食 眞 言

옴 목역능 사바하 (세 번)

보공양진언
普 供 養 眞 言

옴 아아나 삼바바 바라 훔 (세 번)

보회향진언
普 回 向 眞 言

옴 삼마라 삼마라 미만나 사라마하 자가라바 훔
(세 번)

수아차법신 하이아난찬 기장함포만 업화돈청량
受 我 此 法 身　何 異 阿 難 饌　飢 腸 咸 飽 滿　業 火 頓 清 涼

돈사탐진치 상귀불법승 염념보리심 처처안락국
頓 捨 貪 賑 痴　常 歸 佛 法 僧　念 念 菩 堤 心　處 處 安 樂 國

법소유상 개시허망 약견제상비상 즉견여래
凡 所 有 相　皆 是 虛 妄　若 見 諸 相 非 相　卽 見 如 來

여래십호
如 來 十 號

여래 응공 정변지 명행족 선서 세간해 무상사
如 來　應 供　正 邊 智　名 行 足　善 逝　世 間 解　無 上 士

조어장부 천인사 불세존
調 御 丈 夫　天 人 師　佛 世 尊

제법종본래 상자적멸상 불자행도이 내세득작불
諸 法 從 本 來　常 自 寂 滅 相　佛 子 行 道 己　來 世 得 作 佛

법공양을 베푸는 진언

옴 목역능 사바하 (세 번)

널리 공양하는 진언

아아나 삼바바 바라 훔 (세 번)

공양의 공덕을 회향하는 진언

옴 삼마라 미만나 삼마라 사라마하 자가라바 훔
(세 번)

내가드린 법공양은 아란찬과 다름없어 주린창자
배불리고 업의불길 모두꺼져 탐진치를 다버리고
삼보님께 귀명하면 생각생각 보리나고 곳곳마다
안락일세. 모든 형상 실체 없어 모두 허망하나니
형상 아닌 줄 알면 그대로 여래를 보리라.

여래의 열 가지 이름

여래 응공 정변지 선서 세간해 무상사 조어장부
천인사 불세존
모든 법은 본래부터 항상하게도 유위와 무위 아닌
적멸상이라. 불자들이 끊임없이 수행해가면 오는
세상 누구든지 부처 되리라.

제행무상 시생멸법 생멸멸이 적멸위락
諸 行 無 常 是 生 滅 法 生 滅 滅 己 寂 滅 爲 樂

십 념
十 念

나무청정법신비로자나불 원만보신노사나불
南 無 淸 淨 法 身 毘 盧 遮 那 佛 圓 滿 報 身 盧 舍 那 佛

천백억화신석가모니불 구품도사아미타불
千 百 億 化 身 釋 迦 牟 尼 佛 九 品 導 師 阿 彌 陀 佛

당래하생미륵존불 시방삼세일체불
堂 來 下 生 彌 勒 尊 佛 十 方 三 世 一 切 佛

시방삼세일체존법 대지문수사리보살
十 方 三 世 一 切 尊 法 大 智 文 殊 舍 利 菩 薩

대행보현보살 대비관세음보살
大 行 普 賢 菩 薩 大 悲 觀 世 音 菩 薩

대존보살마하살 대원지장보살
大 尊 菩 薩 摩 訶 薩 大 願 地 藏 菩 薩

마하반야바라밀
摩 訶 般 若 婆 羅 密

장엄염불~소대까지 (p.500 참조)

이 세상의 인연법은 항상함 없이 생겼다가 없어
지는 무상법이라. 생멸법이 사라지고 번뇌 없으
면 적멸법이 그대로 열반락 되리라.

십 념

나무청정법신비로자나불 원만보신노사나불

천백억화신석가모니불 구품도사아미타불

당래하생미륵존불 시방삼세일체불

시방삼세일체존법 대지문수사리보살

대행보현보살 대비관세음보살

대존보살마하살 대원지장보살

마하반야바라밀

장엄염불~소대까지 (p.501 참조)

장 례 편
葬禮編

다비의 뜻 :

인도에 시다림이란 지명이 있고 이곳에 사라쌍수라는 두 나무가 있다. 부처님께서 사라쌍수 중간에서 열반하셨으므로 시다림이란 지명을 말한 다(多)와 비(毘)는 명자와 같다. 부처님께서 다림을 말한 것이다. 화장하는 것을 다비로 알면 잘못된 것이다. 다비 중에 화장법과 매장법이 있는데, 매장법은 말 그대로 유교식으로 매장하는 것이고 화장법은 불교에서 시초가 된 것이다. 화장의 뜻은 사대육신을 태워 광겁다생으로부터 지어온 번뇌와 업장을 소멸하고 불생불멸의 열반 대도에 가라는 깊은 뜻이 있는 것이다.

초 종 / 첫째날
初 終

보례진언
普禮眞言

아금일신중　즉현무진신
我今一身中　卽現無盡身

변재미타전　일일무수례
遍在彌陀前　一日無數禮

옴 바아라믹 (세 번)

천 수 경 云云
千手經

수　계
受　戒

거　불
擧　佛

다비의 뜻 :
인도에 시다림이란 지명이 있고 이곳에 사라쌍수라는 두 나무가 있다. 부처님께서 사라쌍수 중간에서 열반 하셨으므로 시다림이란 지명을 말한 다(多)자와 비(毘)는 명자와 같다. 부처님께서 다림을 말한 것이다. 화장하는 것을 다비로 알면 잘못된 것이다. 다비 중에 화장법과 매장법이 있는데, 매장법은 말 그대로 유교식으로 매장하는 것이고 화장법은 불교에서 시초가 된 것이다. 화장의 뜻은 사대 육신을 태워 광겁다생으로부터 지어온 번뇌와 업장을 소멸하고 불생불멸의 열반 대도에 가라는 깊은 뜻이 있는 것이다.

초 종 / 첫째날

널리 절하는 진언

아금일신중 즉현무진신 변재미타전 일일무수례

옴 바아라믹 (세 번)

천 수 경 운 운

영가에게 수계를 내린다.

불보살님을 청하는 진언

나무 극락도사 아미타불
南無 極樂導師 阿彌陀佛

나무 관음세지 양대보살
南無 觀音勢至 兩大菩薩

나무 접인망령 인로왕보살
南無 接引亡靈 引路王菩薩

청 혼
請 魂

거 사바세계 남섬부주 동양 대한민국 주소
據 娑婆世界 南贍部州 東洋 大韓民國 住所

○○○장례식장 결계도량 원아금차 지극지정성
葬禮式場 結界道場 願我今此 至極至情誠

사유지신 위청지령 봉청 청법재자 ○○ 복위
私有至神 偉廳至靈 奉淸 淸法齋者 伏爲

신원적 선엄부(자모) ○○○영가 (세 번)
神圓寂 先嚴部 慈母 靈駕

착 어
着 語

영명성각묘난사　　　　월타추담계영한
靈明性覺妙難思　　　　月墮秋潭桂影寒

금탁수성개각로　　　　잠사진계하향단
金鐸數聲開覺路　　　　暫辭眞界下香壇

극락도사아미타 부처님이시여,
자비하신 원력으로 광림하시옵소서.

관음세지양대 보살님이시여,
자비하신 원력으로 광림하시옵소서.

대성인로왕 보살님이시여,
자비하신 원력으로 광림하시옵소서.

영가를 청하는 진언

새로이 원적에 든 ○○○영가시여, 태어남은 무엇이고 돌아감은 무엇인가. 한 조각 뜬구름이 일어났다 사라지는 것과 같은 것인데 ○○○영가시여, 한 물건이 유유히 사라짐을 아시는가. 아무리 실체가 사라진다 해도 부처님의 미묘 법문 그대 마음속에 있음이니 마음 비워 지성으로 소승법문 들으시고 속원 해탈하옵소서.

영가에게 이르는 법어

신령하고 밝은성품 미묘하기 그지없어 가을못에
비친달이 계수나무 사무쳐라 목탁소리 요령소리
보리길이 열렸나니 가시는길 잠시쉬고 이향단에
내리시어 수계득도 받으소서.

수 삼귀의계
授 三 歸 依 戒

신원적 ○○○영가시여, 그대는 삼보에 귀의하
神圓寂   靈駕

지 못했으므로 삼계에 끝없는 윤회를 했도다.
                              輪 廻

실체는 없어져 암담해도 ○○○영가를 안락국
實體   靈駕   安 樂 國

으로 인도하는 배는 오직 불법승 삼보님이십
      引 導   佛 法 僧 三 寶

니다.

소승 부처님의 위신력으로 삼귀의 계를 주리
小僧   三 歸 依 戒

니 정토로 가는 큰 보배에 귀의하십시오.
                            歸依

귀의불 양족존 (대중은 후창으로) 귀의불 양족존
歸依佛 兩足尊   歸依佛 兩足尊

귀의불 이욕존 (대중은 후창으로) 귀의불 이욕존
歸依佛 離欲尊   歸依佛 離欲尊

귀의불 중중존 (대중은 후창으로) 귀의불 중중존
歸依佛 衆中尊   歸依佛 衆中尊

수 오 계
授 五 戒

신원적 ○○○불자시여, 이미 삼귀의를 받아
神圓寂   佛者   三 歸 依

수 삼귀의계

신원적에 든 ○○○영가시여, 그대는 삼보에 귀
의하지 못했으므로 삼계에 끝없는 윤회를 했도
다. 실체는 없어져 암담해도 ○○○영가를 서방
정도 극락세계로 인도하는 배는 오직 불법승 삼
보님이십니다. 소승 부처님의 위신력으로 삼귀의
계를 주리니 정토로 가는 큰 보배에 귀의하십시
오.

귀의불 양족존 (대중은 후창으로) 귀의불 양족존

귀의불 이욕존 (대중은 후창으로) 귀의불 이욕존

귀의불 중중존 (대중은 후창으로) 귀의불 중중존

수 오 계

원적에 든 ○○○불자시여, 이미 삼귀의를 받아

부처님께 귀의하였으니 이제 오계(五戒)를 받아 불(佛)

자(者)의 길을 나아가시기 바랍니다. 오계(五戒)는 모든

부처님들의 진리의 평등(平等)하고 크나큰 계이니

삼세에 있어 여래도 이 계(戒)로써 깨우침을 이루

셨도다. 고통의 윤회(輪廻) 속히 벗고 해탈(解脫)의 근본(根本)

이며 정토(淨土)로 가는 등불이니 ○○○불자(佛者)시여,

마음을 고요히 하여 자세히 이 법문(法門)을 듣고

받아 지니어 해탈하시기 바랍니다.

오계(五戒)

일(一) : 불살생(不殺生)이니 살아있는 목숨을 죽이지 말라.

이(二) : 불투도(不偸盜)이니 남의 물건을 훔치지 말라.

삼(三) : 불사음(不邪婬)이니 삿된 음행을 하지 말라.

사(四) : 불망어(不妄語)이니 거짓말을 하지 말라.

오(五) : 불음주(不飮酒)로서 술을 마시지 말라.

부처님께 귀의하였으니 이제 오계를 받아 불자의 길을 나아가시기 바랍니다. 오계는 모든 부처님들의 진리의 평등하고 크나큰 계이니 삼세에 있어 부처님도 이 계로써 깨우침을 이루셨도다. 고통의 윤회 속히 벗고 해탈의 근본이며 정토로 가는 등불이니 ○○○불자시여, 마음을 고요히 하여 자세히 이 법문을 듣고 받아 지니어 해탈하시기 바랍니다.

오 계

일 : 불살생이니 살아있는 목숨을 죽이지 말라.

이 : 불투도이니 남의 물건을 훔치지 말라.

삼 : 불사음이니 삿된 음행을 하지 말라.

사 : 불망어이니 거짓말을 하지 말라.

오 : 불음주로서 술을 마시지 말라.

지금부터 미래세가 다할 때까지 ○○○ 불자시
未來 佛 者

여, 묻노니 이 오계를 지키시겠는가.
五 戒

자종금신지불신　　견지금계불훼범
自 從 今 身 至 佛 身　　堅 持 禁 戒 不 毁 犯

유원제불작증명　　영사신명종불퇴
唯 願 諸 佛 作 證 明　　寧 捨 身 命 終 不 退

　　　　지계진언
　　　　持 戒 眞 言

옴 살바 마라 제목차 하리나야 사바하 (세 번)

나무참제업장보승장불　　보광왕화염조불
南 無 懺 除 業 障 寶 勝 藏 佛　　寶 光 王 火 焰 照 佛

일체향화자재력왕불　　백억항하사결정불
一 切 香 華 自 在 力 王 佛　　百 億 恒 河 沙 決 正 佛

진위덕불　　　　　　금강견강소복괴산불
振 威 德 佛　　　　　　金 剛 堅 强 消 伏 壞 散 佛

보광월전묘음존왕불　　환희장마니보적불
寶 光 月 殿 妙 音 尊 王 佛　　歡 喜 藏 摩 尼 寶 積 佛

무진향승왕불　　　　사자월불
無 盡 香 勝 王 佛　　　　獅 子 月 佛

지금부터 미래세가 다할 때까지 ○○○불자시여,
묻노니 이 오계를 지키시겠는가.

부처의 몸 되기까지 스스로 복종하며 굳게 계율
지켜 절대 범하지 아니하리니 바라옵건대 모든
부처님께서 증명하소서. 차라리 목숨을 버릴지언
정 물러나지 않겠습니다.

지계진언
옴 살바 마라 제목차 하리나야 사바하 (세 번)

나무참제업장보승장엄　　　　보광왕화염조불

일체향화자재력왕불　　　　　백억항하사결정불

진위덕불　　　　　　　　　　금강견강소복괴산불

보광월전묘음존왕불　　　　　환희장마니보적불

무진향승왕불　　　　　　　　사자월불

환희장엄주왕불 　　제보당마니승광불
歡喜莊嚴珠王佛 　　帝寶幢摩尼勝光佛

십악참회
十惡懺悔

살생중죄금일참회 　　투도중죄금일참회
殺生重罪今日懺悔 　　偸盜重罪今日懺悔

사음중죄금일참회 　　망어중죄금일참회
邪淫重罪今日懺悔 　　忘語重罪今日懺悔

기어중죄금일참회 　　양설중죄금일참회
綺語重罪今日懺悔 　　兩舌重罪今日懺悔

악구중죄금일참회 　　탐애중죄금일참회
惡口重罪今日懺悔 　　貪愛重罪今日懺悔

진애중죄금일참회 　　치암중죄금일참회
瞋恚重罪今日懺悔 　　痴暗重罪今日懺悔

참회진언
懺悔眞言

옴 살바못자 모지 사다야 사바하 (세 번)
唵 薩婆菩陀 菩提 薩陀耶 娑婆訶

환희장마니보적불　　　제보당마니승광불

　　열 가지 악업 참회함

생명해친 모든 잘못 오늘 깊이 참회하고
도둑질로 지은 잘못 오늘 깊이 참회하며
삿된음행 모든 잘못 오늘 깊이 참회하리
거짓말로 지은 죄를 오늘 깊이 참회하고
꾸밈말로 지은 죄를 오늘 깊이 참회하며
이간질한 모든 잘못 오늘 깊이 참회하고
험한말로 지은 죄를 오늘 깊이 참회하리
욕심으로 지은 죄를 오늘 깊이 참회하고
성냄으로 지은 잘못 오늘 깊이 참회하며
어리석어 지은 죄를 오늘 깊이 참회하리.

　　참회진언

옴 살바못자 모지 사다야 사바하　(세 번)

마하반야바라밀다심경
摩訶般若波羅蜜多心經

관자재보살 행심반야바라밀다시 조견오온개공 도
觀自在菩薩 行深般若波羅蜜多時 照見五蘊皆空 度

일체고액 사리자 색불이공 공불이색 색즉시공 공
一切苦厄 舍利子 色不異空 空不異色 色卽是空 空

즉시색 수상행식 역부여시 사리자 시제법공상 불
卽是色 受想行識 亦復如是 舍利子 是諸法空相 不

생불멸 불구부정 부증불감 시고 공중무색 무수상
生不滅 不垢不淨 不增不減 是故 空中無色 無受想

행식 무안이비설신의 무색성향미촉법 무안계 내지
行識 無眼耳鼻舌身意 無色聲香味觸法 無眼界 乃至

무의식계 무무명 역무무명진 내지 무노사 역무노
無意識界 無無明 亦無無明盡 乃至 無老死 亦無老

사진 무고집멸도 무지역무득 이무소득고 보리살타
死盡 無苦集滅道 無智亦無得 以無所得故 菩提薩埵

의반야바라밀다 고심무가애 무가애고 무유공포 원
依般若波羅蜜多 故心無罣碍 無罣碍故 無有恐怖 遠

리전도몽상 구경열반 삼세제불 의반야바라밀다 고
離顚倒夢想 究竟涅槃 三世諸佛 依般若波羅蜜多 故

득아뇩다라삼먁삼보리 고지반야바라밀다 시대신
得阿耨多羅三藐三菩提 故知般若波羅蜜多 是大神

주 시대명주 시무상주 시무등등주 능제일체고 진
呪 是大明呪 是無上呪 是無等等呪 能除一切苦 眞

실불허 고설반야바라밀다주 즉설주왈 「아제아제
實不虛 故說般若波羅蜜多呪 卽說呪曰 揭諦揭諦

바라아제 바라승아제 모지 사바하」(세 번)
波羅揭諦 波羅僧揭諦 菩提 娑婆訶

마하반야바라밀다심경

관자재보살이 깊은 반야바라밀다를 행할 때, 오온이 공한 것을 비추어 보고 온갖 고통에서 건지느니라. 사리자여, 색이 공과 다르지 않고 공이 색과 다르지 않으며, 색이 곧 공이요 공이 곧 색이니, 수 상 행 식도 그러하니라. 사리자여, 모든 법은 공하여 나지도 멸하지도 않으며, 더럽지도 깨끗하지도 않으며, 늘지도 줄지도 않느니라. 그러므로 공 가운데는 색이 없고 수 상 행 식도 없으며, 안 이 비 설 신 의도 없고, 색 성 향 미 촉 법도 없으며, 눈의 경계도 의식의 경계까지도 없고, 무명도 무명이 다함까지도 없으며, 늙고 죽음도 늙고 죽음이 다함까지도 없고, 고 집 멸 도도 없으며, 지혜도 얻음도 없느니라. 얻을 것이 없는 까닭에 보살은 반야바라밀다를 의지하므로 마음에 걸림이 없고 걸림이 없으므로 두려움이 없어서, 뒤바뀐 헛된 생각을 멀리 떠나 완전한 열반에 들어가며, 삼세의 모든 부처님도 반야바라밀다를 의지하므로 최상의 깨달음을 얻었느니라. 반야바라밀다는 가장 신비하고 밝은 주문이며 위없는 주문이며 무엇과도 견줄 수 없는 주문이니, 온갖 괴로움을 없애고 진실하여 허망하지 않음을 알지니라. 이제 반야바라밀다주를 말하리라.

「아제아제 바라아제 바라승아제 모지 사바하」(세 번)

무 상 계
無 常 戒

부 무상계자는 입 열반지요문이요 월고해지자
夫 無常戒者 入 涅槃之要門 越苦海之慈

항이라 시고로 일체제불이 인차계고로 이입열
航 是故 一切諸佛 因此戒故 而入涅

반하시고 일체중생도 인차계고로 이도고해하
槃 一切衆生 因此戒故 而度苦海

나니 ○○○영가야 여금일에 형탈근진하고 영
靈駕 汝今日 逈脫根塵 靈

식도로하야 수불무상정계하니 하행여야오 ○○
識獨露 受佛無上淨戒 何幸如也

○영가야 겁화통연에 대천이 구괴하고 수미거
靈駕 劫火洞然 大千 俱壞 須彌巨

해도 마멸무여어든 하황차신의 생노병사와 우
海 磨滅無餘 何況此身 生老病死 憂

비고뇌- 능여원위아 ○○○영가야 발모조치와
悲苦惱 能與遠違 靈駕 髮毛爪齒

피육근골과 수뇌구색은 개귀어지하고 타체농
皮肉筋骨 髓腦垢色 皆歸於地 唾涕膿

혈과 진액연말과 담루정기와 대소변리는 개귀
血 津液蓮沫 痰淚精氣 大小便利 皆歸

어수하고 난기는 귀화하고 동전은 귀풍하야
於水 煖氣 歸火 動轉 歸風

무상계는 열반에 드는 요긴한 문이요 고해를 벗어나는 자비의 배이니라. 그러므로 모든 부처님께서도 이 계를 의지하여 고해의 바다를 건너셨느니라. ○○○영가시여, 이제 몸과 마음을 비우고 놓아 버리니 신령한 마음이 밝아, 위없는 청정한 계를 받았으니 이런 다행한 일 또다시 어디에 있겠는가. ○○○영가시여, 지성으로 부처님께 귀의하소서. 겁이 다하여 말세가 되면 대천세계도 불타고 수미산과 큰 바다도 다 말라 없어지는 것인데 하물며 이 작은 몸뚱이랴. 늙고 병들고 죽고 고뇌하는 생사에 고뇌를 벗어날 수 있겠는가.

○○○영가시여, 그대의 머리털과 손톱, 발톱, 뼈, 치아, 가죽, 근육, 힘줄, 뇌, 골수, 때 같은 것은 다 흙으로 돌아가고, 침과 콧물, 피, 진액, 가래, 눈물, 대소변 같은 것은 다 물로 돌아가며, 따뜻한 기운은 불로 돌아가는 것이고, 움직이는 기운은 바람으로 변하여, 네 가지 요소가 다 각각 흩어져 제자리로 돌아가는 것인데, 오늘날 그대의 육신은 어디에 있겠는가. ○○○영가시여, 이 몸뚱이는 네 가지 요소로 된 거짓되고 허망한 것이니

사대각리하니 금일망신은 당재하처오 ○○○영
四大各離　　今日亡身　　當在何處　　　靈

가야 사대허가하야 비가애석이라 여종무시이
駕　　四大虛假　　　非可愛惜　　　汝從無始已

래로 지우금일히 무명연행하고 행연식하며 식
來　　至于今日　　無明緣行　　　行緣識　　識

연명색하고 명색연육입하며 육입연촉하고 촉
緣名色　　　名色緣六入　　　六入緣觸　　觸

연수하며 수연애하고 애연취하며 취연유하고
緣受　　　受緣愛　　　愛緣取　　　取緣有

유연생하며 생연노사- 우비고뇌하나니 무명
有緣生　　　生緣老死　　憂悲苦惱　　　　無明

멸즉행멸하고 행멸즉식멸하며 식멸즉명색멸하
滅則行滅　　　行滅則識滅　　　識滅則名色滅

고 수멸즉애멸하고 애멸즉취멸하며 취멸즉유
　　受滅則愛滅　　　愛滅則取滅　　　取滅則有

멸하고 유멸즉생멸하며 생멸즉노사- 우비고
滅　　　有滅則生滅　　　生滅則老死　　憂悲苦

뇌멸하나니라 제법종본래로 상자적멸상이니
惱滅　　　　諸法從本來　　常自寂滅相

불자행도이하면 내세득작불하며 제행이무상하야
佛子行道已　　　來世得作佛　　　諸行　無相

옛날부터 오늘에 이르기까지 무명이 근본이 되어 아까울 것이 뭐 있겠는가. ○○○영가시여, 그대는 끝없는 선악의 행업을 지었고 이 행업으로 인하여 이 세상에 태어나려는 일념식을 지녔으며, 식이 태중의 정신과 물질인 명색을, 명색이 여섯 가지 기관을, 육입이 감촉 작용을, 감촉작용이 지각을, 작용의 수를 수가, 본능적인 욕망의 생태인 애를, 애는 집착을 내는 취를, 취는 다시 내세에 과가 되는 유를 지니오니 이 업은 다시 미래에 태어나는 인연이 되어 생이 되나니 나서 늙고 병들고 죽고 근심하고 걱정하게 되느니라. 그러므로 무명이 없어지면 행이 멸하고, 행이 없으면 다시 중생으로 태어나려는 일념인 식이 멸하고, 식이 없어지면 명색이 멸하고, 명색이 없어지면 육입이 멸하고, 육입이 없어지면 객관과의 접촉인 촉이 멸하고 촉이 없어지면 정신적인 식별작용인 수가 멸하고 수가 없어지면 애착심인 애도 멸하며, 애가 없어지면 객관을 자기의 것으로 만들려는 소유욕인 취가 멸하며 취가 없으면 금생의 행업인 유가 멸하며, 유가 없으면 내생에 태어날 생도 없으니, 노사우비 고뇌가

시- 생멸법이라 생멸멸이하면 적멸위락이니라
是 生滅法 生滅滅已 寂滅爲樂

귀의불타계하며 귀의달마계하며 귀의승가계하
歸依佛陀戒 歸依達磨戒 歸依僧伽戒

고 나무과거보승여래 응공 정변지 명행족 선
南無過去寶勝如來 應供 正遍知 明行足 善

서 세간해 무상사 조어장부 천인사 불 세존이
逝 世間解 無上士 調御丈夫 天人師 佛 世尊

니라 ○○○영가야 탈각오음각루자하고 영식이
靈駕 脫却五陰殼漏子 靈識

독로하여 수불무상정계하니 기불쾌재며 기불
獨露 受佛無上淨戒 豈不快哉 豈不

쾌재아 천당불찰에 수렴왕생하리니 쾌활쾌활
快哉 天堂佛刹 隨念往生 快活快活

이로다 서래조의최당당하니 자정기심성본향이
西來祖意最堂堂 自淨其心性本鄕

요 묘체담연무처소언만은 산하대지현진광이로
妙體湛然無處所 山河大地現眞光

다

멸하느니라. 현상계의 모든 것은 그 바탕이 본래 항상 고요한 모습이니, 불자들이 닦고 닦으면 내세에 부처를 이루노라. 이 세상의 모든 것은 덧없는 것이므로 나고 죽는 생멸법이 생겨나고 사라짐이 다하여 없어지면 고요한 열반 낙이 그것이니라.

부처님께 목숨을 다하여 귀의합니다.

달마계에 목숨을 다하여 귀의합니다.

승가계에 목숨을 다하여 귀의합니다.

나무 과거보승여래 응공 정변지 명행족 선서 세간해 무상사 조어장부 천인사 불세존께 목숨을 다하여 귀의합니다. ○○○영가시여, 그대는 오음을 벗어버리고 신령한 심식이 부처님 세계에 서방정토 극락세계 마음대로 태어나게 되었으니 참으로 통쾌하고 통쾌하도다. 서쪽에서 오신 달마 조사의 뜻 가장 당당하시니 스스로 마음을 밝히면 본성이 고향이라 묘한 본체 밝고 맑아 일정한 곳 처소 없으니 산이나 들이나 온 천지가 광명뿐이라오.

○ 제일 법회중증분
第一 法會衆證分

여시아문 일시 불 재사위국기수급고독원
如是我聞 一時 佛 在舍衛國祈樹給孤獨園

여대-비구승 천이백오십인 구 개시 대
與大 比丘僧 千二百五十人 俱 皆是 大

아라한 중소지식 장로사리불 마하목건련
阿羅漢 衆所知識 長老舍利弗 摩訶目揵連

마하가섭 마하가전연 마하구치라 리바다
摩訶迦葉 摩訶迦旃延 摩訶拘絺羅 離婆多

주리반타가 난다 아난다 라후라 교범바제
周利槃陀伽 難陀 阿難陀 羅睺羅 憍梵波提

빈두로파라타 가루타이 마하겁빈나 박구라
賓頭盧頗羅墮 迦留陀夷 摩訶劫賓那 薄拘羅

아누루다 여시등 제대제자 병제보살마하살
阿㝹樓馱 如是等 諸大弟子 幷諸菩薩摩訶薩

문수사리법왕자 아일다보살 건타하제보살
文殊師利法王子 阿逸多菩薩 乾陀訶提菩薩

상정진보살 여여시등 제대보살 급석제환인등
常精進菩薩 與如是等 諸大菩薩 及釋提桓因等

무량제천대중 구
無量諸天大衆 俱

○ 제이 불토의정분
第二 佛土依正分

불설아미타경

○ 제일 법회를 열다

이와 같이 내가 들었다.

어느 때 부처님께서 천이백오십 인의 비구들과 함께 사위국의 기원정사에 계시었다.

그들은 모두 덕이 높은 큰 아라한들이었다.

즉 장로사리불 마하목건련 마하가섭 마하가전연 마하구치라 리바다 주리반타가 난다 아난다 라후라 교범바제 빈두로파라타 같은 아주 큰 제자들이었다.

이밖에도 보살마하살 법의 왕자인 문수사리를 비롯하여 아일다보살 건타하제보살 상정진보살 등 많은 보살들과 석제환인 등 수많은 천인들도 자리를 함께 하였다.

○ 제이 극락세계를 설하시다

이시 불고장로사리불 종시서방 과십만억불토
爾 時 佛告長老舍利弗 從是西方 過十萬億佛土

유세계 명왈극락 기토유불 호아미타 금
有世界 名曰極樂 其土有佛 號阿彌陀 今

현재설법
現在說法

○ 제삼 보수지연분
第三 寶樹池蓮分

사리불 피토하고 명위극락 기국중생 무유중고
舍利弗 彼土何故 名爲極樂 其國衆生 無有衆苦

단수제락 고명극락 우 사리불 극락국토
但受諸樂 故名極樂 又 舍利弗 極樂國土

칠중난순 칠중나망 칠중행수 개시사보
七重欄楯 七重羅網 七重行樹 皆是四寶

주잡위요 시고피국 명위극락 우 사리불
周匝圍繞 是故彼國 名爲極樂 又 舍利弗

극락국토유칠보지 팔공덕수 충만기중 지저
極樂國土有七寶池 八功德水 充滿其中 池底

순이금사 포지 사변계도 금은 유리 파려 합성
純以金沙 布地 四邊階道 金銀 瑠璃 坡瓈 合成

상유누각 역이금은 유리 파려 자거 적주 마노
上有樓閣 亦以金銀 瑠璃 坡瓈 磁炬 赤珠 瑪瑙

이엄식지 지중연화 대여거륜 청색청광
而嚴飾之 池中蓮華 大如車輪 青色青光

그때 부처님께서 장로 사리불에게 말씀하시었다. 여기서 서쪽으로 십만억 불국토를 지나서 한 세계가 있으니 이름이 극락이라고 하는데 그 세계에 아미타불이 계시어 지금도 법을 설하고 계시느니라.

○ 제삼 극락국토를 설하시다

사리불아, 저 세계를 어찌하여 극락이라 하는 줄 아는가. 그 세계 중생들은 아무런 괴로움도 없고 즐거운 일만 있으므로 극락이라 이름 하는 것이니라. 또한 극락세계에는 일곱 겹 난간과 일곱 겹 나망(羅網 구슬로 장식된 그물)과 일곱 겹의 가로수가 있는데 모두가 금 은 청옥 수정의 네 가지로 눈부시게 장식되어 있느니라. 극락세계에는 또한 칠보로 된 연못이 있고 그 연못에는 여덟 가지 공덕의 물로 가득 찼으며 연못 바닥은 금모래가 깔려있고 연못 둘레에는 금 은 청옥 수정 적진주 마노 호박으로 찬란하게 꾸며져 있느니라. 그리고 그 연못 속에는 수레바퀴만한 큰 연꽃이 피었는데 푸른빛에서는 푸른 광채가 나고 누런빛에서는 누런 광채가 나고 붉은빛에서는 붉은 광채가 나며 흰빛에서는 흰 광채가 나는데 참으로 아름답고

황색황광 적색적광 백색백광 미묘향결 사리불
黃色黃光　赤色赤光　白色白光　微妙香潔　舍利弗

극락국토 성취여시공덕장엄
極樂國土　成就如是功德莊嚴

○ 제사 천인공양분
第四　天人供養分

우 사리불 피불국토 상작천악 황금위지
又　舍利弗　彼佛國土　常作天樂　黃金爲地

주야육시 우천 만다라화 기토중생 상이청단
晝夜六時　雨天　曼陀羅華　其土衆生　常以淸旦

각이의극 성중묘화 공양타방십만억불
各以依極　盛衆妙華　供養他方十萬億佛

즉이식시 환도본국 반사경행 사리불 극락국토
卽以食時　還到本國　飯食經行　舍利弗　極樂國土

성취여시공덕장엄
成就如是功德莊嚴

○ 제오 금수연법분
第五　禽樹演法分

부차 사리불 피국상유종종 기묘잡색지조 백학
復次　舍利弗　彼國常有種種　奇妙雜色之鳥　白鶴

공작 앵무 사리 가릉빈가 공명지조 시제중조
孔雀　鸚鵡　舍利　迦陵頻伽　共命之鳥　是諸衆鳥

주야육시 출화아음 기음 연창오근 오력
晝夜六時　出和雅音　其音　演暢五根　五力

칠보리분 팔성도분여 시등법 기토중생
七菩提分　八聖道分如　是等法　其土衆生

향기로우며 정결하니라. 사리불이여, 극락세계는
이와 같은 공덕장엄으로 이루어졌느니라.

○ 제사 천인의 공양을 받다

사리불이여, 또한 저 불국토에는 항상 천상의 음
악이 연주되고 대지는 황금색으로 빛나며 밤낮으
로 천상에서 만다라 꽃비가 내리느니라. 그 불국
토의 중생들은 이른 아침마다 바구니에 여러 가지
아름다운 꽃을 담아 가지고 다른 세계로 다니면서
십만억 부처님께 공양하고 아침 식사 전에 돌아와
서 식사를 마치고 산책하느니라. 사리불이여, 극
락세계는 이와 같은 공덕장엄으로 이루어졌느니라.

○ 제오 새가 나무에서 설법하다

또 그 불국토에는 아름답고 기묘한 여러 빛깔을 가
진 백학 공작 앵무 사리 가릉빈가 공명조 등이 밤
낮을 가리지 않고 항상 화평하고 맑은 소리로 노래
한다. 그들이 노래하며 오근(五根 신근 정진근 염근 정근 혜근)과
오력(五力 믿는 힘 염력의 힘 정진의 힘 생각의 힘 지혜의 힘)과 칠보리분
(七菩提分 수행시 선악을 가리는 일곱 가지 지혜)과

문시음이 개실염불 염법염승 사리불
聞 是 音 已 皆 悉 念 佛 念 法 念 僧 舍 利 弗

여물위차조 실시죄보소생 소이자하 피불국토
汝 勿 謂 此 鳥 實 是 罪 報 所 生 所 以 者 何 彼 佛 國 土

무삼악도 사리불 기불국토 상무악도지명
無 三 惡 道 舍 利 弗 其 佛 國 土 尙 無 惡 道 之 名

하황유실 시제중조 개시아미타불 욕령법음
何 況 有 實 是 諸 衆 鳥 皆 是 阿 彌 陀 佛 欲 令 法 音

선류 변화소작 사리불 피불국토 미풍취동
宣 流 變 化 所 作 舍 利 弗 彼 佛 國 土 微 風 吹 動

제보행수 급보라망 출미묘음 비여백천종악
諸 寶 行 樹 及 寶 羅 網 出 微 妙 音 譬 如 百 千 種 樂

동시구작 문시음자 자연개생 염불 염법
同 時 俱 作 聞 是 音 者 自 然 皆 生 念 佛 念 法

염승지심 사리불 기불국토 성취여시공덕장엄
念 僧 之 心 舍 利 弗 其 佛 國 土 成 就 如 是 功 德 莊 嚴

○ 제육 불덕무량분
第 六 佛 德 無 量 分

사리불 어 여의운하 피불하고 호아미타
舍 利 弗 於 汝 意 云 何 彼 佛 何 故 號 阿 彌 陀

사리불 피불광명 무량 조시방국 무소장애
舍 利 弗 彼 佛 光 明 無 量 照 十 方 國 無 所 障 碍

시고호위아미타 우 사리불 피불수명 급기인민
是 故 號 爲 阿 彌 陀 又 舍 利 弗 彼 佛 壽 命 及 其 人 民

팔정도(八正道 정견 정사유 정어 정업 정명 정정진 정념 정정)를 설하는 소리가 흘러나온다. 그 나라 중생들은 그 소리를 들으면 부처님을 생각하고 법문을 생각하며 스님들을 생각하게 된다. 사리불이여, 이 새들이 죄업으로 생긴 것이라고는 생각하지 말라. 왜냐하면 그 불국토에는 지옥 축생 등 삼악도가 없기 때문이다. 거기에는 지옥이라는 이름도 없는데 어떻게 실제로 그런 것이 있겠는가. 이와 같은 새들은 법문을 설하기 위하여 모두가 아미타불께서 화현으로 만드신 것이니라. 그 불국토에서는 미풍이 불면 보석으로 장식된 가로수의 나망에서 아름다운 소리가 나는데 그것은 마치 백천 가지 악기가 합주되는 듯하다. 이 소리를 듣는 사람은 부처님을 생각하고 법문을 생각하고 스님들을 생각하는 마음이 저절로 우러난다. 사리불아, 극락세계는 이와 같은 공덕장엄으로 이루어졌느니라.

○ 제육 부처님의 덕을 설하시다
사리불이여, 그 부처님을 어찌하여 아미타불이라 부르는지 아는가. 그 부처님의 광명이 한량없어 시방세계를 두루 비추어도 조금도 걸림이 없기 때문이니라. 또 그 부처님의 수명과 그 나라 중생

무량무변 아승기겁 고명아미타
無量無邊 阿僧祇劫 故名阿彌陀

사리불 아미타불 성불이래 어금십겁 우
舍利弗 阿彌陀佛 成佛以來 於今十劫 又

사리불 사리불 아미타불 성불이래 어금십겁
舍利弗 舍利弗 阿彌陀佛 成佛以來 於今十劫

우 사리불 피불 유무량무변성문제자 개아라한
又 舍利弗 彼佛 有無量無邊聲聞弟子 皆阿羅漢

비시산수지소능지 제보살중 역부여시 사리불
非是算數之所能知 諸菩薩中 亦復如是 舍利弗

피불국토 성취여시공덕장엄
彼佛國土 成就如是功德莊嚴

○ 제칠 왕생발원분
第七 往生發願分

우 사리불 극락국토 중생생자 개시아비발치
又 舍利弗 極樂國土 衆生生者 皆是阿鞞跋致

기중 다유일생보처 기수심다 비시산수
其中 多有一生補處 其數甚多 非是算數

소능지지 단가 이무량무변 아승기 설 사리불
所能知之 但可 以無量無邊 阿僧祇 說 舍利佛

중생문자 응당발원 원생피국 소이자하
衆生聞者 應當發願 願生彼國 所以者何

득여여시 제상선인 구회일처
得與如是 諸上善人 俱會一處

들은 수명이 한량없고 끝이 없는 아승지겁이므로 아미타불이라 하느니라. 아미타불이 부처가 되신 지는 열 겁이 지났느니라. 사리불아, 부처님께서는 한량없고 끝이 없는 성문 제자들이 있으니 모두 아라한의 깨달음을 이루었느니라. 그 수는 도저히 헤아릴 수 없으며 보살들의 수도 이러하나니 사리불아, 그 극락세계는 이와 같은 공덕장엄으로 이루어져 있느니라.

○ 제칠 그곳에 태어나기를 원하다

또 사리불아, 극락세계에 태어나는 중생들은 모두 보리심에서 물러나지 않는 이들이며, 그중에는 다음 생에 부처가 되는 일생보처의 보살들이 많으며 그 수는 매우 많아 숫자로 헤아릴 수 없으며 단지 한량없고 끝이 없는 아승지겁으로 말할 수 있을 뿐이니라. 사리불아, 이 말을 들은 중생들은 마땅히 서원을 세워야 하며 그 극락세계에 태어나길 발원해야 하니 왜 그러는가. 그곳에 태어나면 이와 같은 모든 선인들과 한곳에 모여 살 수 있기 때문이니라.

○ 제팔 수지행정분
第 八 修 持 行 正 分

사리불 불가이소선근 복덕인연 득생피국
舍 利 弗 不 可 以 少 善 根 福 德 因 緣 得 生 彼 國

사리불 약유 선남자 선여인 문설아미타불
舍 利 弗 若 有 善 男 子 善 女 人 聞 說 阿 彌 陀 佛

집지명호 약일일 약이일 약삼일 약사일
執 持 名 號 若 一 日 若 二 日 若 三 日 若 四 日

약오일 약육일 약칠일 일심불란 기인
若 五 日 若 六 日 若 七 日 一 心 不 亂 其 人

임명종시 아미타불 여제성중 현재기전
臨 命 終 時 阿 彌 陀 佛 如 諸 聖 衆 現 在 其 前

시인종시 심부전도 즉득왕생아미타불
是 人 終 時 心 不 顚 倒 卽 得 往 生 阿 彌 陀 佛

극락국토 사리불 아견시리 고설차언 약유중생
極 樂 國 土 舍 利 弗 我 見 是 利 故 說 此 言 若 有 衆 生

문시설자 응당발원 생피국토
聞 是 說 者 應 當 發 願 生 彼 國 土

○ 제구 동찬권신분
第 九 同 讚 勸 信 分

사리불 여아금자 찬탄아미타불 불가사의
舍 利 弗 如 我 今 者 讚 歎 阿 彌 陀 佛 不 可 思 議

공덕지리 동방역유 아촉비불 수미상불
功 德 之 利 東 方 亦 有 阿 促 鞞 佛 須 彌 相 佛

대수미불 수미광불 묘음불 여시등 항하사
大 須 彌 佛 須 彌 光 佛 妙 音 佛 如 是 等 恒 河 沙

수제불 각어기국 출광장설상
數 諸 佛 各 於 其 國 出 廣 長 舌 相

변부삼천대천세계 설성실언 여등중생
遍 覆 三 千 大 千 世 界 說 誠 實 言 汝 等 衆 生

○ 제팔 정행을 수행할 것을 명하다

사리불이여, 조그마한 선근이나 복덕의 인연으로
는 저 세계에 가서 날 수가 없느니라.

선남자 선여인이 아미타불에 대한 이야기를 듣고
하루나 이틀 혹은 사흘 나흘 닷새 엿새 이레 동
안 한결같은 마음으로 아미타불의 명호를 외우고
조금도 흐트러지지 않으면 그가 임종할 때에 아
미타불이 여러 거룩한 분들과 함께 그 사람 앞에
나타날 것이니라. 그 사람이 목숨을 마칠 때에
생각이 뒤바뀌지 않는다면 아미타불의 극락국토
에 왕생하게 될 것이니라. 사리불아, 나는 지금
이와 같은 이로움을 알기 때문에 이런 말을 하노
니 만약 어떤 중생이 이 말을 듣는다면 마땅히
그 극락세계에 태어나기를 발원해야 하느니라.

○ 제구 아미타불의 공덕을 찬탄하다

사리불이여, 내가 지금 아미타불의 한량없는 공
덕을 찬탄한 것처럼 동방에도 아촉비불 수미상불
수미광불 묘음불이 계신다. 이러한 수없는 부처
님들이 각기 그 세계에서 삼천대천세계에 두루
미치도록 진실한 말씀으로 법을 설하시나니 너의

당신시칭찬불가사의공덕　일체제불　소호염경
當身是稱讚不可思議功德　一切諸佛　所護念經

사리불　남방세계유　일월등불　명문광불
舍利弗　南方世界有　日月燈佛　名聞光佛

대염견불　수미등불　무량정진불　여시등
大焰肩佛　須彌燈佛　無量精進佛　如是等

항하사수제불　각어기국　출광장설상
恒河沙數諸佛　各於其國　出光長舌相

변부삼천대천세계　설성실언　여등중생　당신시
遍覆三千大千世界　說誠實言　汝等衆生　當身是

칭찬불가사의공덕　일체제불　소호염경　사리불
稱讚不可思議功德　一切諸佛　所護念經　舍利佛

서방세계유　무량수불　무량당불　대광불　대명불
西方世界有　無量壽佛　無量幢佛　大光佛　大明佛

보상불　정광불　여시등　항하사수제불　각어기국
寶相佛　淨光佛　如是等　恒河沙數諸佛　各於其國

출광장설상　변부삼천대천세계　설성실언
出廣長舌相　遍覆三千大千世界　說成實言

여등중생　당신시칭찬불가사의공덕　일체제불
如等衆生　當信是稱讚不可思議功德　一切諸佛

소호염경　사리불　북방세계유　염견불　최승음불
所護念經　舍利弗　北方世界有　焰肩佛　最勝音佛

난저불　일생불　망명불　여시등　항하사수제불
難沮佛　日生佛　網明佛　如是等　恒河沙數諸佛

염견불 중생들은 불가사의한 공덕을 찬탄하고 모든 부처님께서 항상 염두에 두고 보호하시는 이 경을 믿어야 할 것이니라. 사리불이여, 남방세계에도 일월등불 명문광불 대염견불 중생들은 불가사의한 공덕을 찬탄하고 모든 부처님이 한결같이 보호하심의 이 법문을 믿어야 하느니라. 부처님들이 각기 그 세계에서 삼천대천세계에 두루 미치도록 진실한 말씀으로 법을 설하시나니 너의 중생들은 불가사의한 공덕을 찬탄하고 모든 부처님이 한결같이 보호하심의 이 법문을 믿어야 하느니라. 사리불이여, 서쪽세계에도 무량수불 무량상불 무량당불 대광불 대명불 보상불 정광불이 계신다. 이러한 수없는 부처님들이 각기 그 세계에서 삼천대천세계에 두루 미치도록 진실한 말씀으로 법을 설하시나니 너희 중생들은 불가사의한 공덕을 찬탄하고 모든 부처님이 한결같이 보호하심의 이 법문(法門)을 믿어야 하느니라. 사리불이여, 북방세계에도 염견불 최승음불 난저불 일생불 망명불이 계신다.

각어기국 출광장설상 변부삼천대천세계
各 於 其 國　出 廣 長 舌 相　遍 覆 三 千 大 千 世 界

설성실언 여등중생 당신시칭찬불가사의 공덕
說 誠 實 言　汝 等 衆 生　當 信 是 稱 讚 不 可 思 議　功 德

일체제불 소호염경 사리불 하방세계유 사자불
一 切 諸 佛　所 護 念 經　舍 利 弗　下 方 世 界 有　師 子 佛

명문불 명광불 달마불 법당불 지법불 여시등
明 聞 佛　名 光 佛　達 摩 佛　法 幢 佛　持 法 佛　如 是 等

항하사 수제불 각어기국 출광장설상
恒 河 沙　數 諸 佛　各 於 其 國　出 廣 長 舌 相

변부삼천대천 세계 설성실언 여등중생
遍 覆 三 千 大 千　世 界　說 誠 實 言　汝 等 衆 生

당신시칭찬불가사의공덕 일체제불 소호염경
當 信 是 稱 讚 不 可 思 議 功 德　一 切 諸 佛　所 護 念 經

사리불 상방세계유 범음불 숙왕불 향상불
舍 利 弗　上 方 世 界 有　梵 音 佛　宿 王 佛　香 上 佛

향광불 대염견불 잡색보화엄신불 사라수왕불
香 光 佛　大 焰 肩 佛　雜 色 寶 華 嚴 身 佛　娑 羅 樹 王 佛

보화덕불 견일체의불 여 수미산불 여시등
寶 華 德 佛　見 一 切 義 佛　如　須 彌 山 佛　如 是 等

항하사수제불 각어기국 출광장설상
恒 河 沙 數 諸 佛　各 於 其 國　出 廣 長 舌 相

변부삼천대천세계 설성실언 여등중생
遍 覆 三 千 大 千 世 界　說 誠 實 言　汝 等 衆 生

당신시칭찬불가사의 공덕 일체제불 소호염경
當 信 是 稱 讚 不 可 思 議 功 德　一 切 諸 佛　所 護 念 經

○ 제십 문법신원분
第 十　聞 法 信 願 分

이러한 수없는 부처님들이 각기 그 세계에서 삼천
대천세계에 두루 미치도록 진실한 말씀으로 법을 설
하시나니 너의 중생들은 불가사의한 공덕을 찬탄하
고 모든 부처님이 한결같이 보호하심의 이 법문을
믿어야 하느니라. 사리불이여, 하방세계에도 사자불
명문불 명광불 부처님들이 각기 그 세계에서 삼천
대천세계에 두루 미치도록 진실한 말씀으로 법을
설하시나니 너의 중생들은 불가사의한 공덕을 찬탄
하고 모든 부처님이 한결같이 보호하심의 이 법문
을 믿어야 하느니라. 사리불이여, 상방세계에도 범
음불 숙왕불 향상불 향광불 대염견불 잡색보화엄신
불 사라수왕불 보화덕불 견일체의불 여수미산불이
계신다. 이러한 수없는 부처님들이 각기 그 세계에
서 삼천대천세계에 두루 미치도록 진실한 말씀으로
법을 설하시나니 너의 중생들은 불가사의한 공덕을
찬탄하고 모든 부처님이 한결같이 보호하심의 이
법문을 믿어야 하느니라.

○ 제십 법을 듣고 받아 지니다

사리불 어여의운하 하고 명위일체제불
舍利佛 於汝意云何 何故 名爲一切 諸佛

소호염경 사리불 약유선남자 선여인 문시경
所護念經 舍利佛 若有善男子 善女人 聞是經

수지자 급문제불명자 시제 선남자선여인
受持者 及聞諸佛名子 是諸 善男子善女人

개위일체제불지소호념 개득불퇴전어
皆爲一切諸佛之所護念 皆得不退轉於

아뇩다라삼먁삼보리 시고 사리불 여등
阿耨多羅三藐三菩提 是故 舍利弗 汝等

개당신수아어 급제불소설 사리불 약유인
皆當信受我語 及諸佛所說 舍利佛 若有人

이발원 금발원 당발원 욕생 아미타불국자
已發願 今發願 當發願 欲生 阿彌陀佛國子

시제인등 개득불퇴전 어아뇩다라삼먁삼보리
是諸人等 皆得不退轉 於阿耨多羅三藐三菩提

어피국토 약이생 약금생 약당생 시고 사리불
於彼國土 若已生 若今生 若當生 是故 舍利佛

제 선남자 선여인 약유신자 응당발원
諸 善男子 善女人 若有信者 應當發願

생피국토
生彼國土

○ 제십일 호찬감발분
第十一 互讚感發分

사리불 여아금자 칭찬제불 불가사의공덕
舍利弗 如我今者 稱讚諸佛 不可思議功德

피제불등 역 칭찬아불가사의공덕 이작시언
彼諸佛等 亦 稱讚我不可思議功德 而作是言

사리불이여, 이 경을 가리켜 어찌하여 모든 부처님들이 한결같이 보호하는 법문이라 하는지 아는가. 선남자 선여인들이 이 법문을 듣고 받아 지니는 이나 부처님의 명호를 들은 이는 모든 부처님의 보호를 받아 아뇩다라삼먁삼보리(바른 깨달음)에서 물러나지 않기 때문이니 그러므로 너희들은 모두가 내 말과 여러 부처님의 말씀을 믿고 받아 지니어야 하느니라.

사리불이여, 어떤 사람이 아미타불의 세계에 가서 태어나고자 이미 발원하였거나 지금 발원하거나 혹은 후일에 발원한다면 그는 바른 깨달음에서 물러나지 않고 그 세계에 이미 태어났거나 지금 태어나거나 장차 태어날 것이니라. 그러므로 모든 선남자 선여인이 믿음이 있는 자라면 마땅히 극락세계에 태어나길 응당 발원해야 할 것이니라.

○ 제십일 법을 듣고 감동하다

사리불이여, 내가 지금 여러 부처님들의 불가사의한 공덕을 칭찬하는 것처럼 저 부처님들도 또한 나의 불가사의한 공덕을 찬탄하시어 이렇게

석가모니불 능위심난희유지사 능어사바국토
釋迦牟尼佛 能爲甚難希有之事 能於娑婆國土

오탁악세 겁탁 견탁 번뇌탁 중생탁 명탁중
五濁惡世 劫濁 見濁 煩惱濁 衆生濁 命濁中

득아뇩다라삼먁삼보리 위제중생 설시
得阿耨多羅三藐三菩提 爲諸衆生 說是

일체세간 난신지법 사리불 당지 아어 오탁
一切世間 難信之法 舍利弗 當知 我於 五濁

악세 행차난사 득아뇩다라삼먁삼보리
惡世 行此難事 得阿耨多羅三藐三菩提

위일체세간 설차난신지법 시위심난
爲一切世間 說此難信之法 是爲甚難

　　○ 제십이 유통보도분
　　　第 十 二　流通普度分

불설차경이 사리불 급제비구 일체세간 천인
佛說此經已 舍利弗 及諸比丘 一切世間 天人

아수라 등 문불소설 환희신수 작례이거
阿修羅 等 聞佛所說 歡喜信受 作禮而去

하더라

　　　　　　　　아미타경　종
　　　　　　　　阿彌陀經　終

말씀하시길 석가모니 부처님이 어렵고 희유한 일을 하셨다. 시대가 흐리고 견해가 흐리고 번뇌가 흐리고 중생이 흐리고 생명이 흐린 사바세계의 오탁악세(五濁惡世)에서 바른 깨달음을 중생들을 위해 믿기 어려운 법을 설하신다고 하신다. 사리불이여, 내가 이 갖은 고행 끝에 바른 깨달음을 얻고 모든 세상을 위해 믿기 어려운 법을 설하는 것은 결코 쉬운 일이 아님을 알지니라.

○ 제십이 유통하여 중생들을 제도하다
부처님께서 이 경을 말씀해 마치시니 사리불과 모든 비구와 세간의 천인 아수라 등이 부처님의 말씀을 듣고 기뻐하면서 믿고 받아 지니며 물러갔느니라.

아미타경 끝

금강반야바라밀경
金剛般若波羅蜜經

○ 제일 법회인유분
第一　法會因由分

여시아문 일시 불 재사위국 기수급고독원
如是我聞　一時佛　在舍衛國　祇樹給孤獨園

여-대비구중 천이백오십인 구 이시 세존
與　大比丘衆　千二百五十人　俱　爾時　世尊

식시 착의지발 입사위대성 걸식 어기성중
食時　着衣持鉢　入舍衛大城　乞食　於其城中

차제걸이 환지본처 반사흘 수의발 세족이
次第乞已　還至本處　飯食訖　收衣鉢　洗足已

부좌이좌
敷座而坐

○ 제이 선현기청분
第二　善現起請分

시 장로 수보리 재대중중 즉종좌기 편단우견
時　長老　須菩提　在大衆中　卽從座起　偏袒右肩

우슬착지 합장공경 이백불언 희유 세존 여래
右膝着地　合掌恭敬　而白佛言　希有　世尊　如來

선호념 제보살 선부촉 제보살 세존 선남자
善護念　諸菩薩　善付囑　諸菩薩　世尊　善男子

선여인 발아뇩다라삼먁삼보리심 응운하주
善女人　發阿耨多羅三藐三菩提心　應云何住

운하항복기심 불언 선재 선재 수보리 여여소설
云何降伏其心　佛言　善哉　善哉　須菩提　如汝所說

금강반야바라밀경

○ 제일 이 경 법회의 인연

이와 같이 들었다. 어느 때 부처님께서 거룩한 비구 천이백오십 인과 함께 사위국기수급 고독원에 계셨다. 그때 세존께서 공양 때가 되어 가사를 수하시고 발우를 들고 걸식하고자 사위국 대성에 들어가시어, 성 안에서 차례로 걸식하신 후 본래의 처소로 돌아오셔서 공양을 드신 뒤 가사와 발우를 거두시고 발을 씻으신 다음 자리를 펴고 앉으셨다.

○ 제이 선현이 수행하는 법을 물음

그때 대중 가운데에 있던 수보리 장로가 자리에서 일어나 오른쪽 어깨를 드러내고 오른쪽 무릎을 땅에 대고 합장하고 공손히 부처님께 사뢰었다. 희유하십니다, 세존이시여! 여래께서는 보살들을 잘 보호해 주시며 보살들을 잘 당부하여 위촉해 주십니다. 세존이시여! 가장 높고 바른 깨달음을 얻고자 하는 선남자와 선여인이 어떻게 살아야 하며 어떻게 그 마음을 다스려야 합니까? 부처님께서 말씀하셨다. 훌륭하고 훌륭하구나, 수보리여! 그대의 말과 같이 여래는 보살들을 잘 보호해 주며 보살들을 잘 당부하여 위촉해 주시나니 자세히 들으라.

여래 선호념 제보살 선부촉 제보살 여금제청
如來 善 護 念 諸 菩 薩 善 付 囑 諸 菩 薩 汝 今 諸 聽

당위여설 선남자 선여인
當 爲 汝 說 善 男 子 善 女 人

발아뇩다라삼먁삼보리심 응여시주 여시
發 阿 耨 多 羅 三 藐 三 菩 提 心 應 如 是 住 如 是

항복기심 유연 세존 원요욕문
降 伏 其 心 唯 然 世 尊 願 樂 欲 聞

○ 제삼 대승정종분
　　第 三　　大 乘 正 宗 分

불고 수보리 제보살 마하살 응여시 항복기심
佛 告 須 菩 提 諸 菩 薩 摩 訶 薩 應 如 是 降 伏 其 心

소유일체 중생지류 약난생 약태생 약습생
所 有 一 切 衆 生 之 類 若 卵 生 若 胎 生 若 濕 生

약화생 약유색 약무색 약유상 약비유상
若 化 生 若 有 色 若 無 色 若 有 想 若 非 有 想

비무상 아개영입 무여열반 이멸도지 여시멸도
非 無 想 我 皆 令 入 無 餘 涅 槃 而 滅 度 之 如 是 滅 度

무량무수 무변중생 실무중생 득멸도자 하이고
無 量 無 數 無 邊 衆 生 實 無 衆 生 得 滅 度 者 何 以 故

수보리 약보살 유 아상 인상 중생상 수자상
須 菩 提 若 菩 薩 有 我 相 人 相 衆 生 相 壽 者 相

즉비보살
卽 非 菩 薩

○ 제사 묘행무주분
　　第 四　　妙 行 無 住 分

부차수보리 보살어법 응무소주 행어보시
復 次 須 菩 提 菩 薩 於 法 應 無 所 住 行 於 布 施

그대에게 설하리라. 가장 높고 바른 깨달음을 얻고자 하는 선남자 선여인은 이와 같이 살아야 하며 이와 같은 마음을 다스려야 하느니라.
예, 세존이시여! 라고 하며 수보리는 즐거이 듣고자 하였다.

○ 제삼 부처님이 마음 머무는 법을 보여주심
이때 부처님께서 수보리에게 말씀하셨다.
모든 보살마하살은 다음과 같이 그 마음을 다스려야 하느니라. 이른바 세상의 온갖 중생인 알에서 태어난 것이나, 태에서 태어난 것이나, 변화하여 태어난 것이나, 형상이 있는 것이나, 형상이 없는 것이나, 생각이 있는 것이나, 생각이 없는 것이나, 생각이 있는 것도 아니고 없는 것도 아닌 온갖 중생들을 내가 모두 완전한 열반에 들게 하리라. 이와 같이 헤아릴 수 없이 많은 중생을 열반에 들게 하였으나 실제로는 완전히 열반을 얻은 중생이 아무도 없구나. 왜냐하면 수보리여, 보살에게 자아가 있다는 관념과 개아가 있다는 관념과 중생이 있다는 관념과 영혼이 있다는 관념이 있다면 보살이 아니기 때문이니라.

○ 제사 부처님이 마음 닦는 법을 보이심
또한 수보리여! 보살은 어떠한 대상에도 집착 없이

소위부주색보시 부주성향미촉법보시 수보리
所謂不住色布施 不住聲香味觸法布施 須菩提

불야세존 수보리 보살응여시보시 부주어상
不也世尊 須菩提 菩薩應如是布施 不住於相

하이고 약보살부주상보시 기복덕불가사량
何以故 若菩薩不住相布施 其福德不可思量

수보리 어의운하 동방허공 가사량부 불야
須菩提 於意云何 東方虛空 可思量不 不也

세존 수보리 남서북방 사유상하허공 가사량부
世尊 須菩提 南西北方 四維上下虛空 可思量不

불야 세존 수보리 보살무주상보시복덕
不也 世尊 須菩提 菩薩無住相布施福德

역부여시 불가사량 수보리 보살 단응여소교주
亦復如是 不可思量 須菩提 菩薩 但應如所教住

○ 제오 여리실견분
第五 如理實見分

수보리 어의운하 가이신상 견여래부 불야세존
須菩提 於意云何 可以身相 見如來不 不也世尊

불가이신상 득견여래 하이고 여래소설신상
不可以身相 得見如來 何以故 如來所說身相

즉비신상 불고 수보리 범소유상 개시허망
卽非身相 佛告 須菩提 凡所有相 皆是虛妄

약견제상비상 즉견여래
若見諸相非相 卽見如來

보시를 해야 하고, 말하자면 형색에도 집착 없이 보시를 해야 하고, 소리와 냄새와 맛과 감촉과 마음의 대상에도 집착 없이 보시를 해야 하느니라. 수보리여! 보살들은 이와 같은 보시를 하되 어떤 대상에 대한 관념에도 집착하지 않아야 하느니라. 왜냐하면 보살이 대상에 대한 관념에 집착 없이 보시를 한다면 그 복덕은 헤아릴 수 없기 때문이다. 수보리여! 그대 생각은 어떠한가? 동 서 남 북방 간방 사이 아래 위 허공을 헤아릴 수 있는가? 없습니다, 세존이시여! 수보리여! 보살이 대상에 대한 관념의 집착을 버리고 보시하는 복덕도 이와 같이 헤아릴 수 없느니라. 수보리여! 보살은 다만 마땅히 가르친 바와 같이 머물지니라.

○ 제오 바른 도리를 참되게 봄
수보리여! 그대 생각은 어떠한가? 신체적 특징을 가지고 여래라고 볼 수 있겠는가? 없습니다, 세존이시여! 신체적 특징을 가지고 여래라고 볼 수는 없습니다. 왜냐하면 여래께서 말씀하신 신체적 특징은 신체적 특징이 아니기 때문입니다. 부처님께서 수보리에게 이르셨다. 신체적 특징들은 모두 헛된 것이니 신체적 특징을 신체적 특징 아닌 것으로 본다면 바로 여래를 보리라.

○ 제육 정신희유분
第六 正信希有分

수보리 백불언 세존 파유중생
須菩提 白佛言 世尊 頗有衆生

득문여시언설장구 생실신부 불고수보리
得聞如是言說章句 生實信不 佛告須菩提

막작시설 여래멸후 후오백세
莫作是說 如來滅後 後五百歲

유지계수복자어차장구 능생신심 이차위실
有持戒修福者於此章句 能生信心 以此爲實

당지시인 불어일불이불삼사오불이종선근
當知是人 不於一佛二佛三四五佛而種善根

이어무량 천만불소 종제선근 문시장구
已於無量 千萬佛所 種諸善根 聞是章句

내지일념 생정신자 수보리 여래 실지실견
乃至一念 生淨信者 須菩提 如來 悉知悉見

시제중생 득여시무량복덕 하이고 시제중생
是諸衆生 得如是無量福德 何以故 是諸衆生

무부아상 인상중생상수자상 무법상
無復我相 人相衆生相壽者相 無法相

역무비법상 하이고 시제중생 약심취상
亦無非法相 何以故 是諸衆生 若心取相

즉위착아인중생수자 약취법상
卽爲着我人衆生壽者 若取法相

즉착아인중생수자 하이고 약취비법상
卽着我人衆生壽者 何以故 若取非法相

○ 제육 바른 믿음이 희망임

수보리가 부처님께 여쭈었다. 세존이시여! 이와
같은 말씀을 듣고 진실한 믿음을 내는 중생들이
있겠습니까? 부처님께서 수보리에게 말씀하셨습
니다. 그리 하지 말라. 여래가 열반에 든 후 오백
년 뒤에도 계를 지니고 복덕을 닦는 이는 이러한
말에 신심을 낼 수 있고 이것을 진실한 말로 여길
것이다. 이 사람들은 한 부처님이나 두 부처님, 서
너 다섯 부처님께 선근을 심었을 뿐만 아니라 이
미 한량없는 부처님 처소에서 여러 가지 선근을
심었으므로 이 말씀을 듣고 잠깐이라도 청정한
믿음을 내는 자임을 알아야 하느니라. 수보리여!
여래는 이러한 중생들이 이와 같이 한량없는 복
덕을 얻음을 다 알고 다 보느니라. 왜냐하면 이러
한 중생들은 다시는 자아가 있다는 관념과 영혼
이 있다는 관념이 없고, 법이라는 관념도 없고 법
이 아니라는 관념도 없기 때문이다. 왜냐하면 이
러한 중생들이 마음이라는 관념을 가지면 자아와
개아와 중생과 영혼에 집착하는 것이고, 법이라는
관념을 가지면 자아와 개아와 중생과 영혼에 집
착하는 것이기 때문이다. 왜냐하면 법이 아니라는
관념을 가져도 자아와 개아와 중생과 영혼에

즉착아인중생수자 시고 불응취법
卽 着 我 人 衆 生 壽 者 是 故 不 應 取 法

불응취비법 이시의고 여래상설 여등비구
不 應 取 非 法 以 是 義 故 如 來 常 說 汝 等 比 丘

지아설법 여벌유자 법상응사 하황비법
知 我 說 法 如 筏 喩 者 法 尙 應 捨 何 況 非 法

○ 제칠 무득무설분
第 七 無 得 無 說 分

수보리 어의운하 여래득
須 菩 提 於 意 云 何 如 來 得

아뇩다라삼먁삼보리야 여래유 소설법야
阿 耨 多 羅 三 藐 三 菩 提 耶 如 來 有 所 說 法 耶

수보리언 여아해불소설의 무유정법
須 菩 提 言 如 我 解 佛 所 說 義 無 有 定 法

명아뇩다라삼먁삼보리 역무유정법
名 阿 耨 多 羅 三 藐 三 菩 提 亦 無 有 定 法

여래가설 하이고 여래 소설법 개불가취
如 來 可 說 何 以 故 如 來 所 說 法 皆 不 可 取

불가설 비법 비비법 소이자하 일체현성
不 可 說 非 法 非 非 法 所 以 者 何 一 切 賢 聖

개이무위법 이유차별
皆 以 無 爲 法 而 有 差 別

○ 제팔 의법출생분
第 八 依 法 出 生 分

수보리 어의운하 약인 만삼천대천세계칠보
須 菩 提 於 意 云 何 若 人 滿 三 千 大 千 世 界 七 寶

집착하는 것이기 때문이다. 그러므로 법에 집착을 해도 안 되고 법 아닌 것에 집착해서도 아니되느니라. 그러기에 여래는 늘 설했다. 너희 비구들이여! 나의 설법은 뗏목과 같은 줄을 알아야 하느니라. 법도 버려야 하거늘 하물며 법 아닌 것이랴!

○ 제칠 얻을 것도 없고 설할 것도 없음
수보리여! 그대 생각은 어떠한가? 여래가 아뇩다라삼먁삼보리를 얻었다고 여기느냐? 여래가 설법한 것이 있다고 여기느냐? 수보리가 대답하였다. 제가 부처님께서 말씀하신 뜻을 이해하기로는 아뇩다라삼먁삼보리라고 할 만한 정해진 법이 없고, 또한 여래께서 설한 단정적인 법도 없습니다. 왜냐하면 여래께서 설한 법은 모두 얻을 수도 없고 설할 수도 없으며, 법도 아니고 법 아님도 아니기 때문입니다. 그것은 모든 성현들이 모두 무위법 절대법 가운데 차별을 두었기 때문입니다.

○ 제팔 법에 의해 출생함
수보리여! 그대 생각은 어떠한가? 어떤 사람이 삼천대천세계에 칠보를 가득 채워 보시를 한다면

이용보시 시인 소득복덕 영위다부 수보리언
以 用 布 施 是 人 所 得 福 德 寧 爲 多 不 須 菩 提 言

심다 세존 하이고 시복덕 즉비복덕성 시고
甚 多 世 尊 何 以 故 是 福 德 卽 非 福 德 性 是 故

여래설 복덕다 약부유인 어차경중 수지 내지
如 來 說 福 德 多 若 復 有 人 於 此 經 中 受 持 乃 至

사구게등 위타인설 기복 승피 하이고 수보리
四 句 偈 等 爲 他 人 說 其 福 勝 彼 何 以 故 須 菩 提

일체제불 급제불아뇩다라삼먁삼보리법
一 切 諸 佛 及 諸 佛 阿 耨 多 羅 三 藐 三 菩 提 法

개종차경 출 수보리 소위 불법자 즉비불법
皆 從 此 經 出 須 菩 提 所 謂 佛 法 者 卽 非 佛 法

○ 제구 일상무상분
第 九 一 相 無 相 分

수보리 어의운하 수다원 능작시념
須 菩 提 於 意 云 何 須 陀 洹 能 作 是 念

아득수다원과부 수보리언 불야 세존 하이고
我 得 須 多 洹 果 不 須 菩 提 言 不 也 世 尊 何 以 故

수다원 명위입류 이무소입 불입색성향미촉법
須 陀 洹 名 爲 入 流 而 無 所 入 不 入 色 聲 香 味 觸 法

시명수다원 수보리 어의운하 사다함
是 名 須 陀 洹 須 菩 提 於 意 云 何 斯 陀 含

능작시념 아득사다함과부 수보리언 불야 세존
能 作 是 念 我 得 斯 陀 含 果 不 須 菩 提 言 不 也 世 尊

하이고
何 以 故

이 사람의 복덕이 진정 많겠는가? 수보리가 대답하였다. 매우 많습니다, 세존이시여! 왜냐하면 이 복덕은 바로 복덕의 본질이 아닌 까닭에 여래께서는 복덕이 많다고 하셨기 때문입니다. 다시 어떤 사람이 이 경의 사구게만이라도 받아 지니고 다른 사람을 위해 설해 준다고 하자. 그러면 이 복덕이 저 복보다 더 뛰어나느니라. 왜냐하면 수보리여! 모든 부처님과 모든 부처님의 가장 높고 바른 깨달음의 법은 다 이 경에서 나왔기 때문이다. 수보리여! 부처님의 가르침이라고 말하는 것은 부처님의 가르침이 아니니라.

○ 제구 하나의 상은 없음
수보리여! 그대 생각은 어떠한가? 수다원이 나는 수다원과를 얻었다, 라고 생각을 하는가? 수보리가 대답하였다. 아닙니다, 세존이시여! 왜냐하면 수다원은 성자의 흐름에 든 자라고 불리지만 들어간 곳이 없으니 형색과 소리와 냄새와 맛과 감촉과 마음의 대상에 들어가지 않는 것을 수다원이라 하기 때문입니다. 수보리여! 그대 생각은 어떠한가? 사다함이 나는 사다함과를 얻었다, 라고 생각을 하겠는가? 수보리가 대답하였다. 아닙니다,

사다함 명 일왕래 이실무왕래 시명사다함 수
斯 陀 含 名 一 往 來 而 實 無 往 來 是 名 斯 陀 含 須

보리 어의운하 아나함 능작시념 아득아나함과
菩 提 於 意 云 何 阿 那 含 能 作 是 念 我 得 阿 那 含 果

부 수보리언 불야 세존 하이고 아나함 명일불
不 須 菩 提 言 佛 也 世 尊 何 以 故 阿 那 含 名 一 不

래 이실무불래 시고 명아나함 수보리 어의운
來 而 實 無 不 來 是 故 名 阿 那 含 須 菩 提 於 意 云

하 아라한 능작시념 아득아라한도부 수보리언
何 阿 羅 漢 能 作 是 念 我 得 阿 羅 漢 道 不 須 菩 提 言

불야 세존 하이고 실무유법 명아라한 세존 약
不 也 世 尊 何 以 故 實 無 有 法 名 阿 羅 漢 世 尊 若

아라한 작시념 아득아라한도 즉위착아인 중생
阿 羅 漢 作 是 念 阿 得 阿 羅 漢 道 卽 爲 着 我 人 衆 生

수자 세존 불설아득무쟁삼매 인중 최위제일
壽 者 世 尊 佛 說 我 得 無 諍 三 昧 人 中 最 爲 第 一

시제일 이욕아라한 아부작시념 아시이욕아라
是 第 一 離 欲 阿 羅 漢 我 不 作 是 念 我 是 離 欲 阿 羅

한 세존 아약작시념 아득아라한도 세존 즉불
漢 世 尊 我 若 作 是 念 我 得 阿 羅 漢 道 世 尊 卽 不

설수보리 시요아란나행자 이수보리 실무소행
說 須 菩 提 是 樂 阿 蘭 那 行 者 以 須 菩 提 實 無 所 行

이명수보리 시요아란나행
以 名 須 菩 提 是 樂 阿 蘭 那 行

608 · 법요집

세존이시여! 왜냐하면 사다함은 한 번만 돌아옴이 없는 것을 사다함이라 하기 때문입니다. 수보리여! 그대 생각은 어떠한가? 아나함이 나는 아나함과를 얻었다, 라고 생각을 하는가? 수보리가 대답하였다. 아닙니다, 세존이시여! 왜냐하면 아나함은 되돌아오지 않는 자, 라고 불리지만 실로 되돌아오지 않음이 없는 것을 아나함이라 하기 때문입니다. 수보리여! 그대 생각은 어떠한가? 아라한이 나는 아라한의 경지를 얻었다, 라고 생각을 하겠는가? 수보리가 대답하였다. 아닙니다, 세존이시여! 왜냐하면 실제로 아라한이라 할 만한 법이 없기 때문입니다. 세존이시여! 아라한이 나는 아라한의 경지를 얻었다, 라고 생각한다면 자아와 개아와 중생과 영혼에 집착하는 자인 것입니다. 세존이시여! 부처님께서 저를 다툼 없는 삼매를 얻은 사람 가운데 제일이고 욕망을 여읜 제일가는 아라한이라고 말씀하셨습니다. 저는 욕망을 여읜 제일가는 아라한이다, 라고 생각하지 않습니다. 세존이시여! 제가 아라한의 경지를 얻었다, 라고 생각한다면 세존께서는 수보리는 적정행을 즐기는 사람이다, 수보리는 실로 적정행을 한 것이 없으므로 수보리는 아란나행을 좋아한다고 이름하셨습니다.

○ 제십 장엄정토분
第 十 莊 嚴 淨 土 分

불고 수보리 어의운하 여래 석재연등불소
佛 故 須 菩 提 於 意 云 何 如 來 昔 在 燃 燈 佛 所

어법 유소득부 불야 세존 여래재연등불소
於 法 有 所 得 不 不 也 世 尊 如 來 在 燃 燈 佛 所

어법 실무소득 수보리 어의운하 보살
於 法 實 無 所 得 須 菩 提 於 意 云 何 菩 薩

장엄불토부 불야 세존 하이고 장엄불토자
莊 嚴 佛 土 不 不 也 世 尊 何 以 故 莊 嚴 佛 土 者

즉비장엄 시명장엄 시고 수보리 제보살
卽 非 莊 嚴 是 名 莊 嚴 是 故 須 菩 提 諸 菩 薩

마하살 응여시생청정심 불응주색생심
摩 訶 薩 應 如 是 生 淸 淨 心 不 應 住 色 生 心

불응주성향미촉법생심 응무소주 이생기심
不 應 住 聲 香 味 觸 法 生 心 應 無 所 住 而 生 其 心

수보리 비여유인 신여수미산왕 어의운하 시신
須 菩 提 譬 如 有 人 身 如 須 彌 山 王 於 意 云 何 是 身

위대부 수보리언 심대 세존 하이고 불설비신
爲 大 不 須 菩 提 言 甚 大 世 尊 何 以 故 佛 說 非 身

시명대신
是 名 大 身

○ 제십 불국정토의 장엄

부처님께서 수보리에게 말씀하셨습니다. 그대 생각은 어떠한가? 여래가 옛적에 연등부처님 처소에서 법을 얻은 것이 있는가? 없습니다, 세존이시여! 여래께서 연등부처님 처소에서 실제로 법을 얻은 것이 없습니다. 수보리여! 그대 생각은 어떠한가? 보살이 불국토를 아름답게 꾸미는가? 아닙니다, 세존이시여! 왜냐하면 불국토를 아름답게 꾸민다는 것은 아름답게 꾸미는 것이 아니므로 아름답게 꾸민다고 말하기 때문입니다. 그러므로 수보리여! 모든 보살마하살은 이와 같이 깨끗한 마음을 내어야 하느니라. 형색에 집착하지 않고 마음을 내어야 하고 소리와 냄새와 맛과 감촉과 마음의 대상에도 집착하지 않고 마음을 내어야 하고 마땅히 집착 없이 그 마음을 내어야 하느니라. 수보리여! 어떤 사람의 몸이 산들의 왕 수미산만큼이나 크다면 그대 생각은 어떠한가? 그 몸이 크다고 하겠는가? 수보리가 대답하였다. 매우 큽니다, 세존이시여! 왜냐하면 부처님께서는 몸 아님을 설하셨으므로 큰 몸이라 말씀하셨기 때문입니다.

○ 제십일 무위복승분
第十一 無爲福勝分

수보리 여항하중 소유사수 여시사등항하
須菩提 如恒河中 所有沙數 如是沙等恒河

어의운하 시제항하사 영위다부 수보리언 심다
於意云何 是諸恒河沙 寧爲多不 須菩提言 甚多

세존 단제항하 상다무수 하황기사 수보리
世尊 但諸恒河 尙多無數 河況其沙 須菩提

아금 실언 고여 약유선남자선여인 이칠보 만
我今 實言 告汝 若有善男子善女人 以七寶 滿

이소항하사수 삼천대천세계 이용보시 득복
爾所恒河沙數 三千大千世界 以用布施 得福

다부 수보리언 심다 세존 불고 수보리
多不 須菩提言 甚多 世尊 佛告 須菩提

약선남자 선여인 어차경중 내지 수지
若善男子 善女人 於此經中 乃至 受持

사구게등 위타인설 이차복덕 승전복덕
四句揭等 爲他人說 而此福德 勝前福德

○ 제십이 존중정교분
第十二 尊重正教分

부차 수보리 수설시경 내지 사구게등
復此 須菩提 隨說是經 乃至 四句揭等

당지차처 일체세간 천인아수라 개응공양
當知此處 一切世間 天人阿修羅 皆應供養

여불탑묘
如佛塔廟

◯ 제십일 무위법의 뛰어난 복덕

수보리여! 항하의 모래 수만큼 항하가 있다면 그대 생각은 어떠한가? 이 모든 항하의 모래 수는 진정 많다고 하겠는가? 수보리가 대답하였다. 매우 많습니다, 세존이시여! 항하들만 해도 헤아릴 수 없이 많을진대 하물며 그것이 모래이겠습니까. 수보리여! 내가 지금 진실한 말로 그대에게 말하겠노라. 선남자 선여인이 그 항하의 모래 수만큼 삼천대천세계에 칠보를 가득 채워 보시한다면 그 복덕이 많겠는가? 수보리가 대답하였다. 매우 많습니다, 세존이시여! 부처님께서 수보리에게 말씀하셨습니다. 선남자 선여인이 이 경의 사구게만이라도 받아 지니고 다른 사람을 위해 설해 준다면 이 복이 저 복보다 더 나으니라.

◯ 제십이 올바른 가르침의 존중

또한 수보리여! 이 경을 말하되 사구게만 설명하더라도 곳곳마다 어디든지 모든 세상의 천신과 인간과 아수라가 마땅히 공양하기를 부처님의 탑과 같이 할 것이어늘

하황유인 진능수지독송 수보리 당지 시인성취
河況有人 盡能受持讀誦 須菩提 當知 是人成就

최상제일 희유지법 약시경전소재지처
最上第一 希有之法 若是經典所在之處

약존중제자 즉위유불
若尊重弟子 即爲有佛

○ 제십삼 여법수지분
第十三 如法受持分

이시 수보리 백불언 세존 당하명차경 아등
爾時 須菩提 白佛言 世尊 當何名此經 我等

운하봉지 불고 수보리 시경 명위금강반야
云何奉持 佛告 須菩提 是經 名爲金剛般若

바라밀 이시명자 여당봉지 소이자하 수보리
波羅蜜 以是名字 汝當奉持 所以者何 須菩提

불설반야바라밀 즉비반야바라밀
佛說般若波羅蜜 即非般若波羅蜜

시명반야바라밀 수보리 어의운하 여래유
是名般若波羅蜜 須菩提 於意云何 如來有

소설법부 수보리 백불언 세존 여래 무소설
所說法不 須菩提 白佛言 世尊 如來 無所說

수보리 어의운하 삼천대천세계 소유미진
須菩提 於意云何 三千大千世界 所有微塵

시위다부 수보리언 심다세존
是爲多不 須菩提言 甚多世尊

하물며 이 경 전체를 받고 지니고 읽고 외우는 사람이랴! 수보리여! 이 사람은 가장 높고 가장 경이로운 법을 성취할 것임을 알아야 하느니라. 이와 같이 경전이 있는 곳은 부처님과 존경받는 제자들이 계시는 곳이니라.

○ 제십삼 이 경을 법답게 지님

그때 수보리가 부처님께 사뢰었다. 세존이시여! 이 경을 무엇이라 불러야 하며 저희들이 어떻게 받들어 지니오리까? 부처님께서 대답하셨습니다. 이 경의 이름은 [금강반야바라밀]이니 이 제목으로 너희들은 받들어 지녀야 하느니라. 그것은 수보리여! 여래는 반야바라밀을 반야바라밀이 아니라 설하였으므로 반야바라밀이라 말한 까닭이다. 수보리여! 그대 생각은 어떠한가? 여래가 설한 법이 있는가? 수보리가 부처님께 말씀드렸다. 세존이시여! 여래께서는 설하신 법이 없습니다. 수보리여! 그대 생각은 어떠한가? 삼천대천세계를 이루고 있는 티끌이 많다고 하겠는가? 수보리가 대답하였다. 매우 많습니다. 세존이시여!

수보리 제미진 여래설비미진 시명미진
須菩提 諸微塵 如來說非微塵 是名微塵

여래설세계 비세계 시명세계 수보리 어의운하
如來說世界 非世界 是名世界 須菩提 於意云何

가이삼십이상 견 여래부 불야 세존 불가이
可以三十二相 見 如來不 不也 世尊 不可以

삼십이상 득견여래 하이고 여래설 삼십이상
三十二相 得見如來 何以故 如來說 三十二相

즉시비상 시명 삼십이상 수보리 약유선남자
卽是非相 是名 三十二相 須菩提 若有善男子

선여인 이항하사등 신명 보시 약부유인 어차
善女人 以恒河沙等 身命 布施 若復有人 於此

경중 내지 수지 사구게등 위타인설 기복 심다
經中 乃至 受持 四句偈等 爲他人說 其福 甚多

○ 제십사 이상적멸분
第十四 離相寂滅分

이시 수보리 문설시경 심해의취 체루비읍
爾時 須菩提 聞說是經 深解義趣 涕淚悲泣

이백불언 희유세존 불설 여시심심경전
而白佛言 希有世尊 佛說 如是甚深經典

아종석래 소득혜안 미증득문 여시지경 세존
我從昔來 所得慧眼 未曾得聞 如是之經 世尊

수보리여! 여래는 티끌들을 티끌이 아니라고 설
하였으므로 티끌이라고 말하느니라. 여래는 세계
를 세계가 아니라고 설하였으므로 세계라고 말하
느니라. 수보리여! 그대 생각은 어떠한가? 서른
두 가지 신체적 특징을 가지고 여래라고 볼 수
있는가? 없습니다, 세존이시여! 서른두 가지 신
체적 특징을 가지고 여래라고 볼 수는 없습니다.
왜냐하면 여래께서는 서른두 가지 신체적 특징은
신체적 특징이 아니라고 설하였으므로 서른두
가지 신체적 특징이라고 말씀하셨기 때문입니다
수보리여! 어떤 선남자 선여인이 항하의 모래 수
만큼 목숨을 보시한다고 하자, 또 어떤 사람이 이
경의 사구게만이라도 받아 지니고 다른 사람을 위
해 설해 준다고 하면, 그러면 이 복덕이 저 복보다
더욱 많으리라.

○ 제십사 상(관념)을 떠난 열반
그때 수보리가 이 경 설하심을 듣고 뜻을 깊이
이해하며 감격의 눈물을 흘리며 부처님께 말씀을
드렸습니다. 희유하시옵니다, 세존이시여! 제가
지금까지 얻은 혜안으로는 부처님께서 이같이 깊
이 있는 경전을 설하심을 들어본 적이 없습니다.
세존이시여! 만일 어떤 사람이 이 경전을 듣고

약부유인 득문시경 신심 청정 즉생실상
若復有人 得聞是經 信心 淸淨 卽生實相

당지시인 성취제일 희유공덕 세존 시실상자
當知是人 成就第一 希有功德 世尊 是實相者

즉시비상 시고 여래설명실상 세존 아금
卽是非相 是故 如來說名實相 世尊 我今

득문여시경전 신해수지 부족위난 약당래세
得聞如是經典 信解受持 不足爲難 若當來世

후오백세 기유중생 득문시경 신해수지 시인
後五百世 其有衆生 得聞是經 信解受持 是人

즉위제일희유 하이고 차인 무아상 무인상
卽爲第一希有 何以故 此人 無我相 無人相

무중생상 무수자상 소이자하 아상 즉시비상
無衆生相 無壽者相 所以者何 我相 卽是非相

인상 중생상 수자상 즉시비상 하이고
人相 衆生相 壽者相 卽是非相 何以故

이일체제상 즉명제불 불고 수보리 여시여시
離一切諸相 卽名諸佛 佛告 須菩提 如是如是

약부유인 득문시경 불경불포불외 당지 시인
若復有人 得聞是經 不驚不怖不畏 當知 是人

심위희유 하이고 수보리 여래설 제일바라밀
甚爲希有 何以故 須菩提 如來說 第一波羅蜜

믿음이 청정해지면 바로 실상을 깨달음이니, 이 사람은 가장 희유한 공덕을 성취한 사람이옵니다. 세존이시여! 이 실상은 실상이 아니므로 여래께옵서 실상이라 말씀하셨나이다. 세존이시여! 제가 지금 이 같은 경전을 듣고 믿고 이해하고 받아 지니기는 어렵지 않습니다. 그러나 미래 오백년 뒤에도 어떤 중생이 이 경전을 듣고 믿고 이해하고 받아 지닌다면 이 사람은 가장 희유할 것입니다. 왜냐하면 이 사람은 자아가 있다는 관념, 개아가 있다는 관념, 중생이 있다는 관념, 영혼이 있다는 관념이 없기 때문입니다. 그것은 자아가 있다는 관념은 관념이 아니며, 개아가 있다는 관념과 영혼이 있다는 관념은 관념이 아닌 까닭입니다. 왜냐하면 모든 관념을 떠난 이를 부처님이라 말하기 때문입니다. 부처님께서 수보리에게 말씀하셨습니다. 그렇다, 그렇다. 만일 어떤 사람이 이 경을 듣고 놀라지도 않고 무서워하지도 않고 두려워하지도 않는다면 이 사람은 매우 희유한 줄 알아야 하느니라. 왜냐하면 수보리여! 여래는 제일 바라밀을

비제일바라밀 시명제일바라밀 수보리
非 第 一 波 羅 蜜 是 名 第 一 波 羅 蜜 須 菩 提

인욕바라밀 여래설 비인욕바라밀 하이고
忍 辱 波 羅 蜜 如 來 說 非 忍 辱 波 羅 蜜 何 以 故

수보리 여아석위가리왕 할절신체 아어이시
須 菩 提 如 我 昔 爲 歌 利 王 割 截 身 體 我 於 爾 時

무아상 무인상 무중생상 무수자상 하이고
無 我 相 無 人 相 無 衆 生 相 無 壽 者 相 何 以 故

아어왕석 절절지해시 약유 아상 인상 중생상
我 於 往 昔 節 節 支 解 時 若 有 我 相 人 相 衆 生 相

수자상 응생진한 수보리 우념과거 어오백세
壽 者 相 應 生 瞋 恨 須 菩 提 又 念 過 去 於 五 百 世

작인욕선인 어이소세 무아상 무인상 무중생상
作 忍 辱 仙 人 於 爾 所 世 無 我 相 無 人 相 無 衆 生 相

무수자상 시고 수보리 보살 응리일체상
無 壽 者 相 是 故 須 菩 提 菩 薩 應 離 一 切 相

발아뇩다라삼먁삼 보리심 불응주색생심
發 阿 耨 多 羅 三 藐 三 菩 提 心 不 應 住 色 生 心

불응주성향미촉법생심 응생무소주심 약심유주
不 應 住 聲 香 味 觸 法 生 心 應 生 無 所 住 心 若 心 有 住

즉위비주 시고 불설보살 심불응 주색보시
卽 爲 非 住 是 故 佛 說 菩 薩 心 不 應 住 色 布 施

제일 바라밀이 아니라고 설하였으므로 제일 바라밀이라 말하기 때문이다. 수보리여! 인욕바라밀을 여래는 인욕바라밀이 아니라고 설하였다. 왜냐하면 내가 옛날 가리왕에게 마디마디 사지를 잘렸을 때 자아가 있다는 관념과 중생이 있다는 관념과 영혼이 있다는 관념이 있었다면 성내고 원망하는 마음이 생겼을 것이다. 수보리여! 여래는 과거 오백 생 동안에 인욕을 수행하는 자였는데 그때 자아가 있다는 관념이 없었고, 개아가 있다는 관념과 중생이 있다는 관념, 영혼이 있다는 관념이 없었느니라.

그러므로 수보리여! 보살들은 모든 관념을 떠나 가장 높고 바른 깨달음의 마음을 내어야 하느니라. 형색에도 집착 없이 마음을 내어야 하며 소리와 냄새와 맛과 감촉과 마음의 대상에도 집착 없이 마음을 내어야 하느니라. 마땅히 집착 없이 마음을 내어야 하며, 마음에 집착이 있다면 그것은 올바른 삶이 아니니라. 그러므로 보살은 형색에도 집착 없는 마음으로 보시를 해야 한다고 여래는 설하였다. 수보리여! 보살은 모든 중생들을

수보리 보살 위이익일체중생 응여시보시
須菩提 菩薩 爲利益一切衆生 應如是布施

여래설 일체제상 즉시비상 우 설 일체중생
如來說 一切諸相 卽是非相 又 說 一切衆生

즉비중생 수보리 여래 시진어자 실어자
卽非衆生 須菩提 如來 是眞語者 實語者

여어자 불광어자 불이어자 수보리 여래소득법
如語者 不誑語者 不異語者 須菩提 如來所得法

차법 무실무허 수보리 약보살 심주어법
此法 無實無虛 須菩提 若菩薩 心住於法

이행보시 여인입암 즉무소견 약보살 심부주법
而行布施 如人入闇 卽無所見 若菩薩 心不住法

이행보시 여인 유목 일광명조 견종종색
而行布施 如人 有目 日光明照 見種種色

수보리 당래지세 약유 선남자 선여인
須菩提 當來之世 若有 善男子 善女仁

능어차경 수지독송 즉위여래 이불지혜
能於此經 受持讀誦 卽爲如來 以佛智慧

실지시인 실견시인 개득성취 무량무변공덕
悉知是人 悉見是人 皆得成就 無量無邊功德

○ 제십오 지경공덕분
第十五 持經功德分

수보리 약유 선남자 선여인 초일분 이항하사
須菩提 若有 善男子 善女人 初日分 以恒河沙

이롭게 하기 위하여 이와 같이 보시를 해야 하느니라. 여래는 모든 중생이란 관념은 중생이란 관념이 아니라고 설하고 또 모든 중생도 중생이 아니라고 설하느니라.

수보리여! 여래는 바른 말을 하는 이고, 참된 말을 하는 이며, 속임 없이 말하며, 사실대로 말하는 이다. 수보리여! 여래가 얻은 법에는 진실도 없고 거짓도 없다. 수보리여! 보살이 대상에 집착하는 마음으로 보시하는 것은 마치 사람이 어둠 속에 들어가면 아무것도 볼 수 없는 것과 같고, 보살이 대상에 집착하지 않는 마음으로 보시를 하는 것은 마치 눈 있는 사람에게 햇빛이 밝게 비치면 온갖 사물의 모양을 볼 수 있는 것과 같으니라. 수보리여! 미래에 선남자 선여인이 이 경전을 받고 지니고 읽고 외운다면 여래는 부처의 지혜로 이 사람들이 모두 한량없는 공덕을 성취하게 될 것임을 다 알고 다 보느니라.

○ 제십오 경을 지니는 공덕

수보리여! 선남자 선여인이 아침나절에 항하의

등신 보시 중일분 부이항하사 등신 보시
等身 布施 中日分 復以恒河沙 等身 布施

후일분 역이항하사 등신 보시 여시무량
後日分 亦以恒河沙 等身 布施 如是無量

백천만억겁 이신보시 약부유인 문차경전 신심
百千萬億劫 以身布施 若復有人 聞此經典 信心

불역 기복 승피 하황서사 수지독송 위인해설
不逆 其福 勝彼 何況書寫 受持讀誦 爲人解說

수보리 이요언지 시경 유불가사의 불가칭량
須菩提 以要言之 是經 有不可思議 不可稱量

무변공덕 여래 위발 대승자설 위발
無邊功德 如來 爲發 大乘者說 爲發

최상승자설 약유인 능수지독송 광위인설 여래
最上乘者說 若有人 能受持讀誦 廣爲人說 如來

실지시인 실견시인 개득성취 불가량 불가칭
悉知是人 悉見是人 皆得成就 不可量 不可稱

무유변 불가사의 공덕 여시인등 즉위하담
無有邊 不可思議 功德 如是人等 卽爲荷擔

여래 아뇩다라삼먁삼보리 하이고 수보리
如來 阿耨多羅三藐三菩提 何以故 須菩提

약락소법자 착아견 인견 중생견 수자견
若樂小法者 着我見 人見 衆生見 壽者見

즉어차경 불능 청수독송 위인해설
卽於此經 不能 聽受讀誦 爲人解說

모래 수만큼 몸을 보시하고, 점심나절에 항하의 모래 수만큼 몸을 보시를 하며, 저녁나절에 항하의 모래 수만큼 몸을 보시하여, 이와 같이 한량없는 시간 동안 몸을 보시한다고 하자. 또 어떤 사람이 이 경전의 말씀을 듣고 비방을 하지 않고 믿는다고 하자. 그러면 이 복덕은 저 복보다 더 뛰어나거늘, 하물며 이 경전을 베껴 쓰고 받고 지니고 읽고 외우고 다른 이를 위해 설명해 줌이랴! 수보리여! 간단하게 말하자면 이 경에는 생각할 수도 없는 한량없는 공덕이 있느니라. 여래는 대승에 나아가는 이를 위해 설하며 최상승에 나아가는 이를 위해 설한다. 어떤 사람이 이 경을 받고 지니고 읽고 외워 널리 다른 사람을 위해 설해 준다면 여래는 이 사람들이 헤아릴 수 없으며 한없고 생각할 수도 없는 공덕을 성취할 것임을 다 알고 다 보느니라. 이와 같은 사람들은 여래의 아뇩다라삼먁삼보리를 감당하게 될 것이다. 왜냐하면 수보리여! 소승법을 즐기는 자는 아견 인견 중생견 수자견에 집착하게 되어 이 경을 듣고 받아서 읽고 외우며 다른 사람을 위해 해설할 수 없느니라.

수보리 재재처처 약유차경 일체세간 천인
須菩提 在在處處 若有此經 一切世間 天人

아수라 소응공양 당지차처 즉위시탑 개응공경
阿修羅 所應供養 當知此處 卽爲是塔 皆應恭敬

작례위요 이제화향 이산기처
作禮圍繞 以諸華香 而散其處

○ 제십육 능정업장분
第十六 能淨業障分

부차 수보리 선남자 선여인 수지독송차경
復此 須菩提 善男子 善女人 受持讀誦此經

약위인경천 시인 선세죄업 응타악도 이금세인
若爲人輕賤 是人 先世罪業 應墮惡道 以今世人

경천고 선세죄업 즉위소멸 당득
輕賤故 先世罪業 卽爲消滅 當得

아뇩다라삼먁삼보리 수보리 아념 과거
阿耨多羅三藐三菩提 須菩提 我捻 過去

무량아승지겁 어연등불전 득치팔백사천만억
無量阿僧祇劫 於燃燈佛典 得値八百四千萬億

나유타제불 실개공양승사 무공과자 약부유인
那由他諸佛 悉皆供養承事 無空過者 若復有人

어후말세 능수지독송차경 소득공덕
於後末世 能受持讀誦此經 所得供德

어아소공양 제불공덕 백분 불급일 천만억분
於我所供養 諸佛功德 百分 佛及一 千萬億分

수보리야! 어느 곳이든 간에 이 경이 있는 곳이라면 일체 세간, 천상, 인간, 아수라가 마땅히 공양을 해야만 하느니라. 마땅히 알라. 이 경이 있는 이곳은 부처님을 모신 탑과 같으므로 모두가 공경하며 예배하고 돌면서 그곳에 여러 가지 꽃과 향을 뿌릴 것임을 알아야 하느니라.

○ 제십육 업장을 깨끗이 함

또한 수보리여! 이 경을 받고 지니고 읽고 외우는 선남자 선여인이 남에게 천대와 멸시를 받는다면 이 사람은 전생에 지은 죄업으로는 악도에 떨어져야 마땅하겠지만 금생에 다른 사람의 천대와 멸시를 받았기 때문에 전생의 죄업이 소멸되고 반드시 가장 높고 바른 깨달음을 얻게 되리라. 수보리여! 나는 연등부처님을 만나기 전 과거 한량없는 아승지겁 동안 팔백 사천 만억 나유타의 여러 부처님을 만나 모두 공양하고 받들어 섬기며 그냥 지나친 적이 없었음을 기억한다. 만일 어떤 사람이 정법이 쇠퇴할 때 이 경을 잘 받아 지니고 읽고 외워서 얻은 공덕에 비하면, 내가 여러 부처님께 공양한 공덕은 백에 하나에도 미치지 못하고, 천에 하나 만에 하나 억에 하나에도 미치지 못하며

내지 산수비유 소불능급 수보리 약선남자
乃 至 算 數 譬 喩 小 佛 能 及 須 菩 提 若 善 男 子

선여인 어후말세 유수지독송차경 소득공덕
善 女 人 於 後 末 世 有 受 持 讀 誦 此 經 所 得 功 德

아약구설자 혹유인 문 심즉광란 호의불신
我 若 具 說 者 或 有 人 聞 心 卽 狂 亂 狐 疑 不 信

수보리 당지 시경의 불가사의 과보 역불가사의
須 菩 提 當 知 是 經 義 不 可 思 議 果 報 亦 不 可 思 議

○ 제십칠 구경무아분
第 十 七 究 竟 無 我 分

이시 수보리 백불언 세존 선남자 선여인
爾 時 須 菩 提 白 佛 言 世 尊 善 男 子 善 女 人

발아뇩다라삼먁삼보리심 운하응주
發 阿 耨 多 羅 三 藐 三 菩 提 心 云 何 應 住

운하항복기심 불고 수보리 약선남자 선여인
云 何 降 伏 其 心 佛 告 須 菩 提 若 善 男 子 善 女 人

발아뇩다라삼먁삼보리심자 당생여시심
發 阿 耨 多 羅 三 藐 三 菩 提 心 者 當 生 如 是 心

아응멸도 일체중생 멸도 일체중생이 이무유
我 應 滅 度 一 切 衆 生 滅 度 一 切 衆 生 已 而 無 有

일중생 실멸도자 하이고 수보리 약보살
一 衆 生 實 滅 度 者 何 以 故 須 菩 提 若 菩 薩

유아상 인상 중생상 수자상
有 我 相 人 相 衆 生 相 壽 者 相

더 나아가서 어떤 셈이나 비유로도 미치지 못하
느니라. 수보리여! 선남자 선여인이 정법이 쇠퇴
할 때 이 경을 받고 지니고 읽고 외워서 얻은 공
덕을 내가 자세히 말한다면, 아마도 이 말을 듣
는 이는 마음이 어지러워서 의심하고 믿지 않을
것이다. 수보리여! 이 경은 뜻이 불가사의하며
그 과보도 불가사의함을 알아야 하느니라.

○ 제십칠 마침내는 자아가 없음
그때 수보리가 부처님께 여쭈었다. 세존이시여!
가장 높고 바른 깨달음을 얻고자 하는 선남자 선
여인은 어떻게 살아야 하며 어떻게 그 마음을
다스려야 합니까? 부처님께서 수보리에게 말씀
하셨습니다. 가장 높고 바른 깨달음을 얻고자 하
는 선남자 선여인은 이러한 마음을 일으켜야 한
다. 나는 일체 중생을 열반에 들게 하리라. 일체
중생을 열반에 들게 하였지만 실제로는 아무도
열반을 얻은 중생이 없구나. 왜냐하면 수보리여!
보살에게 자아가 있다는 관념과 개아가 있다는
관념과 중생이 있다는 관념과 영혼이 있다는 관
념이 있다면

즉비보살 소이자하 수보리 실무유법 여래
即非菩薩 所以者何 須菩提 實無有法 如來

득아뇩다라삼먁삼보리심자 수보리 어의운하
得阿耨多羅三藐三菩提心者 須菩提 於意云何

여래 어연등불소 유법 득아뇩다라삼먁삼보리
如來 於燃燈佛所 有法 得阿耨多羅三藐三菩提

부 불야 세존 여아해불소설의 불 어연등불소
不 不也 世尊 如我解佛所說義 佛 於燃燈佛所

무유법 득아뇩다라삼먁삼보리 불언 여시여시
無有法 得阿耨多羅三藐三菩提 佛言 如是如是

수보리 실무유법 여래득 아뇩다라삼먁삼보리
須菩提 實無有法 如來得 阿耨多羅三藐三菩提

수보리 약유법 여래득 아뇩다라삼먁삼보리자
須菩提 若有法 如來得 阿耨多羅三藐三菩提者

연등불 즉불여아수기 여어래세 당득작불 호
燃燈佛 即不與我授記 汝於來世 當得作佛 護

석가모니 이실무유법 득아뇩다라삼먁삼보리
釋迦牟尼 以實無有法 得阿耨多羅三藐三菩提

시고 연등불 여아수기 작시언 여어래세
是故 燃燈佛 與我授記 作是言 汝於來世

당득작불 호 여래소득 아뇩다라삼먁삼보리
當得作佛 號 如來所得 阿耨多羅三藐三菩提

수보리 실무유법 불 득아뇩다라삼먁삼보리
須菩提 實無有法 佛 得阿耨多羅三藐三菩提

수보리 여래소득 아뇩다라삼먁삼보리
須菩提 如來所得 阿耨多羅三藐三菩提

보살이 아니기 때문이다. 그것은 수보리여! 가장 높고 바른 깨달음을 향해 나아가는 자라 할 법이 실제로는 없는 까닭이다. 수보리여! 그대 생각은 어떠한가? 여래가 연등부처님 처소에서 얻은 가장 높고 바른 깨달음이라 할 법이 있었는가? 아닙니다, 세존이시여! 제가 부처님께서 말씀하신 뜻을 이해하기로는 부처님께서 연등부처님 처소에서 얻으신 가장 높고 바른 깨달음이라 할 법이 없습니다. 부처님께서 말씀하셨다. 그렇다, 그렇다. 수보리여! 여래가 가장 높고 바른 깨달음을 얻은 법이 실제로는 없구나. 수보리여! 여래가 가장 높고 바른 깨달음을 얻은 법이 있었다면 연등부처님께서 내게 그대는 내세에 석가모니라는 이름의 부처가 될 것이다, 라고 수기하지 않았을 것이다. 가장 높고 바른 깨달음을 얻은 법이 실제로 없었으므로 연등부처님께서 내게 그대는 내세에는 반드시 석가모니라는 이름의 부처가 될 것이다, 라고 수기하셨던 것이다. 왜냐하면 여래는 모든 존재의 진실한 모습을 의미하기 때문이다. 어떤 사람이 여래가 가장 높고 바른 깨달음을 얻었다고 말한다면 수보리여, 여래가 가장 높고 바른 깨달음을 얻은 법이 실제로 없는 것이니라.

어시중 무실무허 시고 여래설 일체법
於 是 中 無 實 無 虛 是 故 如 來 說 一 切 法

개시불법 수보리 소언일체법자 즉비일체법
皆 是 佛 法 須 菩 提 所 言 一 切 法 者 卽 非 一 切 法

시고 명일체법 수보리 비여인신 장대
是 故 名 一 切 法 須 菩 提 譬 如 人 身 長 大

수보리언 세존 여래설 인신장대 즉위비대신
須 菩 提 言 世 尊 如 來 說 人 身 長 大 卽 爲 非 大 身

시명대신 수보리 보살 역여시 약작시언
是 名 大 身 須 菩 提 菩 薩 亦 如 是 若 作 是 言

아당멸도 무량중생 즉불명보살 하이고 수보리
我 當 滅 度 無 量 衆 生 卽 佛 名 菩 薩 何 以 故 須 菩 提

실무유법 명위보살 시고 불설일 체법 무아
實 無 有 法 名 爲 菩 薩 是 故 佛 說 一 切 法 無 我

무인 무중생 무수자 수보리 약보살 작시언
無 人 無 衆 生 無 壽 者 須 菩 提 若 菩 薩 作 是 言

아당 장엄불토 시불명보살 하이고 여래설
我 當 莊 嚴 佛 土 是 不 名 菩 薩 何 以 故 如 來 說

장엄불토자 즉비장엄 시명장엄 수보리 약보살
莊 嚴 佛 土 者 卽 非 莊 嚴 是 名 莊 嚴 須 菩 提 若 菩 薩

통달무아법자 여래 설명진시보살
通 達 無 我 法 者 如 來 說 名 眞 是 菩 薩

수보리여! 여래가 얻은 가장 바른 깨달음에는 진실도 없고 거짓도 없다. 그러므로 여래는 일체법이 모두 불법이다, 라고 설하셨느니라.

수보리여! 일체법이라 말한 것은 일체법이 아닌 까닭에 일체법이라 말하느니라. 수보리여! 예컨대 사람이 몸이 매우 큰 것과 같으니라. 수보리가 말하였다. 세존이시여! 여래께서 사람의 몸이 매우 크다는 것은 큰 몸이 아니라고 설하였으므로 큰 몸이라 말씀하셨습니다. 수보리여! 보살도 역시 그러하구나. 나는 반드시 한량없는 중생을 제도하리라 말한다면 보살이라 할 수 없느니라. 왜냐하면 수보리여! 보살이라 할 만한 법이 실제로 없기 때문이다. 그러므로 여래는 모든 법에 자아도 없고 개아도 없고 중생도 없고 영혼도 없다고 설한 것이다. 수보리여! 보살이, 나는 반드시 불국토를 장엄하리라, 말을 한다면 이는 보살이라 할 수 없느니라. 왜냐하면 여래는 불국토를 장엄한다는 것은 장엄하는 것이 아니라 설하였으므로 장엄한다고 말하기 때문이다. 수보리여! 보살이 무아의 법에 통달한다면 여래는 이런 이를 진정한 보살이라 부르느니라.

○ 제십팔 일체동관분
第 十 八　一 切 同 觀 分

수보리 어의운아 여래 유육안부 여시 세존
須 菩 提　於 意 云 阿　如 來　有 肉 眼 不　如 是　世 尊

여래유육안 수보리 어의운하 여래 유천안부
如 來 有 肉 眼　須 菩 提　於 意 云 何　如 來　有 天 眼 不

여시 세존 여래유천안 수보리 어의운하 여래
如 是　世 尊　如 來 有 天 眼　須 菩 提　於 意 云 何　如 來

유혜안부 여시 세존여래유혜안 수보리
有 慧 眼 不　如 是　世 尊 如 來 有 慧 眼　須 菩 提

어의운하 여래 유법안부 여시세존 여래유법안
於 意 云 何　如 來　有 法 眼 不　如 是 世 尊　如 來 有 法 眼

수보리 어의운하 여래유불안부 여시 세존
須 菩 提　於 意 云 何　如 來 有 佛 眼 不　如 是　世 尊

여래유불안 수보리 어의운하 여항하중 소유사
如 來 有 佛 眼　須 菩 提　於 意 云 何　如 恒 河 中 所 有 沙

불설시사부 여시 세존 여래설시사 수보리
佛 說 是 沙 不　如 是　世 尊　如 來 說 是 沙　須 菩 提

어의운하 여일항하중소유사유 여시등 항하
於 意 云 何　如 一 恒 河 中 所 有 沙 有　如 是 等　恒 河

○ 제십팔 일체를 동일하게 보라

수보리여! 그대 생각은 어떠한가? 여래에게 육안이 있는가? 그렇습니다, 세존이시여! 여래에게는 육안이 있습니다.

수보리여! 그대 생각은 어떠한가? 여래에게 천안이 있는가? 그렇습니다, 세존이시여! 여래에게는 천안이 있습니다.

수보리여! 그대 생각은 어떠한가? 여래에게 혜안이 있는가? 그렇습니다, 세존이시여! 여래에게는 혜안이 있습니다.

수보리여! 그대 생각은 어떠한가? 여래에게 법안이 있는가? 그렇습니다, 세존이시여! 여래에게는 법안이 있습니다.

수보리여! 그대 생각은 어떠한가? 여래에게 불안이 있는가? 그렇습니다, 세존이시여! 여래에게는 불안이 있습니다.

수보리여! 그대 생각은 어떠한가? 여래는 항하의 모래에 대해서 설하였는가? 그러하옵니다, 세존이시여! 여래께서 이것을 모래라고 설하셨습니다.

수보리여! 그대 생각은 어떠한가? 항하강 가운데 있는 모래 수와 같이 많은 항하강이 있고

시제항하소유사수 불세계여시 영위다부 심다
是 諸 恒 河 所 有 沙 數 佛 世 界 如 是 寧 爲 多 不 甚 多

세존 불고 수보리 이소국토중 소유중생
世 尊 佛 告 須 菩 提 爾 所 國 土 中 所 有 衆 生

약간종심 여래실지 하이고 여래설제심
若 干 種 心 如 來 悉 知 何 以 故 如 來 說 諸 心

개위비심 시명위심 소이자하 수보리 과거심
皆 爲 非 心 是 名 爲 心 所 以 者 何 須 菩 提 過 去 心

불가득 현재심 불가득 미래심 불가득
不 可 得 現 在 心 不 可 得 未 來 心 佛 可 得

○ 제십구 법계통화분
第 十 九 法 界 通 化 分

수보리 어의운하 약유인
須 菩 提 於 意 云 何 若 有 人

만삼천세계칠보 이용보시 시인
滿 三 千 世 界 七 寶 以 用 布 施 是 人

이시인연 득복다부 여시 세존 차인 이시인연
以 是 因 緣 得 福 多 不 如 是 世 尊 此 人 以 是 因 緣

득복 심다 수보리 약복덕 유실 여래불설
得 福 甚 多 須 菩 提 若 福 德 有 實 如 來 不 說

득복덕다 이복덕 무고 여래설 득복덕다
得 福 德 多 以 福 德 無 故 如 來 說 得 福 德 多

이 모든 항하강에 있는 모래 수만큼 부처님의 세
계가 있다면 이와 같이 많다고 여겨지느냐?
매우 많사옵니다, 세존이시여! 부처님께서 수보
리에게 말씀하시기를, 그처럼 수많은 국토 가운
데 있는 중생들마다의 갖가지 마음을 여래께서는
다 알고 계시느니라. 왜냐하면 여래께서 말씀하
신 모든 마음은 모두 실재하는 마음이 아니고 마
음이라고 이름한 것일 뿐이니라. 무슨 까닭인가?
수보리야, 과거의 마음도 얻을 수 없고 현재의
마음도 얻을 수 없으며 미래의 마음도 얻을 수
없기 때문이니라.

○ 제십구 법계를 통하여 교화하다
수보리여! 그대 생각은 어떠한가? 어떤 사람이
삼천대천세계에 칠보를 가득 채워 보시를 한다면
이 사람이 이러한 인연으로 많은 복덕을 얻겠는가?
그렇습니다, 세존이시여! 그 사람이 이러한 인연
으로 매우 많은 복덕을 얻을 것입니다.
수보리여! 복덕이 실로 있는 것이라면 여래는 많
은 복덕을 얻는다고 말하지 않았을 것이다. 복덕
이 없기 때문에 여래는 많은 복덕을 얻는다고 말
한 것이다.

○ 제이십 이색이상분
第二十 離色離相分

수보리 어의운하 불 가이구족색신 견부
須菩提 於意云何 佛 加以具足色身 見不

불야 세존여래 불응이구족색신 견 하이고
不也 世尊如來 不應以具足色身 見 何以故

여래설 구족색신 즉비 구족색신 시명구족색신
如來說 具足色身 卽非 具足色身 是名具足色身

수보리 어의운하 여래 가이구족제상 견부
須菩提 於意云何 如來 可以具足諸相 見不

불야 세존 여래 불응이구족제상
不也 世尊 如來 不應以具足諸相

견 하이고 여래설 제상구족 즉비구족
見 何以故 如來說 諸相具足 卽非具足

시명제상구족
是名諸相具足

○ 제이십일 비설소설분
第二十一 非說所說分

수보리 여물위 여래작시념 아당유소설법
須菩提 汝勿謂 如來作是念 我當有所說法

막작시념 하이고 약인 언 여래유 소설법
莫作是念 何以故 若人 言 如來有 所說法

○ 제이십 색과 상을 여의다

수보리여! 그대 생각은 어떠한가? 신체적 특징을 원만하게 갖추었다고 여래라고 볼 수 있겠는가? 아닙니다, 세존이시여! 신체적 특징을 원만하게 갖추었다고 여래라고 볼 수는 없습니다. 왜냐하면 여래께서는 원만한 신체를 갖추었다는 것은 원만한 신체를 갖춘 것이 아니라고 설하였으므로 원만한 신체를 갖춘 것이라고 말씀하셨기 때문입니다. 수보리여! 그대 생각은 어떠한가? 신체적 특징을 갖추었다고 여래라고 볼 수 있겠는가? 아닙니다, 세존이시여! 신체적 특징을 갖추었다고 여래라고 볼 수는 없습니다. 왜냐하면 여래께서는 신체적 특징을 갖춘다는 것이 신체적 특징을 갖춘 것이 아니라고 설하였으므로 신체적 특징을 갖춘 것이라고 말씀하셨기 때문입니다.

○ 제이십일 말이 아닌 설법

수보리여! 그대는 여래가, 나는 설한 법이 있다는 생각을 한다고 말하지 말라. 이런 생각을 하지 말라. 왜냐하면 여래께서 설하신 법이 있다, 고 말한다면 이 사람은 여래를 비방하는 것이니

즉위방불 불능해아소설고 수보리 설법자
卽 爲 謗 佛 不 能 解 我 所 說 故 須 菩 提 說 法 者

무법가설 시명설법 이시 혜명수보리 백불언
無 法 可 說 是 名 說 法 爾 時 慧 明 須 菩 提 白 佛 言

세존 파유중생 어미래세 문설시법 생신심부
世 尊 頗 有 衆 生 於 未 來 世 聞 說 是 法 生 信 心 不

불언 수보리 피비중생 비불중생 하이고
佛 言 須 菩 提 彼 非 衆 生 非 不 衆 生 何 以 故

수보리 중생 중생자 여래설 비중생 시명중생
須 菩 提 衆 生 衆 生 者 如 來 說 非 衆 生 是 名 衆 生

○ 제이십이 무법가득분
第 二 十 二 無 法 可 得 分

수보리 백불언 세존 불 득아뇩다라삼먁삼보리
須 菩 提 白 佛 言 世 尊 佛 得 阿 耨 多 羅 三 藐 三 菩 提

위무소득야 불언 여시여시 수보리
爲 無 所 得 耶 佛 言 如 是 如 是 須 菩 提

아어아뇩다라삼먁삼보리 내지 무유소법가득
我 於 阿 耨 多 羅 三 藐 三 菩 提 乃 至 無 有 少 法 可 得

시명아뇩다라삼먁삼보리
是 名 阿 耨 多 羅 三 藐 三 菩 提

○ 제이십삼 정심행선분
第 二 十 三 淨 心 行 善 分

내가 설한 것을 이해하지 못했기 때문이다. 수보리여! 설법이라는 것은 설할 만한 법이 없는 것이므로 설법이라고 말하는 것이니라. 그때 혜명 수보리가 부처님께 사뢰었다. 세존이시여! 미래에 이 법을 설하심을 듣고 신심을 낼 중생이 조금이라도 있겠습니까? 부처님께서 말씀하셨다. 수보리여! 저들은 중생이 아니요 중생이 아닌 것도 아니다. 왜냐하면 수보리여! 중생이라 하는 것은 여래가 중생이 아니라고 설하였으므로 중생이라 말하기 때문이다.

○ 제이십이 얻을 것이 없는 법

수보리가 부처님께 사뢰었다. 세존이시여! 부처님께서 가장 높고 바른 깨달음을 얻은 법이 없는 것입니까? 부처님께서 말씀하셨다. 그렇다, 그렇다. 수보리여! 내가 가장 높고 바른 깨달음에서 조그마한 법조차도 얻을 만한 것이 없었으므로 아뇩다라삼먁삼보리라 하느니라.

○ 제이십삼 관념을 떠난 선행

부차 수보리 시법 평등 무유고하
復次 須菩提 是法 平等 無有高下

시명아뇩다라삼먁삼보리 이무아 무인 무중생
是 名阿耨多羅三藐三菩提 以無我 無人 無衆生

무수자 수일체선법 득아뇩다라삼먁삼보리
無壽者 修一切善法 得阿耨多羅三藐三菩提

수보리 소언선법자 여래설 즉비선법 시명선법
須菩提 所言善法者 如來說 卽非善法 是名善法

○ 제이십사 복지무비분
第二十四 福智無比分

수보리 약삼천대천세계중 소유제수미산왕
須菩提 若三千大千世界中 所有諸須彌山王

여시등 칠보취 유인 지용보시 약인
如是等 七寶聚 有人 持用布施 若人

이차반야바라밀경 내지 사구게등 수지독송
以此般若波羅蜜經 乃至 四句揭等 受持讀誦

위타인설 어전복덕 백분 불급일 백천만억분
爲他人說 於前福德 百分 不及日 百千萬億分

내지 산수비유 소불능급 여시등 칠보취 유인
乃至 算數譬喩 所佛能及 如是等 七寶聚 有人

지용보시 약인 이차반야바라밀경 내지
持用布施 若人 以此般若波羅蜜經 乃至

사구게등 수지독송 위타인설 어전복덕 백분
四句揭等 受持讀誦 爲他人說 於前福德 百分

불급일 백천만억분 내지 산수비유 소불능급
不及日 百千萬億分 乃至 算數譬喩 所佛能及

또한 수보리여! 이 법은 평등하여 높은 것도 없고 낮은 것도 없으므로 아뇩다라삼먁삼보리라 하나니, 아상도 없고 인상, 중생상, 수자상이 없이 온갖 선법을 닦음으로써 가장 높고 바른 깨달음을 얻게 된다. 수보리여! 선법이라는 것은 선법이 아니라고 여래는 설하였으므로 선법이라고 말하느니라.

○ 제이십사 복과 지혜는 비교하지 못함

수보리여! 삼천대천세계에 있는 산들의 왕 수미산만큼 칠보 무더기를 가지고 보시를 하는 사람이 있다고 하자. 또 이 반야바라밀경의 사구게만이라도 받아 지니고 읽고 외워 다른 사람을 위해 설해 주는 사람이 있다고 하자. 그러면 앞의 복덕은 뒤의 복덕에 비해 백에 하나에도 미치지 못하고 천에 하나, 만에 하나, 억에 하나에도 미치지 못하며 더 나아가서 어떤 셈이나 비유로도 미치지 못하는 것이니라.

○ 제이십오 화무소화분
第 二 十 五 化 無 所 化 分

수보리 어의운하 여등 물위 여래작시념
須 菩 提 於 意 云 何 汝 等 勿 謂 如 來 作 是 念

아당도중생 수보리 막작시념 하이고
我 當 度 衆 生 須 菩 提 莫 作 是 念 何 以 故

실무유중생 여래도자 약유중생 여래도자
實 無 有 衆 生 如 來 度 者 若 有 衆 生 如 來 度 者

여래 즉유아인중생수자 수보리 여래설 유아자
如 來 卽 有 我 人 衆 生 壽 者 須 菩 提 如 來 說 有 我 者

즉비유아 이범부지인 이위유아 수보리 범부자
卽 非 有 我 而 凡 夫 之 人 以 爲 有 我 須 菩 提 凡 夫 者

여래설즉 비범부 시명범부
如 來 說 卽 非 凡 夫 是 名 凡 夫

○ 제이십육 법신비상분
第 二 十 六 法 身 非 相 分

수보리 어의운하 가이삼십이상 관여래부
須 菩 提 於 意 云 何 可 以 三 十 二 相 觀 如 來 不

수보리언 여시여시 이삼십이상 관여래 불언
須 菩 提 言 如 是 如 是 以 三 十 二 相 觀 如 來 佛 言

수보리 약이삼십이상 관여래자 전륜성왕
須 菩 提 若 以 三 十 二 相 觀 如 來 者 轉 輪 聖 王

즉시여래 수보리 백불언 세존 여아해불소설의
卽 是 如 來 須 菩 提 白 佛 言 世 尊 如 我 解 佛 所 說 義

○ 제이십오 분별없는 교화

수보리여! 그대 생각은 어떠한가? 그대들은 여래가, 나는 중생을 제도 하리라, 라는 생각을 한다고 말하지 말라. 수보리여! 이런 생각을 하지 말라. 왜냐하면 여래가 제도한 중생이 실제로는 없기 때문이다. 만일 여래가 제도한 중생이 있다면, 여래에게도 자아와 개아와 중생과 영혼이 있다는 집착이 있는 것이기 때문이다. 수보리여! 자아가 있다는 집착은 자아가 있다는 집착이 아니라고 여래는 설하였다. 그렇지만 범부들이 자아가 있다고 집착을 한다. 수보리여! 범부라는 것도 여래는 범부가 아니라고 설하셨느니라.

○ 제이십육 법신은 상이 아님

수보리여! 그대 생각은 어떠한가? 서른두 가지 신체적 특징으로 여래라고 볼 수 있는가? 수보리가 대답하였다. 그렇습니다, 그렇습니다. 서른두 가지 신체적 특징으로도 여래라고 볼 수 있습니다. 부처님께서 말씀하셨다. 수보리여! 서른두 가지 신체적 특징으로도 여래라고 볼 수 있다면 전륜성왕도 여래겠구나! 세존이시여! 제가 부처님께서 말씀하신 뜻을 이해하기로는, 서른두 가지

불응이삼십이상 관여래 이시세존 이설게언
不 應 以 三 十 二 相 觀 如 來 爾 時 世 尊 而 說 偈 言

약이색견아 이음성구아 시인행사도
若 以 色 見 我 以 音 聲 求 我 是 人 行 邪 道

불능견여래
不 能 見 如 來

○ 제이십칠 무단무멸분
第 二 十 七 無 斷 無 滅 分

수보리 여약작시념 여래 불이 구족상고
須 菩 提 如 若 作 是 念 如 來 不 以 具 足 相 故

득아뇩다라삼먁삼보리 수보리 막작시념
得 阿 耨 多 羅 三 藐 三 菩 提 須 菩 提 莫 作 是 念

여래불이구족상고 득아뇩다라삼먁삼보리
如 來 不 以 具 足 相 故 得 阿 耨 多 羅 三 藐 三 菩 提

수보리 여약작시념 발아뇩다라삼먁삼보리자
須 菩 提 汝 若 作 是 念 發 阿 耨 多 羅 三 藐 三 菩 提 者

설제법 단멸상 막작시념 하이고
說 諸 法 斷 滅 相 莫 作 是 念 何 以 故

발아뇩다라삼먁삼보리자 어법 불설단멸상
發 阿 耨 多 羅 三 藐 三 菩 提 者 於 法 不 說 斷 滅 相

○ 제이십팔 불수불탐분
第 二 十 八 不 受 不 貪 分

수보리 약보살 이만항하사등 세계칠보
須 菩 提 若 菩 薩 以 滿 恒 河 沙 等 世 界 七 寶

신체적 특징을 가지고는 여래를 볼 수가 없습니다. 그때 세존께서 게송으로 말씀하였다.
형색으로 나를 보거나 음성으로 나를 찾으면
삿된 길을 걸을 뿐 여래를 볼 수 없느니라.

○ 제이십칠 단멸이 아님

수보리여! 그대가 여래는 신체적 특징을 원만하게 갖추지 않았기 때문에 가장 높고 바른 깨달음을 얻은 것이다, 라고 생각한다면, 수보리여! 여래는 신체적 특징을 원만하게 갖추셨기 때문에 가장 높고 바른 깨달음을 얻는 것이다, 라고 생각하지 말라. 수보리여! 그대가 가장 높고 바른 깨달음의 마음을 낸 자는 법이 단절되고 소멸되어 버림을 주장한다, 라고 생각한다면, 이런 생각을 하지 말라. 왜냐하면 가장 높고 바른 깨달음의 마음을 낸 자는 법에 대하여 단절되고 소멸된다는 관념을 말하지 않기 때문이다.

○ 제이십팔 받지도 않고 탐내지도 아니함

수보리여! 보살이 항하의 모래 수만큼의 세계에

지용보시 약부유인 지일체법무아 득성어인
持 用 布 施 若 復 有 人 知 一 切 法 無 我 得 成 於 忍

차보살 승전보살 소득공덕 하이고 수보리
此 菩 薩 勝 前 菩 薩 所 得 功 德 何 以 故 須 菩 提

이제보살 불수복덕고 수보리 백불언 세존
以 諸 菩 薩 不 受 福 德 故 須 菩 提 白 佛 言 世 尊

운하보살 불수복덕 수보리 보살 소작복덕
云 何 菩 薩 不 受 福 德 須 菩 提 菩 薩 所 作 福 德

불응탐착 시고 설불수복덕
不 應 貪 着 是 故 說 不 受 福 德

○ 제이십구 위의적정분
第 二 十 九 威 儀 寂 靜 分

수보리 약유인 언 여래 약래 약거 약좌 약와
須 菩 提 若 有 人 言 如 來 若 來 若 去 若 坐 若 臥

시인 불해아소설의 하이고 여래자 무소종래
是 人 佛 解 我 所 說 義 何 以 故 如 來 者 無 所 從 來

역무소거 고 명여래
亦 無 所 去 故 名 如 來

○ 제삼십 일합리상분
第 三 十 一 合 理 相 分

수보리 약선남자 선여인 이삼천대천세계
須 菩 提 若 善 男 子 善 女 人 以 三 千 大 千 世 界

쇄위미진 어의운하 시미진중 영위다부
碎 爲 微 塵 於 意 云 何 是 微 塵 衆 寧 爲 多 不

칠보를 가득 채워 보시를 한다고 하자. 또 어떤
사람이 온갖 법이 없는 줄 알아서 확실한 지혜를
이룬다면. 이 보살의 공덕은 앞의 보살이 얻은
공덕보다 더 뛰어나느니라. 수보리여! 모든 보살
들은 복덕을 누리지 않기 때문이다. 수보리가 부
처님께 여쭈었다. 세존이시여! 어찌하여 보살이
복덕을 누리지 않습니까. 수보리여! 보살은 지은
복덕에 탐욕을 내거나 집착하지 않아야 하기 때
문에 복덕을 누리지 않는다고 설한 것이다.

○ 제이십구 태도가 적정함
수보리여! 어떤 사람이, 여래는 오기도 하고 가
기도 하며 앉기도 하고 눕기도 한다, 라고 말한
다면 그 사람은 내가 설한 뜻을 이해하지 못한
것이다. 왜냐하면 여래란 오는 것도 없고 가는
것도 없으므로 여래라고 말하기 때문이다.

○ 제삼십 하나에 합한 이치의 모양
수보리여! 선남자 선여인이 삼천대천세계를 부수
어 가는 티끌을 만든다면, 그대 생각은 어떠한
가? 이 티끌들이 진정 많겠는가? 매우 많습니
다, 세존이시여! 왜냐하면 티끌들이 실제로 있는
것이라면 여래께서는 티끌들이라고

수보리언 심다 세존 하이고 약시미진중
須菩提言 甚多 世尊 何以故 若是微塵衆

실유자 불즉불설 시미진중 소이자하
實有者 佛卽不說 是微塵衆 所以者何

불설미진중 즉비미진중 시명미진중 세존
佛說微塵衆 卽非微塵衆 是名微塵衆 世尊

여래소설 삼천대천세계 즉비세계 시명세계
如來所說 三千大千世界 卽非世界 是名世界

하이고 약세계 실유자 즉시일합상
何以故 若世界 實有者 卽是一合相

여래설일합상 즉비일합상 시명일합상
如來說一合相 卽非一合相 是名一合相

수보리일합상자 즉시불가설 단 범부지인
須菩提一合相者 卽是不可說 但 凡夫之人

탐착기사
貪着其事

○ 제삼십일 지견불생분
　　第三十一 知見不生分

수보리 약인언 불설아견인견중생견수자견
須菩提 若人言 佛說我肩人見衆生見壽者見

수보리 어의운하 시인 해아소설의부 불야
須菩提 於意云何 是人 解我所說義不 不也

세존 시인 불해여래소설 의 하이고 세존
世尊 是人 不解如來所說 義 何以故 世尊

설아견 인견 중생견
說我見 人見 衆生見

650 · 법요집

말씀하지 않으셨을 것이기 때문입니다. 그것은 여래께서 티끌들은 티끌들이 아니라고 설하셨으므로 티끌들이라고 말씀하신 까닭입니다. 세존이시여! 여래께서 말씀하신 삼천대천세계는 세계가 아니므로 세계라 말씀하십니다. 왜냐하면 세계가 실제로 있는 것이라면 한 덩어리로 뭉쳐진 것이겠지만, 여래께서 한 덩어리로 뭉쳐진 것은 한 덩어리로 뭉쳐진 것이 아니라고 설하셨으므로 한 덩어리로 뭉쳐진 것이라 말씀하셨기 때문입니다. 수보리여! 한 덩어리로 뭉쳐진 것은 말할 수가 없는 것인데 범부들이 그것을 탐내고 집착하느니라.

○ 제삼십일 지견을 내지 아니함

수보리여! 어떤 사람이, 여래가 아견, 인견, 중생견, 수자견을 설했다, 라고 말한다면, 수보리여! 그대 생각은 어떠한가? 이 사람은 내가 설한 뜻을 알았다 하겠는가? 아닙니다, 세존이시여! 그 사람은 여래께서 설한 뜻을 알지 못한 것입니다. 왜냐하면 세존께서는 자아가 있다는 견해와 개아가 있다는 견해와 중생이 있다는

수자견 즉비아견 인견 중생견 수자견
壽者見 卽非我見 人見 衆生見 壽者見

시명아견 인견 중생견 수자견 수보리
是名我肩 人見 衆生見 壽者見 須菩提

발아뇩다라삼보리심자 어일체법 응여시지
發阿耨多羅三菩提心者 於一切法 應如是知

여시견 여시신해 불생법상 수보리 소언법상자
如是見 如是信解 不生法相 須菩提 所言法相者

여래설 즉비법상 시명법상
如來說 卽非法相 是名法相

○ 제삼십이 응화비진분
第三十二 應化非眞分

수보리 약유인 이만무량아승기세계칠보
須菩提 若有人 以滿無量阿僧祇世界七寶

지용보시 약유선남자 선여인 발보리심자
持蓉布施 若有善男子 善女仁 發菩提心者

지어차경 내지 사구게등 수지독송 위인연설
持於此經 乃至 四句揭等 受持讀誦 爲人演漢

기복 승피 운하 위인연설 불취어상 여여부동
其福 勝彼 云何 爲人演說 不取於相 如如不動

견해와 영혼이 있다는 견해라고 말씀하셨기 때문입니다. 수보리여! 아뇩다라삼먁삼보리를 얻고자 하는 이는 일체법에 대하여 이와 같이 알고 이와 같이 보며 이와 같이 믿고 이해하며 법이라는 관념을 내지 않아야 한다. 수보리여! 법이라는 관념은 법이라는 관념이 아니라고 여래는 설하였으므로 법이라는 관념이라 말한다. 이와 같이 보아야 하며 이와 같이 믿고 이해해서 법이란 상을 일으키지 말아야 하느니라. 수보리여! 존재에 대한 상이란 여래께서는 존재에 대한 상이 아니고 그 이름이 존재에 대한 상이라고 말할 뿐이니라.

○ 제삼십이 모든 교화는 참이 아님

수보리여! 어떤 사람이 한량없는 아승기 세계에 칠보를 가득 채워 보시를 한다고 하자. 또 보살의 마음을 낸 어떤 선남자 선여인이 이 경을 지니되 사구게만이라도 받아 지니고 읽고 외워 다른 사람을 위해 연설해 준다고 하자. 그러면 이 복덕이 저 복보다 더 뛰어나다고 어떻게 남을 위해 설명해 줄 것인가? 설명해 준다는 관념에 집착하지 말고 흔들림 없이 설명해야 하느니라.

하이고 일체유위법 여몽환포영 여로역여전
何 以 故 一 切 有 爲 法 如 夢 幻 泡 影 如 露 亦 如 電

응작여시관 불설시경이 장로수보리 급제비구
應 作 如 是 觀 佛 說 是 經 已 長 老 須 菩 提 及 諸 比 丘

비구니 우바새 우바이 일체세간 천인 아수라
比 丘 尼 優 婆 塞 優 婆 夷 一 切 世 間 天 人 阿 須 羅

문불소설 개대환희 신수봉행
聞 佛 所 說 皆 大 歡 喜 信 受 奉 行

금강경 종
金 剛 經 終

왜냐하면 일체의 모든 유위법은 꿈과 허깨비, 물
거품, 그림자와 이슬과 번개 같으니 이렇게 관찰
할지라.
부처님께서 이 경을 다 설하시고 나니 수보리 장
로와 비구, 비구니, 우바새, 우바이와 모든 세상
의 천신과 인간과 아수라들이 부처님의 말씀을
듣고 매우 기뻐하며 믿고 받들어 행하였습니다.

금강경   끝

법성게 法性偈

법성원융무이상
法性圓融無二相

제법부동본래적
諸法不動本來寂

무명무상절일체
無名無相絶一切

증지소지비여경
證智所知非餘境

진성심심극미묘
眞性甚深極微妙

불수자성수연성
不守自性隨緣成

일중일체다중일
一中一切多中一

일즉일체다즉일
一即一切多即一

일미진중함시방
一微塵中含十方

일체진중역여시
一切塵中亦如是

무량원겁즉일념
無量遠劫即一念

일념즉시무량겁
一念即是無量劫

구세십세호상즉
九世十世互相即

잉불잡란격별성
仍不雜亂隔別成

초발심시변정각
初發心時便正覺

생사열반상공화
生死涅槃常共和

이사명연무분별
理事冥然無分別

십불보현대인경
十佛普賢大人境

능인해인삼매중
能仁海印三昧中

번출여의부사의
繁出如意不思議

우보익생만허공
雨寶益生滿虛空

중생수기득이익
衆生隨器得利益

시고행자환본제
是故行者還本際

파식망상필부득
叵息妄想必不得

무연선교착여의
無緣善巧捉如意

귀가수분득자량
歸嫁隨分得資糧

이다라니무진보
以陀羅尼無盡寶

장엄법계실보전
莊嚴法界實寶殿

궁좌실제중도상
窮坐實際中道床

구래부동명위불
舊來不動名爲佛

우리말 의상조사 법성게

모든것의 본래성품 원융하여 둘아니니 삼라만상
그대로가 본래부터 적멸이라 이름없고 모양없어
헤아려선 알수없고 깨달아야 알바로써 달리알수
없는경계 참된성품 깊고깊어 지극히도 미묘한데
자기성품 안지키니 인연따라 천태만상 하나중에
전부있고 많은중에 하나있어 하나가곧 전부이고
많은그것 곧하나라 한티끌속 가운데에 온우주를
머금었고 하나하나 티끌속도 살펴보니 그와같네
한량없는 긴세월은 한생각에 바탕이니 지금갖는
한생각이 무량한겁 그대로다 구세십세 달리없어
서로서로 의지해도 엄한질서 유지하여 자기모습
따로있네 처음발심 했을때가 다름아닌 정각이며
생사열반 두경계가 항상함께 화합하네 이와사의
이치깊어 분별할길 없는것이 열분부처 보현보살
대성인의 경계로다 부처님의 깨침바다 크신삼매
가운데서 뜻한대로 쏟아지니 불가사의 진리의법
보배비가 중생돕듯 저허공에 가득하여 중생들은
근기따라 이로움을 얻게되네 이렇거니 수행자여
근본마음 돌아가세 망상심을 아니쉬곤 얻을것이
분명없네 무연자비 선교방편 여의하게 어서얻어
본분가에 돌아가서 수분수력 큰힘얻세 다라니의
큰위신력 다함없는 보배로써 온법계를 장엄하여
보배궁전 세우고서 마지막엔 참된법인 중도상에
앉아보세 예전이나 지금이나 이름일러 부처라네

장엄염불 莊嚴念佛

원아진생무별념 아미타불독상수
願我盡生無別念　阿彌陀佛獨相隨

심심상계옥호광 염념불이금색상
心心常係玉毫光　念念不離金色相

아집염주법계관 허공위승무불관
我執念珠法界觀　虛空爲繩無不貫

평등사나무하처 관구서방아미타
平等舍那無何處　觀求西方阿彌陀

나무서방대교주 무량수　여래불
南無西方大敎主　無量壽　如來佛

나무아미타불 (열 번)

아미타불재하방 착득심두절막망 나무아미타불
阿彌陀佛在何方　着得心頭切莫忘　南無阿彌陀佛

염도염궁무념처 육문상방자금광 나무아미타불
念到念窮無念處　六門常放紫金光　南無阿彌陀佛

극락세계십종장엄
極樂世界十種莊嚴

법장서원 수인장엄 나무아미타불
法藏誓願　修因莊嚴　南無阿彌陀佛

사십팔원 원력장엄 나무아미타불
四十八願　願力莊嚴　南無阿彌陀佛

장엄염불

이 생명 다하도록 별 생각 않고 애오라지 아미타
불 따르오며 마음마다 옥호광명 늘 떠올리고 생
각마다 금빛 모습 늘 간직하네. 염주 잡고 법계
를 관하오니 허공으로 끈을 삼아 못 꿰는 것 없
고 평등한 노사나불 아니 계신 곳 없어 서방정토
아미타불 관하여 구하옵니다. 나무서방대교주
무량수여래불   나무아미타불 (열 번)

아미타불 부처님은 어느곳에 계시는가
마음속에 깊이새겨 한시라도 잊지말라
생각하고 생각하여 무념처럼 이룬다면
여섯분이 어느때나 금색광명 빛나리라.
                              나무아미타불

   극락세계 열 가지 장엄
법장비구 서원세워 인행닦아 장엄하고, 나무아미타불
마흔여덟 원력으로 정성다해 장엄하고, 나무아미타불

미타명호 수광장엄 나무아미타불
彌陀名號 壽光莊嚴 南無阿彌陀佛

삼대사관 보상장엄 나무아미타불
三大士觀 寶像莊嚴 南無阿彌陀佛

미타국토 안락장엄 나무아미타불
彌陀國土 安樂莊嚴 南無阿彌陀佛

보하청정 덕수장엄 나무아미타불
寶河淸淨 德水莊嚴 南無阿彌陀佛

보전여의 누각장엄 나무아미타불
寶殿如意 樓閣莊嚴 南無阿彌陀佛

주야장원 시분장엄 나무아미타불
晝夜長遠 時分莊嚴 南無阿彌陀佛

이십사락 정토장엄 나무아미타불
二十四樂 淨土莊嚴 南無阿彌陀佛

삼십종익 공덕장엄 나무아미타불
三十種益 功德莊嚴 南無阿彌陀佛

저승세계십대대왕
低崚世界十代大往

제일전에진광대왕 제이전에초강대왕
第一殿 秦廣大王 第二殿 初江大王

제삼전에송제대왕 제사전에오관대왕
第三殿 宋帝大王 第四殿 五官大王

제오전에염라대왕 제육전에변성대왕
第五殿 閻羅大王 第六殿 變成大王

아미타불 극락국토 안락으로 장엄하고, 나무아미타불

세분스승 큰성인네 보배상호 장엄하고, 나무아미타불

아미타불 청정국토 평화로써 장엄하고, 나무아미타불

보배강물 청정하여 공덕수로 장엄하고, 나무아미타불

여의주와 보배들로 누각궁전 장엄하고, 나무아미타불

낮과밤이 길고먼것 시분으로 장엄하고, 나무아미타불

스물네개 즐거움이 극락정토 장엄하고, 나무아미타불

서른가지 중생이익 공덕세계 장엄하고, 나무아미타불

저승세계 십대대왕

제일전에진광대왕	제이전에초강대왕
제삼전에송제대왕	제사전에오관대왕
제오전에염라대왕	제육전에변성대왕

제칠전에태산대왕
第七殿　　泰山大王

제팔전에평등대왕
第八殿　　平等大王

제구전에도시대왕
第九殿　　都是大王

제십전에전륜대왕
第十殿　　轉輪大王

나무아미타불
南無阿彌陀佛

미타인행사십팔원
彌陀因行四十八願

악취무명원
惡趣無名願

무타악도원
無墮惡道願

동진금색원
同眞金色願

형모무차원
形貌無差願

성취숙명원
成就淑命願

생획천안원
生獲天眼願

생획천이원
生獲天耳願

실지심행원
悉知心行願

신족초월원
神足超月願

정무아상원
淨無我想願

결정정각원
決定正覺願

광명보조원
光明普照願

수량무궁원
壽量無窮願

성문무수원
聲聞無數願

중생장수원
衆生長壽願

개획선명원
皆獲善名願

제불칭찬원
諸佛稱讚願

십념왕생원
十念往生願

임종현전원
臨終現前願

회향개생원
回向皆生願

구족묘상원
具足妙相願

함계보처원
咸階補處願

신공타방원
晨供他方願

소수만족원
所須滿足願

제칠전에태산대왕   제팔전에평등대왕
제구전에도시대왕   제십전에전륜대왕

나무아미타불

아미타불 보살행 당시 사십팔원
악취의 이름이 없어지길 바라는 원, 악도에 떨어지는 사람이 없길 바라는 원, 모두 같이 금색 빛이 나길 바라는 원, 한결같은 모습으로 차별이 없길 바라는 원, 숙명통을 성취하기 바라는 원, 천이통을 얻기를 바라는 원, 타심통을 얻기를 바라는 원, 신족통을 얻기를 바라는 원, 나라는 생각이 없기를 바라는 원, 정각이 되기를 바라는 원, 광명이 두루 비치길 바라는 원, 수명이 한량없길 바라는 원, 성문들이 무수히 많기를 바라는 원, 중생마다 장수하길 바라는 원, 모두 다 좋은 이름 얻기를 바라는 원, 모든 부처님이 칭찬하길 바라는 원, 열 번의 염불로 왕생하길 바라는 원, 임종할 때 아미타불 나타나길 바라는 원, 모든 극락세계에 왕생하도록 회향하기 바라는 원, 미묘한 상호 갖추기를 바라는 원, 단계를 뛰어넘어 보처에 오르기 바라는 원, 새벽마다 시방의 부처님께 공양 올리기 바라는 원, 모든 것이 만족하기 바라는 원, 근본지 보리수 보고 깨달음을 바라는 원,

선입본지원 나라연역원 장엄무량원
善入本智願 那羅延力願 莊嚴無量願

보수실지원 획승변재원 대변무변원
寶樹悉知願 獲勝辯才願 大辯無邊願

국정보조원 무량승음원 몽광안락원
國淨普照願 無量勝音願 蒙光安樂願

성취총지원 영리여신원 문명지과원
成就總持願 永離女身願 聞名至果願

천인경례원 수의수념원 자생심정원
天人敬禮願 須衣隨念願 纔生心淨願

수현불찰원 무제근결원 현증등지원
樹現佛刹願 無諸根缺願 現證等持願

문생호귀원 구족선근원 공불견고원
聞生豪貴願 具足善根願 供佛見固願

욕문자문원 보리무퇴원 현획인지원
欲聞自聞願 菩提無退願 現獲忍地願

나무아미타불
南無阿彌陀佛

제불보살십종대은
諸佛菩薩十種大恩

발심보피은 난행고행은
發心普被恩 難行苦行恩

일향위타은 수형육도은
一向爲他恩 隨形六途恩

훌륭한 변재를 잘 얻기를 바라는 원, 부서지지 않는 몸 얻기를 바라는 원, 장엄이 한량없기를 바라는 원, 보리수를 모두가 알기를 바라는 원, 거룩한 설법이 한량없기를 바라는 원, 국토가 청정하여 두루 비치길 바라는 원, 거룩한 음성이 한량없기를 바라는 원, 광명을 받아 안락 얻기를 바라는 원, 생멸이 없는 진리를 성취하기를 바라는 원, 여자의 몸 영원히 여의기 바라는 원, 미타불 이름을 듣고 불과를 얻기 바라는 원, 천인들이 공경하고 예배하기 바라는 원, 생각대로 옷이 되어 입혀지길 바라는 원, 마음이 조촐해지길 바라는 원, 보리수 보고 불국토 보길 바라는 원, 육근이 갖추어지길 바라는 원, 모두 같이 해탈 얻기를 바라는 원, 훌륭하고 귀한 몸 받기 바라는 원, 선근 갖추기 바라는 원, 모두 다 부처님을 지성으로 받들기 바라는 원, 모두 다 마음대로 법문 듣기 바라는 원, 모두 다 보리에서 물러서지 않기 바라는 원, 생사 없는 진리 얻기 바라는 원.

나무아미타불

　　불보살님의 열 가지 큰 은혜
발심하여 중생에게 두루 주신 끝없는 은혜
난행과 고행을 닦으신 은혜
한결같이 남을 위해 보살행을 닦은 은혜

육도의 중생들 형상 따라 여러 모습을 보이신 은혜

수축중생은　　　　대비심중은
隨逐衆生恩　　　　大悲深重恩

은승창열은　　　　위실시권은
隱勝彰劣恩　　　　爲實示權恩

시멸생선은　　　　비념무진은　　나무아미타불
示滅生善恩　　　　悲念無盡恩　　南無阿彌陀佛

　　　　보현보살십종대은
　　　　普現菩薩十種大恩

예경제불원　　　　칭찬여래원
禮敬諸佛願　　　　稱讚如來願

광수공양원　　　　참제업장원
廣修供養願　　　　懺除業障願

수희공덕원　　　　청전법륜원
隨喜功德願　　　　請轉法輪願

청불주세원　　　　상수불학원
請佛住世願　　　　常隨佛學願

항순중생원　　　　보개회향원　　나무아미타불
恒順衆生願　　　　普皆回向願　　南無阿彌陀佛

중생들의 근기에 따라 끊임없이 애쓴 은혜
대비심을 베풀어 거두어주신 깊고 깊은 은혜
뛰어난 모습 숨기시고 낮은 모습 보이신 은혜
참된 실상을 위해서 방편을 보이신 은혜
열반하는 모습 보이시어 선한 마음 발심케 하신
은혜
중생들을 향한 자비와 생각이 다함없는 은혜
나무아미타불

보현보살의 열 가지 큰 원력
모든 부처님께 예경하기 바라는 원
여래를 찬탄하길 바라는 원
공양행을 널리 닦고 두루 닦기 바라는 원
참회하여 모든 업장 없어지기 바라는 원
부처님의 공덕을 함께 기뻐하기 바라는 원
법륜을 굴려주기를 청하기 바라는 원
부처님께서 세간에 머무시길 청하기 바라는 원
항상 부처님을 따라 배우기를 바라는 원
항상 중생들에게 수순하기를 바라는 원
두루 널리 회향하기 바라는 원
나무아미타불

석가여래팔상성도
釋迦如來八相成道

도솔내의상   **비람강생상**
兜率來儀相   毘藍降生相

사문유관상   **유성출가상**
四門遊觀相   踰城出家相

설산수도상   **수하항마상**
雪山修道相   樹下降魔相

녹원전법상   **쌍림열반상**
鹿苑轉法相   雙林涅槃相

나무아미타불
南無阿彌陀佛

다생부모십종대은
多生父母十種大恩

회탐수호은   **임산수고은**
懷耽守護恩   臨産受苦恩

생자망우은   **연고토감은**
生子忘憂恩   咽苦吐甘恩

회건취습은   **유포양육은**
廻乾就濕恩   乳哺養育恩

세탁부정은   **원행억념은**
洗濯不淨恩   遠行憶念恩

위조악업은   **구경연민은**
爲造惡業恩   究竟憐愍恩

나무아미타불
南無阿彌陀佛

석가모니불께서 도를 이루는 모습
도솔천에서 흰 코끼리를 타고 마야부인 태중에 드는 모습
비람에서 탄생하사 사자후를 하는 모습
사대문 밖 삶의 실상을 깊이 느껴가는 모습
성을 넘고 궁을 떠나 월장 출가하는 모습
설산에서 고행하고 선정행을 닦는 모습
보리수 아래에 앉으시어 깨달음을 여는 모습
녹원에서 오비구에게 최초로 설법하는 모습
사라쌍수 아래에서 대 열반에 드는 모습

　　　　　　　　　　　　　　　나무아미타불

　　부모님의 열 가지 큰 은혜
태에 품어 지켜주고 보호하여 주신 은혜
낳으실 때 여러 가지 극심한 고통받은 은혜
아기 낳고 온갖 시름 모조리 다 잊은 은혜
쓴 것 단 것 골라가며 사랑으로 채운 은혜
젖은자리 마른자리 갈아가며 뉘신 은혜
젖 먹여서 기르시고 가르치신 은혜
똥 오줌도 마다 않고 갈아주고 씻긴 은혜
멀리가면 올 때까지 걱정하며 애쓴 은혜
자식을 위해 몹쓸 짓도 마다하지 않은 은혜
숨 거두는 그 날까지 사랑하는 은혜

　　　　　　　　　　　　　　　나무아미타불

오종대은명심불망
五種大恩銘心不忘

각안기소국왕지은
各安其所國王之恩

생양구로부모지은
生養勤勞父母之恩

유통정법사장지은
流痛正法師長之恩

사사공양단월지은
四事供養壇越之恩

탁마상성붕우지은
琢磨相成朋友之恩

당가위보유차염불
當可爲報唯此念佛

나무아미타불
南無阿彌陀佛

고성염불십종공덕
高聲念佛十種功德

일자공덕능배수면
一者功德能排睡眠

이자공덕천마경포
二者功德天魔驚怖

삼자공덕성변시방
三者功德聲遍十方

사자공덕삼도식고
四者功德三途息苦

오자공덕외성불입
五者功德外聲不入

육자공덕염심불산
六者功德念心不散

칠자공덕용맹정진
七者功德勇猛精進

팔자공덕제불환희
八者功德諸佛歡喜

구자공덕삼매현전
九者功德三昧現前

십자공덕왕생정토
十者功德往生淨土

나무아미타불
南無阿彌陀佛

다섯 가지 큰 은혜
나라를 편케 하여 잘 살게 한 국왕 은혜
낳으시고 기르시며 고생하신 부모 은혜
정법을 전해 주신 스승님의 크신 은혜
의식주의 어려움을 덜어주는 시주 은혜
갈고 닦고 이끌어서 성공케 한 친구 은혜를
갚기 위해서 일념으로 염불하네

　　　　　　　　　　　　　　　나무아미타불

　　높은 소리로 염불하는 열 가지 공덕
첫째 졸음을 없애주는 공덕
둘째 천마들이 달아나는 공덕
셋째 시방에 염불소리 두루하는 공덕
넷째 삼악도의 중생들이 고통에서 쉴 수 있는 공덕
다섯째 바깥소리 들어오지 못하는 공덕
여섯째 염불의 마음이 산란되지 않는 공덕
일곱째 용맹정진 이루어가는 공덕
여덟째 모든 부처님께서 환희하시는 공덕
아홉째 삼매가 현전하는 공덕
열째 정토세계 왕생하는 공덕

　　　　　　　　　　　　　　　나무아미타불

청산첩첩미타굴 창해망망적멸궁
靑 山 疊 疊 彌 陀 窟 　　蒼 海 茫 茫 寂 滅 宮

물물염내무괘애 기간송정학두홍 나무아미타불
物 物 捻 來 無 罣 碍 　　幾 看 松 亭 鶴 頭 紅 　南 無 阿 彌 陀 佛

극락당전만월용 옥호금색조허공
極 樂 堂 前 滿 月 容 　　玉 毫 金 色 照 虛 空

약인일념칭명호 경각원성무량공 나무아미타불
若 人 一 念 稱 名 號 　　頃 刻 圓 成 無 量 功 　南 無 阿 彌 陀 佛

시방세계역무비 세간소유아진견
十 方 世 界 亦 無 比 　　世 間 所 有 我 盡 見

일체무유여불자 찰진심념가수지 나무아미타불
一 切 無 有 如 佛 子 　　刹 塵 心 念 可 數 知 　南 無 阿 彌 陀 佛

십념왕생원 왕생극락원
十 念 往 生 願 　　　　往 生 極 樂 願

상품상생원 광도중생원 나무아미타불
上 品 上 生 願 　　　　廣 度 衆 生 願 　南 無 阿 彌 陀 佛

원공법계제중생 동입미타대원해
願 共 法 界 諸 衆 生 　　同 入 彌 陀 大 願 海

진미래제도중생 자타일시성불도 나무아미타불
盡 未 來 除 度 衆 生 　　自 他 一 時 成 佛 道 　南 無 阿 彌 陀 佛

나무서방정토 극락세계 삼십육만억 일십일만
南 無 西 方 淨 土 　極 樂 世 界 　三 十 六 萬 億 　一 十 一 萬

구천오백 동명동호 대자대비 아미타불
九 千 五 百 　同 名 東 號 　大 慈 大 悲 　阿 彌 陀 佛

겹겹으로 푸른산은 아미타불 법당이요 아득하게 넓
은바다 적멸보궁 도량이라 세상사 모든것 마음에 구애
받지 아니하고 소나무의 머리붉은 학을 몇 번이나 보았는가
나무아미타불

극락세계 적멸보궁 만월같은 아미타불 금빛의몸 백
호광명 온누리를 비추시네 누구든지 아미타불 일념
으로 부르오면 찰나간에 무량공덕 뚜렷하게 이루리라
나무아미타불

시방세계 둘러봐도 비길자가 전혀없고 이세상의 모
든것을 남김없이 살펴봐도 부처님을 따를자가 천지
간에 하나없네 시방세계 모든먼지 몇개인가 헤아리고
나무아미타불

열번불러 가서나리   극락정토 가서나리
상품상생 가서나리   모든중생 가서나리
나무아미타불

원하노니 시방법계 한량없는 모든중생 아미타불 원력
바다 모두함께 들어가서 미래세가 다하도록 모든중생
제도하고 너도나도 모두함께 무상불도 이루리라.
나무아미타불

서방정토 극락세계 항상계신 삼십육만억 일십일만
구천오백 동명동호 대자대비 아미타 부처님께 지심

나무서방정토 극락세계 불신장광 상호무변 금
南無西方淨土 極樂世界 佛身長廣 相好無變 金

색광명 변조법계 사십팔원 도탈중생 불가설
色光明 邊照法界 四十八願 度脫衆生 不可說

불가설전 불가설 항하사불찰 미진수 도마죽위
不可說轉 不可說 恒河沙佛刹 微塵數 稻麻竹葦

무한극수 삼백육십만억 일십일만 구천오백 동
無限極數 三百六十萬億 一十一萬 九千五百 同

명동호 대자대비 아등도사 금색여래 아미타불
名同號 大慈大悲 我等導師 金色如來 阿彌陀佛

나무문수보살 나무보현보살 나무관세음보살 나
南無文殊菩薩 南無普賢菩薩 南無觀世音菩薩 南

무대세지보살 나무금강장보살 나무제장애보살
無大勢至菩薩 南無金剛藏菩薩 南無除障碍菩薩

나무미륵보살 나무지장보살 나무일체청정대
南無彌勒菩薩 南無地藏菩薩 南無一切淸淨大

해중보살마하살 원공법계제중생 동입미타대원
海衆菩薩摩訶薩 願共法界諸衆生 同入彌陀大願

해 시방삼세불 아미타제일 구품도중생 위덕무궁
海 十方三世佛 阿彌陀第一 九品道衆生 威德無窮

극 아금대귀의 참회삼업죄 범유제복선 지심용회
極 我今大歸依 懺悔三業罪 凡有諸福善 至心用回

향 원동염불인 진생극락국 견불요생사 여불
向 願同念佛人 盡生極樂國 見佛了生死 如佛

귀의 하옵니다. 서방정토 극락세계 장엄하신 부처
님몸 한량없는 상호로 금빛광명 비추시어 온세상을
밝히시고 사십팔원 세우시어 모든중생 구제하신
크나크신 깊은은혜 헤아리기 어려웁고 한량없는
불국정토 말로서는 셀수없는 미진수의 부처세계
대숲같은 무한극수 마지막의 끝자리에 삼십육만억
일십일만 구천오백분의 동명동호 대자대비 우리들의
큰스승인 아미타 부처님께 지심귀의 하옵니다.
나무문수보살 나무보현보살 나무관세음보살 나무
금강장보살 나무제장애보살 나무미륵보살 나무지
장보살 나무일체청정대해중보살마하살
원하오니 시방법계 한량없는 모든중생 아미타불
원력바다 모두함께 들어가리다 시방삼세 부처님중
아미타불 제일이니 구품대로 이끄시는 위덕또한
다함없네 제가지금 삼업의죄 참회하고 모든복덕
극락세계 모두나서 부처뵙고 생사깨쳐 중생제도
하사이다 이내목숨 다할때에 온갖장애 사라지고

도일체 원아임욕명종시 진제일체제장애 면견피불
度 一 切　願 我 臨 欲 命 終 時　盡 除 一 切 諸 障 碍　面 見 彼 佛

아미타 즉득왕생안락찰
阿 彌 陀　卽 得 往 生 安 樂 刹

원이차공덕　보급어일체　아등여중생
願 以 此 功 德　普 及 於 一 切　我 等 與 衆 生

당생극락국　동견무량수　개공성불도
當 生 極 樂 國　同 見 無 量 壽　皆 共 成 佛 道

모든선을 지심회향 하나이다 원하오니 염불행자
아미타불 뵙는즉시 안락국에 왕생하리.
원하오니 이공덕이 모두에게 두루미쳐 저희들과
중생들이 극락세계 태어나서 무량수불 함께뵙고
모두성불 하여지이다.

보통 둘째 날 입관식을 할 때 하는 의식으로 의식 절차에 맞춰서 염습을 진행하여야 하나, 장례식장마다 조금씩 다르고 현실적으로 안 지켜지는 경우가 많다. 상황에 따라 대처해야 하며 목욕편부터 집전해도 무방하다. 목욕편 뒤에는 시간에 맞게 적합한 진언을 염송한다.

거 불
擧 佛

나무 극락도사 아미타불
南無 極樂導師 阿彌陀佛

나무 관음세지 양대보살
南無 觀音勢至 兩大菩薩

나무 접인망령 인로왕보살
南無 接引亡靈 引路王菩薩

청 혼
請 魂

거 사바세계 차사천하 남섬부주 동양
據 娑婆世界 此四天下 南贍部州 東洋

대한민국 주소 ○○○장례식장 ○○결계도량
大韓民國 住所   葬禮式場   結界道場

금차 지극지정성 장례봉청 재자 (주소) 행효자
今此 至極至精誠 葬禮奉請 齋者 住所 行孝子

○○○복위 신원적 선엄부(자모) ○○○영가
伏爲 神圓寂 先嚴夫慈母   靈駕

영가위주 상서선망부모 다생사장 원근친족
靈駕爲主 上逝先亡父母 多生師長 遠近親族

각열위열명영가
各列位列名靈駕

염습 - 둘째날

보통 둘째 날 입관식을 할 때 하는 의식으로 의식 절차에 맞춰서 염습을 진행하여야 하나, 장례식장마다 조금씩 다르고 현실적으로 안 지켜지는 경우가 많다. 상황에 따라 대처해야 하며 목욕편부터 집전해도 무방하다. 목욕편 뒤에는 시간에 맞게 적합한 진언을 염송한다.

불명을 칭하며 가피를 구함

극락도사 아미타부처님께 귀의합니다.

관음세지 양대보살님께 귀의합니다.

접인망령 인로왕보살님께 귀의합니다.

장례식장으로 영가를 부름

사바세계 남섬부주 동양 대한민국 (주소) 장례식장 결계도량에서 오늘 정성 받들어 초상재자는 (주소) 거주하는 행효자(○○○) 등이 엎드려 부르옵나니, 신원적 ○○○영가시여, 영가를 중심으로 지난 세상 먼저 돌아가신 부모님, 다생의 스승님과 원근 친척 등 영가들이시여,

차 장례식장 내외 동상동하 일체 유주무주
此 葬 禮 式 場 内 外 洞 上 洞 下 一 切 有 主 無 主

고혼불자등 각열위열명영가
孤 魂 佛 子 等 各 列 位 列 名 靈 駕

착 어
着 語

영명성각묘난사
靈 明 性 覺 妙 難 思

월타추담계영한
月 墮 秋 潭 桂 影 寒

금탁수성개각로
金 鐸 數 聲 開 覺 路

잠사진계하향단
暫 辭 眞 界 下 香 壇

송 경
頌 經

신원적 ○○○영가 아금경설제설법 지심제청
新 圓 寂 靈 駕 我 今 敬 說 諸 說 法 至 心 諦 聽

지심제수
至 心 諦 受

천 수 경 云云
千 手 經

수위안좌진언
受 位 安 座 眞 言

옴 마니 군다니 훔훔 사바하 (세 번)

이 장례식장 안과 밖, 마을의 위와 아래, 주인 있고 주인 없는 외로운 영혼들 모든 영가들이시여.

영가에게 이르는 법어

신령스럽게 밝은 상태로써 깨달음은 오묘하며 생각하기 어려웁고 달이 가을 연못에 떨어지자 계수나무 그림자가 차갑구나. ♧ ♧ ♧ 요령 목탁 소리로 청정한 믿음을 전하노니 참된 세계로 물러나 향기로운 단에 오르소서.

영가에게 이르는 송경

청하여 모신 ○○○ 영가시여, 자비로운 빛 비추는 곳에 연꽃이 피고 지혜의 눈으로 볼 때 지옥이 비춰지니 또한 천수대비주의 신통 자재한 위신력으로 중생의 성불 찰나간이라, 천수 일편 들려 드리오니 지극한 마음으로 받으소서.

천 수 경 운운

수위안좌 진언

옴 마니 군다니 훔훔 사바하 (세 번)

이 발
理 髮

🔔 신원적 ○○○영가
　　新 圓 寂　　　靈 駕

생종하처래 사향하처거 생야일편부운기
生 從 何 處 來　死 向 何 處 去　生 也 一 片 浮 雲 起

사야일편부운멸 부운자체본무실
死 也 一 片 浮 雲 滅　浮 雲 自 體 本 無 實

생사거래역여연 독유일물상독로
生 死 去 來 亦 如 然　獨 有 一 物 常 獨 露

담연불수어생사 ○○○영가 환회득
湛 然 不 隨 於 生 死　　　　靈 駕　還 會 得

담연저일물마 화탕풍요천지괴
湛 然 低 一 物 麼　火 湯 風 搖 天 之 壞

요요장재백운간 금자리발 십사번뇌 하유부기
蓼 蓼 長 在 白 雲 間　今 玆 理 髮　十 使 煩 惱　何 由 復 起

일편백운횡곡구 기다귀조진미소
一 片 白 雲 橫 谷 口　幾 多 歸 鳥 盡 迷 巢

목 욕
沐 浴

🔔 신원적 ○○○영가
　　新 圓 寂　　　靈 駕

약인욕식불경계　당정기의여허공
若 人 欲 識 佛 境 界　當 淨 其 意 如 虛 空

머리를 깎고 감긴다

🔔 신원적 ○○○ 영가시여,

이 세상에 오실 때는 온 곳이 어디이며 이 세상을 떠날 때는 어디로 가는가. 태어남은 한 조각 구름이 모임이요, 죽음이란 한 조각 구름이 사라짐이니 나고 죽는 인생사 그와 같도다. 그중에도 오직 한 물건이 담연히 생사를 따르지 않는 것이 있으니, ○○○영가시여, 이 담연한 물건을 아시는가. 불길이 타오르고 바람이 불어 천지가 무너져도 고요히 한 구름 사이에 길이 있음이니 이제 머리를 깎고 무명을 끊으니 열 가지 번뇌가 어찌 다시 일어나리오. 흰 구름이 골짜기에 서리니 몇 마리 새들이 둥지를 잃고 얼마나 방황하였을까.

몸을 씻긴다

🔔 신원적 ○○○ 영가시여,

경에 말씀하시기를 만약 부처님의 경계를 알고자 한다면 마땅히 마음을 맑게 하여 허공 같이 하라.

원리망상급제취　　영심소향개무애
遠　離　妄　想　及　諸　趣　　令　心　所　向　皆　無　碍

○○○영가 환당정기의 여허공마 기혹미연
靈　駕　還　當　淨　其　意　如　虛　空　麼　其　惑　未　然

갱청주각 차 정각지성 상지제불 하지육범
更　聽　註　脚　此　正　覺　之　性　上　至　諸　佛　下　至　六　凡

일일당당 일일구족 진진상통 물물상현
一　一　當　當　一　一　具　足　塵　塵　上　通　物　物　上　現

부대수성 요요명명(🔔🔔🔔) 환견마(🔔🔔🔔)
不　待　修　成　了　了　明　明　　　　　　還　見　麼

환문마 기요요견 기역력문 필경시개심마
還　聞　麼　既　了　了　見　既　歷　歷　聞　畢　竟　是　個　甚　麼

불면유여정만월 역여천일방광명 금자목욕
佛　面　猶　如　淨　滿　月　亦　如　千　日　放　光　明　今　玆　沐　浴

환망진구 획득금강 불괴지신
幻　忘　塵　垢　獲　得　金　剛　不　壞　之　身

청정법신무내외 거래생사일진상
淸　淨　法　身　無　內　外　去　來　生　死　一　眞　常

십 념
十　念

청정법신비로자나불　　원만보신노사나불
淸　淨　法　身　毘　盧　遮　那　佛　　圓　滿　報　身　盧　舍　那　佛

천백억화신석가모니불　구품도사아미타불
千　百　億　化　身　釋　迦　牟　尼　佛　九　品　導　師　阿　彌　陀　佛

망상과 번뇌를 모두 여의면 마음이 향하는 곳 걸림이 없게 되리라 하셨나이다.

신원적 ○○○영가시여, 마음을 허공과 같이 맑게 하셨습니까? 만약 그렇게 못하였다면 다시 자세하게 설명을 드리리다. 이 정각의 성품은 위로는 삼세의 모든 부처님으로부터 아래로는 육도의 일체 범부들까지 당당하고 구족하며 티끌마다 통하고 물건마다 나타나 닦지 아니하고는 본래 맑고 밝습니다. 이 요령을 보시고 ♧♧♧ (흔들고 잠시 침묵) ♧♧♧ (한 번 더 흔들고 잠시 침묵) 들으셨습니까? 똑똑히 보고 들으셨으면 이것이 무엇입니까? 위없는 부처님은 맑은 보름달과 같고 또한 일천 해가 빛을 품음과 같습니다. 이제 허망하고 거짓된 때를 씻으니 금강처럼 무너지지 않는 몸을 얻었습니다. 청정하온 법신은 안과 밖이 없으니 나고 죽고 오고감이 한결같은 진상입니다.

십 념
청정법신비로자나불   원만보신노사나불
천백억화신석가모니불   구품도사아미타불

당래하생미륵존불
當來下生彌勒尊佛

시방삼세일체제불
十方三世一切諸佛

시방삼세일체존법
十方三世一切尊法

대지문수사리보살
大智文殊師利菩薩

대행보현보살
大行普賢菩薩

대비관세음보살
大悲觀世音菩薩

대원본존지장보살
大願本尊地藏菩薩

제존보살마하살
諸尊菩薩摩訶薩

마하반야바라밀
摩訶般若波羅蜜

세　수
洗　手

🔔 신원적 　○○○영가
新圓寂　　　　靈駕

내무소래 여낭월지영현천강 거무소거
內無所來　如朗月之影現千江　去無所去

사징공이형분제찰 　○○○영가 사대각리여몽중
似澄空而形分諸刹　　靈駕　四大各離如夢中

육진심식본래공 욕식불조회광처
六塵心識本來空　欲識佛祖回光處

일락서산월출동 금자세수 취리분명 시방불법
日落西山月出東　今玆洗手　取理分明　十方佛法

교연장내 만목청산 무촌수 현애살수장부아
皎然掌內　滿目青山　無寸樹　懸崖撒手丈夫兒

당래하생미륵존불   시방삼세일체제불
시방삼세일체존법   대지문수사리보살
대행보현보살   대비관세음보살
대원본존지장보살   제존보살마하살
마하반야바라밀

손을 씻긴다

🔔 신원적 ○○○영가
　　新聞寂　　　靈駕

온다는 것도 온 자취가 없으니 달 그림자 강물에
비친 것과 같고 가도 가는 곳이 없으니 허공이 온
누리에 흩어 나툼과 같아라. ○○○영가시여, 사대
가 제각기 흩어지니 꿈결과 같고 육진과 심식이
본래 비었습니다. 부처님과 조사의 뜻을 알고자
하십니까? 해가 서산으로 지니 동쪽에서 뜨는 것
입니다. 이제 손을 씻어 이 도리를 분명하게 알아
시방세계의 불법이 두 손 안에 소상하실 겁니다.
○○○영가시여, 눈앞에 청산이 가득하여도 한 그
루의 나무조차 얻을 길 없는데 천길 벼랑 끝에 매
달린 손을 놓아야 대장부이고 여장부입니다.

세 족 (洗 足)

🔔 신원적(新圓寂) ○○○영가(靈駕)

생시적적불수생(生時的的不隨生) 사거당당불수사(死去當當不隨死)

생사거래무간섭(生死去來無干涉) 정체당당재목전(正體當當在目前) 금자세족(今玆洗足)

만행원성(萬行圓成) 일거일보(一擧一步) 초등법운(超登法雲) 단능일념귀무념(但能一念歸無念)

고보비로정상행(高步毘盧頂上行)

착 군 (着 裙)

🔔 신원적(新圓寂) ○○○영가(靈駕)

사대성시(四大成時) 저(這) 일점영명(一點靈明) 불수성(不隨成) 사대괴시(四大壞時) 저(這)

원친숙업금하재(冤親宿業今何在) 금기부재멱무종(今旣不在覓無蹤)

탄연무애약허공(坦然無碍若虛空) ○○○영가(靈駕) 찰찰진진개묘체(刹刹塵塵皆妙體)

두두물물총가옹(頭頭物物摠家翁) 금자착군(今玆着裙) 정호근문(淨護根門) 참괴장엄(慚壞莊嚴)

초증보리(超證菩提) 약득인언달근본(若得因言達根本) 육진원아일영광(六塵元我一靈光)

발을 씻긴다

🔔 신원적 ○○○ 영가시여,

옛 어른 말씀에 태어날 때 밝고 맑아 남을 따르지 않고 죽을 때에 당당하게 죽음을 따르지 않으니 생사의 오가는 길에 걸림이 없나니 정체가 당당하여 언제나 눈앞이라 하셨습니다. ○○○영가시여, 이제 발을 씻으니 만행이 뚜렷해지고 한 걸음 한 걸음 법운지를 향하여 뛰어 오르게 되었습니다. ○○○영가시여, 다시 한 생각을 돌이켜 무념의 경지로 돌아가면 비로자나불의 정수리를 지나 최상의 열반경에 도달하게 되오리다.

속옷을 입힌다

🔔 신원적 ○○○영가시여,

신령스런 성품은 사대육신을 따라서 이루어지지 않았으나 육신이 무너질 때 또한 무너지는 것이 아닙니다. ○○○영가시여, 지금까지의 모든 관념 버리시고 법신의 높은 경지를 향하여 눈을 돌리시옵소서. 삼라만상이 만약 이 말씀 따라 근본을 깨달으면 보고 듣는 경계들이 그대로 신령스런 속옷을 입으시니 육근의 몸을 발돋움 하옵소서.

착의 (着衣)

🔔 신원적(新圓寂) ○○○영가(靈駕)

내시시하물 거시시하물 내시거시 본무일물
來時是何物 去時是何物 來時去時 本無一物

욕식명명진주처 청천백운만리통 금자착의
欲識明明眞住處 靑天白雲萬里通 今玆着衣

엄비형예 여래유인 시아원상
掩庇形穢 如來柔忍 是我元常

아사득견연등불 다겁증위인욕선
我師得見燃燈佛 多劫曾爲忍辱仙

해탈주 (解脫呪)

나무동방 해탈주세계 허공공덕 청정미진
南無東方 解脫呪世界 虛空功德 淸淨微塵

등목단정 공덕상 광명화파두마 유리광보체상
等目端正 功德相 光明華波頭摩 琉璃光寶體相

최상향 공양흘 종종장엄정계 무량무변
最上香 供養訖 種種莊嚴頂髻 無量無邊

일월광명 원력장엄 변화장엄 법계출생
日月光明 願力莊嚴 變化莊嚴 法界出生

무장애왕 여래 아라하삼먁삼불타
無障碍王 如來 阿羅訶三藐三佛陀

겉옷을 입힌다

🔔 신원적 ○○○영가시여,

이 세상에 오실 때는 무엇으로 왔으며 저 세상에
가실 때는 무엇으로 가는가. 오실 때나 가실 때
나 같은 것은 없는 것을. 이 한 물건의 도리를
아십니까. 금일 신원적 ○○○ 영가시여, 푸른
하늘에 흰 구름만 가득합니다. 이제 겉옷을 입
혀드리니 남루한 몸을 석가 세존께서도 연등불
을 뵈온 이래로 다겁생을 인욕 선인의 수행을
닦으셨습니다.

해탈로 이끄는 주문

동방해탈주의 세계에 귀의하노니 허공 공덕 미진
수 같이 청정하고 눈 같이 단정한 공덕의 모습
광명의 꽃 파두마(붉은연꽃) 유리광명의 보배 몸
같은 모습 최상의 향기로 공양하시고 가지가지로
정수리를 장엄하며 무량무변한 일월의 광명 같은
원력으로 장엄하시고 변화로 장엄하신 법계에 나
투신 걸림 없는 왕이며 여래아라한이신 위없는
한 물건의 정체를 알겠습니까?

착관
着冠

🔔 신원적 ○○○ 영가
新圓寂　　　　靈駕

견문여환예 삼계약공화 문복예근제
見聞如幻翳　三界若空華　聞復翳根除

진소각원정 정극광통달 적조함허공
塵消覺圓淨　淨極光通達　寂照含虛空

각래관세간 유여몽중사 금자착관 최상정문
却來觀世間　猶如夢中事　今玆着冠　最上頂門

수능엄삼매 천성공유 인지법행심불퇴
首楞嚴三昧　千聖共由　因地法行心不退

종등등묘야무의
終燈等妙也無疑

능엄주
楞嚴呪

나무대불정 여래밀인 수증요의제보살만행
南無大佛頂　如來密因　修證了義諸菩薩萬行

수능엄신주
首楞嚴神呪

다냐타 옴 아나례 비사제 비라 바아라다리

반다반다니 바아라 바니반호움 다로옹박

사바하 (세 번)

머리를 싸맨다

🔔 신원적 ○○○ 영가시여,

불 정경에 말씀하시기를 보고 듣는 것이 허깨비 같고 이 세상에 모든 것이 허공의 꽃과 같도다. 이말 들어 환을 없앤다면 티끌경계 사라지고 깨달음 뚜렷하며 원만하리라. 영가님, 지금 다시 관을 쓰시고 최상법문 능엄삼매 이룩하소서. 청정함이 지극하면 광명이 통달하고 고요한 비침은 허공을 머금도다. 돌이켜 세상을 살펴보면 모두가 꿈속의 일과 같다 하셨습니다.

능엄삼매의 경지를 열어주는 주문

나무대불경 여래밀인 수증요의 제보살만행 수능엄신주

다냐타 옴 아나례 비사제 비라 바아라다리 반다반다니 바아라 바니반호움 다로옹박 사바하

(세 번)

정 와
正 臥

🔔 신원적 ○○○ 영가
新 聞 寂　　　　 靈 駕

영광독요 형탈근진 체로진상 불구문자
靈 光 獨 曜　 逈 脫 根 塵　 體 露 眞 常　 不 拘 文 字

진성무염 본자원성 단리망연 즉여여불
眞 性 無 染　 本 自 圓 成　 但 離 妄 緣　 卽 如 如 佛

금자정와 시위법공 제불보살 이위굴택
今 玆 正 臥　 是 爲 法 空　 諸 佛 菩 薩　 以 爲 窟 宅

묘보리좌승장엄　 제불와이성정각
妙 菩 堤 座 勝 莊 嚴　　 諸 佛 臥 已 成 正 覺

여금정와역여시　 자타일시성불도
汝 今 正 臥 亦 如 是　　 自 他 一 時 成 佛 道

입 관
入 官

🔔 신원적 ○○○ 영가
新 聞 寂　　　　 靈 駕

대중차도 고불야 이마거 금불야 이마거
大 衆 且 道　 古 佛 也　 伊 麼 去　 今 佛 也　 伊 麼 去

○○○영가 이마거 하물불감괴 시수장견고
　　　　靈 駕　 伊 麼 去　 何 物 不 敢 壞　 是 誰 長 堅 固

제인환지마 양구(🔔 🔔 🔔) ○○○영가
諸 人 還 知 麼　 良 久　　　　　　　 靈 駕

바로 눕혀 드림

♧ 신원적 ○○○ 영가시여,
신령스런 광명이 홀로 빛나서 몸과 마음 온갖 티끌 여의고 나니 본체가 당당히 드러나서 문자와 언어에 구애받지 아니하고, 참된 성품은 물들지 아니하니 본래부터가 원만하고 허망과 망언만 없이 하면 그대로가 부처님의 자리입니다. 이제 불보살님께서 안주하시면, 법공의 자리에 앉으셨으니 안좌게를 낭송하여 드리겠습니다. 묘한 보리의 자리를 훌륭히 장엄했는데 불보살님은 거기에 앉으셔서 정각을 이루셨네.

시신을 관으로 옮긴다

신원적 ○○○ 영가시여, 대중들은 말해보시오. 예로부터 부처님들도 이렇게 가셨고 영가님도 이렇게 가시니, 무엇이 견고하고 누가 영원할 수 있으리까. 여러분은 아십니까? 이제 부처님들과 나란히 성불의 대열에 섰으니 십류의 중생들과 동시에 열반을 증득하소서. 만약에 영가께서

여삼세제불 일시성도 공십류군생
如 三 世 諸 佛 一 時 成 道 共 十 類 群 生

동일열반 기혹미연 유안석인제하루
同 日 涅 槃 其 或 未 然 有 眼 石 人 齊 下 淚

무언동자암차허
無 言 童 子 暗 嗟 噓

광명진언
光 明 眞 言

옴 아모카 바이로차나 마하무드라 마니

파드라 즈바라 프라바릍타야 훔 (삼 내지 칠설)

이 도리를 알지 못한다면
[눈 있는 돌 장승이 눈물을 흘리니 말없는 어린
아이 가만히 탄식하네] 영가시여, 수량과 관념과
형식의 구애가 없는 무량수의 나라에 왕생하시어
영원한 복락을 누리옵소서.

　　　광명진언
옴 아모카 바이로차나 마하무드라 마니 파드라
즈바라 프라바를타야 훔 (삼 내지 칠설)

거 불
擧 佛

나무 극락도사 아미타불
南無 極樂導師 阿彌陀佛

나무 관음세지 양대보살
南無 觀音勢至 兩大菩薩

나무 접인망령 인로왕보살
南無 接引亡靈 引路王菩薩

창 혼
唱 魂

상주는 각각 잔을 올린다.

🔔 거사바세계 남섬부주 동양 대한민국 ○○
據娑婆世界 南贍部州 東洋 大韓民國

장례식장 결계도량 제당 성복재 지신 천혼재
葬禮式場 結界道場 第當 成服齋 之辰 薦魂齋

자 행효자 ○○복위 소천망 ○○○영가 영가
者 行孝者 伏爲 所薦亡 靈駕 靈駕

위주 상세선망 사존부모 누대종친 제형숙백
爲主 上世先亡 師尊父母 累代宗親 弟兄叔伯

자매질손 원근친척 일체애혼 제 불자등
姉妹姪孫 遠近親戚 一切哀魂 第 佛子等

각열위영가 내지 차 장례식장내외 동상 동하
各列爲靈駕 內至 此 葬禮式場內外 洞上 洞下

유주무주 운집고혼 제불자등 각 열위영가 a
有主無主 雲集孤魂 諸佛者等 各 列位靈駕

불보살님을 청하여 가피를 구함

극락도사 아미타부처님께 귀의합니다.

관음세지 양대보살님께 귀의합니다.

접인망령 인로왕보살님께 귀의합니다.

도량에 영가를 청하는 글

상주는 각각 잔을 올린다.

사바세계 남섬부주 동양 대한민국 (주소: 장례식장) 결계도량에서 제당 성복재 지신 천혼재자 (행효자: 주소 성명) 등이 엎드려 부르옵니다.

망엄부 ○○○영가시여, 영가를 중심으로 지난 세상 먼저 돌아가신 부모님, 다생의 스승님과 장례식장 도량 일체 안과 밖, 마을의 위와 아래, 주인 있고 주인 없는 외로운 영혼 등 모든 영가들이시여.

착 어
着 語

영명성각묘난사	월타추담계영한
靈 明 性 覺 妙 難 思	月 墮 秋 潭 桂 影 寒

금탁수성개각로	잠사진계하향단
金 鐸 數 聲 開 覺 路	暫 辭 眞 界 下 香 壇

안 좌 게
安 坐 偈

만점청산위범찰	일간홍일조영대
萬 點 淸 山 圍 梵 刹	一 竿 紅 日 照 靈 臺

원각묘장단좌처	진심불매향연대
圓 覺 妙 場 端 坐 處	眞 心 不 昧 向 連 臺

수위안좌진언
受 位 安 座 眞 言

옴 마니 군다니 훔훔 사바하 (세 번)

진 반
進 飯

(상주는 영반 뚜껑을 열고 수저를 꽂는다)

향설오분지진향	훈발자성지대지
香 薛 五 分 之 眞 香	薰 發 自 性 之 大 智

동연반야지명등	조파삼계지혼구
燃 般 若 之 明 燈	照 破 三 界 之 昏 衢

영가에게 이르는 법어
신령스런 본각성품 미묘하기 그지없어
가을연못 비친달에 계수나무 그림자라
목탁요령 소리따라 깨달음을 얻었으니
저승세계 잠시떠나 이향단에 왕림하소서.

영가를 자리에 모심
천겹만겹 푸른산은 대도량이 이뤄지고
한줄기의 붉은햇빛 영대위를 비춰주네.
원각산의 묘한자리 단정하게 앉았으니
참된마음 어둡잖아 연화대로 가옵소서.

수위안좌진언
옴 마니 군다니 훔훔 사바하 (세 번)

진지공양 올리는 글
(상주는 영반 뚜껑을 열고 수저를 꽂는다)
오분진향 사르오니 큰지혜를 일으키고
반야등을 밝히오니 어둠세계 깨뜨리며

다헌조주지청다
茶 獻 趙 州 之 淸 茶

돈식윤회지갈정
頓 息 輪 廻 之 渴 情

과헌선도지진품
果 獻 仙 都 之 眞 品

상조법계지일미
常 助 法 界 之 一 味

식진향적지진수
食 進 香 積 之 珍 羞

영결다생지기허
永 絶 多 生 之 飢 虛

십 념
十 念

청정법신비로자나불
淸 淨 法 身 毘 盧 遮 那 佛

원만보신노사나불
圓 滿 報 身 盧 舍 那 佛

천백억화신석가모니불
千 百 億 化 身 釋 迦 牟 尼 佛

구품도사아미타불
九 品 導 師 阿 彌 陀 佛

당래하생미륵존불
當 來 下 生 彌 勒 尊 佛

시방삼세일체제불
十 方 三 世 一 切 諸 佛

시방삼세일체존법
十 方 三 世 一 切 尊 法

대지문수사리보살
大 智 文 殊 師 利 菩 薩

대행보현보살
大 行 普 賢 菩 薩

대비관세음보살
大 悲 觀 世 音 菩 薩

대원본존지장보살
大 願 本 尊 地 藏 菩 薩

제존보살마하살
諸 尊 菩 薩 摩 訶 薩

마하반야바라밀
摩 訶 般 若 波 羅 蜜

조주스님 맑은차로 목마름을 면하시고

신선과일 드시고서 법의진실 깨달으며

진지공양 받으시고 시장함을 면하소서

　　십념의 염불로 왕생극락을 발원함

청정법신비로자나불　　원만보신노사나불

천백억화신석가모니불 구품도사아미타불

당래하생미륵존불　　　시방삼세일체제불

시방삼세일체존법　　　대성문수사리보살

대행보현보살　　　　　대비관세음보살

대원본존지장보살　　　제존보살마하살

마하반야바라밀

마하반야바라밀다심경
摩訶般若波羅蜜多心經

관자재보살 행심반야바라밀다시 조견오온개공 도
觀自在菩薩 行深般若波羅蜜多時 照見五蘊皆空 度

일체고액 사리자 색불이공 공불이색 색즉시공 공
一切苦厄 舍利子 色不異空 空不異色 色卽是空 空

즉시색 수상행식 역부여시 사리자 시제법공상 불
卽是色 受想行識 亦復如是 舍利子 是諸法空相 不

생불멸 불구부정 부증불감 시고 공중무색 무수상
生不滅 不垢不淨 不增不減 是故 空中無色 無受想

행식 무안이비설신의 무색성향미촉법 무안계 내지
行識 無眼耳鼻舌身意 無色聲香味觸法 無眼界 乃至

무의식계 무무명 역무무명진 내지 무노사 역무노
無意識界 無無明 亦無無明盡 乃至 無老死 亦無老

사진 무고집멸도 무지역무득 이무소득고 보리살타
死盡 無苦集滅道 無智亦無得 以無所得故 菩提薩埵

의반야바라밀다 고심무가애 무가애고 무유공포 원
依般若波羅蜜多 故心無罣碍 無罣碍故 無有恐怖 遠

리전도몽상 구경열반 삼세제불 의반야바라밀다 고
離顚倒夢想 究竟涅槃 三世諸佛 依般若波羅蜜多 故

득아뇩다라삼먁삼보리 고지반야바라밀다 시대신
得阿耨多羅三藐三菩提 故知般若波羅蜜多 是大神

주 시대명주 시무상주 시무등등주 능제일체고 진
呪 是大明呪 是無上呪 是無等等呪 能除一切苦 眞

실불허 고설반야바라밀다주 즉설주왈 「아제아제
實不虛 故說般若波羅蜜多呪 卽說呪曰 揭諦揭諦

바라아제 바라승아제 모지 사바하」(세 번)
波羅揭諦 波羅僧揭諦 菩提 娑婆訶

마하반야바라밀다심경

관자재보살이 깊은 반야바라밀다를 행할 때, 오온이 공한 것을 비추어 보고 온갖 고통에서 건지느니라. 사리자여, 색이 공과 다르지 않고 공이 색과 다르지 않으며, 색이 곧 공이요 공이 곧 색이니, 수 상 행 식도 그러하니라. 사리자여, 모든 법은 공하여 나지도 멸하지도 않으며, 더럽지도 깨끗하지도 않으며, 늘지도 줄지도 않느니라. 그러므로 공 가운데는 색이 없고 수 상 행 식도 없으며, 안 이 비 설 신 의도 없고, 색 성 향 미 촉 법도 없으며, 눈의 경계도 의식의 경계까지도 없고, 무명도 무명이 다함까지도 없으며, 늙고 죽음도 늙고 죽음이 다함까지도 없고, 고 집 멸 도도 없으며, 지혜도 얻음도 없느니라. 얻을 것이 없는 까닭에 보살은 반야바라밀다를 의지하므로 마음에 걸림이 없고 걸림이 없으므로 두려움이 없어서, 뒤바뀐 헛된 생각을 멀리 떠나 완전한 열반에 들어가며, 삼세의 모든 부처님도 반야바라밀다를 의지하므로 최상의 깨달음을 얻었느니라. 반야바라밀다는 가장 신비하고 밝은 주문이며 위없는 주문이며 무엇과도 견줄 수 없는 주문이니, 온갖 괴로움을 없애고 진실하여 허망하지 않음을 알지니라. 이제 반야바라밀다주를 말하리라.

「아제아제 바라아제 바라승아제 모지 사바하」(세 번)

시 식 게
施 食 揭

원차가지식 　 보변만시방
願 此 加 持 食 　 普 遍 滿 十 方

식자제기갈 　 득생안양국
食 者 除 飢 渴 　 得 生 安 養 國

시귀식진언
施 鬼 食 眞 言

옴 미기미기 야야미기 사바하　(세 번)

시무차법식진언
施 無 遮 法 食 眞 言

옴 목력능 사바하　(세 번)

보공양진언
普 供 養 眞 言

옴 아아나 삼아라 훔　(세 번)

보회향진언
普 回 向 眞 言

(상주는 갱물을 올리고 영반 뚜껑을 덮는다)

**옴 삼마라 삼마라 미만나 사라마하 자거라
바라훔**　(세 번)

수아차법식 하이아난찬 기장함포만 업화돈청량
受 我 此 法 食 何 異 阿 難 饌 飢 腸 咸 飽 滿 業 火 頓 清 涼

시 식 게

바라건대 법다운 이 공양이여, 시방세계 두루두
루 넘칠지어다. 먹는 사람 배고픔을 길이 여의고
아미타불 극락세계 태어나리라.

시귀식진언

옴 미기미기 야야미기 사바하 (세 번)

시무차법신진언

옴 목력능 사바하 (세 번)

보공양진언

옴 아아나 삼아라 훔 (세 번)

보회향진언

(상주는 갱물을 올리고 영반 뚜껑을 덮는다)
옴 삼마라 삼마라 미만나 사라마하 자거라
바라훔 (세 번)

제가 드린 법공양을 다 받았으니 이 어찌 아난찬과

돈사탐진치 상귀불법승 염념보리심
頓捨貪瞋癡 常歸佛法僧 念念菩提心

처처안락국 범소유상 개시허망 약견제상비상
處處安樂國 凡所有相 皆是虛妄 若見諸相非相

즉견여래 여래십호 여래 응공 정변지 명행족
即見如來 如來十號 如來 應供 正遍知 明行足

선서 세간해 무상사 조어장부 천인사 불세존
善逝 世間解 無上士 調御丈夫 天人師 佛世尊

여래십호
如來十號

여래 응공 정변지 명행족 선서 세간해 무상사
如來 應供 正遍知 明行足 善逝 世間海 無上士

조어장부 천인사 불세존
調御丈夫 天人師 佛世尊

법화경 사구게
法華經 四句偈

제법종본래   상자적멸상
諸法從本來   常自寂滅相

불자행도이   내세득작불
佛子行道已   來世得作佛

열반경 사구게
涅槃經 四句偈

제행무상   시생멸법
諸行無常   是生滅法

생멸멸이   적멸위락
生滅滅已   寂滅爲樂

다름 있으리. 배고픈 이 포식하여 다 만족하고 업의 불길 모두 꺼져 시원해지며 탐진치의 모진 독을 모두 버리고 어느 때나 삼보님께 귀의하시니 생각생각 날 때마다 보리심이요, 곳곳마다 안락국에 태어나리라. 형상이 있든 없든 이 세상사는 그모두 허망하여 실상 아니니 만일에 모든 형상 제대로 보면 그 즉시 깨달음을 얻게 되리라.

여래십호
여래 응공 정변지 명행족 선서 세간해 무상사
조어장부 천인사 불세존

법화경 사구게
모든 법은 본래부터 항상 마음에 두지도 아니하고 집착하지도 아니하며 모든 번뇌의 경지를 벗어나며, 불자들이 도리를 끊임없이 수행한다면 오는 세상 누구든 필히 부처되리라.

열반경 사구게
이 세상의 인연법은 항상함 없어 생겼다가 없어지는 무상법이라. 그 이치를 안다면 생사를 초월하여 불과를 얻어 생사의 괴로움에서 벗어나 그대로 열반락 되리라.

정 근
精 根

나무서방대교주 무량수여래불 나무아미타불
南無西方大教主　無量壽如來佛　南無阿彌陀佛

나무아미타불--- 　10번 이상 시간 되는 대로

아미타불 본심미묘진언
阿彌陀佛　本心微妙眞言

다냐타 옴 아리 다리 사바하　(세 번)

계수서방안락찰　　　접인중생대도사
稽首西方安樂刹　　　接引衆生大導娑

아금발원원왕생　　　유원자비애섭수
我今發願願往生　　　唯願慈悲哀攝受

정 근

나무서방대교주 무량수여래불 나무아미타불

나무아미타불--- 10번 이상 시간 되는 대로

아미타불 본심미묘진언

다냐타 옴 아리 다리 사바하 (세 번)

서방정토 극락세계로 중생들을 인도하여 주시는 아
미타부처님이시여, 제가 지금 극락왕생을 발원하오
니 원컨대 자비하신 원력으로 굽어 살펴 주옵소서.

발인재
發靷齋

발인시 빈소에서 발인재를 모실 경우 영반(시식)을 간략하게 하고, 밖에 나가서 발인재(노제)를 할 경우 빈소에서 상식만 올리고, 영구차로 이동 후 발인 순서에 따라 관 앞에서 거행한다. 병원마다 조금씩 다르니 상황에 맞게 하면 된다.

거 불
擧 佛

나무 극락도사 아미타불
南無 極樂導師 阿彌陀佛

나무 관음세지 양대보살
南無 觀音勢至 兩大菩薩

나무 접인망령 인로왕보살
南無 接引亡靈 引路王菩薩

청 혼
請 魂

거 사바세계 차사천하 남섬부주 동양 대한민국
據 娑婆世界 此四天下 南贍部州 東洋 大韓民國

주소 ○○○장례식장 결계도량 지극지정성
住所　　　　葬禮式場 結界道場 至極至精誠

장례봉청 재자 주소 행효자 ○○○ 복위 신원적
葬禮奉請 齋者 住所 行孝子　　　伏爲 神圓寂

○○○영가 영가위주 선망부모
靈駕 靈駕爲主 先亡父母

발 인 재

발인시 빈소에서 발인재를 모실 경우 영반(시식)을 간략하게 하고, 밖에 나가서 발인재(노제)를 할 경우 빈소에서 상식만 올리고, 영구차로 이동 후 발인 순서에 따라 관 앞에서 거행한다. 병원마다 조금씩 다르니 상황에 맞게 하면 된다.

불명을 칭하여 가피를 구함

극락도사 아미타부처님께 귀의합니다.

관음세지 양대보살님께 귀의합니다.

접인망령 인로왕보살님께 귀의합니다.

장례식장으로 영가를 모신다

사바세계 남섬부주 동양 대한민국 (주소: ○○○) 장례식장 결계도량에서 오늘 정성 받들어 초상재자는 (주소) 거주하는 행효자 (○○○) 등이 엎드려 부르옵나니,

신원적 ○○○영가시여, 영가를 중심으로 지난 세상 먼저 돌아가신 부모님,

다생사장 원근친족등 각열위열명 영가 차
多生師長 遠近親族等 各列位列名 靈駕 此

장례식장(제가도량) 내외 동상동하 일체
葬禮式場 內外 洞上洞下 一切

유주무주 고혼불자등 각열위열명영가
有主無主 孤魂佛子等 各列位列名靈駕

착 어
着 語

영명성각묘난사 　 월타추담계영한
靈明性覺妙難思 　 月墮秋潭桂影寒

금탁수성개각로 　 잠사진계하향단
金鐸數聲開覺路 　 暫辭眞界下香壇

안 좌 게
安 坐 偈

만점청산위범찰 　 일간홍일조영대
萬點靑山圍梵刹 　 一竿紅日照靈臺

원각묘장단좌처 　 진심불매향연대
圓覺妙場端坐處 　 眞心不昧向連臺

수위안좌진언
受位安座眞言

옴 마니 군다니 훔훔 사바하 　 (세 번)

다생의 스승님과 원근 친척 등 영가시여, 이 장례
식장 안과 밖, 마을의 위와 아래, 주인 있고 주인
없는 외로운 영혼들 모든 영가들이시여.

영가에게 이르는 법어
신령스런 본각성품 미묘하기 그지없어
가을연못 비친달에 계수나무 그림자라
목탁요령 소리따라 깨달음을 얻었으니
저승세계 잠시떠나 이향단에 왕림하소서.

영가를 자리에 모심
천겹만겹 푸른산은 대도량이 이뤄지고
한줄기의 붉은햇빛 영대위를 비춰주네.
원각산의 묘한자리 단정하게 앉았으니
참된마음 어둡잖아 연화대로 가옵소서.

수위안좌진언
옴 마니 군다니 훔훔 사바하 (세 번)

🔔 보소청진언
普召請眞言

나무 보보제리 가리다리 다타 아다야 (세 번)

고 혼 청
孤 魂 請

🔔 일심봉청 실상이명 법신무적 종연은현
一心奉請 實相離名 法身無跡 從緣隱現

약경상지유무 수업승침 여 정륜지고하
若鏡像之有無 隨業昇沈 如 井輪之高下

묘변막측 환래하난 원아금차 지극지정성
妙變莫測 幻來何難 願我今此 至極至情誠

발인(상식)재 천혼재자 주소거주 행효자
發靷   齋 薦魂齋者 住所居住 行孝子

○○○등 복위 영가 승불위광 내예향단
    等 伏爲 靈駕 承佛威光 來詣香壇

수첨향등다미공
受霑香燈茶米供

가 영
歌 詠

제령한진치신망	석화광음몽일장
諸靈限盡致身亡	石火光陰蒙一場
삼혼묘묘귀하처	칠백망망거원향
三魂妙妙歸何處	七魄茫茫去遠鄕

수위안좌진언
受位安座眞言

옴 마니 군다니 훔훔 사바하 (세 번)

보소청진언
나무 보보제리 가리다리 다타 아다야 (세 번)

외로운 영혼들을 청하는 글
실상은 이름을 여의었고 법신은 자취가 없건만
인연따라 나타났다 없어짐이 거울 속의 그림자
같고 업을 쫓아 오르락내리락함은 우물가의 두레
박줄 같사옵니다. 묘한 변화가 헤아릴 수 없사옵
거늘 잠시 강림하시기에 무슨 어려움이 있사오리
까. 오늘 (주소 성명)복위가 청하옵는 ○○○영가
님과 겸하여 이 자리에 오신 모든 영가님들이시
여, 거룩한 이 법석에 강림하시어 부처님의 거룩
하신 법공양을 받아 누리옵소서.

영가를 위로하는 게송
세상 인연 다하여 죽음 이르니 번개 같은 인생이
여 한판 꿈이라. 아득하다 삼혼이여 어디로 가
고, 망망해라 칠백이여 멀리 떠나는가.

수위안좌진언
옴 마니 군다니 훔훔 사바하 (세 번)

진 반
進 飯

신원적 선○○후인 ○○○영가
新 圓寂 先　　　 後 人　　　 靈 駕

향설오분지진향 훈발대지 등연반야지명등
香 說 五 分 之 眞 香　 動 發 大 智　 燈 燃 般 若 之 明 燈

조파혼구 다헌조주지청다 돈식갈정
照 破 昏 衢　 茶 獻 趙 州 之 淸 茶　 頓 息 渴 情

과헌선도지진품 상조일미 식진향적지진수
果 獻 仙 都 之 眞 品　 常 助 一 味　 食 進 香 積 之 珍 羞

영절기허 어차물물 종종진수 부종천강
永 絶 飢 虛　 於 此 物 物　 種 種 珍 羞　 不 從 天 降

비종지용 단종재자지일편 성심유출 나열영전
非 從 地 聳　 但 從 齋 者 之 一 片　 誠 心 流 出　 羅 列 靈 前

복유상향
伏 惟 尙 饗

시 식 게
施 食 偈

원차가지식　 보변만시방
願 此 加 持 食　 普 遍 滿 十 方

식자제기갈　 득생안양국
食 者 除 飢 渴　 得 生 安 養 國

시귀식진언
施 鬼 食 眞 言

옴 미기미기 야야미기 사바하　(세 번)

영가에게 공양을 올리는 진언

금일 ○○재에 청하여 향단에 내려오신 ○○○영
가시여,

여기에 진설되어 있는 모든 공양물은 하늘에서
내린 것도 아니요 땅에서 솟은 것 또한 아니오며
사랑하는 행효자(녀) ○○○등 재자의 성심으로
마련하여 정성껏 올리오니 바라옵건대 한 생
각에 매이지 마시옵고 편안한 마음으로 연화좌
에 앉으셔서 이 공양을 받으시고 법회의 선열로써
굶주림을 면하소서.

시 식 게

가지력에 힘입은바 이 음 식 두루널리 시방세계
가득하여 배고픔과 목마름을 여의옵고 아미타불
안양국에 태어날지어다.

시귀식진언

옴 미기미기 야야미기 사바하 (세 번)

시무차법식진언
施無遮法食眞言

옴 목력능 사바하 (세 번)

보공양진언
普供養眞言

옴 아아나 삼아라 훔 (세 번)

보회향진언
普回向眞言

옴 삼마라 삼마라 미만나 사라마하 자거라
바라훔 (세 번)

기 감
起 龕

금차 신원적 ○○○영가시여 기감편을
今 此 新圓寂   靈駕   起龕篇

지심제청하십시오. 묘각현전 선열위식
至心諸廳   妙覺現前 禪悅爲食

남북동서 수처쾌활 수연여시 감문대중
南北東西 隨處快活 誰然如是 敢問大衆

○○○영가 열반노두 재십마처 처처록양감계마
靈駕 涅槃路頭 在十麽處 處處錄楊堪繫馬

가가문외 통장안이로다.
家家門外 通長安

옴 미기미기 야야미기 사바하 (세 번)

시무차법신진언

옴 목력능 사바하 (세 번)

보공양진언

옴 아아나 삼아라 훔 (세 번)

널리 회향하는 진언

옴 삼마라 삼마라 미만나 사라마하 자거라
바라훔 (세 번)

운구를 고함

신원적 ○○○ 영가시여,
묘감의 성품 뚜렷하게 나타나서 선열로 음식을
삼으시니 동서남북 가는 곳곳마다 즐겁고 쾌활하
시리라. 이 자리에 모이신 대중들이여, 다시 한
번 물으리니 ○○○영가께서 가시는 열반의 길이
어디에 있는지 아십니까? 곳곳마다 푸른 버들은
말을 매기 알맞고 집집마다 문밖 길은 장안으로
통하는 길입니다.

오 방 배 례
五 方 拜 禮

신원적 ○○○ 영가시여,
사바세계를 영원히 하직하고 평생 동안 기거하시던 방을 떠나셔
서 열반삼매의 근원으로 향하실 차례입니다. 정신을 가다듬어 오
방의 부처님께 하직 예배를 드리고 가시옵소서.

나무 동방만월세계 약사유리광불(동쪽 향해 一拜)
南無 東方滿月世界 藥師琉璃光佛

나무 남방환희세계 보승여래불 (남쪽을 향해 一拜)
南無 南方歡喜世界 寶勝如來佛

나무 서방극락세계 아미타불 (서쪽을 향해 一拜)
南無 西方極樂世界 阿彌陀佛

나무 북방무우세계 부동존불 (북쪽을 향해 一拜)
南無 北方無憂世界 不動尊佛

나무 중방화장세계 비로자나불(원래자리에서 一拜)
南無 中方華藏世界 毘盧遮那佛

 ※ 각 방위마다 대중이 함께 해야 하나 어려울 경우
　관을 보고 거행한다.

산화락 삼설 각배　※법성게 하면서 법주가 인도하여
散花落　　　　　　　　영정과 위패를 영구차(상여)에 모신다.

오 방 배 례

신원적 ○○○ 영가시여,
사바세계를 영원히 하직하고 평생 동안 기거하시던 방을 떠나셔
서 열반삼매의 근원으로 향하실 차례입니다. 정신을 가다듬어 오
방의 부처님께 하직 예배를 드리고 가시옵소서.

동방 만월세계 약사유리광 여래불께 귀의합니다.

남방 환희세계 보승 여래불께 귀의합니다.

서방 극락세계 아미타불께 귀의합니다.

북방 무우세계 부동존 여래불께 귀의합니다.

중앙 화장세계 비로자나불께 귀의합니다.

　※ 각 방위마다 대중이 함께 해야 하나 어려울 경우 관을
　　보고 거행한다.

산화락 삼설 각배　　※ 법성게 하면서 법주가 인도하여
　　　　　　　　　　　영정과 위패를 영구차(상여)에 모신다.

안 좌 게
安 坐 偈

만점청산위범찰   일간홍일조영대

萬 點 清 山 圍 梵 刹   一 竿 紅 日 照 靈 臺

원각묘장단좌처   진심불매향연대

圓 覺 妙 場 端 坐 處   眞 心 不 昧 向 連 臺

정로진언
淨 露 眞 言

옴 소싯지 나자리다라 나자리다라 모라다예
자라자라 만다만다 하나하나 훔바탁 (세 번)

참고 : 관이 나갈 때 법주의 위치

월 별	관 위치	스님 위치
1, 2, 3	오른쪽	관에서 왼쪽
4, 5, 6	앞 쪽	관에서 뒤쪽
7, 8, 9	왼 쪽	관에서 오른쪽
10, 11, 12	뒤 쪽	관에서 앞쪽

자리로 옮겨 앉도록 인도하는 진언

천겹만겹 푸른산은 대도량이 이뤄지고 한줄기의
붉은햇빛 영대위를 비춰주네 원각산의 묘한자리
단정하게 앉았으니 참된마음 어둡잖아 연화대로
가옵소서

자리를 깨끗이 하는 진언

옴 소싯지 나자리다라 나자리다라 모라다예
자라자라 만다만다 하나하나 훔바탁 (세 번)

참고 : 관이 나갈 때 법주의 위치

월 별	관 위치	스님 위치
1, 2, 3	오른쪽	관에서 왼쪽
4, 5, 6	앞 쪽	관에서 뒤쪽
7, 8, 9	왼 쪽	관에서 오른쪽
10, 11, 12	뒤 쪽	관에서 앞쪽

영 결 식
永 訣 式

영결식이란 영가께서 이생을 떠나 유택으로 가는 발인 의식이다. 관을 밖으로 모셔 옮기고 임시로 상을 차리고 제물을 정돈한 다음 식순에 따라 진행하고 식이 없을 경우 발인제를 지내고 출상하는 의식이다.

○ 개 식　　(사회자: ○○○영가의 영결식 거행 선언)

○ 삼귀의　　(다 같이 노래 또는 범음으로)

○ 묵 념　　(대중 일동)

○ 약력소개 (영가의 생전 활동을 간단하게 소개)

○ 청혼착어 (법주가 요령을 흔들며 다음과 같이

　　　　　　　청혼착어 시식염송 한다)

○ 독 경　　(반야심경)

○ 발인축　　(공양게(발인제문) 내지 추도문)

○ 헌 화　　(상주 먼저 하고 내빈 순으로)

○ 발원문　　(상주 내지 내빈 대표)

○ 추도의노래 (극락왕생 하옵소서 등)

○ 사홍서원　　(대중 일동)

○ 폐 식(사회자: 이것으로 영결식을 마치겠습니다)

○ 출 상 (장지로 출발)

영 결 식

영결식이란 영가께서 이생을 떠나 유택으로 가는 발인 의식
이다. 관을 밖으로 모셔 옮기고 임시로 상을 차리고 제물을
정돈한 다음 식순에 따라 진행하고 식이 없을 경우 발인제를
지내고 출상하는 의식이다.

○ **개 식** (사회자: ○○○영가의 영결식 거행 선언)

○ **삼귀의** (다 같이 노래 또는 범음으로)

○ **묵 념** (대중 일동)

○ **약력소개** (영가의 생전 활동을 간단하게 소개)

○ **청혼착어** (법주가 요령을 흔들며 다음과 같이
　　　　　　　청혼착어 시식염송 한다)

○ **독 경** (반야심경)

○ **발인축** (공양게(발인제문) 내지 추도문)

○ **헌 화** (상주 먼저 하고 내빈 순으로)

○ **발원문** (상주 내지 내빈 대표)

○ **추도의노래** (극락왕생 하옵소서 등)

○ **사홍서원** (대중 일동)

○ **폐 식** (사회자: 이것으로 영결식을 마치겠습니다)

○ **출 상** (장지로 출발)

청혼착어
請 魂 着 語

거 사바세계 남섬부주 동양 대한민국
據 娑 婆 世 界 南 贍 部 州 東 洋 大 韓 民 國

○○○거주 ○○○사 청정수월도량 영결재자
居 住 寺 請 淨 水 月 道 場 永 訣 齋 者

주소○○○ 행효자 ○○○복위 신원적
住 所 行 孝 子 伏 爲 神 圓 寂

○○○영가
靈 駕

영명성각묘난사　　　　월타추담계영한
靈 明 性 覺 妙 難 思　　　月 墮 秋 潭 桂 影 寒

금탁수성개각로　　　　잠사진계하향단
金 鐸 數 聲 開 覺 路　　　暫 辭 眞 界 下 香 壇

보방광명향장엄　　　　종종묘향집위장
普 放 光 明 香 莊 嚴　　　種 種 妙 香 集 爲 帳

보산시방제국토　　　　공양일체대덕존
普 散 十 方 諸 國 土　　　供 養 一 切 大 德 尊

우방광명다장엄　　　　종종묘향집위장
又 放 光 明 多 莊 嚴　　　種 種 妙 香 集 爲 帳

보산시방제국토　　　　공양일체영가중
普 散 十 方 諸 國 土　　　供 養 一 切 靈 駕 衆

우방광명미장엄　　　　종종묘향집위장
又 放 光 明 未 莊 嚴　　　種 種 妙 香 集 爲 帳

보산시방제국토　　　　공양일체고혼중
普 散 十 方 諸 國 土　　　供 養 一 切 孤 魂 衆

영결식장으로 영가를 부름

사바세계 남섬부주 동양 대한민국 주소:영결식장 결계도량에서 오늘 정성 받들어 올리는 재자는 (주소 성명) 거주하는 행효자(○○○)등이 엎드려 부르옵나니, 신원적 선엄부(선자모) ○○○영가시여,

신령스럽게 밝은 상태로써 깨달음은 오묘하며 생각하기 어려웁고 달이 가을 연못에 떨어지자 계수나무 그림자가 차갑구나. 요령 목탁 소리로 청정한 믿음을 전하노니 참된 세계 잠시 물러나 향기로운 단에 오르소서.

지혜광명 널리놓고 향연으로 장엄함에
가지가지 미묘한향 한데모여 휘장되고

두루널리 시방세계 한데모여 흩어져서
큰덕지닌 모든분께 공양올려 지사이다

광명다시 널리놓고 명다로써 장엄함에
가지가지 묘한명다 한데모여 휘장되고

두루널리 시방세계 불국토로 흩어져서
한량없이 영가님께 공양올려 지사이다

광명다시 널리놓고 향미로써 장엄함에
가지가지 묘한향미 한데모여 휘장되고

두루널리 시방세계 불국토를 흩어져서
임자없는 고혼영가 공양올려 지사이다

우방광명법자재 　 차광능각일체중
又 放 光 明 法 自 在 　 此 光 能 覺 一 切 衆

영득무진다라니 　 실지일체제불법
令 得 無 盡 陀 羅 尼 　 悉 持 一 切 諸 佛 法

법력난사의 대비무장애
法 力 難 思 議 大 悲 無 障 曖

입립변시방 보시주법계
粒 粒 遍 十 方 普 施 周 法 界

금이소수복 보첨어귀취
今 以 所 修 福 普 沾 於 鬼 趣

식이면극고 사신생락처
食 己 免 極 苦 捨 身 生 樂 處

발 인 제 문
發 靷 祭 文

불기 ○○년 ○○월 ○○일 행효자 ○○○등
佛 紀 　 年 　 月 　 日 行孝子 　 等

근이다과진수지전 감소고우 당대사지령전
謹 以 茶 果 診 羞 之 奠 敢 昭 告 于 堂 大 師 之 靈 殿

애호존위 금당종천지변 호탄자음지 격
哀 乎 尊 位 今 當 終 天 之 變 浩 嘆 慈 音 之 隔

오호애재 시봉무유 진용적막 제자 ○○○등
嗚 呼 哀 哉 侍 奉 無 由 眞 容 寂 幕 第 子 　 等

광명다시 널리놓고 진여법문 자재함에
이광명이 모든생명 빠짐없이 깨우쳐서

다함없이 다라니를 남김없이 얻게하여
한량없는 부처님법 얻게되어 지사이다

헤아리기 어려우며
크신비원 걸릴것이 없사오니

한알한알 시방세계 두루하여
두루두루 온법계에 베풀어져

진리의힘 적사오나 지금제가 닦은복도
귀취중에 모든중생 몫이되어

공양듦에 갖은고통 면해지고
몸을바꿔 왕생극락 하여이다

우리말 발인제문

신원적 ○○○ 영가시여,
○○년 ○○월 ○○일 행효자 ○○○등 일가친척과
생전의 친지들이 향화를 갖추어 신원적 ○○○영
가의 영전에 고합니다. 열반에 드신 지 어제와 같
거늘, 감실에 가리워져 음성과 형상을 보지 못해
애타는 그리움이 망극하고 아픈 가슴이 찢어집니
다. 몸은 부평초가 되어 동서에 머무시니 살아생
전에 효도하지 못했음이 죄스러울 뿐이옵고

생전미주 사 삼평지능 사후불보 여정난지효
生 前 米 做 似 三 平 之 能 死 後 不 報 如 丁 蘭 之 孝

앙천고지 자희망망 요장정찬 용표진정
仰 天 扣 地 自 懷 茫 茫 聊 將 精 饌 用 表 眞 精

서방대교주 나무아미타불
西 方 大 敎 主 南 無 阿 彌 陀 佛

※ (장엄염불 하면서 장지로 출발한다)

노 제
路 齊

노제란 운구차가 먼 길을 갈 때나 또는 살아생전에 인연이 있는 곳을 지날 때 길거리에서 지내는 제입니다. 이때 스님은 간단한 시식과 다음 같은 제문을 고축합니다.

거 불
擧 佛

나무 극락도사 아미타불
南 無 極 樂 導 師 阿 彌 陀 佛

나무 관음세지 양대보살
南 無 觀 音 勢 至 兩 大 菩 薩

나무 접인망령 인로왕보살
南 無 接 引 亡 靈 引 路 王 菩 薩

노 제 문
路 祭 文

불기 ○○년 ○○월 ○○일 거 사바세계 남섬부주
佛 紀 年 月 日 據 婆 婆 世 界 南 贍 部 州

사후에는 정란의 효 못 따름이 송구하와 앙천고지
하오면서 마음 둘 곳 없사옵기에 간략하게 삼가
다과진수를 차리고 작은 정성 표하오니 흠향하여
주시옵소서.
서방대교주 나무아미타불

※ (장엄염불 하면서 장지로 출발한다)

노 제

노제란 운구차가 먼 길을 갈 때나 또는 살아생전에 인연이 있
는 곳을 지날 때 길거리에서 지내는 제입니다. 이때 스님은 간
단한 시식과 다음 같은 제문을 고축합니다.

불명을 청하여 가피를 구함

극락도사 아미타부처님께 귀의합니다.

관음세지 양대보살님께 귀의합니다.

접인망령 인로왕보살님께 귀의합니다.

노 제 문

불기 ○○○○년 ○○월 ○○일 사바세계 남섬부주

동양 대한민국 주소 ○○ (장지향 도로명)
東洋 大韓民國 住所

원아금차 지극지정성 초상봉청 천혼재자
願我今此 至極至精誠 初喪奉請 薦魂齋者

주소○○ 행효자 ○○○ 복위 근이향다지존
住所 行孝子 伏爲 勤以香茶之尊

감소고우 선령지하 오호영변 여작
敢昭告于 先靈之下 嗚呼靈變 如昨

엄금(출상일)일 음용통격하태추모 앙천고지
奄 日 音容洞隔何迨追慕 仰天扣地

익자망망 요장박전 용소진령 복유상향
益自茫茫 聊將薄奠 用訴眞靈 伏惟尙饗

영축게
靈鷲偈

영축염화시상기 　　　 긍동부목접맹구
靈鷲拈華示上機 　　　 肯同浮木接盲龜

음광불시미미소 　　　 무한청풍부여수
飮光不是微微笑 　　　 無限淸風付與誰

하직게
下直偈

성현행보진허공 　　　 이탈색신도정방
聖賢行步振虛空 　　　 已脫色身到淨邦

여금망자역여시 　　　 불수오음향락방
如今亡者亦如是 　　　 不受五陰向樂方

산화락 (세 번)
散花落

동양 대한민국 (장지로 향하는 도로명) 원아금차 지극지정성 초상봉청 천혼재자 (주소 성명) 행효자 등은 향과 다과의 재물로써 열반의 세계로 떠나시는 ○○○영가님께 고하나이다. 이제 머무시던 집을 떠나 생사에 구애받지 않는 해탈의 길로 나왔나이다. 살아서 못다한 인연에 연연하지 마시고 정신을 가다듬어 간소한 음식을 흠향하시고 먼저 돌아가신 선영과 함께 극락왕생 하옵소서.

영축산의 게송

영취산에서 꽃을 들어 상근기에게 보인 것은 눈 먼 거북 물위 뜬 나무 만난 것과 무엇이 다르리. 가섭존자 빙그레 미소짓지 않았다면 한량없는 맑은 바람 누구에게 전했을까.

하직하는 게송

성현이 가시는 길은 허공과 같이 걸림이 없어 이미 색신을 벗고 극락에 이르렀네. 지금 영가님 또한 이와 같아서 오음으로 된 거짓 몸 받지 마시고 극락으로 향해 가소서.

꽃을 세 번 뿌려 맞이함

나무대성인로왕보살 (세 번)
南 無 大 聖 引 路 王 菩 薩

정근
精 勤

나무서방대교주 무량수여래불 나무아미타불
南 無 西 方 大 敎 主 無 量 壽 如 來 佛 南 無 阿 彌 陀 佛

나무아미타불---- 10번 이상 시간 되는 대로

사 유 소
闍 維 所

(매장지에 도착하면 미타청이나 산신청을 먼저 한다)

신원적 ○○○영가 색신수멸 법신상주
新 圓 寂 靈 駕 色 身 雖 滅 法 身 常 住

심체담연 시명대헐지지 욕식진주처
心 體 湛 然 施 名 大 歇 之 地 欲 識 眞 住 處

건곤만리통 ○○○영가 성본광대승허공
乾 坤 萬 里 通 靈 駕 性 本 廣 大 勝 虛 空

진성탁연초법계 ○○○영가 약유업장
眞 性 卓 然 超 法 界 靈 駕 若 有 業 障

선당참회 하유진언 근당선념
先 當 懺 悔 下 有 眞 言 謹 當 宣 念

나무대성인로왕보살 (세 번)

　　정　근

나무서방대교주 무량수여래불 나무아미타불

나무아미타불---- 10번 이상 시간 되는 대로

사 유 소

(매장지에 도착하면 미타청이나 산신청을 먼저 한다)

신원적 ○○○영가시여, 육신비록 가졌으나 법신
만은 항상있고 마음본체 맑은지라 이제곧 성불이
며 모든것을 크게쉬는 열반적정 자리외다 진정
으로 머무실곳 아시고자 하신다면 하늘과땅 거침
없어 천만리에 통합니다. ○○○영가시여,
성품본래 넓고커서 허공보다 더승하고 진정또한
탁연하여 대천법계 뛰어넘소. ○○○영가시여,
만약업장 남았거든 먼저참회 하십시오. 다음으로
진언있어 일심으로 외우오니 영가님도 지금부터
일심정성 외우시오.

미 타 청 (매장지)
彌 陀 請

보례진언
普 禮 眞 言

아금일신중 즉현무진신 변재미타전
我 今 日 身 中 卽 現 無 盡 身 遍 在 彌 陀 前

일일무수례
一 日 無 數 禮

옴 바아라 믹 (세 번)　　　(천수일편) 운운

거 불
擧 佛

나무 극락도사 아미타불
南 無 極 樂 導 師 阿 彌 陀 佛

나무 좌보처 관세음보살
南 無 左 補 處 觀 世 音 菩 薩

나무 우보처 대세지보살
南 無 右 補 處 大 勢 至 菩 薩

보소청진언
普 召 請 眞 言

나무 보보제리 가리다리 다타 아다야 (세 번)

유 치
由 致

앙유 미타대성자 청련감목 자금진신 애
仰 唯 彌 陀 大 聖 者 靑 蓮 紺 目 紫 金 眞 身 哀

일체중생 미탈윤회지고뇌 이 대비원력
一 切 衆 生 未 脫 輪 回 之 苦 惱 以 大 悲 願 力

별개환주지장엄
別 開 幻 住 之 莊 嚴

매장지에서 염송하는 미 타 청

넓게 예를 갖춰 불보살을 청하는 진언

제가지금 온몸으로 시방세계 두루계신

아미타불 부처님께 귀명정례 하옵니다.

옴 바아라 믹 (세 번)　　(천수일편) 운운

삼보를 청하는 글

극락도사 아미타불 부처님이시여
자비하신 원력으로 광림하시옵소서

좌보처 관세음보살님이시여
자비하신 원력으로 광림하시옵소서

우보처 대세지보살님이시여
자비하신 원력으로 광림하시옵소서

보소청진언
나무 보보제리 가리다리 다타 아다야 (세 번)

불공 사유를 아뢰는 진언
듣자옵건대 아미타 부처님께옵서는 청련(靑蓮)
같은 눈매에 검푸른 눈동자와 순금빛으로 장엄하
시고 거룩하신 몸매로 저희들이 윤회와 고통에서

수무피아지사심 편유인연 어차토 시이
雖無彼我之私心 偏有因緣 於此土 是以

사바세계 남섬부주 동양 대한민국 (사암: 주소
娑婆世界 南贍部洲 東洋 大韓民國 寺庵 住所

명칭) 청정수월도량 원아금차 지극지정성
名稱 淸淨水月道場 願我今此 至極至精誠

초상재 천혼재자 행효자 (주소 성명) 복위
初喪齋 薦魂齋者 行孝子 住所 性名 伏爲

소천망 (부모등: ○○)영가 이 금월금일
所薦亡 父母等 靈駕 以 今月今日

건설법연 정찬공양 극락도사 아미타불
虔 說法莚 淨饌供養 極樂道師 阿彌陀佛

좌우보처 양대보살 훈근작법 앙기묘원자
左右補處 兩大菩薩 薰懃作法 仰祈妙援者

우복이 설 명향이예청 정옥립 이수재
右伏以 爇 茗香以禮請 呈玉粒 面修齋

재체수미 건성가민 앙표일심 선진삼청
齋體雖微 虔誠可愍 仰表一心 先陳三請

청 사
請 詞

나무일심봉청 자금엄상 휘화 백억찰중
南無一心奉請 紫金嚴相 輝華 百億刹中

백호명호 선전 오봉산상 광류처처 무불섭생
白豪明毫 旋轉 五峰山上 光流處處 無不攝生

영화중중 유연개도 약유 삼심극비 십념공성
影化重重 有緣皆度 若有 三心克備 十念功成

벗어나지 못함을 가엾게 여기시와 대자비의 서원을 세우시고 요술 같은 장엄정토를 따로이 건립하시었다 하옵니다. 비록 이곳과 저곳을 따지는 분별은 없으시나 유달리 이 국토 중생에게 인연이 깊으시다 하옵기에 시이 사바세계 남섬부주 동양 대한민국 (사암: 주소 명칭) 청정수월도량에서 (재주: 주소 성명)복위 등이 오늘 이 자리에 법연을 베풀고 조촐한 진수를 차려 극락도사 아미타 부처님과 좌우에 모시고 계신 두 보살님께 공양을 올리나이다. 정성을 다하여 법요를 거행하옵고 미묘하신 도우심을 청하옵는 재자 ○○복위는 향기로운 향을 사루어 법답게 모시옵고 옥씨같은 공양미로 공양을 올리오니 공양의 차림은 적사오나 그 정성이 가상하옵기에 간절하온 성의로써 세 번 거듭 청하옵나이다.

　아미타부처님 청하여 모심
거룩하신 아미타부처님께 일심으로 청합니다.
자금으로 장엄하신 모습 백억세계 두루 빛나시고 백호광명 오봉산에 감도시옵니다. 광명이 비치는 곳에 거두어 주시지 않는 중생이 없으시옵고 그림자처럼 교화하실 때에는 인연이 있는 자 모두

접향구련 영사오탁 대성자부 아미타불
接向九蓮 令辭五濁 大聖慈父 阿彌陀佛

향 화 청
香 花 請

가 영
歌 詠

무량광중 화불다 앙첨개시 아미타
無量光中 化佛多 仰瞻皆是 阿彌陀

응신각정 황금상 보계도선 벽옥나
應身各挺 黃金相 寶髻都旋 碧玉螺

고아일심 귀명정례
故我一心 歸命頂禮

(p.750 화장편 헌좌진언부터 동일하게 의식을 한다)

제도하심을 얻사옵니다. 그러므로 세 가지 마음
간절하게 갖추어 열 번 염불하는 이 공덕 이루기
만 하면 구품연대로 인도하셔서 오탁악세를 떠나
게 하시옵기에 대성자부 아미타부처님을 청하옵
니다. 이 도량에 강림하시어 저희들의 공양을 굽
어 감응하시옵소서.

   향사르고 꽃뿌리며 모시는 글

   아미타부처님을 찬탄하는 노래

무량광 속에는 화불(化佛)이 많으신데 우러러
뵈오니 모두가 아미타부처시라. 응신(應身)들
모두가 황금빛 몸이시고 보배 상투 모두가 벽옥
나게 두르셨네.
저희들이 일심정성 귀명정례 하옵니다.

(p.751 화장편 헌좌진언부터 동일하게 의식을 한다)

미 타 청 (화장편)
彌 陀 請

보례진언
普禮眞言

아금일신중 즉현무진신 변재미타전 일일무수례
我今日身中 即現無盡身 遍在彌陀前 一日無數禮

옴 바아라 믹 (세 번)　　(천수일편) 운운

거 불
擧 佛

나무 극락도사 아미타불
南無 極樂導師 阿彌陀佛

나무 좌보처 관세음보살
南無 左補處 觀世音菩薩

나무 우보처 대세지보살
南無 右補處 大勢至菩殺

보소청진언
普召請眞言

나무 보보제리 가리다리 다타 아다야 (세 번)

유 치
由 致

개문 일미타 흥비도생 지홍원 여향응성
盖聞 一彌陀 興非度生 之弘願 如響應聲

사대성
四大聖

넓게 예를 갖춰 불보살을 청하는 진언

제가지금 온몸으로 시방세계 두루계신 아미타
부처님께 귀명정례 하옵니다.

옴 바아라 믹 (세 번) (천수 일편) 운운

불 법 승 삼보를 청하는 진언

극락도사 아미타부처님이시여,
자비하신 원력으로 광림하시옵소서.

좌보처 관세음보살님이시여,
자비하신 원력으로 광림하시옵소서.

우보처 대세지보살님이시여,
자비하신 원력으로 광림하시옵소서.

보소청진언

나무 보보제리 가리다리 다타 아다야 (세 번)

불공 사유를 아뢰는 진언

듣자옵건대 한 분 아미타부처님께옵서는 자비를 일
으키사 중생을 구제하시려는 크신 서원은 소리가

초혼인로 지대자 동월인수 귀의약절 감응해지
超 魂 引 路 之大 慈 同 月 印 水 歸 依 若 切 感 應 笑 遲

시이 사바세계 남섬부주 동양 대한민국
是 以 娑 婆 世 界 南 瞻 部 洲 東 洋 大 韓 民 國

(사암: 주소 명칭) 청정수월도량 원아금차
寺 庵 住 所 名 稱 淸 淨 水 月 道 場 願 我 今 此

지극지정성 초상재 천혼재자 행효자 (주소
至 極 至 精 誠 初 喪 齋 薦 魂 齋 者 行 孝 子 住 所

성명)복위 소천망 (부모)영가 승사천석
姓 名 伏 爲 所 薦 亡 父 母 靈 駕 承 斯 薦 席

등피난방지원 택정사유지일 근비향다지례
登 彼 樂 邦 之 願 擇 定 捨 維 之 日 謹 備 香 茶 之 禮

봉헌 극락교주 아미타불 오보세계 제불
奉 獻 極 樂 敎 主 阿 彌 陀 佛 五 寶 世 界 諸 佛

제대보살 훈근작법 앙기묘원자 우복이 개연
諸 大 菩 薩 薰 懃 作 法 仰 祈 妙 援 者 右 伏 以 芥 緣

수사만리 천운일점 능감 즉동천강 수월고륜
雖 似 萬 里 天 雲 一 點 菱 鑑 卽 同 千 江 水 月 孤 輪

잠사어 홍우화중 약강어 백운단상 불위낭원
暫 辭 於 紅 藕 花 中 略 降 於 白 雲 壇 上 不 違 曩 願

부감단성 근운일심 선진삼청
俯 鑑 丹 誠 謹 運 一 心 先 陣 三 請

청 사
請 詞

메아리에 응하는 것 같고, 네 분 큰 성인께서 고혼 불러 길을 인도하시려는 거룩하신 자비는 달이 물 따라 비침 같으시다 하오니 귀의하는 생각이 간절하기만 하면 그 감응 어찌 더디겠나이까. 그러므로 시이 사바세계 남섬부주 동양 대한민국 (사암: 주소) 청정수월도량 (주소 성명) 복위 등이 선망부모 등 ○○영가님의 다비를 행하매 아미타부처님의 가피력으로 저 언덕인 극락세계에 왕생하옵기를 발원하와 법석을 마련하고 향과 차의 예를 갖추어 극락세계의 대교주이신 아미타부처님과 오보(五寶)세계의 여러 불보살님께 올리나이다. 정성껏 법요를 봉행하여 신묘한 가피를 바라옵는 금일재자 ○○○복위 등의 가냘픈 정성은 마치 만 리 하늘 끝에 한 점의 구름 같사오나 자상하신 보살피심은 천 강 물속에 비친 달과도 같으시니 잠시 연화대를 떠나셔서 이 자리에 강림하사 옛 서원 버리지 마시옵고 간절한 정성 굽어 살피사 강림하여 주시옵소서.
일심으로 우선 세 번 청하옵니다.

　　부처님을 청하는 진언

나무일심봉청 서방극락세계 사십팔대원
南 無 一 心 奉 請　西 方 極 樂 世 界　四 十 八 大 願

접인중생 대자대비 아미타불 좌우보처
接 引 衆 生　大 慈 大 悲　阿 彌 陀 佛　左 右 補 處

관음세지 양대보살 청정대해 제대보살 마하살
觀 音 勢 至　兩 大 菩 薩　淸 淨 大 海　諸 大 菩 薩　魔 訶 薩

유원자비 연민유정 강림도량 수차공양 (세 번)
唯 願 慈 悲　憐 愍 有 情　降 臨 道 場　受 此 供 養

　향 화 청
　香 花 請

　　청산첩첩미타굴　　창해망망적멸궁
　　靑 山 疊 疊 彌 陀 窟　　蒼 海 茫 茫 寂 滅 宮

　　물물염래무가애　　기간송정학두홍
　　物 物 拈 來 無 可 碍　　幾 看 松 頂 鶴 頭 紅

　　고아일심 귀명정례
　　故 我 一 心 歸 命 頂 禮

　청 사
　請 詞

나무일심봉청 오보세계 자재무애 중방화장세
南 無 一 心 奉 請　五 寶 世 界　自 在 無 碍　中 方 華 藏 世

계 비로자나불 동방만월세계 약사유리광불 남
界　毘 盧 遮 那 佛　東 方 滿 月 世 界　藥 師 琉 璃 光 佛　南

방환희세계보승여래불 서방극락세계아미타불
方 歡 喜 世 界 寶 勝 如 來 佛　西 方 極 樂 世 界 阿 彌 陀 佛

북방무우세계부동존불 시방삼세진여불보
北 方 無 憂 世 界 不 動 尊 佛　十 方 三 世 眞 如 佛 寶

거룩하신 아미타부처님께 일심으로 청합니다.
서방극락세계 사십팔대원으로 중생들을 제접하시
는 대자대비 아미타부처님과 좌우보처 관음세지
양대보살 청정대회 일체보살 마하살님들 이 도량
에 강림하사 저희공양 받으시고 굽어 감응하여
주시옵소서. (세 번)

　　향과 꽃 뿌리며 청하는 글
청산이 첩첩하니 아미타불 굴택이요 창해가 망망
함은 적멸의 궁전이라. 만물이 왕래함에 걸림이
없나니 솔가지 끝에 학 머리 몇 번이나 붉었는가.
저희가 일심으로 머리 숙여 절합니다.

　　일심으로 오보세계 불보살님을 청하는 글
오방보배세계 항상 계셔 걸림없는 중방세계 비로
자나 부처님과 동방만월세계 약사유리광 부처님과
남방환희세계 보승여래 부처님과 서방극락세계
아미타불 부처님과 북방무우세계 부동존 부처님 등
시방삼세 진여이신 불보살님

대방광불화엄경 보현보살행원품경
大方廣佛華嚴經 普賢菩薩行願品經

대승종교묘법화경 칭찬정토아미타경
大乘宗教妙法華經 稱讚淨土阿彌陀經

금강반야바라밀경 시방삼세 심심법보
金剛般若婆羅密經 十方三世 心深法寶

대성문수사리보살 대행보현보살
大聖文殊師利菩薩 大行普賢菩薩

대비관세음보살 대성인로왕보살
大悲觀世音菩薩 大聖引路王菩薩

일체청정대해중보살마하살 시방삼세청정승보
一切淸淨大海衆菩薩魔訶薩 十方三世淸淨僧寶

유원자비 연민유정 강림도량 수차공양 (세 번)
唯願慈悲 憐愍有情 降臨道場 受此供養

향 화 청
香 花 請

위광변조시방중　월인천강일체동
威光遍照十方中　月印千江一切同

사지원명제성사　분림법회이군생
四智圓明諸聖士　賁臨法會利群生

고아일심 귀명정례
故我一心 歸命頂禮

🔔 헌좌진언
獻 座 眞 言

대방광불화엄경 보현보살행원품경 대승종교묘법화경 칭찬정토아미타경 금강반야바라밀경과 시방삼세 법보님과 대성문수사리보살 대행보현보살 대비관세음보살 대성인로왕보살 청정대해중보살마하살 시방삼세 청정승보님들 바라옵건대 저희들을 가엾이 여기시어 이 도량에 강림하시어 이 공양을 굽어 감응하시옵소서.

　향사르고 꽃뿌리며 청합니다

위광이 두루 비춰 시방에 비치시니 과거 현재 미래의 부처님 다 그러해. 네 지혜 원만하신 성스러운 도사님들 이 법회에 왕림하사 중생들을 이롭게 하옵소서. 그러므로 저희들이 일심 청정 머리 숙여 절합니다.

자리를 마련 권하는 진언

묘보리좌승장엄　　　제불좌이성정각
妙 菩 提 座 勝 莊 嚴　　　諸 佛 座 己 成 正 覺

아금헌좌역여시　　　자타일시성불도
我 今 獻 座 亦 如 是　　　自 他 一 時 成 佛 道

옴 바아라 미나야 사바하 (세 번)

정법계진언
政 法 界 眞 言

옴남옴남 옴남옴남 옴남옴남 옴 남 (세 번)

다 게
茶 偈

금장감로다 봉헌지장전 감찰건간심
今 將 甘 露 茶　奉 獻 地 藏 前　鑑 察 虔 懇 心

원수애납수 원수애납수 원수자비애납수
願 垂 哀 納 受　願 垂 哀 納 受　願 垂 慈 悲 哀 納 受

진언권공
眞 言 勸 供

향수나열 제자건성 욕구공양지주원
香 羞 羅 列　齋 者 虔 誠　浴 求 供 養 之 周 圓

수장가지지변화 앙유삼보 특사가지
須 仗 加 持 之 變 化　仰 唯 三 寶　特 賜 加 持

나무시방불 나무시방법 나무시방승
南 無 十 方 佛　南 無 十 方 法　南 無 十 方 僧

변식진언
變 食 眞 言

나막 살바다타 아다야 바로기제 옴 삼마라
삼마라 옴 (세 번)

보리좌를 훌륭하게 꾸몄사온대 삼세제불 깨달음
을 이룬 자리네. 지금 바치는 이 자리도 그 같사
오니 우리 함께 불도를 이루오리다.
옴 바아라 미나야 사바하 (세 번)

　정법계진언
옴남옴남 옴남옴남 옴남옴남 옴 남 (세 번)

　차 올리는 진언
제가 이제 감로다를 지장보살님께 올리오니 간절
한 마음 살피시어 절 받으옵소서, 절 받으옵소
서, 자비로써 절 받으옵소서.

　진언으로 공양을 권함
향기로운 음식들을 차려 놓음은 재자들의 간절한
정성입니다. 공양이 두루 원만하게 이뤄지려면
가지 변화에 의지해야 하오니 삼보님, 특별히
가지를 내리소서.
불 법 승 삼보님께 귀의합니다.

　진언으로 공양의 변화를 청함
나막 살바다타 아다야 바로기제 옴 삼마라
삼마라 옴 (세 번)

🔔 시감로수진언
施甘露水眞言

나무소로바야 다타 아다야 다냐타 옴

소로소로 바라소로 바라소로 사바하 (세 번)

🔔 일자수륜관진언
一字水輪觀眞言

옴 밤 밤 밤밤 (세 번)

🔔 유해진언
乳海眞言

나무 사만다 못다남 옴 밤 (세 번)

운심공양진언
運心供養眞言

원차향공변법계　　보공무진삼보례
願此香供邊法界　　普供無盡三寶禮

자비수공증선근　　영법주세보불은
慈悲受供增善根　　令法住世報佛恩

나막 살바다타 아제박미 새바 몰계비약

살바다감 오나아제 바라혜암 옴 아아나캄

사바하 (세 번)

예 참
禮 懺

지심정례공양　극락도사 아미타 여래불
至心頂禮供養　極樂導師 阿彌陀 如來佛

감로수가 흘러나오는 진언
나무소로바야 다타 아다야 다냐타 옴 소로소로
바라소로 바라소로 사바하 (세 번)

'밤' 자에서 젖이 한량없이 나오는 진언
옴 밤 밤 밤밤 (세 번)

젖이 바다같이 많아져 베푸는 진언
나무 사만다 못다남 옴 밤 (세 번)

공양하는 마음을 일으키게 하는 진언
향기로운 이공양이 온누리에 꽉채워져 다함없이 삼보
님께 두루공양 올리오니 자비로써 받으시고 선근공덕
길러주사 거룩하신 부처님께 은혜갚게 해주소서.

나막 살바다타 아제박미 새바 몰계비약 살바다감
오나아제 바라혜암 옴 아아나캄 사바하 (세 번)

공양 올리는 글
지극한 마음으로 극락도사 아미타불께
공양을 올립니다.

지심정례공양 좌우보처 관음세지 양대보살
至心頂禮供養 左右補處 觀音勢至 兩大菩薩

지심정례공양 일체청정 대해중보살 마하살
至心頂禮供養 一切淸淨 大海衆菩薩 魔訶薩

유원 아미타불 강림도량 수차공양
唯願 阿彌陀佛 降臨道場 受此供養

원공법계제제중생 자타일시성불도
願共法界諸衆生 自他一時成佛道

🔔 보공양진언
普供養眞言

옴 아아나 삼바바 바라 훔 (세 번)

🔔 보회향진언
普回向眞言

옴 삼마라 삼마라 미만나 사라마하 자가라가 훔
(세 번)

🔔 대원성취진언
大願成就眞言

옴 아모카 살바다라 사다야 사베 훔 (세 번)

🔔 보궐진언
補闕眞言

옴 호로호로 사야몰케 사바하 (세 번)

지극한 마음으로 극락도사 아미타불께 공양을
올립니다.

지극한 마음으로 양대보살님께 공양을 올립니다.

지극한 마음으로 일체청정 대해중 보살님께
공양을 올립니다.

오직 원하옵건대 대원본존 지장보살 마하살님이
시여, 저희 공양 받으시고 가피력을 내리시어 온
법계의 모든 중생 남김없이 일시 성불하여 지이다.

모든 성중님께 두루 공양하는 진언

옴 아아나 삼바바 바라 훔 (세 번)

널리 회향하는 진언

옴 삼마라 삼마라 미만나 사라마하 자가라가 훔
(세 번)

모든 성취를 발원하는 진언

옴 아모카 살바다라 사다야 사베 훔 (세 번)

빠진 것 보완하는 진언

옴 호로호로 사야몰케 사바하 (세 번)

나무 서방정토 극락세계 아등도사
南無　西方淨土　極樂世界　我等導師

나무아미타불(열 번 이상 시간 되는 대로)
南無阿彌陀佛

🔔 아미타불 본심미묘 진언
阿彌陀佛　本心微妙　眞言

다냐타 옴 아리다라 사바하 (세 번)

계수서방안락찰　　접인중생대도사
稽首西方安樂刹　　接引衆生大導師

아금발원원왕생　　유원자비애섭수
我今發願願往生　　唯願慈悲哀攝受

축　원
祝　願

앙고 대자대비 극락도사 아미타불 불사자비
仰告　大慈大悲　極樂道師　阿彌陀佛　不捨慈悲

허수낭감 상래소수공덕해 회향삼처실원만
許垂郎鑑　上來所修功德海　回向三處悉圓滿

사바세계 남섬부주 동양 대한민국 (사암주소)
娑婆世界　南贍部州　東洋　大韓民國

청정수월도량 거주 제당 ○○재 (주소 성명)
淸淨水月道場　居住　第當　　齋

복위 소천망 ○○○영가 이차인연공덕
伏爲　所薦亡　　　靈駕　以此因緣功德

가피지묘력 다겁생래 소작지죄업 실개소멸
加被之妙力　多劫生來　所作之罪業　悉皆消滅

부답명로 즉 왕생극락세계 상품상생지대원
不踏冥路　卽　往生極樂世界　上品上生之大願

나무 서방정토 극락세계 아등도사

나무아미타불 (열 번 이상 시간 되는 대로)

아미타불이 정해진 업을 소멸하는 진언
다냐타 옴 아리디라 사바하 (세 번)
지장보살 대성인의 크신 위신력 항하사 겁 말하
여도 다하지 못해 보고 듣고 찰나 동안 예배하여
도 인간 천상 모두 함께 이익 얻으리.

축　　원
우러러 고하건대 서방정토 극락정토 대교주이신
아미타부처님이시여, 자비를 버리지 마시옵고 지
혜광명을 드리워 주옵소서. 지금까지 닦은 덕을
세 곳으로 회향하오니 모두 원만하여 지이다.
사바세계 남섬부주 동양 대한민국 (사암: 주소) 청
정수월도량에서 지극한 정성으로 오늘 (재명)재를 봉
행하는 (재자: 주소 성명)복위 (선망부모: 성명)영가가
이 인연공덕으로 지장보살님께서 보살피는 가피지
묘력으로 업장은 모두 소멸되고, 저승길에 헤매
지 않고 곧바로 극락세계 왕생하여 상생상품하게
하옵소서.

재고축(薦魂文) 이차인연 염불풍송공덕
再告祝　　　以此因緣　念佛諷誦功德

왕생서방정토 친견미타 획몽제불
往生西方淨土　親見彌陀　獲夢諸佛

득무생법인지대원
得無生法忍之大願

억원 영가위주 상세선망 사존부모 누대종친
抑願　靈駕爲主　上世先亡　師尊父母　累代宗親

제형숙백 자매질손 원근친척 일체애혼 불자등
弟兄叔伯　姉妹姪孫　遠近親戚　一切哀魂　佛子等

각열위열명영가 차도량내외 동상동하 일체
各列爲列名靈駕　此道場內外　洞上洞下　一切

유주무주 고혼 제불자등 각열위열명영가 a 이차
有主無主　沈魂　諸佛子等　各列位列名靈駕　以此

인연공덕 불보살가피지력 함탈삼계지고뇌 왕생
因緣功德　佛菩薩加被之力　咸脫三界之苦惱　往生

왕생 원왕생 왕생극락세계 상품상생지대원
往生　願往生　往生極樂世界　上品上生之大願

연후원 항사법계 무량불자등 동유화장장엄해
然後願　恒沙法界　無量佛子等　同遊華藏莊嚴海

동입보리대도량 상봉화엄불보살 항몽제불대광
同入菩提大道場　常逢華嚴佛菩薩　恒蒙諸佛大光

명 소멸무량중죄장 획득무량대지혜 돈성무상최
明　消滅無量衆罪障　獲得無量大智慧　頓成無上最

정각 광도법계제중생 이보제불막대은 세세상행
正覺　廣度法界諸衆生　以報諸佛莫大恩　世世常行

보살도 구경원성살반야 마하반야바라밀
菩薩道　究竟圓成薩般若　摩訶般若婆羅蜜

다시 축하하옵건대 염불하고 경을 외운 공덕으로 서방정토에 왕생하여 아미타부처님을 직접 뵙고, 부처님께서 감로수 뿌려주심을 입어 밝은 지혜 환히 깨달아 무생법인을 얻을지어다. 거듭 원하옵건대 영가를 중심으로 먼저 돌아가신 스승, 부모, 여러 대의 종친, 모든 친족 등 여러 영가와 이 도량 안과 밖, 주인이 있거나 없는 외로운 영혼, 모든 불자 등 각 영가들이시여, 인연공덕으로 불보살의 가피력을 입어 모두 삼계의 고뇌를 벗어나 서방정토 극락정토 왕생하여 상품상생 하여지이다. 그런 뒤에 갠지스강 모래수와 같이 많은 법계의 한량없는 불자들이, 꽃으로 장엄된 화장세계에 노닐며 깨달음의 도량에 들어가 항상 화엄세계의 불보살님들과 만나 뵙고 모든 부처님의 크신 광명을 입어 무량한 죄업 소멸되고 한량없는 큰 지혜를 얻어 위없는 바른 깨달음을 단박에 이루어 널리 법계의 모든 중생을 제도하고 부처님의 크신 은혜 원하오며, 세상에 날 때마다 보살도를 행하여 마침내 일체지를 원만히 이루어지게 하옵소서. 마하반야바라밀

※ 매장지에 도착하면 매장 전 천수 일편 후
미타청이나 산신청을 한다.

산 신 청
山 神 請

거 목
擧 目

나무 만덕고승 성개한적 산왕대신
南無 萬德高勝 性皆閒寂 山王大神

나무 차산국내 항주대성 산왕대신
南無 此山局內 恒住大聖 山王大神

나무 시방법계 지령지성 산왕대신
南無 十方法界 至靈至聖 山王大神

보소청진언
普召請眞言

나무 보보제리 가리다리 다타 아다야 (세 번)

유 치
由 致

절이 산왕대성자 최신최령 능위능맹 능맹지처
切以 山王大聖者 最神最靈 能威能猛 能猛之處

최요항마 최령지시 소재강복 유구개수
催妖降魔 最靈之時 消災降福 有求皆遂

무원부종 시이 사바세계 남섬부주 동양
無願不從 是以 娑婆世界 南贍部洲 東洋

대한민국 (사암 주소) 청정수월도량 초상 천혼
大韓民國 淸淨水月道場 初喪 薦魂

※ 매장지에 도착하면 매장 전 천수 일편 후
  미타청이나 산신청을 한다.

산 신 청

거 목

만덕고승 성개한적 산왕대신 님이시여,
자비하신 원력으로 광림하시옵소서.

차산국내 항주대성 산왕대신 님이시여,
자비하신 원력으로 광림하시옵소서.

시방법계 지령지성 산왕대신 님이시여,
자비하신 원력으로 광림하시옵소서.

일체 산왕대신을 청하는 진언

나무 보보제리 가리다리 다타 아다야 (세 번)

금일 재의 사유를 고하는 글

듣자옵건대 산왕대성께옵서는 가장 신묘하옵고
영험스러우시며 위풍스러우시옵고 또한 용맹스러
우시다 하옵니다. 용맹스러우실 때는 모든 마군
의 항복 받으시고 신령스러우신 곳에서는 재앙을
물리치고 복을 내려주시오며 구하는 일 원하는
대로 모두 이루어주신다 하옵기에 시이 사바세계
남섬부주 동양 대한민국 (사암: 주소)

재자 (주소 성명) 복위 금차 영년유택 신원적
齋者　　　　　　　伏爲　今此　永年幽宅　新圓寂

선엄부(자모)　○○○영가 산왕대신 가피지묘력
先嚴夫　慈母　　　　靈駕　山王大神　加被之妙力

이차인연공덕 다겁생래 소작지죄업 실개소멸
以此因緣功德　多劫生來　所作之罪業　悉皆消滅

부답명로 즉왕생극락세계 상품상생지대원
不踏冥路　卽往生極樂世界　上品上生之大願

이금월금일 건설법연 정찬공양 산왕대신
以今月今一　虔說法筵　淨饌供養　山王大神

병종권속 기회영감 곡조미성 앙표일심
竝從眷屬　冀回靈鑑　曲照微誠　仰表一心

선진삼청
先陳三請

나무 일심봉청 후토성모 오악제군 직전외아
南無　一心奉請　后土聖母　五岳帝君　織典鬼峨

팔대산왕 금기오온 안제부인 익성 보덕진군
八大山王　禁忌五蘊　安濟夫人　益聖　保德眞君

시방법계 지령지성 제대산왕 병종권속 유원승
十方法界　至靈至聖　諸大山王　竝從眷屬　唯願承

삼보력 강림도량 수차공양
三寶力　降臨道場　受此供養

향 화 청　　(세 번)
香　花　請

청정수월도량 초상 천혼재자의 신원적 선망부모 ○○○영가를 이곳 ○○○산에 영년유택 하오니 산왕대신님의 가호지묘력으로 보살피시는 오묘한 힘을 입어 여러 겁 동안 지은 죄업이 모두 소멸되고 저승길에 헤매지 않고 곧바로 극락왕생하여 상생상품하게 하옵기 바라는 간절한 소원으로 공양구를 장만하와 산왕대신님께 올리오니 감응하여 주시옵소서.
지극한 마음 모아 세 번 청하옵니다

산왕대신님께 일심으로 청합니다.
어머님처럼 모든 땅을 맡으신 오악제군님들과 높은 봉우리를 맡으시온 팔대산왕님들과 오온의 물들음을 금기하옵신 안제부인과 성스러움을 더하고 덕을 보존하옵는 여러 진군님들과 시방법계에 매우 신령스러옵시고 성스러운 산왕님들과 그 권속인 여러 산왕님들이시여, 원하옵건대 삼보님의 위신력을 받드시어 이 도량에 강림하여 주시어서 저의 공양 받으시옵소서.

　향사르고 꽃뿌리며 세 번 청합니다

가 영
歌 詠

영산석일여래촉 위진강산도중생
靈 山 昔 一 如 來 囑 威 振 江 山 度 衆 生

만리백운청장리 운거학가임한정
萬 里 白 雲 靑 嶂 裡 雲 車 鶴 駕 任 閒 情

고아일심 귀명정례
故 我 一 心 歸 命 頂 禮

대산소산산왕대신 대악소악산왕대신
大 山 小 山 山 王 大 神 大 岳 小 岳 山 王 大 神

대각소각산왕대신 대축소축산왕대신
大 覺 小 覺 山 王 大 神 大 丑 小 丑 山 王 大 神

미산재처산왕대신 이십육정산왕대신
眉 山 在 處 山 王 大 神 二 十 六 丁 山 王 大 神

외악명산산왕대신 사해피발산왕대신
外 岳 明 山 山 王 大 神 四 海 被 髮 山 王 大 神

명당토산산왕대신 금괴대덕산왕대신
明 堂 土 山 山 王 大 神 金 匱 大 德 山 王 大 神

청용백호산왕대신 현무주작산왕대신
靑 龍 白 虎 山 王 大 神 玄 武 朱 雀 山 王 大 神

동서남북산왕대신 원산근산산왕대신
東 西 南 北 山 王 大 神 遠 山 近 山 山 王 大 神

상방하방산왕대신 흉산길산산왕대신
上 方 下 方 山 王 大 神 凶 山 吉 山 山 王 大 神

노래로 맞이하는 글

오랫동안 영산회상 여래부촉 받으시고 크신위엄
갖추시어 중생제도 하시오니 수만리의 흰구름과
깊고푸른 산속에서 학이끄는 구름수레 한가로이
지내시네. 저희들이 일심으로 귀명정례 하옵니다.

대산소산산왕대신　　대악소악산왕대신

대각소각산왕대신　　대축소축산왕대신

미산재처산왕대신　　이십육정산왕대신

외악명산산왕대신　　사해피발산왕대신

명당토산산왕대신　　금귀대덕산왕대신

청용백호산왕대신　　현무주작산왕대신

동서남북산왕대신　　원산근산산왕대신

상방하방산왕대신　　흥산길산산왕대신

정 근
精 勤

나무 만덕고승 성개한적 산왕대신
南無 萬德高勝 性皆閒寂 山王大神

산왕대신---시간에 따라 하되 생략해도 무방함
山王大神

영산석일여래촉   위진강산도중생
靈山昔日如來囑   威鎭江山度衆生

만리백운청장리   운거학가임한정
萬里白雲靑嶂裡   雲車鶴駕任閒情

고아일심 귀명정례
故我一心 歸命頂禮

축 원
祝 願

앙고 제대산신 첨수연민지정 각방신통지세
仰告 諸大山神 僉垂憐愍之情 各方神通之勢

금차세연이진 형탈본귀 신원적 (모인)영가
今此世緣已盡 形脫本歸 神圓寂 某人 靈駕

영건유택 동토안장 비문후난 가흥손성
營建幽宅 動土安葬 俾無後難 家興孫盛

만사형통지발원 마하반야바라밀
萬事亨通之發願 摩訶般若波羅蜜

정 근

나무 만덕고승 성개한적 산왕대신

산왕대신-----시간에 따라 하되 생략해도 무방함

오랫동안 영산회상 여래부촉 받으시고 크신위엄
갖추시어 중생제도 하시오니 수만리의 흰구름과
깊고푸른 산속에서 학이끄는 구름수레 한가로이
지내시네. 저희들이 일심으로 귀명정례 하옵니다.

축 원

우러러 바라옵건대 재자들의 지극한 정성 모아
다과 공양 올리오니 미진한 중생 육신의 탈을 벗
고 본향으로 돌아가는 신원적 ○○○영가를 가엾
이 여기사 일체 산왕님의 가호지묘력으로 영건유
택 편안하고 안락한 집(宅)이 되어 영가는 서방
정토 극락세계에 왕생하게 하옵시고 재자들의 후
일에는 환란과 고난 없게 하옵시며 자손은 창성
하고 매사 만사형통하게 하여 주시옵소서. 마하
반야바라밀

매 장
埋 葬

하 관
下 棺

신원적 (○○○) 영가 일체제중생 신심개여환
新 圓 寂　　　　　　靈 駕　一 切 諸 衆 生　身 心 皆 如 幻

신상속사대 심성귀육진 사대체각리
身 相 屬 四 大　心 性 歸 六 塵　四 大 體 各 離

수위화합자 대중차도 금일영가
誰 爲 和 合 者　大 衆 且 道　今 日 靈 駕

향십마처거 일체불세계 유여허공화
向 什 麼 處 去　一 切 佛 世 界　猶 如 虛 空 華

삼세실평등 필경무거래 (모인) 영가 환회득
三 世 悉 平 等　畢 竟 無 去 來　某 人　靈 駕 還 會 得

차평등
此 平 等

무거래지 일구마(🔔 🔔 🔔) 기혹미연 퇴양일보
無 去 來 祇 一 句 麼　　　　　　既 或 未 然　退 讓 一 步

화니합수 갱청주각 기사인간 백세환신
和 泥 合 水　更 聽 註 脚　既 捨 人 間　百 歲 幻 身

엄귀지하 영년유택 체백안녕 장보자손
奄 歸 地 下　永 年 幽 宅　體 魄 安 寧　長 保 子 孫

혼귀안양자재유희
魂 歸 安 養 自 在 遊 戲

※ 하관 진행중 법주는 오방을 돌며 게송을 설한다.

매 장

구덩이에 관을 내린다

신원적 ○○○영가시여,
모든 중생들의 몸과 마음은 모두가 허깨비 같아서
몸은 사대로 이루어졌고 마음은 육신으로 몸과
마음 서로 각각 흩어지니 화합한 자 누구인가.
대중들은 이르시오. 이제 오늘 ○○○영가님께서
가신 곳은 어디입니까. 일체 모든 부처님께서 허
공 꽃과 같사오며 과거 현재 미래세에 모두가 평
등하여 오고가는 자취 없으니 ○○○영가시여, 가
고 옴이 없는 도리 분명하게 아십니까. (♤♤♤)
모른다면 다시 한 번 설하는 것을 잘 들으시오.
백세 동안 살아오신 헛된 몸을 버리시고 땅속으
로 돌아가서 저승집 마련하니 체백들은 편안하게
하시옵고 자손들을 보살피고 맑은 영혼 안양국
에 편안하게 쉬옵소서.

※ 하관 진행중 법주는 오방을 돌며 게송을 설한다.

향동방
向東方

신원적영가 신종무상중수행 유여환출제형상
新圓寂靈駕 身從無相中受行 猶如幻出諸形相

환인심식본래무 죄복개공무소주 ○○○영가
幻人心識本來無 罪福皆空無所住 　　　靈駕

백골궤산 귀화귀풍 일물장령 개천개지
百骨潰散 歸火歸風 一物長靈 盖天蓋地

○○○영가 환회마 여수욕식일물체
　　　靈駕 還會麼 如今欲識一物體

울울청산시고향
鬱鬱靑山是故鄕

향남방
向南方

기제선법본시환 조제악업역시환
起諸善法本是幻 造諸惡業亦是幻

신여취말심여풍 환출무근무실성 ○○○영가
身如聚沫心如風 幻出無根無實性 　　　靈駕

영골풍표남북주 부지하처견진인 ○○○영가
靈骨風飄南北走 不知何處見眞人 　　　靈駕

생전착사후착 세세생생우중착 여금요득무생리
生前錯死後錯 世世生生又重錯 如今了得無生理

착착원래종불착
錯錯元來終不錯

동쪽을 향하여 염송한다

모양 없는 가운데 생을 받은 몸이여, 마치 환상 속
에서 나옴과 같네. 요술쟁이의 마음과 의식은 본래
없는 것처럼 죄와 복이 다 공하여 머무는 바 없네.
○○○영가시여, 백골은 산화되어 풍화로 흩어져
하늘과 땅을 덮나니 ○○○영가시여, 크고 작았던
지혜와 상식 육체며 답답하던 모든 일들은 청산
에 훌훌 던져 버리고 원래의 본향으로 돌아가소
서.

남쪽을 향하여 염송한다

모든 착한 마음을 일으킴도 본래부터 환상이요
모든 악업 짓는 것 또한 모두가 환상이로다. 몸
은 물거품의 모임이요 마음은 바람과 같나니 환
상에서 나오는 모든 것은 뿌리도 실성도 없도다.
○○○영가시여, 어긋나고 잘못되고 진실하온 모
든 일들은 바람과 함께 빠르게 흩어지니 ○○○영
가시여, 세세생생 환상 없는 그곳 저 언덕 원래
의 본향으로 안주하소서.

향서방
向西方

가차사대이위신 심본무형인 경우 ○○○영가전

假借四大以爲身　心本無形因境有　　　　靈駕前

경약무심역무 죄복여환기역멸 약요무심역무신

境若無心亦無　罪福如幻起亦滅　若了無心亦無身

여시요지향십마처거 무형수하 소월음풍

如是了知向什麼處去　無形樹下　嘯月吟風

무봉탑전 안신입명

無縫塔前　安身立命

향북방
向北方

견신무실시불신 요심여환시불심

見身無實是佛身　了心如幻是佛心

요득신심본성공 사인여불하수 ○○○영가

了得身心本性空　斯人與佛何殊　　　　靈駕

신체소산수시주 무심명월여청풍

身體燒散誰是主　無心明月與清風

향중방
向中方

불불견신지시불 자성심외별무불 지자능지죄

佛不見身知是佛　自性心外別無佛　智者能知罪

성공 천당불찰등한유 회비대야 골절하안

性空　天堂佛刹等閑遊　灰飛大野　骨節何安

서쪽을 향하여 염송한다

환상과 같아 일어나고 곧 없어지는 것 적으나마 거처를 마련하여 무형수 아래서 휘파람으로 탄식은 바람에 날려버리고 천명을 좇아 마음은 편안하게 안주하소서.

북쪽을 향하여 염송한다

몸이 참됨 없음을 보면 부처님의 몸이요, 마음이 환상과 같음을 알면 이것이 부처님 마음일세. 몸과 마음의 본성이 공함을 분명히 체득하면 어찌 이 사람을 부처와 다르다고 하리요. ○○○영가시여, 신체 태워 흩어버림은 이생에 지은 업장 흩어버림이니 밝은 마음으로 가벼이 떠나소서.

가운데를 향하여 서서 염불한다

부처는 몸을 보지 않아도 부처인 줄 알지만 만약에 진실로 안다면 아는 사람이 바로 부처니라. 이 도리를 영가께서 안다면 따로 부처가 없느니라. 지혜로운 이는 죄의 성품이 공함을 잘 알아

먹지일성 시도뇌관돌 일점영명비내외 오대공
驀 地 一 聲 始 到 牢 關 咄 一 點 靈 明 非 内 外 五 臺 空

쇄백운간
鎖 白 雲 間

환귀본토진언
還 歸 本 土 眞 言

옴 바자나 사다모 (세 번)

산 좌 송
散 座 誦

법신변만백억계   보방금색조인천
法 身 遍 滿 百 億 界   普 放 金 色 照 人 天

응물현형담저월   체원정좌보련대
應 物 現 刑 潭 底 月   體 圓 正 坐 寶 蓮 臺

매장을 마치고 상여 등을 태운 다음 귀가한다.

마음이 평온하니 생사가 두려워지지 않네. 사대를 잠시 빌려 이 몸을 이루었는데, 마음은 본래 무성이니 경계 따라 있게 되고 앞의 경계가 없으면 마음 또한 없도다. 향다를 올리며 예를 갖추노니, ○○○영가시여, 가벼운 재처럼 쏜살같이 깨끗하고 밝은 공간에 다다르니 작게 찍은 한 점의 점이로다.

　　　환귀본토진언
옴 바자나 사다모　(세 번)

　홀로 떨어져 앉히는 게송
부처님의 청정법신 백억세계 두루하사 금빛광명 널리놓아 하 늘 을 비추시며 중생근기 응하옴이 물에비친 달과같고 본체실상 원만하니 보련대에 앉으소서.

매장을 마치고 상여 등을 태운 다음 귀가한다.

※ 장엄염불을 하다가 산역이 끝나면 제상을 차린 다음 상주는
(남-좌, 여-우)로 서고 맏상주는 향차를 올리고 상주들은 함께
절을 하며 스님은 다음 법문을 설하고, 동참 대중은 엄숙하게
순서대로 향다를 올리며 예를 갖춘다.

거 불
擧　佛

나무 극락도사 아미타불
南無　極樂導師　阿彌陀佛

나무 관음세지 양대보살
南無　觀音勢至　兩大菩薩

나무 접인망령 인로왕보살
南無　接引亡靈　引路王菩薩

청 혼
請　魂

거 사바세계 남섬부주 동양 대한민국 주소
據　娑婆世界　南贍部州　東洋　大韓民國　住所

○○○장지명 원아금차 지극지정성 초상봉청
　　　葬地名　願我今此　至極至精誠　初喪奉請

천혼재자 주소 행효자 ○○○복위 신원적
薦魂齋者　住所　行孝子　　　　伏爲　新願寂

소천망 엄부(자모) ○○○영가 형귀선택
所薦亡　嚴父　　　　　　　靈駕　刑鬼還宅

신반실당
辰反室堂

평 토 제

※ 장엄염불을 하다가 산역이 끝나면 제상을 차린 다음 상주는 (남-좌, 여-우)로 서고 맏상주는 향차를 올리고 상주들은 함께 절을 하며 스님은 다음 법문을 설하고, 동참 대중은 엄숙하게 순서대로 향다를 올리며 예를 갖춘다.

부처님을 청하며 가피를 구함

극락도사 아미타 부처님께 귀의합니다.

관세음보살 대세지보살님께 귀의합니다.

접인망령 인로왕보살님께 귀의합니다.

금일 영가를 청하여 모시는 글

사바세계를 의지처로 삼은 남섬부주 동양 대한민국 (장지명)청정수월도량 원아금차 지극지정성 초상봉청 천혼재자 (주소 성명)행효자 등이 신원적 엄부(자모) ○○○영가 형상과 모습은 보이지 않으나 새로운 본향의 집으로 돌아가시는 길에 향기로운 차와 과일을 드시고 근심 걱정은 모두 버리고

근이향다지존 감소고우 복유존령 사구종신
勤 以 香 茶 之 尊 敢 昭 告 于 伏 遺 尊 靈 使 句 終 身

시빙시의 (장지도량 산)내외 동상동하 일체
屍 憑 矢 矣 　　　　　　 內 外 洞 上 洞 下 一 切

유주무주 고혼불자등 각열위열명영가
有 主 無 主 孤 魂 佛 子 等 各 列 位 列 名 靈 駕

반혼착어
返 魂 着 語

영명성각묘난사　　월타추담계영한
靈 明 性 覺 妙 難 思　　月 墮 秋 潭 桂 影 寒

금탁수성개각로　　잠사진계하향단
金 鐸 數 聲 開 覺 路　　暫 辭 眞 界 下 香 壇

보소청진언
普 召 請 眞 言

나무 보보제리 가리다리 다타 아다야　(세 번)

수위안좌진언
受 位 安 座 眞 言

옴 마니 구다니 훔훔 사바하 (세 번)

보방광명향장엄　　종종묘향집위장
普 放 光 明 香 莊 嚴　　種 種 妙 香 集 爲 帳

보산시방제국토　　공양일체대덕존
普 散 十 方 諸 國 土　　供 養 一 切 大 德 尊

홀연한 마음으로 이곳 향단에 오르시옵소서. 이
곳 ○○○산 장지 내외 동상동하 주인이 있거나
주인이 없거나 외로운 고혼 불자 등 일체 영가들
도 불보살님의 가호지묘력으로 이 향단에 오르시
어 다과공양을 흠향하시옵소서.

영가를 향단에 모시는 글

신령스런 본각성품 미묘하기 그지없어 가을연못
비친달의 계수나무 그림자라 목탁요령 소리따라
깨달음길 열렸으니 저승세계 잠시떠나 이향단에
왕림하소서.

널리 청하는 진언

나무 보보제리 가리다리 다타 아다야 (세 번)

수위안좌진언

옴 마니 구다니 훔훔 사바하 (세 번)

지혜광명 널리놓고 향연으로 장엄하여
가지가지 미묘한향 한데모여 휘장되고
두루널리 시방세계 불국토로 흩어져서
큰덕지닌 모든분께 공양올려 지사이다

보방광명다장엄　　　종종묘다집위장
普 放 光 明 多 莊 嚴　　種 種 妙 多 集 爲 帳

보산시방제국토　　　공양일체영가중
普 散 十 方 諸 國 土　　供 養 一 切 靈 駕 衆

보산시방제국토　　　공양일체고혼중
普 散 十 方 諸 國 土　　供 養 一 切 孤 魂 衆

우방광명법자재　　　차광능각일체중
又 放 光 明 法 自 在　　遮 光 能 覺 一 切 衆

영득무진다라니　　　실지일체제불법
靈 得 無 盡 陀 羅 尼　　悉 持 一 切 諸 佛 法

법력난사의　　　　　대비무장애
法 力 難 思 議　　　　大 悲 無 障 碍

입입변시방　　　　　보시주법계
粒 粒 遍 十 方　　　　普 施 周 法 界

금이소수복　　　　　보첨어귀취
今 以 所 修 福　　　　普 沾 於 鬼 趣

식이면극고　　　　　사신생락처
食 己 免 極 苦　　　　捨 身 生 樂 處

변식진언
變 食 眞 言

나막 살바 다타아나 바로기제 옴 삼바라
삼바라 훔 (세 번)

광명다시 널리놓고 명다로써 장엄함에 가지가지
묘한명다 한데모여 휘장되고 두루널리 시방세계
불국토로 흩어져서 큰덕지닌 모든분께 공양올려
지사이다.

광명다시 널리놓고 진여법문 자재함에 이광명이
모든중생 빠짐없이 깨우쳐서 다함없는 다라니를
남김없이 얻게하여 한량없는 부처님법 얻게되어
지사이다.

진리의힘 헤아리기 어려우며 크신비원 걸릴것이
없사오니 한알한알 시방세계 두루하여 두루두루
온법계에 베풀어져

적사오나 지금제가 닦은복도 귀취중에 모든중생
몫이되어 공양듦에 갖은고통 면해지고 몸을바꿔
왕생극락 하여이다.

　　구미에 맞는 음식으로 변하는 진언

나막 살바 다타아나 바로기제 옴 삼바라 삼바라
훔 (세 번)

시감로수진언
施甘露水眞言

나무 소로바야 다타 아다야 다냐타 옴 소로
소로 바라 소로 바라소로 사바하　(세 번)

일자수륜관진언
一字水輪觀眞言

옴 밤 밤 밤밤　(세 번)

유해진언
乳海眞言

나무사만다 못다남 옴 밤 (세 번)

원차가지식 보변만시방
願此加持食 普遍滿十方

식자제기갈 득생안락국
食者除飢渴 得生安樂國

시귀식진언
施鬼食眞言

옴 미기미기 야야 미기 사바하　(세 번)

감로수로 변하는 진언

나무 소로바야 다타 아다야 다냐타 옴 소로 소로
바라 소로 바라소로 사바하 (세 번)

'밤' 자에서 젖이 나오는 진언

옴 밤 밤 밤밤 (세 번)

음식이 진리의 젖으로 변하는 진언

나무사만다 못다남 옴 밤 (세 번)

바라건대 법다운 이 공양이여, 시방세계 두루두
루 넘칠지어다. 먹는 자는 굶주림 길이 여의고
아미타 극락세계 태어날지니라.

귀신들에게 베푸는 진언

옴 미기미기 야야 미기 사바하 (세 번)

시무차법식진언
施無遮法食眞言

옴 목역능 사바하 (세 번)

보공양진언
普供養眞言

옴 아아나 삼바바 바아라 훔 (세 번)

보회향진언
普回向眞言

옴 삼마라 삼마라 미만나 사라마하 자가라 바 훔 (세 번)

※ 다음은 상주가 위패를 모시고 유족과 함께 법주 뒤를 따르며 아미타불 정근을 하며 돌아온다. 위패를 절에 모실 때는 반혼제를 모시고 절에 도착하여 49재 입제를 한다.

행 보 게
行 步 偈

이행천리만허공 귀도정망도정방
移行千里滿虛空 歸途情忘到淨邦

삼업투성삼보례 성범동회법왕궁
三業投誠三寶禮 聖凡同會法王宮

산화락 (세 번)

나무 대성인로왕보살마하살 (삼설 반배)
南無 大聖引露王菩薩摩訶薩

차별없이 베푸는 진언

옴 목역능 사바하 (세 번)

공양을 베푸는 진언
옴 아아나 삼바바 바아라 훔 (세 번)

모든 공덕을 널리 회향하는 진언
옴 삼마라 삼마라 미만나 사라마하 자가라 바 훔

(세 번)

※ 다음은 상주가 위패를 모시고 유족과 함께 법주 뒤를 따르며 아미
타불 정근을 하며 돌아온다. 위패를 절에 모실 때는 반혼제를 모시고
절에 도착하여 49재 입제를 한다.

행 보 게
극락으로 가시는 길은 어디에든 있사오니 정 잊으면
가시는 길 그곳이 정토로다. 삼업으로 정성다해 삼
보께 예배하고 성인과 범부가 함께 법왕궁에 만납시다.

산화락 (세 번)

나무대성인로왕보살 (삼설 반배)

화 장 식(다비)
火 葬 式

거 불
舉 佛

나무 극락도사 아미타불
南無 極樂導師 阿彌陀佛

나무 관음세지 양대보살
南無 觀音勢至 兩大菩薩

나무 접인망령 인로왕보살
南無 接引亡靈 引路王菩薩

청 혼
請 魂

거 사바세계 남섬부주 동양 대한민국 주소
據 娑婆世界 南贍部州 東洋 大韓民國 住所

○○○화장장 결계도량 금차 지극지정성
結界道場 今此 至極至精誠

초상제지신 천혼재자 주소 행효자 ○○○복위
初喪祭之辰 薦魂齋者 住所 行孝子 伏爲

신원적 선엄부(자모) ○○○영가 영가위주
新聞寂 先嚴夫 慈母 靈駕 靈駕爲主

상서 선망부모 다생사장 원근친족등
上逝 先亡父母 多生師長 遠近親族 等

각열위열명영가 차 화장장내외 동상동하 일체
各列位列名靈駕 此 火葬場內外 洞上洞下 一切

화장식(다비)

아미타부처님을 칭하며 가피를 구함

극락도사 아미타 부처님께 귀의합니다.

관음세지 양대보살님께 귀의합니다.

접인망령 인로왕보살님께 귀의합니다.

청하여 모시는 글

사바세계를 의지처로 삼은 남섬부주 동양 대한민국 (화장장: 주소 명칭) 결계도량 원아금차 지극지정성 장례봉청 천혼재자 (주소 성명) 행효자 등이 엎드려 부릅니다. 신원적 엄부(자모) ○○○영가시여, 영가를 중심으로 지난 세상 먼저 돌아가신 부모님, 다생의 스승과 원근 친척 등 이곳 화장장 내 주인이 있거나 주인이 없거나 외로운 고혼불자 등

유주무주 고혼불자등 각열위열명영가
有主無主 孤魂佛子等 各列位列名靈駕

거 화
擧 火

신원적 ○○○영가 차일거화 비삼독지화
新圓寂 靈駕 此一炬火 非三毒之火

시여래일등삼매지화 기광혁혁 변조삼제
是如來一燈三昧之火 其光赫赫 遍照三際

기렴황황 통철시방 득기광야 등제불어일조
其燄煌煌 洞徹十方 得其廣也 等諸佛於一朝

실기광야 순생사지만겁 신원적 ○○○영가
失其光也 順生死之萬劫 新圓寂 靈駕

회광반조 돈오무생 이열뇌고 득쌍림락
廻光返照 頓悟無生 離熱惱苦 得雙林樂

하 화
下 火

신원적 ○○○영가 삼연화합 잠시성유
新圓寂 靈駕 三緣和合 暫時成有

사대이산 홀득환공 기년유어환해 금조탈각
四大離山 忽得還空 幾年遊於幻海 今朝脫却

경쾌여봉 대중차도 신원적 ○○○영가
慶快如蓬 大衆且道 新圓寂 靈駕

외 동상동하 일체영가들이시여.

화로에 불을 붙이는 글

신원적 ○○○영가시여,
이 불은 삼독 길이 여의고 열독의 불이 아니라
부처님 일등삼매 불이 되오니 그 빛은 밝고 밝아
영겁 비추고 불꽃은 사방으로 타오르도다. 이 광
명 얻은 자 부처님 같고 이 광명 잃은 자 생사
따르니 영가시여, 돌이켜 스스로 비춰 무생법인
단번에 요달하여서 타는 듯한 고뇌 벗고 열반 기
쁨 누리옵소서.

관에 불을 붙인다

신원적 ○○○영가시여,
세 인연 화합하여 몸 이루다가 사대가 흩어지니
문득 공이라. 몇 년을 환희 바다 돌고 헤매다가
분명하게 일러 보소서. 오늘 영가 간 곳이 어느
곳인가. 거꾸로 탄 목마로 재주넘으니 활활 타는

향심마처 거목마도기번일전 대홍염리방한풍
向 甚 麼 處 去 木 馬 倒 騎 驫 一 轉 大 紅 焰 裡 放 寒 風

봉송
奉 送

신원적 ○○○영가 절이 영가 기수연이순적
新 圓 寂 靈 駕 切 以 靈 駕 旣 隨 緣 而 順 寂

내의법이다비 분백년환몽지신 입일로열반지문
乃 依 法 而 茶 毗 焚 百 年 幻 夢 之 身 入 一 路 涅 槃 之 門

앙빙대중 자조각로
仰 憑 大 衆 資 助 覺 路

봉송진언
奉 送 眞 言

옴 바아라 사다 목차목 　(세 번)

기 골
起 骨

신원적 ○○○영가 일점영명 요무소애
新 圓 寂 靈 駕 一 點 靈 明 了 無 所 碍

일척번신 다소자재 무상무공무불공
一 擲 驫 身 多 少 自 在 無 相 無 空 無 不 空

즉시여래진실상　무상무공무불공
卽 是 如 來 眞 實 相 無 相 無 空 無 不 空

즉시여래진실상
卽 是 如 來 眞 實 相

오늘 이제 벗어나니 경쾌하도다. 대중들은 불길
속에 찬바람이네.

　　받들어 보내드리는 글
신원적 ○○○영가시여,
애달프다 저승으로 떠나는 이여, 세상 인연 따라
서 원적에 들고 법답게 정성들여 다비 행하여 백년
동안 법을 펼칠 거룩하신 몸, 오늘 이제 걸림 없
이 열반길 가니 대중들은 밝은 길을 넓히옵소서.

　　봉송진언
옴 바아라 사다 목차목　(세 번)

　　화구에서 유골이 나오는 글
신원적 ○○○영가시여,
일점이라 영명이여 걸림 없으니 한번 던져 몸 뒤
치니 비로소 얻네. 상도 없고 공도 없고 불공도
없어 이것이 바로 부처님의 진실상이라.

습 골
拾 骨

신원적 ○○○영가
新圓寂　　　靈駕

취부득 사부득 정당이마시 여하위실 돌
取不得 捨不得 正當伊麼時 如何委悉 咄

척기미모화리 간 분명일국황금골
剔起眉毛火裡 看 分明一掬黃金骨

쇄 골
碎 骨

신원적 ○○○영가
新圓寂　　　靈駕

약인투득상두관 시각산하대지관
若人透得上頭關 始覺山河大地寬

불락인간분별계 하구녹수여청산 저개백골괴야
不落人間分別界 何拘錄水與青山 這箇白骨壞也

미괴야괴즉 유여벽공 미괴즉청천백운
未壞也壞則 猶如碧空 未壞則青天白雲

영식독로 유재부재 환식저개마
靈識獨露 有在不在 還識這個麼

불리당처상담연 멱즉지군불가견
不離當處常湛然 覓則知君不可見

유골을 수습한다

신원적 ○○○영가시여,

잡을 것도 버릴 것도 참으로 없으니 이러한 바로 이때 어찌할 건가. 눈을 부릅뜨고 불 속을 보라. 분명히 한 무더기 황금 뼈로다.

유골을 분쇄하는 글

신원적 ○○○영가시여,

누구나 상두관을 뚫어내고자 산하대지 넓은 곳을 비로소 아네. 인간세상 분별세계 안 떨어지니 푸른 물 푸른 산에 구애되리오. 이 백골 부서지는가, 아닌가, 부서지면 푸른 하늘 아니던가. 그러하지 않으면 청천백운이로다. 신령한 심식만이 홀로 드러나 있고 없고는 상관없도다. 누가 있어이 도리를 능히 알손가. 당처를 여의잖고 항상 맑거늘 이를 두고 찾는 자 결코 못 보리라. 비로소 얻네. 상도 없고 공도 없고 불공도 없어 이것 바로 부처님의 진실상이라.

산 골
散 骨

거 불
擧 佛

나무 극락도사 아미타불
南無 極樂導師 阿彌陀佛

나무 관음세지 양대보살
南無 觀音勢至 兩大菩薩

나무 접인망령 인로왕보살
南無 接引亡靈 引路王菩薩

청 혼
請 魂

거 사바세계 남섬부주 동양 대한민국 주소
據 娑婆世界 南贍部州 東洋 大韓民國 住所

○○○(산골장소) 결계도량 금차 지극지정성
結界道場 今此 至極至精誠

산골봉청 천혼재자 주소 행효자 ○○○복위
散骨奉請 薦魂齋者 住所 行孝子 伏爲

신원적 선엄부(자모) ○○○영가 영가위주
新圓寂 先嚴夫 慈母 靈駕 靈駕爲主

상서 선망부모 다생사장 원근친족등
上逝 先亡父母 多生師長 遠近親族 等

각열위열명영가 차 (산골 장소 주소) 동상동하
各列位列名靈駕 此 洞上洞下

일체 유주무주 고혼불자등 각열위열명영가
一切 有主無主 孤魂佛子 等 各列位列名靈駕

쇄골한 뼈를 산이나 또는 강물에 뿌릴 때

아미타부처님을 칭하며 가피를 구함

극락도사 아미타 부처님께 귀의합니다.

관음세지 양대보살님께 귀의합니다.

접인망령 인로왕보살님께 귀의합니다.

청하여 모시는 글

사바세계를 의지처로 삼은 남섬부주 동양 대한민국 (산골: 장소명) 원아금차 지극지정성 산골봉청 천혼재자 (주소 성명) 행효자 등이 엎드려 부르옵나니, 신원적 엄부(자모) ○○○영가시여, 이곳 (산골: 장소명) 내외 동상동하 주인이 있거나 주인이 없거나 외로운 고혼불자 등 모든 영가시여.

착 어
着 語

영명성각묘난사   월타추담계영한
靈 明 性 覺 妙 難 思   月 墮 秋 潭 桂 影 寒

금탁수성개각로   잠사진계하향단
金 鐸 數 聲 開 覺 路   暫 辭 眞 界 下 香 壇

환귀본토진언
還 歸 本 土 眞 言

옴 바자모 사다모 사바하

(분골을 다 뿌릴 때까지 환귀본토진언 염송한다)

산 좌 송
散 座 頌

법신변만백억계   보방금색조인천
法 身 遍 滿 百 億 界   普 放 金 色 照 人 天

응물현형담저월   체원정좌보련대
應 物 現 形 潭 低 月   體 圓 正 座 寶 蓮 臺

영가에게 이르는 법어

신령스런 본각성품 미묘하기 그지없어 가을연못
비친달의 계수나무 그림자라 목탁요령 소리따라
깨달음길 열렸으니 저승세계 잠시떠나 이향단에
왕림하소서.

환귀본토진언

옴 바자모 사다모 사바하

   (분골을 다 뿌릴 때까지 환귀본토진언 염송한다)

연화대에 모시는 게송

부처님의 청정법신 백억세계 두루하사 금빛광명
널리놓아 하 늘 을 비추시며 중생근기 응하옴이
물에비친 달과같고 본체실상 원만하니 보련대에
앉으소서.

유골봉안
遺骨奉安

거 불
擧佛

나무 극락도사 아미타불
南無 極樂導師 阿彌陀佛

나무 관음세지 양대보살
南無 觀音勢至 兩大菩薩

나무 접인망령 인로왕보살
南無 接引亡靈 引路王菩薩

청 혼
請魂

거 사바세계 남섬부주 동양 대한민국 주소
據 娑婆世界 南贍部州 東洋 大韓民國 住所

○○○영묘탑장(납골당) 결계도량 금차
靈廟塔場 結界道場 今此

지극정성 봉안봉청 천혼재자 주소 행효자
至極精誠 奉安奉請 薦魂齋者 住所 行孝子

○○○복위 신원적 선엄부(자모) ○○○영가
伏爲 新圓寂 先嚴夫 慈母 靈駕

영가위주 상서 선망부모 다생사장 원근친족등
靈駕爲主 上逝 先亡父母 多生師長 遠近親族 等

각열위열명영가 차 영묘탑장(납골당) 동상동하
各列位列名靈駕 此 靈廟塔場 洞上洞下

일체 유주무주 고혼불자등 각열위열명영가
一切 有主無主 孤魂佛子 等 各列位列名靈駕

납골당 봉안시

아미타부처님을 칭하며 가피를 구함

극락도사 아미타 부처님께 귀의합니다.

관음세지 양대보살님께 귀의합니다.

접인망령 인로왕보살님께 귀의합니다.

청하여 모시는 글

사바세계를 의지처로 삼은 남섬부주 동양 대한민

국 (사암: 주소 명칭) 청정수월도량 거주 원아금차

지극정성 납골봉안 봉청 천혼재자 (주소 성명) 행

효자 등이 엎드려 부르옵나니 신원적 엄부(자모)

○○○영가시여, 이곳 (납골봉안: 장소명) 내외 동상

동하 주인이 있거나 주인이 없거나 외로운 고혼

불자 등 모든 영가시여.

마하반야바라밀다심경
摩訶般若波羅蜜多心經

관자재보살 행심반야바라밀다시 조견오온개공 도
觀自在菩薩 行深般若波羅蜜多時 照見五蘊皆空 度

일체고액 사리자 색불이공 공불이색 색즉시공 공
一切苦厄 舍利子 色不異空 空不異色 色卽是空 空

즉시색 수상행식 역부여시 사리자 시제법공상 불
卽是色 受想行識 亦復如是 舍利子 是諸法空相 不

생불멸 불구부정 부증불감 시고 공중무색 무수상
生不滅 不垢不淨 不增不減 是故 空中無色 無受想

행식 무안이비설신의 무색성향미촉법 무안계 내지
行識 無眼耳鼻舌身意 無色聲香味觸法 無眼界 乃至

무의식계 무무명 역무무명진 내지 무노사 역무노
無意識界 無無明 亦無無明盡 乃至 無老死 亦無老

사진 무고집멸도 무지역무득 이무소득고 보리살타
死盡 無苦集滅道 無智亦無得 以無所得故 菩提薩埵

의반야바라밀다 고심무가애 무가애고 무유공포 원
依般若波羅蜜多 故心無罣碍 無罣碍故 無有恐怖 遠

리전도몽상 구경열반 삼세제불 의반야바라밀다 고
離顚倒夢想 究竟涅槃 三世諸佛 依般若波羅蜜多 故

득아뇩다라삼먁삼보리 고지반야바라밀다 시대신
得阿耨多羅三藐三菩提 故知般若波羅蜜多 是大神

주 시대명주 시무상주 시무등등주 능제일체고 진
呪 是大明呪 是無上呪 是無等等呪 能除一切苦 眞

실불허 고설반야바라밀다주 즉설주왈 「아제아제
實不虛 故說般若波羅蜜多呪 卽說呪曰 揭諦揭諦

바라아제 바라승아제 모지 사바하」(세 번)
波羅揭諦 波羅僧揭諦 菩提 娑婆訶

마하반야바라밀다심경

관자재보살이 깊은 반야바라밀다를 행할 때, 오온이 공한 것을 비추어 보고 온갖 고통에서 건지느니라. 사리자여, 색이 공과 다르지 않고 공이 색과 다르지 않으며, 색이 곧 공이요 공이 곧 색이니, 수 상 행 식도 그러하니라. 사리자여, 모든 법은 공하여 나지도 멸하지도 않으며, 더럽지도 깨끗하지도 않으며, 늘지도 줄지도 않느니라. 그러므로 공 가운데는 색이 없고 수 상 행 식도 없으며, 안 이 비 설 신 의도 없고, 색 성 향 미 촉 법도 없으며, 눈의 경계도 의식의 경계까지도 없고, 무명도 무명이 다함까지도 없으며, 늙고 죽음도 늙고 죽음이 다함까지도 없고, 고 집 멸 도도 없으며, 지혜도 얻음도 없느니라. 얻을 것이 없는 까닭에 보살은 반야바라밀다를 의지하므로 마음에 걸림이 없고 걸림이 없으므로 두려움이 없어서, 뒤바뀐 헛된 생각을 멀리 떠나 완전한 열반에 들어가며, 삼세의 모든 부처님도 반야바라밀다를 의지하므로 최상의 깨달음을 얻었느니라. 반야바라밀다는 가장 신비하고 밝은 주문이며 위없는 주문이며 무엇과도 견줄 수 없는 주문이니, 온갖 괴로움을 없애고 진실하여 허망하지 않음을 알지니라. 이제 반야바라밀다주를 말하리라.
「아제아제 바라아제 바라승아제 모지 사바하」(세 번)

봉 안 게
奉 安 偈

생전유형질   **사후무종적**
生 前 有 形 質   死 後 無 從 跡

청입법왕궁   **안심좌도량**
請 入 法 王 宮   安 心 坐 道 場

자리에 모셔 놓고 안심시키는 글

살아서는 형상이 있었지만 죽어지니 흔적조차 간 곳없네. 부처님의 적멸궁에 들기 청하니 마음 편히 이 도량에 앉으옵소서.

사십구재 입제
四十九齋入齊

※ 장례 절차와 반혼제를 모두 마치고 절에 도착하여 법
   당에 입실 전 스님께서 정중게, 개문게를 설하는 동안
   잠시 기다린다.

정 중 게
庭 中 偈

일보증부동
一 步 曾 不 動

내향수운간
來 向 水 雲 間

기도아련야
祈 到 阿 練 若

입실례금선
入 室 禮 金 仙

개 문 게
開 門 偈

권박봉미륵
捲 薄 逢 彌 勒

개문현석가
開 門 現 釋 迦

삼삼례무상
三 三 禮 無 上

유희법왕가
遊 戲 法 王 家

사십구재 입제

※ 장례 절차와 반혼제를 모두 마치고 절에 도착하여 법당에 입실 전 스님께서 정중게, 개문게를 설하는 동안 잠시 기다린다.

정 중 게
모름지기 한걸음도 움직임이 없으면서 맑은물과
구름따라 자유로이 오고갔네 그대이미 불도량에
임했으니 법당으로 들어가서 부처님께 예배하소서.

부처님 계신 법당에 들어서는 게송
발걸음을 내다보니 미륵보살 뵙게되고 문을열어
나아가니 석가모니 친견일세 세번거듭 머리숙여
부처님께 절을하고 번뇌망상 떠난자리 유유자적
하여보세.

◎ 상주는 위패와 영정을 모시고 입실하여 부처님 앞에 선다.

입 제
入 齊

보례진언
普 禮 眞 言

아금일신중 즉현무진신 변재지장전
我 今 一 身 中 卽 現 無 盡 身 遍 在 地 藏 殿

일일무수례
一 一 無 數 禮

옴 바아라 믹 (세 번)

천 수 경
千 手 經

정구업진언
淨 口 業 眞 言

수리수리 마하수리 수수리 사바하 (세 번)

오방내외안위제신진언
五 方 內 外 安 慰 諸 神 眞 言

나무 사만다 못다남 옴 도로도로 지미 사바하
(세 번)

개 경 게
開 經 偈

무상심심미묘법	백천만겁난조우
無 上 甚 深 微 妙 法	百 千 萬 劫 難 遭 遇
아금문견득수지	원해여래진실의
我 今 聞 見 得 受 持	願 解 如 來 眞 實 意

◎ 상주는 위패와 영정을 모시고 입실하여 부처님 앞에 선다.

입 제

널리 절하는 진언

제가 이제 한 몸에서 다함없는 몸을 내어 두루 계신

지장보살님께 빠짐없이 절합니다.

옴 바아라 믹 (세 번)

천 수 경

구업을 청정케 하는 진언

수리수리 마하수리 수수리 사바하 (세 번)

오방내외에 신중을 모시는 진언

나무 사만다 못다남 옴 도로도로 지미 사바하

(세 번)

경전을 펴는 게송

높고깊은 부처님법 만나옵기 어렵건만

제가이제 받아지녀 참된의미 깨치리라.

개법장진언
開法藏眞言

옴 아라남 아라다 (세 번)

정삼업진언
淨三業眞言

옴 사바바바 수다사바 달마 사바바바 수도함
(세 번)

개단진언
開壇眞言

옴 바아라 뇨로 다가다야 삼마야 바라베
사야훔 (세 번)

건단진언
建壇眞言

옴 난다난다 나지나지 난다바리 사바하 (세 번)

정법계진언
淨法界眞言

나자색선백	공점이엄지	여피계명주
羅字色鮮白	空點以嚴之	如彼髻明珠
치지어정상	진언동법계	무량중죄제
置之於頂上	眞言同法界	無量衆罪除
일체촉예처	당가차자문	
一切觸穢處	當加此字門	

나무 사만다 못다남 남 (세 번)
南無 三滿多 沒多喃 㘕

법장을 여는 진언

옴 아라남 아라다 (세 번)

정삼업진언

옴 사바바바 수다사바 달마 사바바바 수도함(세 번)

개단진언

옴 바아라 놔로 다가다야 삼마야 바라베 사야훔
(세 번)

건단진언

옴 난다난다 나지나지 난다바리 사바하 (세 번)

법계를 청정히 하는 진언

도피안의 진리세계 티끌없이 청정하듯 이세상의
공한이치 엄연하고 뚜렷하여 전륜성왕 상투속의
보배로운 구슬처럼 그지없이 고귀하고 더함없이
소중하사 다라니의 수행문과 진여세계 동등하여
한량없이 중생죄업 남김없이 소멸하니 세상모든
오염된곳 불자들이 나아갈때 마 땅 히 진 언 을
수지독송 해야하리.

거 불
擧 佛

나무 유명교주 지장보살
南無 幽冥敎主 地藏菩薩

나무 남방화주 지장보살
南無 南方化主 地藏菩薩

나무 대원본존 지장보살
南無 大願本尊 地藏菩薩

🔔 보소청진언
普召請眞言

나무 보보제리 가리다리 다타 아다야 (세 번)

유 치
由 致

앙유 지장대성자 만월진용 징강정안 장마니
仰唯 地藏大聖者 滿月眞容 澄江淨眼 掌摩尼

이 시원과위 제함담이 유섭인문 보방자광
而 示圓果位 蹄菡萏面 猶躡因門 普放慈光

상휘혜검 조명음로 단멸죄근 당절귀의
常揮慧劍 照明陰路 斷滅罪根 倘切歸依

해지감응 시이 사바세계 남섬부주 동양
奚遲感應 施以 娑婆世界 南贍部州 東洋

대한민국 (사암: 주소 명칭) 청정수월도량
大韓民國 淸淨水月道場

49재입제 천혼재자 (주소 성명) 복위 소천망
齋入齊 薦魂齋者 伏爲 所薦亡

○○후인 ○○○영가
后人 靈駕

지장보살의 가피를 구하며 청함

유명교주 지장보살님께 귀의합니다.

남방화주 지장보살님께 귀의합니다.

대원본존 지장보살님께 귀의합니다.

　　넓리 청하는 진언

나무 보보제리 가리다리 다타 아다야 (세 번)

　　법회가 이루어지는 연유를 고하는 글

생각하옵건대 지장보살님께옵서는 만월 같으신 얼굴과 맑은 강물같은 눈물 가지셨으며 마니 구슬을 손에 들어 원만한 과위를 보이시고 연꽃 송이에 앉으사 인행의 문을 여의지 않으시며 자비의 광명을 두루 놓으시고 죄악의 뿌리를 끊으신다 하오니 귀의하는 정성 간절하면 그 감응 어찌 더디겠나이까 그러하옵기에

시이 사바세계 남부주 동양 대한민국 (사암: 주소) 청정수월도량에서 49재입제 (재자: 주소 성명)복위 등이 (선망부모)등의 영가님의 7,7재를 입제하오며 극락세계 왕생하옵기를 발원하와 법연을

남방화주 지장대성 서회자감 곡조미성
南方化主 地藏大聖 庶廻慈鑑 曲照微誠

앙표일심 선진삼청
仰表一心 先陳三請

🔔 나무 일심봉청 자인적선 서구중생
南無 一心奉請 慈因積善 誓救衆生

수중금석 진개지옥지문 장상명주
手中金錫 振開地獄之門 掌上明珠

광섭대천지계 염왕전상 업경대전 위
光攝大天之界 閻王殿上 業鏡臺前 爲

남염부제중생 작개증명공덕주 대비대원
南閻浮提衆生 作個證明功德主 大悲大願

대성대자본존 지장왕보살 마하살 유원자비
大聖大慈本尊 地藏王菩薩 摩訶薩 唯願慈悲

강림도량 수차공양
降臨道場 受此供養

착 어
着 語

영명성각묘난사   월타추담계영한
靈明性覺妙難思   月墮秋潭桂影寒

금탁수성개각로   잠사진계하향단
金鐸數聲開覺路   暫辭眞界下香壇

정성껏 마련하옵고 간단하게 공양구를 장만하여 남방화주 지장보살님께 공양을 올리나이다. 자비의 광명을 비추어 주시어서 가냘픈 정성 굽어 감응하시기를 지극한 마음으로 세 번 청하옵나이다.

일심으로 지장보살님께 청합니다

인자하시고 공덕 쌓아 중생구제를 서원하신 지장보살 마하살님께 일심으로 청하옵니다. 손에는 금빛 석장으로 지옥문을 두드려 여시고, 손바닥에는 밝은 구슬 지니사 광명으로 대천세계를 감싸시고, 염라대왕 전각 어경대 앞에서 남섬부주 중생들의 증명공덕주가 되시는 대성대자본존 지장보살 마하살님 이 도량에 강림하사 증명하여 주옵소서.

영가에게 이르는 법어

신령스런 본각성품 미묘하기 그지없어 가을연못 비친달에 계수나무 그림자라 목탁요령 소리따라 깨달음을 얻었으니 저승세계 잠시떠나 이향단에 왕림하소.

🔔 **가지예성**
加持禮聖

상래 위 명도유정 인입정단이경 금당예봉
上來 爲 冥道有情 引入淨壇已竟 今當禮奉

삼보 부 삼보자 삼신정각 오교영문
三寶 夫 三寶者 三身正覺 五敎靈文

삼현십성지존 사과이승지중 여등 기래법회
三賢十聖之尊 四果二乘之衆 汝等 旣來法會

득부향연 상 삼보지난봉 경 일심이신례
得赴香筵 想 三寶之難逢 傾 一心而信禮

하유보례지게 대중수언후화 a
下有普禮之偈 大衆隨言後和

보례시방상주 법신보신화신제불타
普禮十方常住 法身報身化身諸佛陀

보례시방상주 경장율장논장제달타
普禮十方常住 經藏律藏論藏諸達陀

보례시방상주 보살연각성문제승가
普禮十方常住 菩薩緣覺聖聞諸僧伽

🔔 **제불자 행봉성회 이례자존 의생 한우지심**
諸佛子 幸逢聖會 已禮慈尊 宜生 罕遇之心

가발난조지상 장례의종 당부명연 동향진수
可發難遭之想 葬禮儀終 當赴冥筵 同享珍羞

각구묘도 a
各求妙道

부처님께 참배하는 예성

오늘 7,7재 입제하옵는 ○○○영가시여, 부처님의 비밀하신 법력에 힘입어 이 정단에 들어오셨으니 이제 다시 정신차려 삼보님께 인사를 드려야 합니다. 법신 보신 화신 등 부처님들과 경장 율장 논장 등의 가르치심과 성문 연각 보살 등 승단을 이르는 말이니 이 세 가지의 보배, 즉 삼보는 중생이 윤회의 고통에서 벗어나려면 반드시 의지해야 하는

시방세계 항상계신 부처님께 절합니다.

시방세계 항상계신 가르침에 절합니다.

시방세계 항상계신 스님들께 절합니다.

오늘 7,7재 입제코자 당도한 ○○○영가시여, 성인회상에 오시어서 자비하신 부처님께 예를 마치셨습니다. 이제 자리를 옮겨 좌정하시어 진귀한 공양구를 흠향하시고 근기 따라 부처님의 묘한 도를 구하소서.

법 성 게
法 性 偈

재주는 스님 목탁에 맞추어 시계방향으로
법당을 따라 돈 다음 위패를 영단에 모신다.

법성원융무이상
法性圓融無二相

제법부동본래적
諸法不動本來寂

진성심심극미묘
眞性甚深極微妙

불수자성수연성
不守自性隨緣成

일중일체다중일
一中一切多中一

일즉일체다즉일
一卽一切多卽一

일미진중함시방
一微塵中含十方

일체진중역여시
一切塵中亦如是

무량원겁즉일념
無量遠劫卽一念

일념즉시무량겁
一念卽是無量劫

구세십세호상즉
九世十世互相卽

잉불잡란격별성
仍不雜亂隔別成

초발심시변정각
初發心時便正覺

생사열반상공화
生死涅槃常共和

이사명연무분별
理事冥然無分別

십불보현대인경
十佛普賢大人境

능인해인삼매중
能仁海印三昧中

번출여의부사의
繁出如意不思議

우보익생만허공
雨寶益生滿虛空

중생수기득이익
衆生隨器得利益

법 성 게

재주는 스님 목탁에 맞추어 시계방향으로
법당을 따라 돈 다음 위패를 영단에 모신다.

모든것의　본래성품　원융하여　둘아니니
삼라만상　그대로가　본래부터　적멸이라
이름없고　모양없어　헤아려선　알수없고
깨달아야　알바로써　달리알수　없는경계
참된성품　깊고깊어　지극히도　미묘한데
자기성품　안지키니　인연따라　천태만상
하나중에　전부있고　많은중에　하나있어
하나가곧　전부이고　많은그것　곧하나라
한티끌속　가운데에　온우주를　머금었고
하나하나　티끌속도　살펴보니　그와같네
한량없는　긴세월은　한생각에　바탕이니
지금갖는　한생각이　무량한겁　그대로다
구세십세　달리없어　서로서로　의지해도
엄한질서　유지하여　자기모습　따로있네
처음발심　했을때가　다름아닌　정각이며
생사열반　두경계가　항상함께　화합하네
이와사의　이치깊어　분별할길　없는것이
열분부처　보현보살　대성인의　경계로다
부처님의　깨침바다　크신삼매　가운데서
뜻한대로　쏟아지니　불가사의　진리의법

시고행자환본제　　파식망상필부득
是故行者還本際　　叵息妄想必不得

무연선교착여의　　귀가수분득자량
無緣善巧捉如意　　歸嫁隨分得資糧

이다라니무진보　　장엄법계실보전
以陀羅尼無盡寶　　莊嚴法界實寶殿

궁좌실제중도상　　구래부동명위불
窮坐實際中道床　　舊來不動名爲佛

(위패와 영정사진을 영단에 모시고 재주들은 영단을 향한다.)

제불대원경　　필경무내외
諸佛大圓鏡　　畢竟無內外

야양금일회　　미목정상시
爺孃今日會　　眉目正相

🔔 수위안좌 a
受位安座

제불자 a　상래 a　승불섭수　장법가지 a
諸佛子　　上來　　承佛攝受　仗法加持

기무수계이임연　원획소요이취좌 a
旣無囚繫以臨筵　願獲消遙而就座

하유안좌지게　대중수언후화 a
下有安座之偈　大衆隨言後和

보배비가	중생돕듯	저허공에	가득하여
중생들은	근기따라	이로움을	얻게되네
이렇거니	수행자여	근본마음	돌아가세
망상심을	아니쉬곤	얻을것이	분명없네
무연자비	선교방편	여의하게	어서얻어
본분가에	돌아가서	수분수력	큰힘얻세
다라니의	큰위신력	다함없는	보배로써
온법계를	장엄하여	보배궁전	세우고서
마지막엔	참된법인	중도상에	앉아보세
예전이나	지금이나	이름일러	부처라네

(위패와 영정사진을 영단에 모시고 재주들은 영단을 향한다.)

모든 부처님의 대원경지 필경에는 안팎이 없습니다. 하옵건만 부처님을 오늘에야 뵙게 되오니 파안미소 그칠 줄 모릅니다.

위계에 따라 자리를 마련해 드리는 진언
오늘 7,7재 입제하옵는 ○○○영가와 여러 불자들이시여, 부처님의 섭수하심을 받고 법의 가지에 의지하여 이미 죄에 얽매임이 없어져서 법연에 임하였으니 원컨대 임의로 법자리에 나아가소서. 아래 안좌게가 있으니 대중은 제 말에 따라 합장하시오.

안 좌 게
安 座 偈

아금의교설화연
我今依教設華筵

다과진수열좌전
茶果珍羞列座前

대소의위차제좌
大小依位次第座

전심제청연금언
專心諦聽演今言

옴마니 군다니 훔훔 사바하 (세 번)

백초임중일미신
百草林中一味新

조주상권기천인
趙州常勸幾千人

팽장석정강심수
烹將石鼎江心水

원사망령헐고륜
願使亡靈歇苦輪

원사고혼헐고륜
願使孤魂歇苦輪

원사제령헐고륜
願使諸靈歇苦輪

보공양진언
普供養眞言

옴 아아나 삼바바 바라 훔   (세 번)

보회향진언
普回向眞言

옴 삼마라 요마라 미만나 사라마하 자거라바
훔   (세 번)

영단에 순서대로 앉는 진언

제가 이제 법식 따라 법연 열고자 여러 가지 귀한 음식 향단에 차리오니 크고 작은 지위 따라 다 앉으시어 일심으로 성인 말씀 잘 들으소서.

옴마니 군다니 훔훔 사바하 (세 번)

향기로운 수풀 속의 신선한 맛을 조주스님 몇 천 사람 권하였던가. 맑은 강물 돌솥에서 달여 올리니 망령이시여, 제령이시여, 고혼이시여, 드시고 안락하소서.

보공양진언

옴 아아나 삼바바 바라 훔 (세 번)

널리 회향하는 진언

옴 삼마라 요마라 미만나 사라마하 자거라바 훔 (세 번)

대원성취진언
大 願 成 就 眞 言

옴 아모카 살바다라 사다야 시베훔 (세 번)

보궐진언
普 闕 眞 言

옴 호로호로 사야목케 사바하 (세 번)

계수서방안락찰   접인중생대도사
稽 遂 西 方 安 樂 繁   接 因 衆 生 大 導 師

아금발원원앙생   유원자비애섭수
我 今 發 願 願 仰 生   唯 願 慈 悲 愛 攝 受

원멸 사생육도 법계유정 다겁생래 재업장
願 滅 四 生 六 度 法 界 有 情 多 劫 生 來 災 業 障

아금참회 계수례 소멸무량 중죄장 획득무량
我 今 懺 悔 戒 修 禮 消 滅 無 量 衆 罪 障 獲 得 無 量

대지혜 돈성무량 최정각 광도법계 제중생
大 智 慧 頓 成 無 量 最 正 覺 廣 度 法 界 諸 衆 生

대원성취진언

옴 아모카 살바다라 사다야 시베훔 (세 번)

보궐진언

옴 호로호로 사야목케 사바하 (세 번)

극락으로 중생인도 하옵시는 아 미 타 부처님께
머리숙여 절하오며 일심으로 귀의하여 극락왕생
발원하니 자비하신 원력으로 굽어살펴 주옵소서
저희들이 일심으로 귀의하옵고 신명바쳐 절하옵
니다.

사생육도의 법계중생 여러 겁 동안 지은 업장
모두 소멸해 주시기를 제가 지금 참회하고 머
리 숙여 절하옵니다. 죄업장이 모두 소멸되고 태
어나는 세상마다 보살도를 행하여지이다.

마하반야바라밀다심경
摩訶般若波羅蜜多心經

관자재보살 행심반야바라밀다시 조견오온개공 도
觀自在菩薩 行深般若波羅蜜多時 照見五蘊皆空 度

일체고액 사리자 색불이공 공불이색 색즉시공 공
一切苦厄 舍利子 色不異空 空不異色 色卽是空 空

즉시색 수상행식 역부여시 사리자 시제법공상 불
卽是色 受想行識 亦復如是 舍利子 是諸法空相 不

생불멸 불구부정 부증불감 시고 공중무색 무수상
生不滅 不垢不淨 不增不減 是故 空中無色 無受想

행식 무안이비설신의 무색성향미촉법 무안계 내지
行識 無眼耳鼻舌身意 無色聲香味觸法 無眼界 乃至

무의식계 무무명 역무무명진 내지 무노사 역무노
無意識界 無無明 亦無無明盡 乃至 無老死 亦無老

사진 무고집멸도 무지역무득 이무소득고 보리살타
死盡 無苦集滅道 無智亦無得 以無所得故 菩提薩埵

의반야바라밀다 고심무가애 무가애고 무유공포 원
依般若波羅蜜多 故心無罣礙 無罣礙故 無有恐怖 遠

리전도몽상 구경열반 삼세제불 의반야바라밀다 고
離顚倒夢想 究竟涅槃 三世諸佛 依般若波羅蜜多 故

득아뇩다라삼먁삼보리 고지반야바라밀다 시대신
得阿耨多羅三藐三菩提 故知般若波羅蜜多 是大神

주 시대명주 시무상주 시무등등주 능제일체고 진
呪 是大明呪 是無上呪 是無等等呪 能除一切苦 眞

실불허 고설반야바라밀다주 즉설주왈 「아제아제
實不虛 故說般若波羅蜜多呪 卽說呪曰 揭諦揭諦

바라아제 바라승아제 모지 사바하」(세 번)
波羅揭諦 波羅僧揭諦 菩提 娑婆訶

마하반야바라밀다심경

관자재보살이 깊은 반야바라밀다를 행할 때, 오온이 공한 것을 비추어 보고 온갖 고통에서 건지느니라. 사리자여, 색이 공과 다르지 않고 공이 색과 다르지 않으며, 색이 곧 공이요 공이 곧 색이니, 수 상 행 식도 그러하니라. 사리자여, 모든 법은 공하여 나지도 멸하지도 않으며, 더럽지도 깨끗하지도 않으며, 늘지도 줄지도 않느니라. 그러므로 공 가운데는 색이 없고 수 상 행 식도 없으며, 안 이 비 설 신 의도 없고, 색 성 향 미 촉 법도 없으며, 눈의 경계도 의식의 경계까지도 없고, 무명도 무명이 다함까지도 없으며, 늙고 죽음도 늙고 죽음이 다함까지도 없고, 고 집 멸 도도 없으며, 지혜도 얻음도 없느니라. 얻을 것이 없는 까닭에 보살은 반야바라밀다를 의지하므로 마음에 걸림이 없고 걸림이 없으므로 두려움이 없어서, 뒤바뀐 헛된 생각을 멀리 떠나 완전한 열반에 들어가며, 삼세의 모든 부처님도 반야바라밀다를 의지하므로 최상의 깨달음을 얻었느니라. 반야바라밀다는 가장 신비하고 밝은 주문이며 위없는 주문이며 무엇과도 견줄 수 없는 주문이니, 온갖 괴로움을 없애고 진실하여 허망하지 않음을 알지니라. 이제 반야바라밀다주를 말하리라.

「아제아제 바라아제 바라승아제 모지 사바하」(세 번)

봉 안 게
奉 安 偈

(봉안게를 하고 입제를 마친다)

생전유형질 사후무종적
生前有形質　死後無從跡

청입법왕궁 안심좌도량
請入法王宮　安心坐道場

봉 안 게

(봉안게를 하고 입제를 마친다)

살아서는 형상있고 죽어서는 자취없네.
법왕궁에 모시오니 안심하고 좌정하옵소서.

空手来空手去是人生(공수래공수거시인생)

生從何處来死向何處去(생종하처래사향하처거)

生也一片浮雲起(생야일편부운기)

死也一片浮雲滅(사야일편부운멸)

浮雲自体本無實(부운자재본무실)

生死去来亦如然(생사거래역여연)

獨有一物常獨路(독유일물상독로)

湛然不隨於生死(담연불수어생사)

빈손으로 왔다가 빈손으로 가는 인생
태어날 때는 어느 곳에서 왔으며
돌아갈 때는 어느 곳으로 가는가
나는 것은 한조각 구름이 일어나는 것 같고
죽는 것은 한조각 구름이 사라지는 것과 같은 것
뜬 구름이란 본래 자체가 실로 없나니
나고 죽고 가고 오는 것도 모두 이와 같도다
그러나 여기 한 물건이 항상 홀로 드러나
영원히 나고 죽는 것을 따르지 않네

原文 한글 法要集

초판 1쇄 인쇄 2023년 10월 13일 | 초판 1쇄 발행 2023년 10월 23일
엮은이 원철 | 펴낸이 김시열
펴낸곳 도서출판 운주사

(02832) 서울시 성북구 동소문로 67-1 성심빌딩 3층
전화 (02) 926-8361 | 팩스 0505-115-8361
http://cafe.daum.net/unjubooks 〈다음카페: 도서출판 운주사〉

ISBN 978-89-5746-760-2 03220

값 35,000원